从合作走向决战

—— 中国共产党为什么能战胜国民党

徐焰 著

南方出版传媒
广东经济出版社
·广州·

图书在版编目（CIP）数据

从合作走向决战：中国共产党为什么能战胜国民党 / 徐焰著. —广州：广东经济出版社，2016.7（2016.12重印）
ISBN 978-7-5454-4736-1

Ⅰ．①从… Ⅱ．①徐… Ⅲ．①中国共产党—党史—研究 ②中国国民党—党史—研究 Ⅳ．①D231 ②D693.74

中国版本图书馆CIP数据核字（2016）第181811号

从合作走向决战——中国共产党为什么能战胜国民党
CONG HEZUO ZOUXIANG JUEZHAN——ZHONGGUO GONGCHANDANG
WEISHENME NENG ZHANSHENG GUOMINDANG

出版人：姚丹林	责任编辑：周 晶 毛一飞 刘 倩
责任技编：许伟斌	封面设计：罗 洪

出版发行	广东经济出版社（广州市环市东路水荫路11号11～12楼）
经销	全国新华书店
印刷	佛山市浩文彩色印刷有限公司 （广东省佛山市南海区狮山科技工业园A区兴旺路）
开本	730毫米×1020毫米 1/16
印张	25
字数	422千字
版次	2016年8月第1版
印次	2016年12月第2次
书号	ISBN 978-7-5454-4736-1
定价	68.00元

如发现印装质量问题，影响阅读，请与承印厂联系调换。
发行部地址：广州市环市东路水荫路11号11楼
电话：（020）38306055 37601950 邮政编码：510075
邮购地址：广州市环市东路水荫路11号11楼
电话：（020）37601980 营销网址：http://www.gebook.com
广东经济出版社新浪官方微博：http://e.weibo.com/gebook
广东经济出版社常年法律顾问：何剑桥律师
·版权所有 翻印必究·

前言 Preface

唾弃青天白日
选择铁锤镰刀

中国共产党从1921年成立起,至2016年已经走过了95年的奋斗历程,从成立之初的57名党员,发展到现在的8000万党员,成为世界上最大的执政党。如今,以习近平为总书记的党中央正领导全国人民开创社会主义建设的新局面,为实现中华民族伟大复兴的"中国梦"而在新的征途上扬帆奋进。

中国国民党的前身在1905年成立,1912年在辛亥革命结束后改用此名。1928年北伐结束后,国民党曾成为中国的执政党,因其逆历史潮流而被人民革命所推翻。1949年蒋介石率国民党余部撤到台湾,此后事实上变成台湾一个省的执政党。蒋介石、蒋经国相继去世后,中国国民党在台湾也逐渐发生质变,自身力量日益衰落,在2000年和2016年的两次选举中丧失了执政地位,党员数量由1980年在台鼎盛期的240万人降到2013年的38万人,且还有减少趋势。

编者注:前言图片为著名画家全山石等人的油画《义勇军进行曲》,显示了中华民族团结抗战的精神。

在中国近现代的历史进程中，国共两党恩怨交织了几十年。在进行反帝反封建的民主革命时，共产党人很重视同盟军的作用，曾经与国民党有过两次合作。第一次合作有效进行了北伐，第二次合作成功进行了全面抗战。不过这两次合作都以破裂告终，之后国共双方进行了殊死的内战。

在中国共产党建立初期，为进行国民革命，从1924—1927年以"跨党"即加入国民党的方式进行了"党内合作"，结果以蒋介石为首的国民党采取"清党"的屠杀政策结束了此次"合作"。中国共产党人不得不上山开拓根据地，组织红军同对手的"围剿"进行了十年血战。

1937年夏天，日本对中国的侵略由蚕食变成了鲸吞，国共两党就此停止内战，一起共御外侮。民族战争在当时的中国"四万万同胞"面前，也摆下了一个选择机会，民心投到哪一边，哪边就会得天下。最后的结果是大家都知道的，那就是原本强大的国民党失去江山，逃到海岛上靠美国舰队保护才得以存在，共产党最终得了天下。在中华大地上，"铁锤镰刀"战胜了"青天白日"。

对于国民党的党旗，人们大都不会陌生。即使生长在新中国的人，也会在电影、文物和旧书刊上经常看到那个1个大圈加12个齿的"青天白日"图形，国民党的军队也将此徽记顶在帽子正中。"中华民国"的国旗，则是在"青天白日"之下加上"满地红"底子，以显示国民党是以党治国。

中国共产党的党旗，是象征着工农两大阶级劳动工具的"铁锤镰刀"，显示出自己所代表的利益。当中国革命的凯歌高奏时，共产党领导下的阵营除工农外又加入了两个阶级，即小资产阶级和民族资产阶级，于是形成了中华人民共和国国旗的图案所代表的天下大势。

从20世纪20年代中期至40年代末，中国大地上的政治斗争突出表现为"青天白日"与"铁锤镰刀"的斗争，即国民党和共产党这两大政治势力的争雄。外国势力的介入，更为这种较量增加了波谲云诡的色彩。1949年4月下旬那个重大的历史时刻的纪录片留下过这样宝贵的镜头——人民解放军的战士冲上南京"总统府"的门楼，扯下了"青天白日满地红"旗，升上了"铁锤镰刀"的红旗，从而向世界展示出这场斗争的最后结果。

前言

国共两党的斗争是残酷激烈的，为此死亡了成百上千万人，然而，双方的关系长期来说又是十分紧密的。记得"文化大革命"期间，有些造反派发现某个干部在历史上曾加入过国民党，马上认为这下可找到了弥天大罪的证据。那些不懂历史却又有权审查别人历史的无学无识之辈哪里晓得，在20世纪20年代中期，共产党组织包括绝大多数党员都曾集体加入过国民党，毛泽东还曾担任过国民党中央的代理宣传部部长，周恩来、刘少奇、邓小平等老一辈革命家也都以"跨党"身份在其党内任过职。

共产党的多数老前辈加入过国民党，国民党的许多领导人也同情、联合甚至参加过共产党。在国民党至今为止的四个最高领导人中，"总理"孙中山不仅联俄容共，还说"三民主义与共产主义是好朋友"。"总裁"蒋介石虽长期反共，却也公开宣布要服从共产国际的领导。前"主席"蒋经国不仅加入过共青团，也参加过共产党。就连1988—2000年台湾的国民党"主席"李登辉，在20世纪40年代后期也曾是中国共产党党员。

几十年的冤家对头，关系却又总是剪不断、理还乱，政治斗争的复杂性正体现在这里。共同对付外敌时可以说"兄弟阋墙，外御其务"，时移世易后可以吟诗"历尽劫波兄弟在"，可在当时却是难以调和的你死我活的殊死之争。过去人们常愿意用"兄弟般的"一类词句形容两国或两个党派关系亲密，其实古往今来兄弟间的同室操戈往往最为激烈。正如宋代大词人辛弃疾所云——"人间朋友犹能和，自古兄弟不相容"。

兄弟之所以不相容，恰恰在于在权力高度集中且不可分割的体制下，关系相连越紧利益就越难达到满意的分配及调和。近现代的党派之争，归根结底是不同的阶级和不同社会集团的利益之争。国民党与共产党的浴血厮杀，并非像近年来某些人荒谬地认为的那样是"历史的误会"，而是当时中国社会矛盾激化所不可避免的产物。孙中山创建同盟会即后来的国民党时，是抱着以民族、民权、民生主义来救国救民的志向，党歌第一句话就是"三民主义，吾党所宗"。可是他的门生们"革命尚未成功"便骄奢淫逸，只统治了半个中国就实行独裁专制加腐败，使天下民不聊生，以致有人将国民党党歌的第一句词改为"三民主义，狐党送终"！

正是这种政治极度黑暗、吏治严重腐败和百姓无比痛苦的社会条件，给中国共产党创造了"唤起工农千百万"的社会基础。"红旗卷起农奴戟"的暴动、起义和创建红军，以及"黑手高悬霸主鞭"的镇压、围剿，构成了国共两党斗争的基本图景。东洋鬼子的入侵，使双方暂时走到一起共同抗日，却也并未停息国内阶级间的争斗，而且，随着外敌威胁的减轻，内战愈演愈烈。由于中国共产党始终高举着民族、民主革命两大旗帜，赢得了天下多数人的心，于是国共双方力量的天平就日益向一边倾倒。在中国大地上以"青天白日"自诩、一党独尊却仅维护少数富豪利益的"党国"，遇到了占人口大多数的手持"铁锤镰刀"的劳动者，在解放战争期间又发展为与五星红旗上那颗大星星照耀下的四颗小星——共产党领导下的广大人民为敌，其最后的命运就毋庸龟卜。只因有一道海峡相隔，再加上美国第七舰队借朝鲜内战爆发之机前来救援，国民党势力才能龟缩并偏安台湾一隅，事实上其已变成了中国一个岛屿省份的地方政权。

现代史学研究强调宏观分析与微观考察相结合，如果从宏观上对国共斗争乃至整个中国革命战争进行评论，那么可以这样说：

土地革命战争的10年，是中国革命力量在艰难苦斗中创建武装并求得生存的阶段。

抗日战争的8年，是中国共产党利用全民族抗战的大好时机，极大地积蓄发展革命力量的阶段。

解放战争的4年，则是中国革命力量以"十年生聚，十年教训"积累起来强大实力，与反革命势力最后决战并夺取全国胜利的阶段，三大战役又是决战的最高峰。

战略决战一胜，中共就提出八条二十四款，实际是要国民党南京政府无条件投降。接着是"百万雄师过大江"，摧枯拉朽。如此宏大而又丰富多彩的历史图景，生动多姿。

有关1937年以前的土地革命，已经有无数篇章将其描绘。本书所要讲述的，则是1937年以后12年间这一段曲折而又充满戏剧性情节的史话……

目录 Contents

一 十年仇敌，共御外侮

"香蕉帝国主义"来"帮大忙" / 2

卢沟桥炮声解决了双方争执 / 11

戴国民党军帽的不平等合作 / 20

洛川一会定方向 / 25

是否建立新四军之争 / 31

国共形成两个战场 / 36

"游而不击"和"消极抗日" / 42

二 合作乎？溶化乎？

两党的三种合作方式可供选择 / 52

暗算与摩擦 / 58

黄桥奏凯 / 70

皖南悲歌 / 75

林彪代表毛泽东赴渝见蒋 / 82

"内战内行，外战外行" / 91

三 "三国四方"都瞄准战后

中共"先夺取半个中国"的计划 / 97
"南渡君臣"坐等胜利 / 100
中美合作所与迪克西使团 / 103
雅尔塔的强权交易 / 110
蒋介石惊叹盟友"已卖华乎" / 117
延安与"远方"日渐疏远的关系 / 120
胜利日却签订不平等条约 / 124

四 抗战胜利突来,双方各有忧虑

"剑外忽传收蓟北" / 133
毛泽东在枣园空前紧张 / 137
蒋、伪迅速合流反共 / 141
利用日军当"守备队" / 149
八路军、新四军争夺"桃子" / 156
6万美军登陆中国沿海 / 161
"劫收"到城市却失去人心 / 164

五 | 两大对手渝州相见

毛泽东提出学习法共 / 171

"美国姑娘"降落延安机场 / 174

互知底牌的艰难谈判 / 178

未达成具体协议的《双十协定》 / 187

国民党阵营"窝里斗"的启示 / 192

围绕《沁园春》的诗词唱和斗争 / 196

六 | "向北发展,向南防御"

有了东北即有全国胜利 / 204

不明苏军态度,先派部队侦察 / 207

"此真千载一时之机" / 215

"全国战略方针"核心在于争取东北 / 220

国民党进军东北碰壁 / 224

出尔反尔的"辰兄" / 229

变"独霸东北"为"占领两厢" / 236

率先向雅尔塔体制挑战的人 / 240

七 | "和平民主新阶段"的设想

"和平使者"马歇尔带来的短暂停战 / 244

《停战协定》生效前双方的争夺 / 249

"一国两制"设想的雏形 / 253

关内小打,关外大打 / 259

四平失守,鲁晋出击 / 265

毛泽东认为"上当了" / 271

八 | 国共最后破裂

争取六个月大胜后议和 / 276
蒋介石的五项要求 / 282
坚信"蒋军必败" / 284
进攻张家口意味着谈判决裂 / 291
谈判代表"坚持不撤，非赶不走" / 295
变"洗脸"政策为"杀头"政策 / 302

九 | "打倒蒋介石，解放全中国"

"自卫战争"变成"解放战争" / 308
"胸中自有雄兵百万" / 312
两条战线前后夹击 / 319
胜负天平上最重的砝码——农民 / 324
扭转历史车轮展开全面反攻 / 329
三大战役定乾坤 / 334
无人当"文天祥""史可法" / 339

十 | "我们倾向于要南京无条件投降"

毛泽东态度坚决地回复斯大林 / 349
李宗仁上台后"一国三公" / 356
以"联桂反蒋"为方针的北平谈判 / 361
"宜将剩勇追穷寇" / 368
最后挣扎的广州—重庆—成都政权 / 378
"中央人民政府成立了！" / 384

一

十年仇敌，共御外侮

蒋介石在失去大陆后，对发生西安事变及随后停止剿共一再表示悔恨，并在1956年发表的《苏俄在中国》一书中自认为这是他终生最大的憾事。其实，这非不愿，乃不能也。有道是形势比人强，那时的天下大势逼得蒋介石不得不如此。

周恩来曾给张学良、杨虎城两人以"千古功臣"的美誉，正是由于这两位功臣主持发动的西安事变，终于停止了国共十年内战，事实上开始了以抗日民族统一战线为标志的国共合作。日本军阀当时迫不及待地对中国实行鲸吞政策，恰恰是促成西安事变乃至全民族一致对外的主要契因。

毛泽东于1960年6月21日接见日本文学代表团时，曾谈起当年的日本侵华问题。那个年代来华访问的日本宾客一见到中国领导人，即使自己不是战时的当权者，也大都羞愧满面地说"对不起"，为本国的罪责道歉不已。毛泽东则以辩证的方法谈起了日本侵华的"两重性"：

杨虎城将军

张学良将军

"我说侵略当然不好,但不能单看这坏的一面,另一方面日本帮了我们中国大忙。假如日本不占领大半个中国,中国人民不会觉醒起来。在这一点,我们要'感谢'日本'皇军'。"①

这一"帮大忙"的观点,毛泽东还对许多日本友人谈过,于是有些对历史无知或别有用心者又抓住这一点大做文章。历史唯物主义早就说明,殖民主义者对落后国家的入侵,除了有野蛮掠夺的一面外,同时也充当了"不自觉的历史的工具",即唤醒了这些原来还在沉睡中的人民,使他们能够向入侵者学习,从而最终摆脱被压迫地位。从某种意义上讲,鸦片战争从反面帮了中国人的大忙,否则中国人还会长久地沉溺在"天朝大国"的梦幻中,男性仍会留辫子,女性仍会缠小脚。

在中国革命的进程中,同样是抗日民族统一战线的建立,挽救了革命挽救了党。由于日本以极其野蛮凶悍的方式侵占了大半个中国,才使国共两党又在抗日的旗帜下走到了一起,中国共产党才在日本侵略军后方的广大区域开辟了100万军队、1亿人口的根据地,为最后夺取全国政权奠定了基础。大坏事变成了大好事,历史的辩证法就是这样奇特!

"香蕉帝国主义"来"帮大忙"

近代历史上中华民族所遇最凶恶的外敌,正是那个肤色与我相同,还自称是"同文同种"的日本。被有些人称作"香蕉帝国主义"的东洋鬼子,其野蛮侵华从反面促进了中国的进步,也得出了与其本意完全相反的结果。

研究中日关系历史的人曾有一个形象的总结,从7世纪唐代即日本的"飞鸟时代"至20世纪40年代中日战争结束,这一千多年里日本人看中国,经历了仰视、平视和俯视三个阶段。

从8世纪的"大化革新"到13世纪的镰仓幕府时代,日本人对中国文化和典章进行全面学习,此阶段日本人对中国处于崇敬的仰视之中。

13世纪末,蒙古人统治中国所建立的元朝派出大军渡海攻日,结果遇上被称为"神风"的台风而全军覆没,加上其后中国的明王朝日益衰败,日本的丰臣秀吉就有了"征韩"并进而征服中国的设想。1592—1597年,丰臣秀吉派遣大军进攻朝鲜,中国的明朝派兵进行了一场"抗日援朝"战争。明军虽然损失惨重,却毕竟和朝鲜军一起打退了日军,因而这一时期的日本人大

---

① 《毛泽东外交文选》,中央文献出版社、世界知识出版社1994年版,第438页。

都不敢轻视中国。直至19世纪80年代以前的6个世纪里，日本人对中国基本上是平视。

甲午战争以后的半个世纪，日本人对中国处于一种居高临下的俯视阶段。日本在自身取得社会改革成功后马上藐视并压迫自己的亚洲邻国，并以发动对华战争且轻易取胜为起点，滋长了傲慢狂妄的"东亚观"。这样，日本实行的明治维新虽为亚洲国家树立了一个摆脱落后而赶超西方国家的榜样，可是其当权者在本国取得发展进步的同时不是努力提携邻国，而是按照福泽谕吉倡导的"脱亚入欧"的观念，将自己凌驾于亚洲各国之上，不仅自视与欧洲人同类，还以与西欧殖民者同样甚至更厉害的态度对待与自己同一肤色的亚洲同类。

如今作为1万日元头像的福泽谕吉，是明治时期"脱亚入欧论"的倡导者，即主张日本学习西方，凌驾于亚洲邻国之上。

据20世纪初乘过国际航船的老者回忆，当年欧美轮船公司由于歧视有色人种，往往为白人和黄种人各开售票口，日本人却能享受白种人待遇。日本自己开办的船运和铁路，也是优遇白种人和本国的正宗国民，对于同肤色却被蔑称为"支那人"的中国人，以及被吞并后称为"归化人"的朝鲜人及亚洲他国的人，则是低一等对待。正因为如此，那时的许多中国人以"外黄内白"的香蕉来比喻日本，称日本是"香蕉帝国主义"。

了解东洋民情的人也知道，近代乃至现代的日本社会对世界上各大国的态度是：最崇拜美国人，最怕俄国人，最看不起中国人。对与自己肤色相同的亚洲其他小国，日本则更将其视为等而下之的奴隶。

正因为如此，尽管自明治时期起日本有些人也鼓吹过"大亚洲主义"，却在中国社会激不起什么反响，不仅不能造成亲日情绪，反而使人更警惕日本与西方殖民者共同瓜分亚洲或由自己统治亚洲。

在中国近代，欧美殖民主义者侵略中国，主要还是夺取沿海一些要点作为"租界"，当成谋取经济利益的通商据点，并没有大片吞并中国领土。日本和俄国对中国的入侵，却是以直接占领大片国土为主要目标。虽然中国受日俄两国侵害最深，可是近代中国人却最热心学习这两国，而日本在20世纪20年代以前又是学习的主要对象。

近代中国知识分子出洋者，大多数是到日本。他们从东洋留学归国后，在思想文化上大大改变了社会的面貌。仅就语言而论，现代汉语有800～1000个新词汇来自于日语，如"干部""科学""民主""社会主义"等政治词汇，大都是来自日语的外来语。在古代，可以说中华文化对日本文化产生了最重要的影响；而在近代，日本文化也对中华文化产生了最重大的影响。

当年的中国人诚心诚意地以自己的东亚邻国为师，被当作师傅的日本人却一再欺负自己的徒弟，并要将自己的种族凌驾于东亚各民族之上。这类种族优越的思想，正是给全世界带来巨大灾难的法西斯主义的核心。研究近代史的人虽然认定日本法西斯主义理论在20世纪20年代由北一辉奠定，然而那种从明治维新以后日益滋长的"脱亚入欧"、自视优于邻邦其他民族的观念，正为法西斯思想的传播和以后中日大规模战争的发生奠定了基础。

这幅西洋画表现从日本归来的中国人带头穿西服的场景。

日本的入侵，对中国人也造成了最大的刺激。过去被西洋大国打败犹可自解，可是连连被自己过去的文化附庸欺侮，这不能不逼人奋起。于是，如同人们所形容的那样，甲午战争"惊醒了四千年沉梦"，引来了维新变法和辛亥革命；"二十一条"的苛刻条款及由此导致的日占山东权益，又逼出了"五四运动"；"九一八事变"引起了中国开始局部抗战，"七七事变"则逼得中华民族全体奋起与日本拼搏到底。

战后国民党在讲历史时总抱怨抗战爆发有利于共产党，其实日本人的入侵在很大程度上也帮助蒋介石完成了国民党内部的统一。北伐战争以后，蒋介石在名义上虽然居于国民党内的最高位,却从来没有统一过全党,更谈不上统一中国。当时人们对国民党的戏称是——"一个党、两个政府、三个党部、四分五裂"。

所谓"一个党",是指对外号称只有一个国民党。

所谓"两个政府",则是指1927年以后先是有南京、武汉两个国民政府对立,后来蒋冯阎大战时又出来一个北平的以阎锡山为首的国民政府与南京国民政府对立,接着又出来一个广州国民政府与南京国民政府对立。

所谓"三个党部",是指既有以蒋介石、胡汉民为首的党部,又有以汪精卫为首的党部,还有西山会议派那些国民党元老的党部,都自居为正统。

这样一个名副其实"四分五裂"的"党国",自然连年内部混战不已。国民党各派一面与共产党打,一面自己互相打。例如,1930年蒋介石与阎锡山、冯玉祥、李宗仁的那场国民党军阀自相残杀的混战动员了百万兵力,规模之大在中国近现代史上仅次于后来的国共内战。在"蒋记"国民党历史书上,这被称为"讨逆"战争,因为南京国民政府自居为"正"。可是,当年反蒋的国民党其他派,也都称蒋介石为"逆贼",只是因为南京政权最后占了优势,因此自然以"胜者王侯败者贼"的传统对战争如此钦定加谥。

日本人发动了"九一八事变"后,南京、广州两个国民政府才在"共赴国难"的口号下于1931年年末实现了"宁粤合作"。广东方面推举的元老林森当了主席,成了名义上的国家元首,但实权却在"军事委员会委员长"蒋介石手里。不过,直至"卢沟桥事变"前不久,这个"蒋委员长"实际能控制的也只是东南和中原几省,其他各省仍是割地称雄的军阀们自成一统。

例如,当时的河北在宋哲元手里,山东在韩复榘手里,陕西在杨虎城手里,宁夏和青海在马家回族军阀手里,四川在以刘湘为首的十几个川系军阀手里,西康在刘文辉手里,云南在龙云手里,贵州在王家烈手里,广西在李宗仁、白崇禧手里,广东在陈济棠手里……其实这些人都不服从蒋介石。

此外,这时国内还有一支失去了地盘的奉系军阀部队,即张学良率领的十几万东北军。他们在老家沦陷后流落关内,实际上成了武装难民。带队的张学良对日本人有杀父之仇、夺地之恨,对蒋介石实行的"不抵抗"和"攘外必先安内"政策怨恨不已。红军长征到陕北后,蒋介石把东北军调到陕甘,是想一石三鸟,既消耗这支杂牌军的实力,又挤掉西北军旧部杨虎城的地盘,还可以打红军。结果张学良、杨虎城洞悉其奸计后更为愤恨,反而与红军走上了"三位一体"的联合之路。

由于日寇入侵的亡国之患日深，当时在国民党内恨蒋不抗日的不独张学良、杨虎城，当权的实力派中要求联共抗日者几年间接踵而来，早已为华清池那一幕惊险的"捉蒋剧"揭开了序幕。

且看——

1933年先有蒋介石的换帖"大哥"冯玉祥在察哈尔秘密联合共产党组建抗日同盟军；

1934年又有当年的广东头号实力派李济深及其下属蔡廷锴等人发起要求联共抗日的"福建事变"；

1936年6月又出现了广东、广西军阀联合要求停止内战一致抗日的"两广事变"……

1936年12月接着出现了逼蒋抗日的"西安事变"。若是历史阴差阳错地没有了西安这一事变，肯定接着别的主角又会在别的时间、别的地点以别的样式演出同样内容的政治剧目。

此非天数，形势使然也。东京千代田区皇苑内那个野心勃勃的头号战犯在其最崇拜的拿破仑像前迫不及待的狂想，以及他手下以"三羽乌"为先导的宫廷党羽集团对神州大陆的步步紧逼，使得上海电影厂摄制的影片《风云儿女》也唱出了"义勇军进行曲"。

在这"中华民族到了最危险的时候，每个人都被迫发出最后的吼声"。手无寸铁的学生发出吼声，是在街头举着小旗游行示威。手握重兵的将领发出吼声，那就是用枪口逼着最高当权者对日作战了！国民党当局在日本入侵面前退让卖国之甚，当时确也到了使人忍无可忍的程度。

人们常骂清朝政权腐朽、卖国、无能，实际上，清朝统治比昏暗的明朝要好得多。仔细算起来，满洲贵族入主中原建立清朝时，原明朝中央政府直辖的疆域只有320万平方公里，清廷连同自己的旧地，再将西部各地汇合入多民族的清帝国的版图，至鸦片战争爆发时已有了1300万平方公里的国土。此后直至因辛亥革命清帝退位，共割让给俄国、日本和英国150多万平方公里领土，清廷还留给中华民国1100多万平方公里的疆域面积。可是在民国年间，政府之腐败和丢失国土之多更甚于晚清。尤其是国民党政权在"九一八事变"后采取不抵抗政策，几个月就丢失了东北80万平方公里的土地，此外，对蒙古、西藏等地也无法控制，国民政府的政令实际出不了南方和中原十余省。对剩下的土地，日本人还步步紧逼，面对如此险恶的形势，国民党内多数人认为只有停止"剿共"及对其他各派军阀的"讨逆"，联合国内的一切力量共同对日才是当务之急。

这样，从1927年国民党"清党""分共"开始，国共两党拼死厮杀了多年，却又逐渐走到一起，日本的入侵是决定性因素。从1931年9月日本占领中国东北开始，中国的国内形势和国际环境就发生了巨大的变化。当时，不仅中国国内各阶层群众对国民政府的不抵抗政策日益不满，要求抗日的呼声越来越高，英美等国对华对日政策也有所改变，苏联则从维护自身安全及支持中国革命的角度出发，要求中国共产党和国民党联合进行抗日斗争。中国共产党这时虽然仍处于国民党的"围剿"之中处境艰难，不过通过克服党内"左"的路线，也日益认识到实行统一战线的必要性。

那个一贯极"左"的王明这时也干了一件好事，1935年8月1日由他起草的《八一宣言》以中共中央的名义在莫斯科发表。当然，这一宣言也是苏联政府调整对外政策准备联华抗日的表现，同时也由中共驻共产国际代表团内多数人的意见促成，应算作"集体智慧的结晶"。当时真正的中共中央还在长征途中，与外界电讯联络中断，这一宣言代表中国共产党和中国红军对外号召，要求各党各派和全国同胞组织抗日联军和国防政府，共同反对日本帝国主义。

《八一宣言》发表后，共产国际又派张浩①到陕北传达这一精神，1935年12月，中共中央在瓦窑堡召开会议，会议在毛泽东的主持下进一步作出决议，使中国共产党实行了政策上的一大转变，即由武装反对国民党代表的国内统治阶级，转变为争取同大资产阶级、民族资产阶级建立抗日民族统一战线。

转变很快落实为实际行动。1936年5月，红军发表了要求南京政府停止内战一致抗日的通电。同年9月，中国共产党又作出了在中国建立统一的民主共和国的决议，这实际上是放弃了坚持九年的"苏维埃"的旗帜。中共中央不仅向南京政府联络，同时也向西北的张学良和杨虎城、山西的阎锡山、河北的宋哲元、四川的刘湘、广西的李宗仁和白崇禧等地方实力派多方联系，动员他们出面制止内战。这些占据一方的割据者毕竟还有民族之心，加上红军已不威胁其利益，停止内战也可使蒋介石不致吞并他们，于是各派力量大都秘密表示赞同中共的联合抗日主张。

此时关键性障碍是把持南京政权的蒋介石。此人虽仍坚持"攘外必先安内"的政策，不过考虑到对日战争在即，长江下游威胁自己腹心地区的苏区又已剿灭，对共产党的恐惧也有所缓解。从联合苏联并以和平方式溶化中

---

① 中国全国总工会驻赤色职工国际代表和中国共产党驻共产国际代表团成员。

共产党的目的出发,蒋介石施展了两面手法,在继续"进剿"红军的同时,于1935年年末通过驻苏联武官邓文仪找到中共驻莫斯科代表王明,开始同中国共产党进行秘密谈判。

任何谈判都是以实力为基础的。双方开始谈判时,红军还在川陕甘湘几省活动,国内一些实力派也积极反蒋。1936年7月,日本驻华大使又向南京政府提出了一系列威胁性条件,蒋介石首次改变了对日妥协政策而表示拒绝,中日关系变得十分紧张。在这种形势下,中共代表潘汉年同国民党代表曾养甫会晤,国民政府一度降低了要价,同意在红军服从国民政府的前提下,保留其基本力量,由国民党方面供给薪饷参加对日作战。

可是"两广事变"被蒋介石迅速解决,情况马上有了变化。广东、广西两省军阀所发动的反蒋事变,是以"抗日救国"要"借路"北上之名出兵湖南,其实是国民党的内讧。两广距抗日前线当时还相隔万里,出兵北上分明是要抢老蒋的地盘。陈济棠在举事前还派擅长相面的兄长以进谒之名到南京为"委员长"看过一相,回来后算出"蒋某人过不了民国二十五年这一关",于是"机不可失"。谁知仓促起兵后,广东空军竟被蒋介石全面收买,飞机全部北投南京,主力余汉谋的第一军又在中央当局的厚饷引诱下叛陈而去,广东军顿时瓦解。广西孤掌难鸣,只得服从南京政府。到此"南天王"才明白所谓"机不可失",原来是空军的飞"机"不可"失"。不过陈济棠之兄对年内老蒋会有厄运的相面和掐算倒也未错,6月间发动的"两广事变"虽然被顺利解决,但当年12月蒋介石在西安却几乎丧命,的确是差点过不了民国二十五年这一"关"。

"两广事变"虽败,却反映了蒋介石对日一再妥协的态度使他在国民党内部大失人心,以致陈济棠、李宗仁、白崇禧这些军阀也以"抗日"的名义起兵反蒋。可其时蒋介石却未悟出此点,反而得意忘形。国民党代表陈立夫随后在与中共代表潘汉年等人的秘密谈判时又马上升高要价,声称:"对立的政权与军队必须取消;红军目前可保留三千人之军队;师长以上的领袖一律出洋,半年后召回,按才录用。"[①]这实际上是要求红军先放下武器缴械受编,随后国民政府才能在政治上允许共产党组织合法活动。

1936年9月,红军二、四方面军北上进入甘肃,红一方面军主力西进迎接。原先蒋介石派驻川陕拦截红军的最精锐的部队,是拥兵30个团、有6万

---

① 《潘汉年向中共中央的报告记录》,1936年11月12日,引自《周恩来传》,人民出版社、中央文献出版社1989年版,第318页。

之众的胡宗南第一军。该部在"两广事变"时本已调往湖南,此时蒋介石又将其调回西(安)兰(州)公路,同时又调动原先曾在长城抗战的嫡系关麟征部等,集合了30万重兵,准备对陕甘宁苏区再发动一次大规模"围剿"。"蒋委员长"本人则亲临西安督战,并逼迫张、杨的部队也参加进攻。

蒋介石认为这是剿共最后一役,其实,中共中央当时已决定放弃大兵压境且十分贫瘠的陕北,以西路军向黄河以西活动,同时准备以一部出陕南,中共中央率东路军到山西,再进至中原。计划采取四处"长征"的方式,使国民党剿不胜剿,防不胜防,迫其最后接受停战。

就在毛泽东准备率部启程东渡黄河的关头,1936年12月12日在陕西西安终于爆发了国民党内部"逼蒋抗日"的事件。此事件发生前中共中央并不知情,在解决这一事件的过程中周恩来赶到西安面见蒋介石,使这个国民党的最高领导者同意放弃"围剿"政策,中共则提出停止武力反对国民党的保证,这就成为国共两党继十年内战后重新建立合作关系的基本前提。此后,周恩来继续与蒋介石等就两党关系、红军改编等问题进行谈判,中国共产党所说的抗日民族统一战线也就此基本形成。尽管国民党从来不承认统一战线这一概念,不过在日本侵略者继续步步深入的情况下,南京政府也就此结束了"九一八事变"以来对日一味妥协的政策,中国走上了准备全面抗战的道路。

油画《东渡黄河》表现了中国共产党领导的八路军开赴前线充当了抗战的中流砥柱。(李明峰作品)

南京政府表示准备对日抗战,正合乎全国民众当时的一致呼声。谁反对这一点就会被唾骂为汉奸,将与溥仪划为一类,马上会被推倒。于是内地各省军阀无一例外地都表示服从中央,在军事上接受调遣。连远在新疆的割据者盛世才,也宣布拥护政府抗日。蒋介石正是在"抗日"的旗号下,才在国民党内部实现了多年来一直未完成的"政令、军令统一"。

至于国民党与中国共产党的关系,当时十分复杂。虽然内战基本停止,但却留下一些具体问题尚未解决。其中最主要的,就是国共两党采取什么政治形式共同抗战,以及红军如何改编这两大项。1937年上半年,周恩来在西安、杭州、庐山和南京同国民党进行了五次谈判,开始同顾祝同,后又直接与蒋介石本人反复商讨,却始终在这两大问题上争执不决。

在两党关系的政治问题上,国民党的基本态度是要建立一个"国民革命同盟会",由国共两党同等数量的干部组成,以蒋介石为主席并有"最后决定之权"。两党"一切行动及宣传,统由同盟会讨论决定"。这实际上是要共产党事事服从于蒋介石,并逐步在组织上予以取消。中国共产党当时作出一定让步,表示同意建立同盟会,并以蒋介石为主席,却要先制定共同纲领,"承认其依据纲领有最后决定之权"。这实际上意味着在合作抗日的前提下原则上拥护蒋介石的领导,但要保持组织的独立性,对不符合共同纲领的"最后决定"不能服从。

在军事问题上,共产党开始提出组织抗日联军,国民党则坚决要把红军改编为国民革命军的一部分。共产党方面让步后,双方又就编多少部队(这主要关系到发多少人的饷)、指挥权和人事问题展开争论。共产党方面开始提出要编4个师(包括河西的西路军)总兵力6万~7万人,国民党开始只同意编3个师3万人,不同意包括西路军。对改编完的红军部队,国民党开始不同意设统一的指挥机构,并要"朱毛出洋",这完全是以收编战败军阀的态度对待红军。对此,中共方面坚决拒绝,坚持要设统一的指挥机构,朱德、毛泽东不能出国。

当时国民党方面的谈判代表虽有当年参加过共产党、一向主张和共的邵力子,不过有关军事方面谈判的主持人是特务头子康泽。此人早年作为出身黄埔军校的国民党右派学生代表曾留学于莫斯科中山大学,在众多共产党学生包围下就以"反共健将"著称。不过后来证明此人对共产党态度恶劣却并无坚强斗争意志,11年后他在襄阳担任绥靖区司令官时面对冲到碉堡前的解放军,虽抹了一脸的死人血但还是站出来举手投降。在关于红军改编的谈判中,这个康泽多方作梗,最后交给中共的方案是要求改编后的3个师直属国民政府行营,可以再设一个政训处"转达人事、指挥",可以由周恩来任主

1936年秋，蒋介石（左）到西安督促"剿共"，遭到杨虎杨（前左二）和张学良（前左四）反对，促使了西安事变发生。

任，他自己却要担任副主任，并要向各师派出国民党方面委任的副师长和参谋长等大批军官。

毛泽东闻讯后的答复是——"不许入营门一步！"党对军队的绝对领导，是中国共产党建军时不可动摇的基本原则，也是保障党生存的命脉，岂能容许国民党派人到部队中来任指挥职务！何况康泽亲自挑选的这批军官大都是特工人员，他们到红军中来的主要任务是实施收买和瓦解。

这样，尽管双方确定了可以共同对日作战的意向，但具体的合作方式却谈不拢。国民党要以溶化的方式对待共产党和红军，共产党则坚持保持组织和军队的独立性。谈判就这样一直拖延不决，直至卢沟桥的炮声响起。

卢沟桥炮声解决了双方争执

过去人们常说"抗战八年"，近些年来历史书上又通常写十四年抗战，即从1931年"九一八事变"东北抗战算起。不过，东北义勇军的抗战、淞沪抗战、长城抗战、绥远抗战等毕竟都是局部抗战，直至1937年7月7日卢沟桥事变的发生，才终于开始了中日两国的全面战争。

卢沟桥事变发生之前，面对中国停止内战开始实现民族团结的新局面，日本人着急起来。其军部内主张对中国诉诸武力的强硬派更是加紧活动，1937年6月新成立的近卫内阁大力促成战时体制。同月，关东军首脑也提出应在进攻苏联前"对支一击"，即给中国以打击。既然干柴已备，那么寻找点燃的火星就顺理成章,任何偶发或有意制造的事端都必然引起一场大战。

此刻出面点火的,正是日本驻在华北的"支那驻屯军"。1937年5月和6月间这支驻军在北平、天津附近不断举行实战演习,并不顾当地中国驻军的抗议,一再进行武装挑衅。

对于"支那驻屯军"一词,若干年来国内有些翻译者按照中国人的意译将其写为"中国驻屯军",其实这并未表达出日本人当时特定用词的原意。"支那"一词确实是指中国,但却与"中国"并非一个意思。自明治维新特别是甲午战争以后,日本社会上那种"脱亚论"导致的"香蕉帝国主义"也反映在用词上,即在日本社会上出现了一个沿用几十年并为中国人所深恶的名词——"支那"。

"支那"一词,对于现在中国和日本的年轻人来说已不熟悉,然而,在中日两国出现悲剧性关系的年代中,对于中国人来说,这是一个带有国耻烙印的称呼。当时的日本朝野对中国从不以正式的国名相称,而刻意使用"支那"一词,就基本的礼貌而言,如同对人不呼其名而专门称其厌恶的绰号一般。翻阅日本当年的出版物,随处可见到"支那驻屯军""支那派遣军""日支关系""北支治安战"之类的称呼。那些到日本留学的中国青年学生听到此语,肯定会感到刺耳痛心。日本对中国亡国灭种的威胁,令凡有血性的热血男儿无不激动愤慨。

全面侵华战争中,日本一直不承认对华开战,出动大军进攻只称是"支那事变"。

1915年5月7日,日本政府向北京袁世凯政府提交企图控制中国的"二十一条"后,正在湖南长沙师范学校读书的青年毛泽东奋笔写下了"五月七日,民国奇耻。何以报仇,在我学子"的诗句。随后毛泽东还称,二十年后中日总要一战,才能解决问题。

果然,在卢沟桥的炮声响起后,中国国民党和共产党终于联合起来,率领几十年来

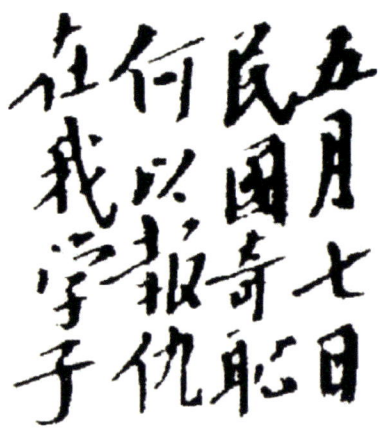

1915年毛泽东得知袁世凯接受日本"二十一条"时愤怒写下的四言诗。

积愤在胸的几亿中国人奋起对日抗战。

在世界史上，一国对另一国发起侵略战争，一般都从国境开始。可是，日本发起的全面侵华战争的地点卢沟桥，却在中国腹地的故都城郊。只此一点，就说明日本早通过以往的一系列入侵深入我国国土纵深，已经扼住了咽喉要道，中国人实在是退无可退，再不抗战实在不足以图存！

卢沟桥在北京城西南10余公里，是北平城向南通过永定河上的重要交通要道，由中国第二十九军第三十七师（师长冯治安）第一一〇旅（旅长何基沣）驻守。1937年7月7日晚间，驻在北京西南丰台镇的日军一个中队，在紧靠着中国第二十九军驻地的卢沟桥边的龙王庙举行夜间实兵演习，随即向驻守在宛平县城的第二一九团（团长吉星文）开炮并发起进攻。中国守军忍无可忍，奋起进行了还击。

国民党方面表现1937年7月7日卢沟桥事变的绘画。

1937年8月8日，日军举行"北平入城式"。

对于日本军队在卢沟桥边的进攻，战时和战后日本国内都有人称其为"偶发"事件，否认日军有意向中国军队发起进攻。然而，即使从日军当时的记录和挑起事变的所谓"理由"看，其辩解的借口都是根本不能成立的。

日军挑起这一事件，并向中国军队进攻的借口有两个：一是遇到"非法射击"，二是一名士兵"行方不明"。据事后"支那驻屯军步兵第一联队战斗详报"记述也可以看出，他们在深夜所遇到的所谓"射击"，也只是听到枪声，不仅没有伤亡，连子弹从哪里飞来都无确切根据。至于一名士兵"行方不明"，日军后来也说明此人很快就已经归队，失踪原因是去附近田地里大便。日军联队长牟田口廉也大佐却在接到"失踪"士兵已归队的报告，并且双方已经派员开始交涉后仍下令攻击，这只能解释为故意挑起事端，为向中国发动武装侵略寻找借口。

卢沟桥事变发生后的形势演变也说明，日本政府虽然一度提出过所谓"不扩大方针"，实际上日军所采取的军事行动却天天在扩大。据日本方面的资料记载，7月8日5时中日两军发生战斗后，当天上午关东军司令部即在植田谦吉司令官的主持下开会，参谋长东条英机提出"应利用这一机会对冀察予以一击"①。

对于卢沟桥事变，东京的陆军部内曾有过两种对立的意见。一种意见是乘这一时机打击中国以贯彻在华北建立"第二满洲国"的政策，被称为"对支一击论"，杉山元陆相、梅津美治郎次官等都强调这种主张。当时强硬派的代表、参谋本部作战课长武藤章大佐（后来升为中将，是战后东京审判中被绞死的七名甲级战犯之一）叫嚣："不只是对支膺惩，还应认为这是实现将北支那作为满洲国缓冲地带的希望。"

与此相对立的，是以参谋次长多田骏、第一部长石原莞尔为代表一派提出的"慎重论"，亦称"不扩大论"。他们认为如果派兵会引起长期战争，因而主张避免开战而专心于对苏联加强战备。这批人实际上也是侵华老手，那个石原莞尔更是制造"九一八事变"的"关东军三羽乌"之一，他们只是主张缓进蚕食而已。

在日本军部内，主张迅速对中国采取进攻行动的一派占有绝对优势，这时日本的大财阀们又大多赞成趁这一时机对中国实施打击，以武力确保日本对中国的经济控制，于是在政界就出现了被称之为"军财抱合"的体制。

7月11日，在卢沟桥附近作战的日本支那驻屯军已经与中国第二十九军达成了停战协议，两军正式停火。可是，同日近卫首相与内阁的外、陆、海、藏相举行五相会议，会上一致认为现地交涉已经没有必要，即使达成协议也要废弃，并同意参谋本部的出兵计划。当天近卫首相又将上述决定上奏天皇裁可。此后的谈判交涉，其实都只不过是争取时间、麻痹对手的缓兵之计。

当时国民党政府从中央到地方当局仍然抱有和平解决争端的希望，甚至在很大程度上接受了日本的无理要求。7月18日，第二十九军军长宋哲元到天津访问了日本支那驻屯军司令部，表示遗憾，承认了驻屯军提出的"关于取缔中共及排日运动等有关条件"。不过此时日军仍然加紧增兵，大规模的进攻已经迫在眉睫。

---

① 日本防卫厅编：《北支の治安战》。

在卢沟桥事变发生后，中国共产党首先向国民党政府和全国各界发出进行抗战的呼吁。中国共产党中央委员会于卢沟桥事变发生的第二天，即7月8日向全国发表号召抗战的宣言。宣言中说：

"全国同胞们！平津危急！华北危急！中华民族危急！只有全民族实行抗战，才是我们的出路。我们要求立即给进攻的日军以坚决的抵抗，并立即准备应付大的事变。全国上下应立即放弃任何与日寇和平苟安的打算。"

尽管这时国共两党谈判已经进行了几个月，但在红军改编和陕甘宁边区政权问题上的争论尚无最后结果，于是，7月14日中共中央决定红军自行改编，等候出动。这时国民党南京政府鉴于日军压境，也感到无法再行退让，在继续对日交涉的同时公开表示了抗战的决心。国民政府军事委员会也调动了部分军队北上，支援在北平、天津地区的第二十九军。

7月17日蒋介石在国民政府的避暑地、被称为"夏都"的庐山发表了谈话，其结语这样说：

"政府对于卢沟桥事件，已确定一贯的方针和立场。我们知道全国应战以后之局势，就只有牺牲到底，无丝毫侥幸求免之理。如果战端一开，那就地无分南北，人无分老幼，无论何人皆有守土抗战之责任。"

这次谈话，确定了准备抗战的政策。蒋介石的这几句话，也为国人传扬一时，成为人皆耳熟能详之词。此后国民党攻击共产党"组织武力，割据地方"，共产党则回答，蒋氏本人不是也讲过"地无分南北，人无分老幼，无论何人皆有守土抗战之责任"吗？那么，为什么不可以在敌后发动民众，建立武装呢？

在蒋介石发表那篇著名的"庐山讲话"的同日，周恩来偕博古、林伯渠也上了山，代表中共中央对国民政府的抗战态度表示坚决支持。接着，日军于7月28日占领北平，7月30日占领天津。日本人对华北的大举进攻，终于使南京政府改变了前一阶段的犹豫态度。

8月6日，国民政府军事委员会在委员长蒋介石的主持下召开了第一次国防会议。中央政府及各地军政首脑都出席了会议，并邀请中共领导人参加。毛泽东没有去南京，周恩来、朱德、叶剑英等前往参加会议。

蒋介石在国防会议上说："目前冀察问题不可能局部解决。如果以长城划疆界，长城以内的资源，日本不得有丝毫侵占行为，这我敢做。要知道日本是没有信义的，他就是要中国的国际地位扫地，以实现他为所欲为的野心。我们的国家不抗战就要灭亡。"

从合作走向决战
——中国共产党为什么能战胜国民党

全面抗战开始后,南京政府发出《海陆空军抗敌出师图》宣传画,事实上中国军队远没有画中那样装备精良。

这番话虽然暴露了国民党当局抗战的不彻底性,即只想以长城为界,实际默认日本制造的伪满洲国,不过毕竟宣布要实行抗战,这比起过去的不抵抗和节节退让已是一个很大的进步。

为制止日军继续向华北深入,国民政府军事委员会于8月中旬调整了防御部署,以北平以北的南口和保定以北这两个方向为防御重点,增调部队,并确定重叠配备、多线设防的方式,逐次消耗敌人,以求争取时间。同时,蒋介石还以全国拥护的最高统帅地位,要求各省部队和红军都出动到抗日前线。在举国"工农兵学商,一齐来救亡"的抗日呼声中,原先划地自守的各个军阀差不多都表示要派兵到抗日前线,远在深远后方的四川各军阀也都通电全国"请缨杀敌"。

既然各省都表态要服从中央抗日,蒋介石也有了摆布和收拾他们的理由。例如四川在抗战前由十几个军阀各自割据,这些大都出身于绿林并靠拖枪杆子起家的武夫们,互相抢夺地盘,年年内战不已。征战之际,军阀们刮地皮也到了骇人听闻的程度。他们为了养兵和自肥,设立的苛捐杂税名目繁多,即使如此还不满足,通常还要预收粮税。在国民党中央势力入川的民国二十四年,也就是1935年,四川许多县份的粮税已经预征到了1961年!如此这般,搞得这个天府之国四野民穷财尽。与此同时,这些各霸一方的土皇帝们,却个个田连阡陌,甲第连云,妻妾成群。像大邑县那个驰名全国的地主庄园,就是刘文彩依仗他军阀兄弟刘文辉的势力,在短短几年内靠搜刮民财建立起来的。他们称雄割据,只是名义上服从南京政府,并不许中央军入境一步。

军阀统治下"富者田亩阡陌,贫者无立锥之地"的强烈对比,当年自然激起剧烈地反抗和社会动荡。民国之后四川民变不断,1932年红军第四方面军遭国民党中央军"围剿"被迫撤出鄂豫皖苏区西进后,仅仅有1万多人进入川东北。入川后红军宣传队员们登高振臂一呼,衣衫褴褛的穷苦人顿时应者云集,红四方面军迅速发展到8万余人。四川军阀们无法对付,只好请蒋介石的嫡系胡宗南部从陕西入川,薛岳率领国民党中央军也跟随着万里长征的中央红军从后面追击,渡过金沙江、大渡河,从南面进入了这块长年对外封闭的内陆盆地。

"请神容易送神难。"虽然红军被打走了,但国民党中央势力却乘势控制了四川,并强迫各路川军"整编"。这些长期称霸当地的土皇帝、地头蛇尽管内心不满,可想到蒋介石毕竟与共产党、红军不同,不会"共"他们的产,自己搜刮民脂民膏设办的田地、建起的公馆和娶纳的妻妾还能保留如故,也就兵不血刃地乖乖服从了。在"青天白日"的旗帜下,那些平日"格老子""龟儿子"不离口的川军军长、师长集合起自己的"双枪兵",先是狠狠地吸上一口烟,然后咳嗽一声说道:

"弟兄们都给老子好好听着:格老子来了命令。从今天起,我们就听老蒋的、听中央的了!哪个不服从就是龟儿子!"

抗战爆发后,在全国一致抗战的气氛下川军也大都上了前线。首批部队奉调增援山西后,当地的土皇帝阎锡山就骂这些部队是"抗日不足,扰民有余"的"土匪军"。四川军阀部队的素质确是糟不可言,不过广大军民出于保卫祖国的同仇敌忾,仍有过慷慨悲歌上战场的一幕。卢沟桥和上海的炮声一响起,远在内陆的四川民众也群情激奋动员和欢送各派川军上前线。各界代表在会上表示,过去在内战中相互厮杀毫无意义,如今与侵略祖国的民族敌人相拼才是为国为民尽力。不少人还以诸葛武侯率蜀汉大军出征的事例相激励,那些衣衫单薄的士兵首次在民众的夹道欢呼声中走向了华北、华中战场。川军也有许多部队基于民族大义,与日军浴血拼杀。在台儿庄附近的藤县战斗中,川军第一二二师师长王铭章率全师坚守孤城三日,最后几乎全部殉国,写下抗战史上英勇悲壮的一页。不过,蒋介石调川军出老巢,"醉翁之意"却不在军事方面。一方面,蒋介石借口前线兵力不足,将战斗力不强的川军除西康的刘文辉部外几乎都调上前线;另一方面,实力雄厚的中央军却源源开入了后方四川。当地那些老军阀除了在公馆里、茶馆里摆龙门阵逞点威风外,作为大后方的四川完全成了中央系统的天下。

蒋介石不仅对待川军如此,广西的李宗仁、白崇禧将桂军开赴华中抗日战场后,中央系也接受了广西省政。此后,中央军又以抗战之名开进云南,甚至在盛世才反共后还"西出阳关"开入新疆。这样,除了沦陷区、西藏和共产党领导的区域外,在抗战期间蒋介石完成了对国内其他地区的控制。

尽管蒋介石确定对日作战含有私心自用的目的,不过采取对日抵抗方针还顺乎了全国民意。当时全国各党派、各阶层甚至包括各主要军阀一致参加抗战,这一情况完全出乎日本军阀的意料。日本陆相杉山元在主张"对支一击"时,认为一个月就可解决"支那事变"。日本参谋本部支那课的军官们甚至叫嚣:"只要内地有动员的声音或运兵车通过山海关,支那方面就会屈服。"然而,他们遇到的是中国人民不屈服的意志和顽强的抵抗。正如一年后武汉国民参政会召开时一名年纪最大的参政员所说,7月7日这一天是中国历史上永远值得纪念的日子,意义比"双十"节还要大。从这一天起,中国人对日本不再退让了,而是开始了挺身抵抗!

华北抗战开始后,上海方面又很快进行了"八一三"抗战。中国从南到北都卷入到这场规模空前的民族战争中。对于上海战事是谁开的第一枪,后来也曾有过探讨。不过严格来讲,一场大规模战争中的这些细枝末节并不重要。日本进攻上海早在预定的计划之中,在华北发起大规模进攻的同时,日本参谋本部于7月29日拟订的作战计划规定:"击败平津地区的中国军队确保该地的稳定,作战地区大体上限定在保定、独流镇以北。根据情况,以一部兵力在青岛、上海附近作战。"当时,日本政府已命令居住在长江流域的日本侨民撤退回国,在上海的日本海军陆战队及武装日侨组成的"上海商团"都进行了临战动员。随后,出现了日本海军陆战队官兵两人强行闯进中国保安队守卫的上海虹桥机场事件。

日本政府以8月9日闯虹桥机场的两个日本军人被击毙一事为借口,10日在内阁会议上即决定向上海出兵两个师团。当时中国没有正规军在上海,为应付紧急情况并争取主动,国民政府军事委员会命令德式装备的第八十七师、第八十八师穿上保安队的服装,于8月11日进驻上海,并以海军封锁长江口。在这种双方都剑拔弩张的形势下,8月13日张治中率领的入沪部队在日租界附近修筑工事时与日本海军陆战队开始交火,著名的"八一三"抗战开始。

上海抗战开始后,蒋介石随即投入了南京政府的多数精锐部队,固然体现了中国方面的抗战意志,实际上也反映了国民党当局对国际干涉的幻想。当时任第五战区司令长官的李宗仁对此分析说:

"在蒋先生想来,上海是一个国际都市,欧美人士在此抽下大量资金,如在上海和敌人

卢沟桥事变后,上海又开始了"八一三"抗战,这是当时的宣传画。

用全力火拼一番,不特可以转变西人一向轻华之心,且可能引起欧美国家居间调停,甚或武力干涉。"①

西方人确实曾出面干涉,8月中旬美英等西方国家驻华大使联合发出通告,要求不要使战火扩大到上海,并出面调解,可是日本根本不予理睬。70年前想"脱亚入欧"的日本人,此时自感羽翼已丰,对欧美人也不买账。蒋介石孤注一掷迅速求和的幻想就此破灭,日本人的速胜梦也未做成,只有中国共产党人预见的持久战局面随后在中国大地上出现。

由于日本人打上门来,长期拖延不决的国共谈判也有了结果。在南京召开国防会议时,蒋介石与周恩来谈到红军改编问题时态度有很大让步,设立统一指挥机构得到同意,国民党可不派指挥人员而只在各师设联络参谋。对南方红军游击队,也可以再编一个军。总之,这时蒋介石急于把共产党和红军调上前线去打仗,至于诸多的麻烦事,他认为可以由日本人来解决。

8月18日,蒋介石以国民政府军事委员会的名义同意将红军改编为第八路军,设立总指挥部,以朱德、彭德怀分别任正副总指挥。同时,南京政府也公开表示了与苏联合作的态度,于8月21日签订了《中苏互不侵犯条约》,宣布接受苏联援助。8月22日,国民政府军事委员会公布了将红军改编为国民革命军第八路军的命令。其实,这种姿态在很大程度上是做给日本人看的,分

---

① 《李宗仁回忆录》第五十章之(五)。

明是表示说：你若再逼我，那我就要赤化了！

军事问题虽勉强达成协议，但国共两党关系的政治问题却没有解决。

戴国民党军帽的不平等合作

卢沟桥事变和"八一三"的炮声使国民党同意与共产党一致对日作战，然而，合作的形式却是极其特殊和很不平等的。

中国共产党在抗日战争开始时就宣布实现了国共合作，以后在史书上也一直如此说。可是查蒋介石在历史上的讲话，以及国民党中央发布的文件，却从来没有用过"国共合作"一词。卢沟桥事变后周恩来于7月14日上庐山时，将《中共中央为公布国共合作宣言》这一文件交给蒋介石，希望能够发表。蒋介石开始还提笔改了两个句子，随后却又压下不发。其原因是显而易见的，因为以政府名义发表中共这样的文件等于承认了国共合作这一概念。

周恩来后来对蒋介石这一心理有一段描述很贴切，可谓入木三分：

"他们原则上不承认中国有阶级的对立，不承认共产党与国民党有对等的地位，甚至不承认其合法的存在；然而它是怯懦的，只要事实的发展不危害到它的基本利益，同时，事实的存在已成为不可改变性，它也只好承认事实……因此，中国的统一战线不仅是不平等的，而且是不公开法定的，它只是在不得已的默认中形成，在习惯中发展。"[①]

此后，蒋介石又坚持当初停止剿共时的态度，以居高临下的姿态讲什么"允许共党输诚"。李宗仁也只是到1949年年初向中国共产党求和时才公开讲什么希望"国共合作"，不过到此时如此说只能使人一笑。

国民党首领的这种态度也并非偶然，因为他们在历史上对待共产党的态度从来就是不平等的。严格而论，当年孙中山也没有用过"联共"一词，只是用"容共"一词，因为在他看来，有党员数十万的国民党只能与苏俄这个大国联合，对只有几百人的共产党只不过是"容纳"其加入以补充新鲜血液。孙中山去世后，左派人士和鲍罗庭等对这位领袖当年的做法加以总结，从而概括出"联俄、联共、扶助农工"这三大政策。蒋介石对共产党也只讲到"容"，后来又加了三点水变成"溶"，这倒恰如其分地表现了他的内在用意。

按照中国共产党于1935年发布《八一宣言》时的打算，是准备与国民党

---

① 《周恩来传》，人民出版社、中央文献出版社1989年版，第454页。

和其他党派建立抗日联合政府，红军参加抗日联军。可是这一打算未能实现，关键在于实力相差悬殊。西安事变前，中共中央曾计划以西北的8万红军再联合17万东北军、4万西北军，建立三位一体的"西北联合政府"，控制大西北，背靠苏联，从新疆方向打通国际路线，得到武器和物资援助，这样共产党在全国抗日统一战线中的地位发言权就大不一样。可是由于两件事出了差错使这一计划流产：一是东北军被蒋介石调出并控制，二是红军西路军覆没于河西走廊。

西安事变发生后，张学良未听周恩来之言，送蒋介石回南京请罪，结果被扣留不得返。东北军群龙无首，加上其底子是由张作霖的胡匪队伍演变而成，素质很差，经不起蒋介石的威胁和特务的收买拉拢。1937年2月初，东北军因无人能控制而出现少壮派发起的"二二事变"内讧，国民党中央军乘机进兵西安，东北军面临着东调安徽和西去甘肃两种选择。此时军中多数将领不愿西去贫困的甘肃，只要蒋介石能给他们发饷就愿意东出潼关，于是不再与红军联合而听命开拔，此后被蒋介石分散调配，整个东北军系统就此瓦解。

东北军一走，杨虎城的西北军孤掌难鸣。他本人听命出洋，部队也被蒋介石收编。等到抗战开始后杨虎城从美国回来，未赶到原部队就落入戴笠的特务之手。据说蒋介石对张、杨二人是名副其实的恨之入骨，因为蒋介石在西安事变中爬墙逃跑时摔伤了腰，只要天阴时感到骨髓疼痛，马上就会想到张、杨二人。1949年9月，蒋介石到重庆应付残局时，特务头子毛人凤询问是否再把杨虎城转到台湾关押，这位当时名义上已经下野的"总统"恨恨地说："若不是他和张学良作乱，共产党早叫我消灭了，哪里会有今天？搞掉算了。"再问一同关押的幼子、幼女如何处理时，蒋介石也恼怒地回答说："还留着干什么？"结果几天后，杨虎城及其子女就在戴公祠被军统特务手刃。此事既显示了蒋氏之残暴，也说明其对杨虎城衔恨之深。据说张学良掌握着蒋介石的一些秘密并由其亲属放在美国的保险柜中，所以虽被长期监禁却留得一命。

原先与红军合作的东北军、西北军分别被调走和改编，"三位一体"的西北联合局面瓦解。1937年3月，红军的西路军又在甘肃河西走廊被马家军消灭，打通国际路线背靠苏联并得到武器物资援助的希望也落空。红军实力削弱，谈判中的地位自然要降低。

当时贫瘠的陕甘宁边区没有外援，停止对国民党的内战后又不能再打土豪，因此很难养活许多人员，于是不得不向国民党方面要求发饷，经济上的困难自然影响到政治发言权。西路军失败后，西北红军虽扩充了些人员，然而将所有脱产人员包括延安的学生和医院里的残废军人都算上，总数也只有7.4万人，其中总部机关4000人，野战军4.2万人。而国民党政府有170万军队，其中虽多半是各省地方军，但中央军却也有60个师80万人之众，双方的实力不成比例，建立全国性的"联合政府"和"抗日联军"的要求根本不可能被国民党接受。

在这种力量对比下的红军改编，共产党在形式上所做的让步就只能更大一些。在国民党保证发饷并不加吞并的前提下，红军名义上要编入"国军"中去。当时任八路军副总司令的彭德怀就说过："蒋介石根本没有承认统一战线。工农红军要改编为国民革命军，强迫戴国民党军队的帽子，与国民党军成一种隶属关系；企图改变八路军性质，同化于它的体系，根本没有承认合作。"①

红军改编为八路军时，干部战士最感痛苦的就是摘下代表"五大洲"即争取世界革命胜利的红五星八角军帽，戴上过去长年作为瞄准目标的青天白日徽军帽。而且认真追溯起来，这种后来人们在电影上看惯了的八路军、新四军的帽子（其实是国民党的军帽）式样，原出自德军。蒋介石在20世纪30年代初全面学习纳粹德国，连服装也加以仿照，向当时的全部"国军"推广了这种仿德式军帽。红军整编时，许多人在举行仪式并换帽子这一天都放声大哭，有些人索性说："我宁可回家种田，也不戴青天白日帽子。"

作为一种暂时的忍让，八路军、新四军的首长做了许多工作，才使全军干部战士忍痛戴上国民党军帽。毛泽东本人却从来不戴这种帽子，出席党内会议仍然头顶八角帽，只是上面不再缀红星，其寓意是同志们一看即明的。其实，以后八路军官兵除了在"统战场合"即与国民党军会面之外，平时的军帽上也不缀上内心憎恶的青天白日徽，领子上也不佩国民党授予的军衔章。到了皖南事变发生，留下的这种军徽都在激愤中被砸碎，此后多年人们看到的共产党军队是一支军帽上没有军徽的队伍。

虽然有强迫戴国民党军帽并编入其序列的不平等形式，不过南京政府同意停止内战（不过蒋介石从不用"内战"一词，只称"剿匪"或"讨逆"），吸收红军参加共同对日作战，这在事实上是同共产党合作，只是国民党以妄自尊大的态度居于国内各党派之上，不肯用"合作"之类的名词。也正是由于这种原因，国共之间的关系长期在政治上没有明确定义，处于一

---

① 《彭德怀自述》，人民出版社1981年版，第226页。

种严格来讲是"名不正、言不顺"的状态之中。

国民党当年与共产党打交道时总以"政府"和"中央"自居，而不是以党的身份出面。而在中国共产党人所写的历史书上，"国民党政府"和"国民政府"这两个词一般是混用的，而且基本用前一个名词，这也符合实情，因为国民政府是完全由国民党一党掌握的政府。按照孙中山早年所制定的建国大纲，就是以党治国，不过他临终前主张召开各党派参加的国民会议，表现出其思想已开始有所改变。然而，孙中山的不肖门徒们后来为实行一党专制，死抱着建国大纲不放。从20世纪30年代中期在广州建立国民政府直至1946年秋召开伪国民大会粉饰性地拉来青年党、国社党入阁作为陪衬为止，国民政府在二十多年里一直按照由国民党先行"军政"、再行"训政"的原则，所有政府成员的人选和施政方式都由国民党中央决定，甚至非国民党员者不能在政府当官。国民党"党歌"，即"三民主义，吾党所宗……"还被法定为中华民国的"国歌"。（一党的党歌与国歌混同，除国民党外世界上还有苏联一度采用的《国际歌》也是如此。）所谓"党国"者，名副其实是国民党与国家政府混为一体，党的"总裁"（为避孙中山"总理"职务之讳而设此称，后蒋经国继职后又避其父职之讳改称"主席"）蒋介石又按封建会党传统和兼收孙中山"以俄为师"的组织形式，掌握一切决定权，于是变成"朕即国家"，在西方人眼中也是标准的独裁政体。

可惜国民党的统治虽有独裁的恶例，却无独裁的效率，虽不承认其他党派又没本事将其吞并。尤其是对于共产党，十年也未"剿"灭，此时只好再"容"，却又不能认可其合法地位。整个抗日战争期间，中国共产党在国内政治舞台上发表观点的合法场所，只有1938年才设立的国民参政会。毛泽东、周恩来、王明等都是被国民党当局指定（注意：不是选举）的参政员。这个参政会不同于西方有立法权的议会，唯一的权利是向政府提出建议以备"咨询"，只起个粉饰独裁专制的花瓶作用。尤其可笑的是，由于国民党当局不愿承认共产党组织和其他党派在政治上的地位，更不愿承认中共军队的独立性，因此邀请中共人员加入国民参政会时，只承认其是"文化团体"的个人代表而非党派代表，其依据又是参政会条例中"曾在重要文化团体和经济团体服务三年以上，著有信望"的规定。

对此，毛泽东曾以嘲笑的口吻说："我们不是'文化团体'，我们有军队，我们是'武化团体'。"[①]恰恰是由于有军队这一点，蒋介石对这个他

[①] 《毛泽东选集》第四卷，人民出版社1991年版，第1128页。

恨之入骨、一直不愿正式承认的"文化团体"却又不得不在对日作战中加以利用。就此，国共双方在抗战中形成了一种如同周恩来所概括的"默认中形成""习惯中发展"并充满矛盾的合作关系。

总之，假如抛开对外发表宣言或谈判时冠冕堂皇的语言，蒋介石在抗日战争开始时对待共产党的态度就是仿照过去封建王朝的做法，即采取"招安"的态度。国民党当局用收编军阀的态度对待红军，想以给番号和发一点军饷的办法，把八路军、新四军推向抗日第一线，此后又赞成共产党到日军后方发展，其目的都是想让日本的飞机大炮来消灭自己经过十年内战都没有消灭的对手。

对于共产党之外的国内其他军阀，蒋介石用的也是这一套。抗战开始后，东北军、西北军、晋绥军、川军、滇军、桂军、粤军等"杂牌"武装都被中央系统以"抗日"之名推到最前线，一般又在中央嫡系的监视下担任最危险的任务。这些军阀都知道蒋介石是借外战之机消灭异己，因此大都竭力避免打硬仗，想方设法保存实力。然而有韩复榘临阵脱逃被处决的前例，加上抗战毕竟是大势所趋人心所向，因此还不能不打一些拼消耗的恶仗。结果这些杂牌军受到损失后国民党中央一向极少补充，一些损失重大的部队还被中央军借整编之名兼并了。到了抗战后期，以黄埔军为基础扩建的中央军的番号数量较之抗战开始时增加了1.5倍，较之北伐开始时更增加了20倍，达到140个师，而且各师人数和武器装备又远胜于杂牌军。此时各地方军阀部队不仅实力日削，番号数还有所减少，如此蒋介石还不满意。据《李宗仁回忆录》称，临近胜利时蒋介石向军政部部长何应钦索要全国军队的番号名册，仔细计算了一下，发现非黄埔中央系的军队还有近140个师，于是大为不悦地说："打了八年，怎么还有这许多番号？"

这显然是埋怨对杂牌军太宽容姑息了。于是陈诚马上起来攻击他的对手何应钦，声称若是我陈某在其位、谋其政，早就把他们消灭光了！蒋介石马上解除了何应钦担任了十几年的军政部部长之职，由陈诚代之。其实何应钦的失宠也有点冤枉，他对消灭异己已经尽了大力。多数杂牌军虽然番号还存在，但其内部多已被中央军派出的军官（如副职、参谋长大都由中央委派）控制，并受到军统特务渗透，已经不能不事事服从蒋介石了。国民党内部的"军令政令统一"，除了云南省一个倔强不听命的军阀龙云外，基本已经完成。

蒋介石虽然成功地对付了其他军阀，但对共产党采取这一套的结果却适得其反。共产党领导的军队也到了抗日前线，却根据毛泽东的英明决断，以敌后为发展方向，在国民党抛弃的大片地区内建立起根据地。结果，八路军、新四军挺进有了十几倍、几十倍的发展,从长城内外到大江南北建立了十几块抗日根据地,不但未被消灭反而日益发展壮大起来,使国民党头目们气得搓手顿足、徒呼奈何!

洛川一会定方向

1937年8月,华北、上海两地开始全面抗战后,拖延未决的国共谈判才有了实质性进展。红军改编后,中国共产党迫切需要解决的是发展方向问题。

根据国共两党达成的协议,共产党领导的红军接受国民政府军事委员会改编,名义上成为国民革命军的一部分。中国共产党是在全国范围内最早提出对日作战号召的团体,开赴抗日前线是毫无疑问的。此时的问题在于应出多少兵、向什么地方发展及如何处理与国民党的关系。总的目标是要达到既要避免遭借刀杀人的毒计,又要在抗日斗争中发展自己。

在这一关系到中国革命前途,也关系到国共双方多年角逐成败的关键问题上,毛泽东显现出他在全党过人的高超之处。早在国共实现合作前一年即1936年夏,他在陕北会见美国记者斯诺时,就曾对中日战争爆发后的前景做过一番预测,斯诺对此回忆说:

"他要我预先设想到日本将赢得所有重大的战斗,占领了主要城市和交通线,而在战争初期,就摧毁了国民党的精锐部队。继后产生的是一个持久斗争的局面,在这个局面中,红军游击队将起主要的作用,国民党的力量荡尽以后,红军的力量就迅速壮大起来了。"

"主席向全世界和中国人民说的话,我都逐字逐句地记录了下来。研究载于我写的《红星照耀中国》(译按:即《西行漫记》)一书中纲领的人,都可以看出,当日本人把国民党和西方国家从中国通商口岸和城市赶走,从而留下一种政治真空时,共产党人是多么愿意奔赴广大的内地,并把农民组织起来。"①

毛泽东在全国抗战爆发一年前就预想的计划,是在战争开始后就向日军后方的"政治真空"地带发展。国民党当局要红军前出抗日前线时,在作战任务的安排上却想划分一段正面战线让共产党的军队承担。毛泽东则向出席南京国防会议的中共代表周恩来、朱德、叶剑英指出:向国民党要求"游击战以红军与其他适宜部队及人民武装担任之,在整个战略部署下给予独立自

---

① 斯诺:《我在旧中国十三年》,三联书店1973年版,第73~74页。

主的指挥权"①。

根据毛泽东提出并明确向蒋介石说明的这一方针，中国共产党只能在战略方向上接受国民党的要求，不能接受具体的战役指挥和正面战场的一段战线，而要向敌后进发，由自己在战略上独自担负作战任务。例如，当时中共中央同意接受在山西东北部这一方向作战的任务，具体作战方式则无须国民党方面指挥和过问。当时蒋介石急于要红军开赴战场并想借刀杀人，对此问题在原则上予以同意。

8月22~25日，中共中央在陕西中部的洛川县召开了政治局扩大会议。之所以选择这个地点而不在延安开会，是因为当时正等待改编的红军大都集中在较富庶的陕西中部（陕北缺粮养不起大军），高级将领们参加会议方便。

在中共中央的洛川会议上，到会者曾提出过一些不同意见。在重大的战略转变时期，党内出现认识上的不一致其实属于正常现象，不能像后来动辄上升到"路线斗争"的高度。毛泽东在会上根据红军的特长及与国民党达成的协议，提出了"独立自主的山地游击战"的战略方针，确定作战地区主要为日军主要进攻方向的河北、察哈尔、山西、绥远四省交界。这样，就确定了两项最重要的原则：

一是独立自主，即如毛泽东随后所解释的那样，"南京只作战略规定，红军有执行此战略的一切自由"。这样就能粉碎国民党的吞并和借刀杀人的阴谋。

二是山地游击战，并以日本占领区为作战方向，同时如毛泽东所强调的"坚持依傍山地不打硬仗的原则"②。这样就能有效地发挥自己的长处，并在长期的战争中积蓄和发展力量。

会上多数人赞同毛泽东提出的这一方针，不过有些党内领导者习惯于过去长期与国民党军打惯了的运动战，因此提出了"运动游击战"的口号。"运动"这二字放在前面，内容就有很大不同，这实际上是还想同强大的日本军队打大仗，未充分认识到游击战的战略意义。以后的斗争实践，充分证明了毛泽东提出的方针无比高超。

1937年8月25日，中国共产党发表了朱德总指挥、彭德怀副总指挥的就职通电，红军改编为第八路军（简称八路军），下辖3个师，人数编制为4.5万人，国民党当局照此数发饷发服装。其实，当时在陕北的红军野战部队共有八路军4.2万人，其他编余人员一部分改为地方武装，一部分作为补充兵员。

---

① 《毛泽东军事文集》第二卷，军事科学出版社、中央文献出版社1993年版，第22页。
② 《毛泽东军事文集》第二卷，军事科学出版社、中央文献出版社1993年版，第44页。

二 十年仇敌，共御外侮

油画《黄崖洞保卫战》描绘了八路军在敌后艰苦奋战的场面。（李明峰作品）

八路军举行誓师大会后，即开赴抗日前线，不过在出师路线上也颇费了一番考虑。当时国民党当局想在出发路线上做文章，将原红军分割使用。为此，蒋介石让中央系统的人躲在幕后，让两个身为杂牌的桂系将领出面，由副总参谋长白崇禧和军委会第一部部长黄绍竑向八路军下达命令，要求以两个师从陕西渭南上火车，经同蒲铁路到山西北部代县下车参战；以一个师经陇海铁路转平汉铁路，在河北徐水下车，到冀东开展游击战。

对此，毛泽东和张闻天马上复电在南京的周恩来、叶剑英，指出"黄白案"将红军分割出动，其中包含着极大的阴谋，坚决不能同意。为防止国民党暗算，中共中央决定"谢绝"国民党军委会的"好意"，不乘车走陇海铁路和平汉铁路，而是徒步由陕甘宁边区东面的韩城渡口过黄河，进入当时与中共统战关系较好的山西境内。因为一旦坐上火车，别人把你向哪里拉就可能身不由己了，还不如自己的两条脚走偏僻的道路可靠。

在出兵数量上，国民党原要求八路军全部出动。考虑到当时中共唯一的根据地陕甘宁边区的安全和其他因素，开始毛泽东提议先出三分之一，后来经考虑认为多出有利，决定出师3.2万人。毛泽东又强调，"红军全部开出是蒋之要求""蒋在陕甘有十个师，以便把我们全部送出去，他则稳占此后方"①。为此，中央军委决定在陕甘宁边区仍留1个旅部和9000人的正规部队，组成八路军留守兵团守卫边区。

① 《毛泽东军事文集》第二卷，军事科学出版社、中央文献出版社1993年版，第25页。

27

9月23日，因国民政府统一调整了全国战区和作战部队番号，八路军按照抗日作战的战斗序列，改称"第十八集团军"，隶属第二战区。第二战区司令长官由山西老军阀阎锡山担任，负责晋绥地区的作战。此后，朱德的正式官衔也由"总指挥"变为十八集团军"总司令"，并兼任该战区副司令长官。第八路军这个番号其实仅仅得到一个月后就被国民政府军事委员会改换，可是中共中央要求部队对外仍称八路军，只是对国民党当局上报文件时用十八集团军番号。后来所称的"八路军总司令"一衔并不符合国民政府的军队序列表，因为八路军只有"总指挥"，第十八集团军才有"总司令"官衔。

当时中共中央要求不改称呼是出于政治考虑，包含着与国民党斗争的寓意。因为"集团军"是战争中的临时作战序列，可以随时更改，国民党政权日后能够据此取消共产党军队的公开名目；某军、某路军则是比较固定的编制，不易取消。何况当时"八路军"一词已经在华北叫响，好记好称，从群众影响着想也不便随便改动。结果，八路军这一番号尽管在国民革命军的序列表上早已不存在，却在以后一直叫了多年，威名震天下，影响远及国统区、日本统治区和世界各国。严格来讲，此称呼已经由序数词异化为名词，变成中国革命军队的代称。直至解放战争前期和中期，根据地军民还习惯性地将人民解放军称为"八路"，共产党的敌人也是长期如此。国民党刚刚逃往台湾后，台湾的公共汽车、电车的号序中居然都取消了第8路，因为乘车者在站台一听到"八路来了"就心惊肉跳。1950年中国出兵朝鲜时，对面南朝鲜军的上层军官因多数毕业于日本和伪满的军校，过去对中共军队也习惯称"共产军"和"八路"，因此当时韩国报纸上报道发现中国人民志愿军的消息时，用语是"发现对面之敌已非北傀部队，而是八路军"。

这一日后"威名天下扬"的八路军渡过黄河后进入山西北部，正值日军长驱直入雁北。9月下旬，日军进攻雁门关、平型关方向时，经华北军分会负责政治决策的任弼时当机立断决定，八路军第一一五师在师长林彪、副师长聂荣臻（此为当时按国民革命军编制的对外称呼，实际上聂荣臻为政委）的指挥下伏击日军第五师团第二十一旅团和补给部队。平型关战斗发起前，原定由八路军与国民党晋绥军共同进行这一战斗。由于国民党军消极作战，未能及时出击，战斗任务主要由八路军担负，因而未能对日军达成歼灭，影响了预定作战任务的完成。此次战斗，八路军击毙日军1000余人，击毁汽车100余辆，缴获步枪1000余支、军大衣1万多件，以及其他军用品。

八路军出师后首战平型关取得胜利，在全国范围内极大地扩大了中国共产

油画《激流——八路军一一五师奔赴平型关》。(张庆涛作品)

党的影响,鼓舞了军民的抗战意志。不过平型关战斗的规模不大,在战略全局上尚不能起到重要作用。而且通过这一仗的实践,八路军也认识到自己面对的是一个战斗力远远高于国内战场上以往对手的日本军队。那些深受武士道灌输的东洋兵战斗极为顽强,在战场上虽想活捉敌人,但无一降者,双方的伤兵都扭在一起相互咬打。平型关一仗中八路军占据极为有利的地形,又采取突然袭击,可是付出的伤亡代价仍与日军基本相等,而且损失的大都是经过万里长征的老骨干。国民党当局虽然对八路军予以嘉奖,但却基本上不给武器弹药方面的补充,继续打这样的硬仗或打大的运动战对八路军是不利的。

此时,毛泽东从敌我友三方的实际情况出发,特别强调八路军应坚持的"根本方针是争取群众,组织群众的游击队。在这个总方针下实行有条件的集中作战"。[1]

根据以毛泽东为首的中共中央军委的指示,平型关战斗后八路军一面仍以一部分兵力以游击袭扰的方式配合国民党军进行防御,一面分兵发动群众,在日军后方建立根据地,形成全面展开的局势。

在晋东北方向,在一一五师副师长聂荣臻的指挥下,八路军只以2000人的兵力开展游击战,就占领了数十个县城,并建立了华北第一块根据地——晋察冀根据地。这一"模范根据地"的建立,证明了在日军后方完全可以站住脚,并有最好的发展条件。当时国民党政权和军队已经逃走,日军因兵力不足只能占领少数城镇和交通线,广大农村形成几不管的空白地区,由老红军骨干组成的八路军所到之处,只要做好群众工作,振臂一呼就有无数人响应。一个排、

---

[1] 《毛泽东军事文集》第二卷,军事科学出版社、中央文献出版社1993年版,第66页。

从合作走向决战
—— 中国共产党为什么能战胜国民党

一个连就能占领一个县，而且利用搜集到的国民党溃败时丢弃的大批武器，能很快扩大部队。在抗日救国的旗帜下，动员各阶层参军也远比土地革命时期有更广泛的群众基础，如晋察冀军区的部队在几个月里就扩大到4万人。当时连五台山的年轻和尚都有几千人入伍，这

毛泽东同延安农民在一起聊天，党和群众打成一片是共产党人力量之所在。

固然与战乱中香火布施断绝而难以再享供养有关，民族大义的动员也是基本原因。当时和尚们参军的口号就是——"我们虽然出了家，可还没有出国！"

实践证明了毛泽东确定的向敌后发展方针的正确性，以五台山为中心建立起来的晋察冀边区也给全国解放区树立了榜样。毛泽东以后也盛赞道：过去有个和尚鲁智深大闹五台山，如今是聂荣臻大闹五台山，聂荣臻可比鲁智深厉害多了！

在建立晋察冀根据地的同时，贺龙、关向应率领的八路军一二〇师进入晋西北地区以后，活动在神池、宁武、朔县一带，并进逼大同，发展了晋北游击战争，随后创建了晋绥根据地。不过，因这一地区太穷困，兵源财源均缺乏，一二〇师主力以后又向东和向北发展。

平型关大战后，一一五师主力因伤亡较大，撤到晋西南休整补充，随后又在那里建立了吕梁根据地，并背靠陕甘宁边区，形成了八路军前方部队与总后方的战略通道。

1937年年末，刘伯承、邓小平率领的八路军一二九师进入山西东南，在太行山南部建立根据地，一曲《在太行山上》从此响彻大地。通过发动群众和向周围发展，这块根据地很快纵跨四省交界的广大地区，成为晋冀鲁豫根据地。

1937年11月太原失守后，毛泽东于11月12日指出："在华北，以国民党为主体的正规战争已经结束，以共产党为主体的游击战争进入主要地位。"[1] 此时，八路军在山西敌后已经基本完成了战略展开，随后依托各根据地广泛

---
[1] 《毛泽东选集》第二卷，人民出版社1991年版，第358页。

一 十年仇敌，共御外侮

油画名作《巍巍太行》表现了八路军领导人在太行山区领导建立根据地的情景。（张文新作品）

开展了敌后游击战，日军虽然深入了华北，然而他们的后方却变成新的前线，中国共产党人也有了新的广阔空间驰骋纵横。

是否建立新四军之争

当华北和上海方面抗日的战火燃起之后，南方的红军游击队改编问题经过艰难的谈判才得到解决。

1934年10月中央红军长征北上后，留在江西、福建、广东、浙江、湖北、湖南、河南、安徽这八个省内的红军游击队进行了艰苦的三年游击战争。正像陈毅在《赣南游击词》中所描绘的，每天差不多都在山林中过着"天将午，饥肠响如鼓"的日子。许多人都说，长征苦，可是也比不了三年游击战争苦啊！后来在党史研究中，一般也都认为长征、南方三年游击战争和东北抗联在密林中的奋战这三项斗争为艰苦之最。

南方游击战争最艰难困苦的时候，恰恰又是西安事变和平解决、西北地区的内战基本平息之后的1937年上半年。蒋介石一面与共产党谈判红军改编，一面却命令限期"剿灭"南方"残匪"。他见周恩来时根本回避谈及南方游击队，只想早日造成那里的红军余部已不存在的既成事实，免得在西北的红军改编后再出现一个南方红军的改编问题。此时中共中央与南方各游击队早已失去了联系，对那儿的情况也不了解，只得秘密派人去寻找联络。

国民党军的大规模"搜剿""清剿"一直持续到卢沟桥的炮声响起，

因对日作战急需，在南方各省的部队不得不大都撤到交通要道集中准备上前线。如江西省只剩下8个保安团，国民党省党部被迫派人上山找游击队宣布要"停战议和"。这时中共中央也派人与三年来一直隐蔽在赣粤边山林中的项英、陈毅等人取得联系，他们当即根据中央决定，说服分散在各地的游击队，要他们停止与国民党军的作战，准备改编。

1937年9月，秦邦宪（博古）、叶剑英在南京与国民党代表商谈关于南方游击队改编的问题。项英也下山到达南昌，与当地国民党当局进行谈判。中共中央对处理南方红军游击队的意见，如同毛泽东、张闻天在9月30日致秦、叶的电报所指出的"以集中五分之三，留下五分之二于原地改为保安队为原则"①。对原游击根据地不准备轻易放弃，因为那是经过十年苦战留在南方的重要"战略基点"，无论是对付日军入侵华南还是准备对付国民党再发动反共战争，这些基点都有重要的战略价值。

国民党当局开始却准备利用"停战议和"将这些游击队吞并，不准备在南方再编一个"第二八路军"。后来见前线形势不利及国内抗战的气氛高涨，虽允许中共在南方再编一个军，却要求在部队中安插国民党方面的副职，并将各地的南方游击队全部集中开到抗日前线，各地只许设三几人的留守处以交涉保护家属等事宜，再留武装就要当"土匪"对待。

当时湘鄂赣游击队负责人在谈判中接受了国民党武汉行营派副职人员的要求，毛泽东与张闻天马上致电要求改正，并认为这是右倾机会主义。由于国共双方谈判中的意见分歧迟迟不能解决，加上国民党的阴谋破坏和共产党游击队集中也有困难，新四军成立拖延了很长时间。特别是这一期间国民党福建当局制造的"何鸣事件"，给游击队集中造成很大困难。

这一事件的主角何鸣本人在1937年夏天停战时是中共闽粤边代书记兼游击纵队政委，指挥着当地近千人的游击队。得知中共中央抗日民族统一战线的新方针并接到国民党方面议和并改编部队的要求后，他没有听从南方委员会发出的"就地谈判，不能离开根据地"的指示，而是命令各游击队下山集中到闽南的漳浦县城。7月16日，国民党军粤军以集中点名发饷的骗术将游击队员全部集中到县城内的大操场，然后以重兵突然包围上来，将游击队全部缴械。国民党军随后对何鸣等干部加以看管并强行将其编入自己的部队，游击队员则被遣散，一片重要的游击区域和武装力量就此全部毁于一旦。

这一事件发生后，中共中央和南方党的领导人马上向国民党方面提出

---

① 中共中央文献研究室：《毛泽东年谱》中卷，中央文献出版社2013年版，第27页。

一 十年仇敌，共御外侮

油画《东进，东进》表现了陈毅为新四军撰写军歌的场面。

抗议和交涉，国民党福建当局有意编造所谓何部"不服从指挥，行动越轨"的借口，经斗争后才归还了部分人枪。何鸣本人当时被编入国民党军当了一个师政训处的上尉附员，半年后得到党组织要其归队的通知后，又去找新四军军部。到军部后安排工作不久，有人揭发他是"内奸"，因当时在复杂战争环境中难以认真调查，加上出身南方游击队的新四军领导人对何鸣造成的损失又很愤慨，结果由军法处将其处决。事后看来，说何鸣是"内奸"缺乏证据。假如他在游击队集中前真与国民党有勾结，那么在导致震惊全国的事件发生并必然引起组织怀疑和不满后，接到党的通知后岂敢归队呢？何鸣本人确有严重错误，可是被处决应属冤案。20世纪50年代初中共中央编辑《毛泽东选集》时讲到这一事件，评介只是"何鸣同志对蒋介石的阴谋没有警惕"[1]，这实际上是在政治上为他平了反。

"何鸣事件"的发生，自然使其他各部游击队的下山集中格外谨慎。另外，许多游击队的领导人三年多在与世隔绝的山间，根本不知道外界的形势变化，听到讲下山接受改编就认为是"叛徒"说降，结果分头上山进行说服工作的人危险性很大，如皖浙赣省委书记关英等都被拒不听令的游击队杀掉。陈毅到湘赣边游击队进行说服时，也被省苏维埃主席谭余保下令捆起来，差点砍了脑壳。后来经陈毅反复做工作，谭余保才搞通了思想，接受了党的指示率部下山。这样，经过几个月的时间，至1938年1月才陆续有5000余

---

[1] 《毛泽东选集》第二卷，人民出版社1991年版，第369页。

名游击队队员下山，再由地方党组织临时补充了部分人员，最后集合了1万人。国民党当局给了该部"新编第四军"番号，并要其全部集中开赴长江沿岸的抗战前线。

由于南方游击队的特殊情况，国共双方为达成协议都做了让步。国民党同意编一个军，不向军内派副职，共产党方面则同意全部人员集中开走，南方各地的原游击区只设留守处（实际上秘密留下部分隐蔽的武装人员）。新四军军长的人选，也由国共双方找一个都能接受的非共产党员担任。原先的北伐名将、中共军事工作的创始人叶挺这时由海外归来，虽然他在广州起义后脱党，但这时他仍表示愿意服从党的领导。蒋介石知道他已非共产党员，也想拉拢他。于是双方谈妥以叶挺为新四军军长，军部由南昌开赴皖南组织当地敌后的游击战。

新四军军长叶挺作为人民军队的创建者之一，长久受到纪念。这是他诞辰一百周年时发行的纪念邮票。

南方各游击队集中时，样子与西北的正规红军不同。由于三年多在山林中分散游击，人员既缺乏组织，差不多又都没有军装，武器更为破烂，轻机枪都没有几挺。因此，延安方面派来一批军事干部，由袁国平、周子昆等率领，前来加强部队的纪律整顿和作风训练。项英这时又希望从国民党方面得到些武器弹药的补充，因此部队迟迟未开拔。国民党方面则声称八路军曾多报人数，吸取教训后对新四军不逐人、逐枪点验就不能发饷和补充武器弹药，甚至称"新四军任务是打游击，不需要军衣"，迟迟不发给服装。结果点验一拖再拖，最后虽发了军装和低额的军饷，却未补充武器，只象征性地给了极少量的子弹。

1938年1月新四军组成，由军长叶挺、副军长项英率领，直至3月间才东进到达皖南，5月间先遣队才进入江苏南部。在1937年年末上海撤退和南京失守后，国民党几十万大军溃败，武器弹药丢得到处都是，如果那时抓住良机进入这一带，要人有人、要枪有枪。可是当新四军进入江南战场时，蒋介石吸取在华北的教训，已经让康泽指挥别动队，并组织一些"忠义救国军"式的武装在各处抢先一步，搜集了大量失散武器并收编了民间诸如"胡传魁"式的土匪队伍，新四军已经不能像八路军那样在敌后抢到"先入为主"之利。

后来新四军有人抱怨,在后方等了两个月才补充了那么点经费和子弹,假如早到江南就可以自己搜集到几十倍于此的经费和弹药。项英虽然到延安接受了中央的指示,可他对毛泽东关于"独立自主"的精神不理解,在抗战开始后就受制于国民党,结果自出师起就陷入被动状态。

新四军进入抗日前线时,面对的战略形势和地理特点也很不利。日军在华中的占领区主要在长江两岸,地域较狭窄,其两面都是国民党军。新四军进入抗战前线时间已经较晚,加上担负实际领导的副军长项英以后又一直不敢放手冲破国民党的限制,情况更显得困难。新四军主力在皖南和苏南都编入以顾祝同为司令的国民党第三战区序列内,各被划定了一块正面不过百里

新四军组建时的领导人,左起陈毅、项英、袁国平、李一氓、朱克靖、粟裕、叶挺。

1938年春新四军挺进江南敌后。

的作战区域,面向回旋余地不大的日军占领区,背靠怀有敌意的国民党军,新四军处境十分险恶,这也为后来的"皖南事变"埋下了伏笔。

国共形成两个战场

全国形成一致抗日的局面后,国民党政府在对日作战开始一年多的时间内,其表现还是比较积极的。然而,在战场上由于指挥笨拙和军队素质远逊于敌,结果连连丧师失地,丢掉了半个中国。而中国共产党领导的军队却在国民党丢失的地区内展开,开创了一个广阔的敌后战场。

抗战初期,国民党军进行的规模最大的会战,是上海"八一三"抗战后的淞沪会战,持续了3个月,中国方面投入的兵力前后达90万人,全国军队的180个师中有78个师投入上海。这虽然较日军多几倍,却主要是步兵,炮兵和其他特种兵很少,装备也差,在这一地带与日军进行大规模阵地战,从战略战术看都是很不利的。当地是濒海平原,地形上无险可守,日军强大的海军舰队和航空部队又可以充分发挥威力。投入作战的中国军队,无论属于中央系还是各地方系,都怀着对日本长期侵略的仇恨反复拼杀争夺,然而在日军绝对优势的舰炮、地面炮兵和航空兵火力下,部队伤亡极大。至10月末,据日军自己公布的数字,在上海方面伤亡达4万人,而中国军队伤亡达20多万人。在仅有数十公里的战绩上短期付出重大的伤亡,在战史上是少见的。这既反映了中国军人的不畏牺牲,也证明了当时军事统帅的战术呆板。由于国民党政府的

国外杂志所绘抗战时中国军队外貌,左为军官,右二为游击队,另二人为手持美援冲锋枪的士兵,战争后期国民党中央军开始美械化。

全面抗战之初,国民党中央军有60个师(占全国军队三分之一),其中有30个师完成德械化,这是德械师的照片。

军火需要进口，原有的储备已消耗大半，补充困难，长期在阵地上对峙，中国军队在火力上与日军的差距日益加大，加上部队疲惫不堪，形势越来越严峻。

这时，许多国民党高级将领建议将部队撤到原先筑有坚固工事的"吴福线"进行持久防御。蒋介石开始同意这一意见，然而在部队已经向后调动时，因西方九国要于11月3日在比利时首都布鲁塞尔开会，可能讨论中日战争问题，蒋介石认为在上海坚守对国际影响有益，于是又要求部队继续死守，使上海守军陷入极大困境。这时日本大本营将新编的第十军投入上海地区，在日军的总攻下，11月9日蒋介石不得不下达撤退命令。此刻前线许多部队已经失去控制，几十万大军在无组织的状态下混乱奔逃。后撤的部队进入吴福线国防工事时，有些未立足即继续后退，有些则找不到打开工事的钥匙。一部分部队虽然占领了后面的锡澄线国防工事，但是因日本第十军已经绕到其后方，也不得不仓促向西撤退。

国民党军在上海坚守了3个月，淞沪会战曾以中国军队的顽强精神使国际观瞻为之一变，然而，在撤出上海时国民党军却出现了大溃退，二十天内即后退了400公里，两道早已修筑好的坚固国防线都被丢弃，日军直逼南京城下。

在上海抗战的同时，日军继续向华北腹地发展进攻。国民党军调集了70多万人的军队到前线，在3个月的时间里对日军进行了重叠抗击，最后仍出现了节节败退的局面。

9月中旬，日军占领大同并深入山西北部，随后日军第五师团在关东军一部的支援下进入晋北的雁门关、平型关一线，虽遭沉重打击，但仍于10月上旬进至太原以北的忻口。第二战区以晋绥军、中央军20多个师坚守忻口，八路军积极向日军后方出击，使日军第五师团一度陷入前后受敌的困境。然而，日军占领石家庄后以第二十师团向山西省东部推进，10月下旬攻占娘子关，随后向太原逼近，国民党军不得不从忻口方向撤退，随后又放弃太原。华北战场规模最大的会战忻口战役就此结束，这也是国共双方军队配合进行的唯一的大规模会战。

从9月中旬到11月上旬，日军又向河北南部和山东北部发起进攻，侵占了黄河以北的大部分地区。

国民党军队在平汉、津浦线和太原以北所实施的防御战，与在上海进行防御作战的方式相同，部队基本依托工事成一线固守。虽然守军抱着爱国热情，但是在火力和部队军事素质均不如敌人的情况下采取这种作战方式，必

从合作走向决战
——中国共产党为什么能战胜国民党

然陷入被迫挨打并节节败退的境地。

上海方面的抗战以国民党军败退结束后,日军跟踪向南京方向追击。国民党军在南京进行的保卫战因指导错误很快遭到惨败。12月13日,日军攻占该城,随后制造了南京大屠杀。

1937年12月17日,日军举行南京入城式,前左骑马者为侵华日军华中派遣军司令官松井石根大将。

南京之败固然反映出日本侵略者的残暴,也暴露出国民党最高当局指挥上的错误和无能。自上海战场撤退后,蒋介石曾一度同意主要助手的建议,只以少量兵力进行象征性的防御。随后因德国大使陶德曼出面调停中日战争,蒋介石又决定留下德国装备和帮助训练的部队守卫南京,可望增加德国调停的力量。结果日本未接受调停,守卫南京的11万军队因主官先逃,顿时陷入混乱,本来还有战斗力的部队大多失去组织,官兵脱离而自行乱跑。日军进入南京城区后以"扫荡"之名大肆进行屠杀和奸淫,使大屠杀一直持续了六个星期之久。

南京大屠杀并非如战后有些日本人所解释的那样,只是部分军人的违纪行为。日军在南京实行恐怖屠杀时,城内的西方国家人士曾联合向日本大使馆和占领军当局进行交涉,然而得到的回答却是"陆军决心给南京以打击"。自中日全面战争爆发后,日本当局一直不承认与中国进入战争状态,而只称这是一场"膺惩"性的"支那事变",可以采取任何残暴手段,而无视任何交战国之间的国际法则。攻占当时的中国首都后采取的这种暴行,完全是日本军阀为恫吓中国人民,并摧毁中国的抗战意志而有意制造的。类似的对和平居民和战俘的大屠杀和淫掠行动,在华北、华中战场的许多地方都一再发生,只是其规模较南京大屠杀事件小一些罢了。

日本军阀企图用恐怖手段使中国屈服,结果却适得其反。空前的民族灾难,使得当时中国的各党派、各阶层和各民族都以从未有过的团结一致投入到抗日战争中去。日本政府和军部为了达到迫使中国屈服的目的,又在1938年内继续对华增兵实施战略进攻。

当年3月,日军从鲁南向徐州进攻。国民党军队改变了以往消极防御的战

日本所绘攻陷南京的宣传画，当年日军空前残暴的侵略暴行也唤起中国人民的觉醒与反抗。

法，在台儿庄地区对日军进行了防御和反击相结合的打击，取得了中国自抗战以来正面战场上的第一次大捷。据当时中国方面的战报，台儿庄一战毙伤日军2万人，这肯定有所夸大。据日本的统计数字，其第五、第十师团伤亡共为8000人。不论这些统计数字准确与否，台儿庄之战确以日军的败退而结束。不过，从参战的兵力对比看，国民党军投入了20多万人，日军则不足4万人。

台儿庄之战结束后，日军判断徐州附近有中国军队50个师，这是歼灭其主力的大好机会，于是在5月上旬以南北两个方向对进的8个师团及附属部队20多万人对徐州一带进攻，对当地中国军队形成包围。第五战区的部队无法挡住日军，经国民政府军事委员会同意后放弃徐州以保存力量。日军利用国民党军后撤出现混乱，跟踪向西追击，进入河南东部。

为阻止日军西进，6月9日国民党军队在郑州花园口附近炸开黄河大堤，造成黄河改道向东南奔流。日军第十四、第十六师团受洪水拦阻，停止了西进。国民党军在炸堤前保守秘密，不组织居民疏散，结果洪水泛滥淹没40余县，受灾人口1000万，死亡90余万人。国民党当局不依靠发动人民来抵抗侵略，而采取大量牺牲本国人民生命以阻敌的炸堤方式，长期受到国内各界的谴责。蒋介石以后从不愿提"黄泛区"一词，却抹不掉这页历史。这段抗战史上的悲剧，也是我们整个民族的悲哀。

从1938年6月起，日军又将其主要战略进攻方向指向武汉，此后国民政府方面进行了长达四个月的保卫武汉的作战。参战的部队有第五、第九战区共130个师的兵力，由蒋介石亲自担任总指挥。国民党当局还决定采取机动防

从合作走向决战
——中国共产党为什么能战胜国民党

日本描绘向中国军队进攻的宣传画,虽带有自我吹嘘意味,却也表现了中国军队的顽强抗击。

油画《南京大屠杀》表现了日本的血腥暴行,这幅画在国际上也产生了影响。(李自健作品)

御、逐步消耗日军的新的作战方式,且战且退向后方。

当武汉告急时,日军又在华南登陆,于10月21日未经战斗即占领广州。广州及其附近的珠江三角洲迅速失守,进一步恶化了中国的抗战形势。10月25日,日军侵占了汉口,随后占领武昌、汉阳及武汉周围各重镇。

武汉会战后,日本军队能够使用的兵力已经达到极限。当时日本陆军共34个师团,在华使用兵力已经达24个师团,还不包括关东军的7个师团,已经不能再发动大规模的攻势。而且此时日军又发现,在它占领区后方又出现了一个新战场,那就是共产党领导的广泛的游击战。

十年仇敌，共御外侮

1938年夏天，蒋介石动员保卫武汉。

1938年夏，沿长江向武汉进犯的日舰。

当日军向中国腹地推进时，在"到敌人后方去"的歌声中，八路军、新四军反其方向而行，展开了向日军后方的大进军。从1938年春天开始，八路军从山西分路东进，到达冀鲁豫平原、齐鲁平原、冀中平原，一部向北进入绥远大青山地区和河北东部，建立起冀鲁豫、冀中、冀东、大青山等抗日根据地。

在后方到处遭到袭击的日军，开始认识到八路军对它的威胁。于是从1938年3月起，日本北支那方面军开始抽调兵力向晋察冀、太行和晋绥根据地进行"肃正讨伐"战，并大大减少了向正面战场进攻的部队。八路军就此在各根据地展开反"扫荡"战斗，这种战斗样式以后一直持续了多年。

新四军到达长江两岸时尽管面对十分复杂的局面，但仍于5月间挺进苏南日军后方，并在南京附近开展了袭击日军车辆和小股分队的活动，使上海至南京之间的铁路一度中断。随后，新四军又在以茅山为中心的地区建立根据地。日军为保卫其驻南京的华中派遣军司令部的安全，在武汉会战期间不得不将两个师团留在苏南担任警戒，严重影响了对正面战场的进攻。

在日军后方活动的八路军、新四军采用了全新的战法。从20世纪初开始，中国的陆军主要以日本为师学习近代军事，北洋军阀政府和国民党军的大批将领都由日本士官学校毕业，国内军官学校也依照日本的教育方式，军队普遍以日本陆军的《步兵操典》作为训练作战的基本准则。对日作战开始后，国民党军仍机械地模仿日军的正规战术，而自己的武器、兵员素质又远不如日军，这样的徒弟就难免总是败给师傅。中国共产党领导的军队却利用过去在国内战争中长期从事游击战的经验，以日军事先根本未预料到的方式

从合作走向决战
——中国共产党为什么能战胜国民党

武汉失守后,在南昌附近日军九四式坦克同东北军第四十九军激战的场面。

进行了灵活机动的规模小却广泛的机动游击战。这种战法与比较单纯的正面防御大有区别,因使用兵力于敌人后方,使日军的运输线和后方基地受到严重威胁。

就这样,以武汉会战结束为标志,中国抗战全面形成了两个战场,一个是国民党军担负的正面战场,一个是以共产党军队为主担负的敌后战场。从当时日本统帅部的正式命令中,也证明了这种划分是对的。

1938年11月18日,日本大本营确定了《作战指导方针》;同年12月又确定了《大陆命第241号》和《陆军支那作战的指导》。这些命令中要求在华日军担负两种任务:一方面在正面向国民党军进行"压制作战",一方面在后方主要对共产党领导的军队进行"治安战"(又称"肃正作战")。至此,日本方面迅速解决"支那事变"的企图完全落空,不得不与中国进行长期的持久战。

从中国方面来讲,抗战自此进入战略相持阶段,也是最艰苦的阶段。前一时期虽然日本大举入侵,但国内却充满全民族精神振奋的蓬勃朝气;这一时期外敌的大规模进攻基本停止,但国内却逐渐出现沉默气氛。这种违反一般战争规律的特殊现象,只能从当时中国的特殊国情中得到解释。

"游而不击"和"消极抗日"

对武汉失守后国共双方军队的表现,当时乃至战后许多年里国共双方的宣传材料和史书中都有不同的写法。国民党攻击共产党在敌后"游而不击"，共产党则批评国民党"消极抗战"，一些西方人士则利用这些材料，再加上自己的偏见，大力贬低中国战场在反法西斯战争中的作用。

客观而论，敌后的解放区战场上确实没有打过大的战役，不过，小规模的游击战的确是开展得轰轰烈烈。与正规战相比，游击战争没有那样迅速的成效和显赫的声名，然而，在人口多达2亿的十数省范围内全面而又广泛地开展起游击战争，到处袭击和零星地消灭日军，在抗战全局仍起到举足轻重的巨大作用，拖住侵华日军半数左右的兵力，对国民党军担负的正面战场的正规战也给予了极大的帮助。

抗日战争初期，中国国内和中国共产党内部许多人轻视游击战争的重大战略作用，而只把希望寄托于正规战争。毛泽东批驳了这种观点，强调了抗日游击战争的战略问题，指出抗日游击战争发展的正确方向。

按照毛泽东的论述，抗日游击战争的战略问题是在这样的情况下发生的：中国既不是小国，又不像苏联，是一个大而弱的国家。日军在中国这个大国中占地甚广，但他们的国家是小国，兵力不足，在占领区留下了很多空隙，因此抗日游击战争就主要地不是在内线配合正规军的战役作战，而是在外线单独作战。这样广大又持久的游击战争，在整个人类的战争史上都是颇为新鲜的事情。

当过去的老红军刚刚奔赴抗日前线时，还习惯于像过去国内战争那样打大规模的运动战，对于毛泽东提出的"独立自主的山地游击战"方针一时不理解。可是通过一段时间的作战实践，人们深刻感到了毛泽东的方针正确。从中国共产党领导的八路军、新四军的具体情况来看，只有进行游击战才能达到消灭敌人和保存发展自己的目的。抗战开始时八路军、新四军总共只有5万多人，使用的是原先国内战争的战场上缴获的破旧武器。国民党政府只发给一点微薄的军饷，基本不提供武器弹药。在整个抗日战争期间，国民党政府发给八路军的武器，只有1938年的120挺苏制轻机枪。在抗战开始后的两年内每年仅发给几十万发子弹，平均每人每年只能领到一两发子弹，以后还完全断绝了供应。对于八路军、新四军来说，武器装备主要靠战场缴获，在这样的条件下对付强悍凶顽、一般不肯缴枪的日本军队，就不能靠打拼火力的、摆堂堂之阵的正规战。

当年的指挥员都明白一条基本的原则：打一仗前，先要计算消耗与缴获之比，如果能缴获1000发子弹而只消耗500发子弹，这仗才能打。如果消耗大于缴获，即使打赢了也要算败仗，因为这样再打几次，枪就会变成木头棒子。作战条件如此困难,要与世界强国之一日本的精锐部队对抗,只能充分发挥人民群众支援的优势,军民配合,以麻雀战、地道战、地雷战等形式巧妙地与敌周旋。例如晋察冀边区就提出,每县要做到一天消灭一个鬼子,这样全边区200个县一个月的战果就是6000人,相当于歼敌1个旅团。国民党战场上那几次大规模的会战,共产党领导的解放区战场上根本没有条件打,可是通过积小胜为大胜,取得的战果仍很辉煌,其战略作用并不亚于正面战场的正规战。

至于"游而不击"而能"乘机坐大"之说,则根本违背了战争的基本准则,即只有消灭敌人才能保存自己。在日本侵略者后方开创广阔的根据地并坚持下来,是一件极其艰苦卓绝的伟业,因为敌后只要有抗日军队活动,其基地和运输线受到威胁的日军就马上会以重兵"扫荡"或"讨伐"。日本侵略者以其东方色彩的军国主义特有的毒辣和狡猾,对各抗日根据地的摧残无所不用其极。不仅实行了"铁壁合围,捕捉奔袭,纵横扫荡,反转电击,辗转抉剔"等战术,而且还以杀光、烧光、抢光的"三光政策"摧毁根据地军民的生存条件。在这种艰苦环境中,八路军只有坚决"击"敌并打退日军的"扫荡",才能坚持生存下来;只有"抗"方能"大",光"坐"岂能变"大"?

国民党攻击共产党在敌后"坐大",它自己的部队却在敌后无法生存。如仔细计算起来,国民党在战争初期留在敌后的军队比共产党挺进日军后方的军队数量要多得多,只是在华北稍微落后了一步。当日本侵略军长驱直进中原时,1938年春国民政府军事委员会在武汉召开会议研究战略方针。看到八路军能在敌后开展游击战,素有"小诸葛"之称的桂系将领、副总参谋长白崇禧提议:

"黄河以北的国军部队一律不许过河,就地开展游击战。"

会上马上有人反驳说:"国军未演习游击战,此议是否可行,尚需考虑。"

白崇禧却回答说:"以打游击战起家的中共,亦为中国人,中共可以打游击战,国军当亦能打游击。"①

武汉失守后,蒋介石在南岳军事会议上也宣布:"二期抗战,以游击战为重点。"此后,国民政府军事委员会又安排前线三分之一的兵力到日军后方开展游击战,派鹿钟麟率部进入河北,建立冀察战区,同时又在山东和苏北建立

---

① 《白崇禧回忆录》,解放军出版社1987年版,第304页。

了以韩德勤为首的鲁苏战区，先后有50万以上的军队进入敌后打游击。

国民党在敌后的游击战却没有打成，这里的关键在于其军队不能与人民打成一片。为了训练游击战的干部，蒋介石于1939年在湖南衡山开办了"南岳游击干部训练班"，主要由第

叶剑英（前排中）率八路军教官参加南岳游击干部学习班，并担负主要教学任务。

十八集团军参谋长叶剑英所率的一批八路军教员任课。共产党的教员们坦率地介绍了打游击的根本前提是军民打成一片，官兵同甘共苦，并列举了八路军从总司令到士兵都吃一样的伙食穿一样的衣服的例子。国民党军的军官们听后无不叹息，认为不要说军长、师长，就是要求自己部队的连长与士兵过一样的生活也办不到。国民党在敌后的部队因没有群众基础，建立不起根据地，补给就遇到大问题，向民间掠夺则更结怨于老百姓。在日军"扫荡"下，许多部队真的陷入"游而不击"，只是东躲西藏的状态之中，这样自然无法长久生存，或逃回大后方，或投敌当了伪军。加上部分国民党军与八路军、新四军搞摩擦，也遭到消灭。这样，到1943年以后日军后方的国民党军基本被清除，只有共产党领导的解放区军民坚持了下来。

当时国内的人心向背，也说明了中国共产党的抗日态度坚决，这吸引了最优秀的人才。一个民族的知识分子是最敏感的部分，当年的延安正是以其蓬勃的精神面貌吸引了全国的进步人士，使黄河之滨集合起中华民族一批最优秀的子孙。对于习惯"以天下为己任"的中国知识分子来说，选择了共产党才感受到光明。据统计，抗战前三年陆续投奔延安的知识青年就有4万人，只是后来因国民党封锁交通才阻止了更多的人前往。如果再将投奔其他解放区的知识青年都加起来，总数也有10万人以上。同期国民党在知识分子中发展的党员，才不过3万多人。究其基本原因，一是因为共产党坚决抗日代表了民族解放的方向，二是因为当时共产党人的廉洁作风，在全国乃至世界上许

多进步人士心目中形成了一种如同美国记者斯诺所描绘的圣洁形象。"重庆有官皆墨吏，延安无土不黄金"，就是时人的生动形容。南洋最大的华侨资本家陈嘉庚曾回国视察后方各地，最后向各界宣布：中国只有一个地方没有贪污，那就是延安！

油画《百团大战》形象地反映了当时八路军在敌后出击，以打破国内的投降妥协图谋。（沈佳蔚、李如作品）

相比之下，国民党战场的条件比敌后解放区战场好得多，但其战绩却很令人失望。在思想解放后谈到"消极抗战"一词时，许多原国民党军官兵表示委屈，说我们当年打日本是很坚决的。公正地讲，讲"消极抗战"，并不是指正面战场上的国民党军的下级官兵，而是指蒋介石及国民党上层许多人的主导思想。在这一点上，如此用词的确不冤枉。

讲到抗战的主导思想，国民党总想依赖他人取胜，并一味要外援。抗战初期它主要寄希望于苏联打日本，这也是当时停止内战并与共产党事实上实行合作的重要原因。苏联支持中国抗战，则主要是为了拖住日本以避免两线作战，因此并未如蒋介石所希望的那样直接对日军作战。不过在1940年以前，苏联是唯一以实力援助中国的国家，其从1937年秋天起开始向中国提供大量飞机及其他武器装备，1938年还给予中国1亿美元的贷款，此后两年间又提供了2.5亿美元。苏联除了向中国提供物资援助外，还以"志愿航空队"的名义派出空军及军事专家、技术人员共3000多人来华，直接参加对日作战。

这些援助都是给予国民党政府的，对延安没有任何武器援助。不过这样反而成为好事，由于没有打通国际路线，苏联也未能向解放区提供援助（这也与国民党坚决反对有关），这样反而逼着中国共产党人走独立自主的道路。如果端别人的碗，就很可能受别人的管，到头来会变成人家棋盘上的棋子。

由于战争总想依赖他人，日本又加紧诱降，因此自武汉失守后，国民党在正面战场的作战积极性开始下降。从1939年年初至1941年秋天，日本军队对国民党军担负的正面战场没有发起战略进攻，双方基本形成对峙。这三年间作战的规模与武

1937—1940年，苏联援华的志愿航空队累计操作1200多架飞机，投入2000多名飞行员，其中有211名飞行员在中国牺牲。

汉失守前相比大大下降。日军所发起的战役进攻，不仅范围很有限，时间也比较短，大体上每次战役都不超过一个月，而且大都是速进速退的活塞式攻击。据日本方面的统计资料，对国民党战场担任主要攻击任务、驻武汉的第十一军在1939年、1940年两年使用弹药的数量，仅为1938年一年用量的五分之一。

这一期间国民党军对日军发起的主要进攻，只有1939年年末至1940年年初的"冬季攻势"，其目标只是较小的据点，只是在广西的昆仑关进攻规模大一些，最后也以败退告终。国民党方面在对日作战的规模和积极性不断下降的同时，与中国共产党的关系却日益紧张。特别是国民党对共产党在日军后方发展壮大力量感到不安和恐惧，因而对八路军、新四军加紧限制，后来甚至发展到军事进攻。

除了军事上的日益消极外，这一时期政治上投降妥协的危险也屡屡出现。1938年年末，国民党副总裁汪精卫逃出重庆，随后在日本占领军的羽翼下建立了伪政府。由于汪伪政权成立后未能像预料的那样引起国民党内实力派的响应，日本方面只得再度对重庆方面的蒋介石做工作。1940年2月，日本支那派遣军参谋今井武夫大佐、驻香港武官铃木卓尔中佐在香港会见了据称是国民党要人宋子文弟弟的宋子良（实际上是国民党特务），双方进行了数月之久的秘密谈判。结果在剿共和承认伪满洲国的问题上达成协议，只是在

从合作走向决战
——中国共产党为什么能战胜国民党

日本在关内驻兵等问题上仍争执不下。

进入1940年秋，面对国际法西斯势力的猖獗，英国、美国感到继续妥协只能使日本得寸进尺，同时认为中国坚持长期抗战拖住日本对它们更有利，于是对中国的态度有了新变化。同年10月，英国在关闭云南至缅甸公路三个月期满后，不顾日本方面的威胁，立即宣布开放这条公路，并加大了运输量。同年12月，美国总统罗斯福正式承认给予中国军事援助。美国退役军官陈纳德也以私人身份招募飞行员到中国参加抗战，随后成立了志愿飞行人员组成的"飞虎队"。在这种形势下，国民党政府以"宋子良"的名义与日本在香港秘密进行谈判就无法达成全面协议。

阎锡山曾是"华北王"，1930年5月他被美国《时代》杂志选为封面人物，抗战期间他在蒋、日和共产党三者之间周旋。

看到争取蒋介石一时无望，新任日本陆相东条英机决定停止在香港进行秘密谈判的"桐工作"，以主要力量加强汪精卫政权，并对一些国民党地方军阀分别展开"谋略工作"。当时有少数地方军阀也与日本勾结，国民党第二战区司令长官阎锡山就是突出一例。

阎锡山是自中华民国建立后就割据山西的老牌军阀，历来强调"存在高于一切"。抗日战争前阎锡山本人就与日本军阀经常来往，战争初期他退到山西省西南，为保存实力一再向日军秘密求和。日军为争取阎锡山，也基本停止了对他的进攻，并长期进行代号为"对伯工作"的诱降。阎锡山通过与日本的反复谈判，就一致合作反共等问题达成了协议。1942年5月5日，日军第一军司令官岩松义雄中将和阎锡山在山西南部的安平村会面，双方就合作的基本概念取得一致意见。随后阎锡山看到国际形势对日本不利，又不肯公然投降日军。尽管阎锡山本人始终未公开脱离抗战营垒，然而他所辖的第二战区部队在几年时间里事实上与日本第一军实行了休战。

1941年12月7日，日本袭击美国珍珠港，重庆国民党政府闻讯后欢喜若狂，一些国民党官员甚至对美国人称："你们的珍珠港灾难日就是我们的胜利日。"至此，已经与日本全面作战四年多的国民政府才正式向日本宣战。可是在军事上，国民党军随后在前线的行动却更加消极，有很多部队长期处于静坐状态。例如蒋介石的嫡系胡宗南部拥有3个集团军，却有2个在六年时间内用来封锁和监视陕甘宁边区，只有1个在黄河边与日军对峙，自1939年以后六年间除了偶然性的隔河打点枪炮之外，从来互不进攻。潼关一线因长期无战事，结果在双方的枪炮对峙下竟成了进行走私和物资交易的市场。

鄂西以陈诚为司令长官的第六战区有十几个军兵力，对面日军长期只有驻守宜昌的一个加强旅团，可是只要日军不增兵发动进攻，第六战区也就从不向日方展开攻势，双方竟在几年里互不相扰地静坐对峙。陈诚起家的部队、国民党军主力之一的第十八军在宜昌附近的石牌要塞守备两年，只有一次派出一个加强连迂回日军浅近后面做过袭扰，还没有什么战果。当时的第十八军参谋长赵秀昆回忆说：

"双方在阵地相互以枪炮射击都很少，以至部队出现疲沓现象，如十八师阵地正面，敌我隔山谷对峙，而山又是光秃秃的，无可掩蔽，以致第一线送饭，都利用夜间，因而都要吃冷饭，双方喊话取得'协议'，不向伙食担子射击。"①

在这种双方对峙的前线，中国士兵还可以时常听到日军用以瓦解军心的广播宣传。在中国战场，日军常以"支那小姑娘，支那之夜，梦一样的夜……"这类歌曲刺激自己的官兵，对中国人则经常播放那些利诱商女唱出的靡靡之音，以麻醉那些梦里不知亡国恨的人。在前线的一些地段上，日军的喇叭里经常播出"人生难得几回醉，何日君再来"的曲调。接着，又可以听到喇叭里在喊：

"华军诸君！日华两国同文同种，古代秦国的徐福东渡日本，现在我们日本人到大陆，都是为了日华亲善，共存共荣。可是贵国政府不响应日本解放亚洲的号召，不肯合作，还勾结英美，以致兵戎相见。几年战争，双方各有伤亡，实令人痛心。望你们理解皇军的好意，双方都停止战斗，尽快实现和平，一同驱逐西洋人，日华携手建设大东亚共荣圈！"

听到这类宣传后，有时前线士兵就集体合唱"大刀向鬼子们的头上砍去……"回敬《何日君再来》之类的曲调。在当时，上级的命令一般是要他们坚守阵地。这样，在日军不进攻的地段，多数形成了事实上的休战状态。

对这一历史事实，战时国民党最主要的盟友美国政府也不否认。后来美国国务院公布的白皮书也如此述说：

---

① 全国政协文史资料编委会：《文史资料选辑》第八十一辑，第85页。

从合作走向决战
—— 中国共产党为什么能战胜国民党

"美国参战后，国民党显然就认定日本最后必将战败，以为可以有机会来改进它的地位，和中共作最后的决斗。……战争后期中国抵抗力的部分瘫痪，主要就是这种争权造成的。"①

在这本著名的白皮书中，美国国务卿虽然也攻击了共产党，然而对国民党方面因争权造成对日抵抗"部分瘫痪"的评价，大致还是准确的。也正如白皮书中所说的那样，国民党当时保存实力的目的，就是为了"和中共作最后的决斗"。

日本在战时鼓吹"大东亚共荣"的宣传画。

---

① 1949年7月30日艾奇逊为公布白皮书致杜鲁门的信，引自《中美关系资料汇编》第一辑，世界知识出版社1957年版。

二 合作乎？溶化乎？

日寇铁蹄入侵神州，使"中华民族到了最危险的时候"，国共两党也走到一起共同抗日，然而，双方在合作抗战时的基点和目标完全不同。

在全面抗战爆发前一年的1936年6月，刚刚确立了全党领导地位的毛泽东在陕北保安的窑洞里接见了美国记者斯诺，就对未来的形势预测说：

"抗日战争可能打十年，而在抗战结束以后，中国的革命力量人数会更多，装备会更好，而且更有经验，更得人心，从而作为主要力量出现于亚洲东部。"

斯诺对此还记述说："毛泽东主席并不隐瞒那些目标，而我在报道中也没有避过它而不强调。他决不隐瞒这样的事实：中国共产党就是一心要最后完全夺取政权。抗日战争不过是完成新民主主义革命的准备阶段罢了。他从容沉着地相信，日本会给中国带来'机会'——它事实上已经在这样做了。"①

斯诺从陕北归来所写的报道和著名的《红星照耀中国》一书，将这些观点公布于全世界。该书在中国国内发行时为避免其名过分刺激，改称为《西行漫记》，里

1936年美国记者斯诺访问陕北写下著名的《红星照耀中国（西行漫记）》。

---

① 斯诺：《我在旧中国十三年》，三联书店1973年版，第74页。

从合作走向决战
——中国共产党为什么能战胜国民党

面的内容却并无删节。现在尚未考证出蒋介石是否看过此书,却无疑会知道毛泽东当时的这些公之于世的思想。他自己在抗战期间对待共产党,态度也很明确。1938年12月蒋介石在重庆接见中共的四名国民参政会代表王明、博古、董必武、吴玉章时,十分坦率地这样说道:

美国记者斯诺访问陕北时采访毛泽东时拍摄的照片。

"我的一个重要责任,就是将共产党合并于国民党成为一个组织。国民党名义可以取消,这我已经讲过好几次的;我过去打你们,也是为了保存共产党革命分子合于国民党,此事乃我的生死问题。此目的如达不到,我就是死了心也不安,抗战就是胜利了也没有什么意义!"

共产党领袖明确表示想要在战后夺取全国政权,国民党总裁则宣布要将共产党合并入自己的组织加以溶化。按照周恩来的形容:"他们那时叫'溶共'政策,好像要拿水把我们化了。国民党是水做的林黛玉,但是我们没有做贾宝玉,化不了。"①双方在抗战期间的激烈斗争就势不可免……

两党的三种合作方式可供选择

蒋介石在西安事变中被关了13天,1936年12月25日圣诞节这天被释放返回了南京。此后,国共双方谈判合作的步伐加快,可是政治上的关系始终没有理顺,根子正在于国民党是以"收编"和"允许输诚"的态度对待共产党。

1937年2月,国民党中央召开了五届三中全会。在此会议上,宋庆龄、冯玉祥等人提出了恢复孙中山"联俄、联共、扶助农工"三大政策的提案,过去追随蒋介石的李烈钧等"党国元勋"和孙科等人也签了名,说明停止"剿共"政策已是大势所趋、人心所向。

当时中国共产党为实现国共合作抗日,在政策上也作出了重大让步。

中国共产党曾在致国民党三中全会电中保证下列四项:

(1) 中国共产党领导的陕甘宁革命根据地的政府改名为中华民国特区政

---

① 《周恩来选集》上卷,人民出版社1997年版,第197页。

府，红军改名为国民革命军，受南京中央政府及军事委员会的指导；

（2）在特区政府区域内，实行彻底的民主制度；

（3）停止武力推翻国民党的方针；

（4）停止没收地主的土地。

这就是著名的"四项保证"，也是共产党一方为实现国内和平所做的必要妥协。因为只有停止推翻国民党的统治，与国民政府才能合作；只有停止打土豪、分田地，代表大地主利益的国民党统治集团才能停止"剿共"。

当然，由于共产党并非投降而只是让步，国民党方面为求得和平及稳定同时也作出了妥协，其核心是停止武力消灭共产党的政策。不过表现在文字和声明中，却是一副傲慢自大和以胜利者自居的态度。这次五届三中全会最后对中国共产党问题作出的决议案，名称就是《根绝赤祸案》。

仅从此决议之名，即可看出国民党对共产党的看法。再看此决议的内容，开始就形容过去十年间"赤祸"如何"危害国家"，共产党的农村土地革命如何使南方几省"田庐为墟"。最后此案声称，要求中共"彻底取消其'红军'，彻底取消所谓'苏维埃政府'及其一切破坏统一之组织"，"根绝赤祸"。作为交换，国民政府停止对中共的武力"围剿"，代之以"和平统一"。

蒋介石在同月给在西安负责与共产党谈判的顾祝同下达的指示，也说明原则是"编共而不容共"，采取的是一种"纳降"的姿态。

这明显是最后消灭共产党的目标未变，只是策略和手法的变化。其根源又非某一人的固执，而在于中国社会内部的阶级矛盾并未解决，只是因外部矛盾激化使其一时居于第二位而已。

对于毛泽东领导的中国共产党人来说，奋斗的大目标同样没有变。在中国革命斗争的进程中，抗日战争只是其中的一个阶段，这一阶段的具体路线要服从中国革命的总路线、总目标。在抗战期间与国民党实行合作的同时，还要警惕不被溶化消灭，并积蓄力量准备最终推翻蒋介石的独裁统治，以实现中国民主革命的胜利。对此，毛泽东与斯诺所说的那番话，已经直言不讳地坦诚表白。

不过这一奋斗目标在中共党内却短期出现过异议。1937年11月中国共产党的另一个领导人王明从莫斯科回到延安，毛泽东的路线在党内一度受到挑战。11月29日，当一架苏联飞机突然降落在延安机场时，从机门走下来的那个身高1.5米的小个子王明，一副手持"尚方宝剑"国际钦差大臣的派头。因

1937年11月29日,王明(前右一)从苏联返回延安,传达斯大林的指示,其错误意见却受到毛泽东抵制。

1937年12月,中共中央政治局会议后的合影,王明(前排中央)刚传达完共产国际精神。

为他背后的支持者是斯大林,毛泽东赶到机场欢迎时也称其为"昆仑山上下来的神仙"。

此时正忙于内部清洗的斯大林,最怕的就是与德日两线作战,以中国拖住日本是他坚定不移的信条,而拥有最强实力的蒋介石又是寄予希望的主要对象。为了苏联的眼前利益,斯大林要中国共产党牺牲自身利益为其外交政策服务，竭力拥护国民党而不应展开斗争。苏联援华的军火也都给了蒋介石，只有一次试探性地向国民政府提出过愿意无偿赠送给八路军少量武器的建议，遭到责难后马上收回提议。不能得罪蒋介石，不能破坏统一战线，这是斯大林派王明归国时所确定的原则。为了保证这个小个子平安地到达，斯大林在王明和康生一起上路前，亲自向苏联飞行员交代，要绝对保证安全。

这个把苏联利益放在中国利益之上的王明，果然不负所望，下机后就在12月中央政治局扩大会议上提出了"一切通过统一战线"的口号。由于他的国际背景，一时还影响了党内部分人。

不过王明毕竟无法改变毛泽东的领导，这里重要的原因还在于他没有国内斗争的经历，在枪杆子里打出来的军队干部中没有任何威信。在当时的中国，确如毛泽东所概括的"有军则有权"，无论国民党还是共产党，都是如此。从王明的经历看，他1925年入党后即去苏联留学，只是两年后在中共五大时回国当过国际代表米夫的翻译，会后又去了莫斯科。1929年他回国后在党内闹事，1931年1月在六届四中全会上靠米夫支持由普通党员一跃而为政治局委员，实际掌握了党的领导大权。不过他贪生怕死，从来没有去过苏区，没有当过一天红军，掌权几个月后又从上海跑到苏联，当上中国共产党驻共产国际代表团团长。在他看来，当中国革命大功快成之时，就可以模仿列宁那样在欢呼声中从国外回来进行领导。

殊不知当他回国时已是"东方红，太阳升，中国出了个毛泽东……"在激烈残酷的斗争实践的检验中，毛泽东以其正确和英明已经确立了在全党的领导地位。而从未到过农村根据地，更未打过一次仗的王明在党内军内甚至不认识任何一个师长、旅长，调不动一兵一卒，全靠斯大林和共产国际的指示唬一下人。当这些教条在实际中不灵光后，人们就像《黔之驴》那篇寓言中的老虎观察贵州的毛驴一样，由盲目的敬畏变成轻蔑地认为"技只此耳"！

"一切服从统一战线"，这一口号出台后马上受到许多人怀疑，毛泽东随后也进行了专门的批评。当时蒋介石根本不承认"统一战线"这个概念，要国民党服从是十分可笑的。而要共产党单方面服从，就只有一切服从国民党。至于王明所说的军事上的"七统一"，即统一指挥、统一编制、统一供给等，更只能让此时只有十几万人的八路军、新四军被"统"到拥兵数百万人的国民党军中间去。根据无情的客观规律，讲统一，实力弱小的一方一般都要被实力大的一方所左右。直至1958年赫鲁晓夫向毛泽东提出搞"联合舰队"，毛泽东的反应都是极为震怒，并以手上的大拇指比喻说苏联的海军有这样大,以小拇指比喻中国的海军只有这样大,并问到底是谁指挥。像这样不平等的"联合"和"统一",是坚持独立自主原则的毛泽东从来不能接受的。

王明回国后即到武汉见蒋介石,并在那里主持中共长江局工作,一时负责起南方党的领导大权。结果表面上搞得轰轰烈烈,实际上却空空洞洞。在北方大地上,毛泽东、张闻天等直接领导的北方党的工作和当地八路军却迅速蓬勃发展,扎扎实实地开创了局面。1938年9月中共驻莫斯科代表王稼祥由任弼时接替而回国前,负责共产国际日常工作的季米特洛夫要他转告中共中央,中国共产党内要拥护毛泽东的领导地位。其实,这个流亡苏联的保加利亚共产党人并没有决定他党领导人的权力,所表达的只能是斯大林的意思。作为一个政治家,斯大林毕竟最尊重的是现实,最注意的是实力地位。于是,在这年9月末至11月上旬召开的中共六届六中全会上,王稼祥传达了共产国际的指示,明确了毛泽东在全党的领袖地位,王明的右倾路线受到批判,毛泽东的独立自主思想终于在全党得到公认,只有皖南的项英等个别人对此还不能很好贯彻。

中国共产党坚持独立自主,不过对于如何与国民党合作抗战还是设想了三种方案,并于1938年间几次向蒋介石提出。这三种方案是:

1. 恢复民国十三年(注:即1924年国民党一大时)的形式,使国民党改为民族革命联盟,其他党加入;
2. 建立共同委员会,在中央各级共同讨论;
3. 现在这种形式,遇事协商。①

按当时的概括,这三种方案分别称为党内合作、党外合作和遇事协商。

其实,从西安事变起,中国共产党与国民党的合作就一直没有法定的形式,只是遇事临时协商。这种协商,又大都是周恩来与蒋介石个人之间的约见谈话。1937年6月周恩来面见蒋介石提到"国共合作"时,蒋的回答是不能承认党派合作,只能与他个人"合作"。这种个人出面协商的方式虽然有时也能解决一些问题,然而关系很不巩固。因为,中共中央最希望能实现第一套方案或第二套方案,毛泽东曾亲自写信给蒋介石,表示愿意按照大革命时期的方式,共产党在保留原组织的情况下,全部党员集体参加国民党,作为国民党内的一部分与其他成分合作。

国民党的态度却是可以允许共产党参加,却不能保留原来的组织,只能

---

① 《周恩来传》,人民出版社、中央文献出版社1989年版,第396页。

以个人身份加入并溶化其中。从1938年年初开始，国民党中的CC派、复兴社大肆鼓吹起"一个政党、一个主义、一个领袖"，并说这是使国家强大所必需，甚至以纳粹德国为例。这一口号作为标语，一时贴满各地的会场，并刷在国统区大街小巷的墙壁上。其中的意思很明白，那就是中国只能有国民党这一个政党、只能有三民主义这一种主义、只能有蒋"总裁"这一个"领袖"。

此套宣传虽然仿照希特勒，某种意义上也学习了苏俄的一些方式，更深的内涵还是中国土生土长的封建专制主义，即"天无二日，国无二主"那一套。只不过经过中西合璧、土洋结合，封建与法西斯二者一拍即合（国际上搞法西斯主义的国家如德日恰恰也都是封建传统浓厚之国），变成了当时人称的新专制主义。

当时国民党内听到共产党表示要依照当年之例实行"跨党"的"党内合作"，许多人也大起恐慌。他们对广州时代和北伐时的经验总结是，共产党从国民党一大至"清党"这三年间"寄生"国民党内，结果大大膨胀了实力，国民党反有被从内部"篡夺"的威胁。因为"跨党分子"有严密组织，国民党本身却十分松散，在党内合作后患无穷。

蒋介石本人也持这种看法。1938年内他与周恩来几次谈这个问题，表示不同意共产党的"跨党"提议，认为共产党最好取消自身的组织全体加入国民党，如果全体加入做不到，可否一部分党员退出共产党而加入国民党。他还说想约毛泽东到西安一谈，后又见共产党不会让步又取消邀请。同年12月，蒋介石在重庆见到王明、博古、林伯渠、吴玉章这四位中共代表时，一听到"党内合作"的提议，又心情大为激动地说：

"这件事我早讲过了，共产党员退出共产党，加入国民党，或共产党取消名义，整个加入国民党，我都欢迎。共产党仍然保存自己的党我也赞成，可是跨党办法绝对办不到的！"

面对早年在日本第一批加入同盟会、在国民党内原来资格比自己还老的吴玉章，蒋介石又以充满感情的口吻说："你是老同盟会，又是国民党的老前辈，还是回到国民党来吧！"

吴玉章马上表示自己已经认定了共产主义，不能"二三其德"。蒋介石见谈不拢，此后再不提及此事。

"党内合作"搞不成，中共中央提出的"党外合作"也得不到同意。因为国民党根本不承认共产党和其他党派可以合法存在，更不承认他们与自己有平等的地位,只能居高临下地要别人"接受政府领导",岂有"合作"之理?

那么只剩下"遇事协商"一途了。蒋介石对此方式既未正式承认也未否认,他有求于共产党的时候也主动找周恩来等人。根据他的邀请,中共有代表团驻重庆,国民党政府也派联络参谋驻延安,这实际上就是遇事协商的方式,在整个抗战期间的国共合作也都是以这种方式进行。

暗算与摩擦

整个抗战期间,国共关系相对较好一点的时候是1937年秋至1938年末。其关键原因在于日本逼蒋太甚,国际上又只有苏联援华,使国民政府不得不采取联苏和共政策。

日军占领南京后,因蒋介石为首的国民政府仍然不肯屈服,日本政府采取了不承认国民政府并公开表示要扶植全国性的伪政权的态度。近卫内阁于1938年1月16日发表宣言声称:

"今后不以国民政府为对手,期望新政府成立,重新调整两国关系并建设新支那。"

既然连蒋介石是"对手"都不承认了,自然不能再打交道,日本就此断绝了与国民政府的外交关系(全面抗战开始后半年国民政府并未与日本断交)。1月18日,国民政府再次宣布要"抗日自卫",不承认一切日本的傀儡组织。同年春季,日本内阁见战争久拖不决,也试探着再与国民党方面进行秘密谈判,前提条件却是要蒋介石下野,换上"亲日派"的首领才能议和。对于爱权如命的蒋介石来说,这时只有坚持打下去。

以1938年10月武汉失守为转折,一方面日本停止了对正面战场的战略进攻,一方面共产党的力量在敌后壮大,八路军、新四军发展到20余万人,活动范围遍及敌占的十几省,这使蒋介石为首的国民党当局日益恐慌起来。"副总裁"汪精卫索性逃出重庆,网罗国民党中央委员20余人投敌,在南京又组织了一个伪国民政府和伪国民党部,当了汉奸。重庆国民政府方面虽然仍坚持抗战,可是对日作战的规模和积极性也不断下降。同时,国民党与中国共产党的关系日益紧张。

在抗日战争初期,中国共产党许诺不在"友党"即国民党内发展党员,可是蒋介石在1938年12月会见中共四位代表时更进一步说:"共产党在国民党外发展也不行,因为民众也是国民党的,如果共产党在民众中发展,冲突也是不可免的。"这一态度决定了两党关系必然走向恶化。

武汉失守三个月后,即1939年1月,国民党在重庆召开了五届五中全会,许多国民党内的反共分子和元老们都在会上惊呼共产党的力量壮大,蒋介石则在会上说了这么一番话:

"对中共是要斗争的,不好怕它。……现在对它要严正—管束—教训—保育,现在要溶共——不是容共。它如能取消共产主义我们就容纳它。"①

对共产党是"溶"不是"容",这是蒋介石与孙中山的一个基本差异。由于日本这个大敌当前,此时国民党对共产党还主要采取政治限制,不过也伴之以武力进攻。在五中全会上,国民党中央秘密颁布了《共党问题处置办法》《沦陷区防范共党活动办法》等文件,随后在国民党统治区域和华中、华北等地对于共产党的政治压迫和军事摩擦就日益加强。

其实,蒋介石停止"剿共"后消灭共产党之心从未收敛过。就是在国共关系比较好的抗战之初,国民党特务机关的暗害和破坏活动也从未停止。当然,对共产党职位高的领导人国民党还是礼遇有加,以维持两党关系。可是,暗地里对职务较低的人员却未停止过迫害,并认为中共中央不可能因这类小事而与其闹翻。所以周恩来、董必武等有名的共产党人长期身居虎穴,却未被动一根毫毛,下面的基层党员却时时有遭暗害和抓捕的可能。

坚持"以革命的两手对付反革命的两手"的中国共产党人,同样也是"以其人之道还治其人之身"。新中国成立后毛泽东提出对"小蒋介石"要杀,以消灭反动势力的社会基础;对"大蒋介石"这类头面人物则可以宽待,以造成好的对外影响。兵团司令、军长一类的大战犯可以吃小灶,被特赦后还能当政协委员;伪连长、伪保长一类则要受镇压或长期戴帽管制,原因正在于此。

在战场以外的场合,共产党在基层与国民党斗争主要是靠发动群众,国民党与共产党斗争则主要是靠特务和个人暗害等恐怖手段。若追根溯源,国民党自它的前身同盟会成立起,就以搞个人恐怖活动起家,对溥仪之父摄政王的刺杀计划就是先例。蒋介石本人在历史上第一次出马建立的"功绩",也就是在辛亥革命时奉其师傅、号称"杨梅都督"的青帮头子陈其美之命,潜入上海的法租界医院,用手枪暗杀了在同盟会内与孙中山作对的另一个革命家陶成章。共产党则根据马克思主义的信条,主张群众的阶级革命,反

---

① 《国民党五届五中全会记录》,国民政府档案,中国第二历史档案馆藏。

从合作走向决战
——中国共产党为什么能战胜国民党

油画《吴樾刺杀清朝出洋五大臣》表现了国民党从其前身同盟会成立起，就着力于暗杀一类活动，蒋介石又将其用于消灭政治对手。（李如作品）

对针对个人的暗杀活动。在白区工作时中共中央特科的"红队"（即"红色恐怖队"的简称）干掉个别出卖组织的叛徒，只是在特殊情况下的内部保卫措施，并不用于对付反动阶级头目。其实，恐怖主义行为历来被广大人民厌恶，即使在正义斗争中采用也会导致脱离群众，在维持寡头独裁统治时实行此法更会造成人心丧尽。

蒋介石由于其独裁统治与广大群众对立且不得人心，不得不广泛依靠特务组织，并建立了规模远胜武则天时期和明朝"东厂""西厂"的秘密镇压机构。军统、中统这两大特务组织，正是在抗日战争时期急剧膨胀起来的。军统后来的局内编制人数达4万之众，如加上受其指挥和为其服务的人员则数以十万数。蒋介石为军统、中统规定的任务，就是四个字——"防敌防奸"。

这四个字说明抗战时期国民党特务机关有两大项并重的任务，即对"敌"和对"奸"。"敌"是指日本，因为当时国民党政府还在对日作战，搞日本方面的情报，捕捉渗透其后方的日特汉奸还是必需的。所谓"奸"者，就是指共产党。因停止"剿匪"后，国民党文件上不便再称共产党为"匪"，于是开始以"异党""奸党"代之。后来又随之派生出"奸伪""奸军""奸伪区""奸匪"等一系列诬称。到了抗战后期，"防奸"所耗的精力甚至远远超过了"防敌"。

戴笠陪同蒋介石等检阅重庆特警班。

1938年4月,在国共双方合作最密切的时候,国民党方面策动中共中央政治局委员张国焘叛逃。跑到国民党方面的张国焘开始满怀希望能得到大官,谁知他得到一个"中将"空衔后,蒋介石只说了一句"委屈你去帮一下戴笠的忙",结果随即被派到军统少将戴副局长(名义局长由蒋介石的侍从室主任兼任)的手下,成了"走狗的走狗"。张国焘刚去军统时,戴笠把他当成最得意的部下,邀请客人时都要先说一声:"今天你到我这里来,就能看到共产党内坐第三把交椅的人物了!"所谓"第三把交椅"之说,是指王明1937年11月从莫斯科回来后为中共中央领导人的排名序所列的名单,头三名是毛、周、张。其实,王明当时在党内实际地位列为第二,只不过为显得超脱一些而不将自己列入。按照共产国际执委中的四名中国委员排序,也是毛泽东、王明(陈绍禹)、周恩来、张国焘。这个投靠国民党的共产党大叛徒的党内位置其实是列为第四,而且在受到全党批判后名声已臭。

在共产党内排名第四位的张国焘叛逃后,蒋介石着实得意了一番,对人称"这是对延安方面致命的打击",要戴笠好好地"加以利用"。张国焘被安排的工作,就是向共产党内特别是原红四方面军干部进行策反,鼓动他们叛逃投奔国民党。按照旧中国军阀部队"兵随将走"的人身依附关系来想象,长期把持红四方面军工作的"张主席"应该能拉出不少部队。殊不知共产党在军队中是以政治信仰维系官兵,张国焘以共产党领导人名义指挥时能调动几万人马,可是一旦投靠了国民党,却一兵一卒也拉不走,连他的警卫员也带枪离他而去。

原红四方面军的干部虽然有个别人叛逃，其实也并非张国焘努力的结果。如原红九军军长何畏就先于张国焘投奔国民党，原红三十三军参谋长朱德崇后来在晋冀鲁豫边区因贪污受查处后畏惧惩处而逃。朱某出身绿林为一贪财的莽汉本不值一提，何畏在党内军内倒是老资格。此人出身工人，在当年按来自苏联的传统逻辑这是头等金字招牌，这成为他后来一直受提拔重用的重要条件。可是何畏同向忠发、顾顺章、卢福坦等背叛了工人阶级的人一样，在中国共产党的人事史上写下的都是不光彩的一页。在著名的1925年省港大罢工中，何畏就担任了工人纠察队队长，1929年百色起义前他被派往广西工作，在红七军担任过师长，负伤去上海医治痊愈后又去鄂豫皖苏区四方面军，又任过师长、军长，一、四方面军会合后又担任过红军大学校长。1937年夏，何畏向中央提出要去西安治伤，得到批准后就一去不返。国民党把他派到老上级张国焘手下，一同向过去的战友们写信并派人劝降。结果去信无回音，连派去的人都不见归来。何畏此后一直受冷落，1949年人民解放军过长江后他在苏南被国民党抛弃，自杀身亡。张国焘也遭戴笠疏远，出门要汽车都不给。在重庆时一次他坐在黄包车上，路遇坐在汽车上的周恩来，羞愧得急忙低头缩脑。全国解放时特务头子毛人凤要张国焘留在大陆，并认为共产党不会杀他，张国焘考虑再三后还是逃到香港，后来曾一度表示想回来，毛泽东认为不好安排而没有同意。张国焘流落他乡，只有靠卖回忆录吃饭，1979年冻死于加拿大的老人院。

在国内战争停止和阶级矛盾拼杀暂时有所缓解的情况下，共产党内那些少数叛逃者差不多都是受金钱、享受的诱惑。除了原红四方面军的个别干部外，原红一方面军的八军团长、井冈山时期的老干部周昆也是典型。他在抗战初期任一一五师参谋长，1938年年初他去临汾领了军饷10万元，让警卫员拿了5万元先回师部，自己带着其余的款子潜逃。不过周昆随后失踪，国民党方面也无此人消息，在当时的战乱中很有可能丧生于拦路抢劫的土匪之手。另外，八路军一一五师的团长、原红二十五军的师长张绍东在抗战初期也离队逃走为匪，混不下去后才投了国民党。

除了利用共产党的叛徒，国民党特务机关还对各处活动的共产党和八路军人员实行袭击和暗杀。1938年8月间军统特务机关就经蒋介石的同意，在西安绑架暗杀了八路军驻西安办事处高级参议宣侠父。宣侠父是黄埔一期生，在校内就因反对蒋介石而深遭其忌恨。抗日战争开始后，他以八路军对外联络人员的公开身份广泛活动，特别是向黄埔出身的国民党军官开展统战工作,这被认为是挖了蒋介石的老根。于是一天晚上他在路上行走时突然被特务架走,随后被勒死偷偷掩埋。此后,八路军办事处长期向国民党当局提出交涉并要人,回答都是不知道。几年后蒋介石才对周恩来说:"宣侠父是我的学生,他反对我,我叫人杀掉了。"

在国共合作尚属最佳时期暗害活动尚且如此,到了1939年春天以后双方关系日益恶化,血案更是迭起。当年6月12日,新四军驻平江通讯处遭到四川军阀杨森的部队袭击,出现了著名的"平江惨案"。这一通讯处对外是湘鄂赣苏区游击队集结后的留守单位,在内部是中共湘鄂赣特委机关,负责当地党的工作。负责人涂正坤对外是通讯处主任,党内职务为特委书记,是当年著名的平江暴动的组织者之一,曾写有"梭镖亮亮光,擒贼先擒王。打到长沙去,活捉许克祥"一诗。由于这一通讯处地处偏僻区,与外界消息不灵通,国民党杨森部就选择了这一不太引人注目的地方对共产党公开机构下手。

杨森在历史上是擅长投机的军阀,北伐期间他开始归顺武汉革命政府,以后又受蒋介石收买反共。在四川军阀混战中他忽而反这个,忽而打那个。红四方面军入川后,他开始为自保以"红军总司令故旧"之名相联络,后来又与之刀兵相见。抗战开始后他率兵出川,武汉失守后退到平江一线,视当地新四军通讯处为眼中钉,得到上峰同意后就下令动手。事变当天,杨森派副官以有事相商之名将涂正坤骗出,立即以伏兵用乱枪将其打死,然后川军特务营一举冲入通讯处,将八路军副官罗梓铭(在内部接替涂正坤任特委书记)等八人绑出,于夜间全部秘密活埋于山间。事变中只有一个女同志逃脱,经辗转到达重庆,才揭露了这一骇人听闻的事件。

事变发生20天后,7月2日中共中央才得知这一消息,于是立即向国民党军委会政治部部长陈诚抗议,要求查处此案。陈诚复电反诬涂正坤等"召集土匪,扰乱后方",称杨森部系进入通讯处搜索时遭抵抗发生枪战才将新四军人员打死,"系适当处置"。

同年11月,国民党驻河南确山县的特务机关又组织当地保安队和民团等武装,围攻新四军驻当地竹沟地区的留守处。这一留守处原是中共中央原局机关的对外掩护名义,为发展华中的指挥部门,关系重大。当时刘少奇等负责人已经离开,其余人员遭围攻后突围东撤,未撤走的伤病员和家属约200人被杀害。此事当时称为"确山惨案"。

进入1940年后,国民党特务对中共人员的抓捕更为厉害。3月间成都发生饥民抢米事件,特务机关诬称是中共地下组织指挥,逮捕了中共川康特委书记罗世文及军委书记车耀先等十余人。周恩来后来一再向蒋介石交涉放人，蒋介石始则推说不知情，后则称已病死狱中，其实，直至1946年内战爆发后，罗、车二烈士才在重庆中美合作所内被枪杀。

由于国民党连续制造这些惨案和事件，共产党设在国统区的公开机关安全难以得到保障，各办事处被迫收缩。至皖南事变发生，只剩下重庆、西安两地还保留有机构。

国民党当局对共产党驻在国统区的公开机构尚且如此压迫和攻击，在双方军队相处时武力摩擦乃至进攻的事件则更多。1939年6月10日，蒋介石向西北的国民党军头目朱绍良、胡宗南下达了"严防奸伪向西南流窜"的密令。随后，西北的国民党军就在陕甘宁边区周围修筑了五道包括沟墙和堡垒的封锁线，绵亘三省，并增加包围边区的军队至20余万之多，双方的武力冲突也连接发生。

1939年秋至年末，在陕甘宁边区西南的淳化、正宁、镇原等五县发生了国民党地方当局勾结驻军进攻和武力驱赶八路军的事件。按当时中共中央对外宣传和解放后一些党史的写法，称为国民党军"侵占边区五县城"。此说固然有道理，不过国民党方面并不承认这五县属于陕甘宁边区。仔细讲来，这五县在内战停止后被国民党同意作为八路军的"募补区"，有八路军驻军和共产党的组织，可是当地县政府、保安队仍是国民党方面的，当时人称为"统战区"。也正因为有此特殊情况，国共双方对陕甘宁边区辖区的计算也不一致，共产党方面一直称边区23县，国民党方面只承认18县。

在这种八路军驻扎部队、国民党控制县政府并拥有保安队的地区，制造摩擦和反共事件自然容易。1939年夏天，当地县政府就一再组织人袭击八路军零散外出人员，甚至偷袭驻地引起武装冲突。八路军驻外办事处找国民党甘肃政府和陕西政府交涉，双方派员查办，却毫无结果。11月间，这五县国民党政府又与胡宗南部勾结，公然以正规军向八路军驻军发起进攻。八路军在当地因兵力处于劣势且考虑到大局，撤出这五县的县城和部分乡区。

陕甘宁边区西部告急后，中共中央马上采取针锋相对的措施，调动黄河以东的八路军劲旅一二〇师的三五九旅从晋北回援保卫边区，同时夺取延安以东的绥德六县。绥德一带在陕北是最富的地区，居民养育得也好，人称"米脂的婆姨、绥德的汉"。当时八路军干部中有很多人到米脂找老婆，到号称"陕北的上海"绥德买东西，据说新中国成立后米脂县长期所收嫁出去的干部家属汇款都多于县财政收入。可是这一地区在陕北山河"一片红"的年代却并不属于苏区,抗战初期的三年间也由国民党政府的专员何绍南率部盘踞。对于何某人中共中央曾多方争取,他每次路过延安时毛泽东都亲自招待并做工作,可是何某顽固不化。由于绥德地区靠近延安,被划入八路军留守兵团的黄河防线,同时又是延安通往前方的主要通道,过往的共产党干部和部队很多,坚决反共的何绍南虽多方刁难,毕竟因兵少力薄而不敢随便滋事。当国民党进攻边区西部时,正好为八路军解决何绍南提供了有利的机会。

1940年2月八路军三五九旅在王震旅长率领下西渡黄河进入绥德一带后,何绍南大为恐慌,声称"前线回窜溃兵入境",命令各县紧闭城门并严加防范。在取得当地群众同情和支持后,三五九旅向何绍南部发起攻击,一举将其大部缴械,何本人率少数随从逃窜。

八路军夺取绥德专区六县后,为避免激化与国民党方面的矛盾并争取各界同情,毛泽东专门指示:"靠近榆林的米脂、佳县暂时不要边区化","绥德、吴堡、清涧、安塞四县边区化,也应是逐步大体上的边区化,不是说和老边区一模一样"①。根据毛泽东提出的这一策略原则,绥德地区在很长时间里名义上仍不列入陕甘宁边区。为了使驱逐何绍南一事显示出有理,陕甘宁政府组织当地士绅名流上书国民政府,列举"犯官何绍南"的种种罪状,并"请求委任王震为绥德专员"。重庆国民党当局看到这种呈文真是哭笑不得,虽坚决不准,可是面对王震已经上任绥德专员的事实也无可奈何。

夺取绥德地区巩固了陕甘宁边区东部,根据中共中央指示,为保证边区内部稳定,又将国民党设在各县的党政人员"礼送出境"。

被"礼送"的人员是在抗战初期进入边区的。抗日战争爆发后不久,国民党当局不履行原先已同意的承认边区原有政权机构的诺言,向各县派出县政府和党部。考虑到全国统战大局,边区政府在来者不带武装的情况下允许其进驻,同时要求各县原有的机构照常办公而不得向其交权让权。此后近两年间,陕甘宁边区内部出现了现代世界行政史上罕见的怪事,在每个县城里都出现了两个县政府,有的还就在一条街的对面相对挂牌办公。

事实上,当时各县的政权组织和群众都早已属于共产党领导,因此边区方面的县政府内终日仍是车水马龙,处理县内收粮收税和各种民事,国民党方面的衙门内却整天"无公可办"。外来的党政大员们不仅无人理睬,连衣食钱款都要由国民党当局从外面送来。这些国民党党部和县政府的人员其实大都是经过专门反共训练的党棍和特务,每日吃饱了饭无正经事可干,就千

---

① 中共中央文献研究室:《毛泽东年谱》中卷,中央文献出版社2013年版,第174页。

方百计地寻衅。他们时常以官府名义到下面收粮收税,老百姓自然不肯交,于是发生了打人扣人事件。他们还秘密活动,或收买土匪,或策反共产党的干部,以图在边区内建立活动网。考虑到斗争策略,当时各县中共组织和政府一般不直接出面,而是发动群众和民兵对他们进行有分寸的斗争,双方在边区内部的摩擦日益严重。

"陇东事件"出现和国民党掀起反共高潮后,中共中央和陕甘宁边区政府就此铲除内部的这些毒瘤。毛泽东亲自以八路军留守兵团主任萧劲光的名义起草了致国民政府天水行营主任程潜的电文。其中指出:

"国共合作已历三年之久,边区行政尚未确定,一县而有两县长,古今中外无此怪事!且陕省所派县长及绥德专员等专以制造摩擦、扰乱后方为能事,在边区已忍三年,在彼辈益肆无忌惮……边区民众群以拘捕治罪为请。劲光为体念钧座息事宁人意旨,顾全边区与陕省团结起见,帮请钧座令知陕省府自动撤回,否则实行护送出境,盖亦仁之至义之尽也。"①

当年在湘江边橘子洲头"指点江山,激扬文字"的润之先生,写这类书稿真是信手拈来。后人多年后看来,仍是运笔精绝,嬉笑怒骂,皆成文章。毛泽东的湖南同乡、当时在国民党内属中间派的程潜接到电文后,同意边区各县长由陕甘宁边区政府委任,等于认可了驱逐国民党县长之举。

对国民党大员既然要"礼送出境",其方式当然还要讲些礼貌,这也是维护全国统战以合作抗日的需要。先由群众对国民党人员实行包围斗争,然后边区政府出面解围,同时限令迅速离开,并为其举行了欢送宴会。多数国民党官员见势已如此,识趣的吃完饭就在八路军和民兵"护送"下乖乖上路。少数自诩为"朝廷命官"的人拒不肯走,当地政权马上通知伙房不再管饭,县城内任何人也不许卖给他们食物。那时的党组织领导严密,工农兵学商一呼百应,根本不存在不听令的个体户,这些国民党官员就此在边区内根本无法再生存。采取了这种文明驱逐的方式后,陕甘宁边区内部完全实现了共产党的一元化领导。

在陕甘宁边区出现摩擦与反摩擦的激烈斗争时,山西也发生了新旧军冲突的"晋西事变"。山西军阀阎锡山在抗战开始时感到旧军队太陈腐,希望共产党派人帮助他建立新式军队,其实是想利用进步势力为自己服务。薄一波等共产党人根据中共中央指示一面帮助阎锡山建军,一面在新军中吸收大批共产党员和进步青年,使这些为数达7万多人的武装只是名义上服从第二战

---

① 中共中央文献研究室:《毛泽东年谱》中卷,中央文献出版社2013年版,第170页。

区长官阎锡山指挥,实际上接受共产党和八路军领导。在国内反共气焰日益高涨,日本又一再向其诱降的情况下,阎锡山感到抗日使自己吃了大亏,连叫"上当",于是又依靠其旧军队,设计逮捕新军中的共产党员。1939年11月他先以开会为名召集新军将领前往,然而薄一波等人早已听到风声,知道其中有诈而未到会。12月间阎锡山调动旧军6个军攻击驻晋西的新军决死第二纵队,企图将其解除武装或消灭。

发现旧军行动后,新军中的共产党组织马上争取主动,撤换了内部不可靠的旧军官,并在八路军协助下坚决还击旧军的进攻。结果除了决死第三纵队中的一部分旧军官拉走少量部队外,其他人员全部在晋绥根据地和晋冀鲁豫根据地内与八路军会师,经过整军从此正式列入八路军的序列。新军加入八路军后,在山西境内的国共双方力量对比中共产党取得绝对优势。不过为团结阎锡山一同抗战并保持全国统战大局,打退旧军进攻后,中共中央主动派萧劲光、王世英找阎锡山谈判,双方停止冲突,划定活动界限。由于这一和缓行动,加上阎锡山与蒋介石、日本也有很深的矛盾,需要在三方之间来回逢源,因此他又在蒋介石与共产党的冲突中保持中立。此后阎锡山在晋西南有分别靠近日军占领区、国统区和陕甘宁边区的三处住所,与三方同时保持电台和人员联系,他本人也根据形势变化不断变换居住地点。如需要与共产党打交道时,就住到靠近陕甘宁边区的住所,以示亲共。对这种一切以"存在"为目的的军阀,毛泽东确定的既斗争又团结的方针是非常高超的。

在冀中平原,因当地孤悬敌后,国民党军逃跑后没有留下正规军,后来组织的武装主要是国民党专员张荫悟的所谓"民军"。他们很少打日本,主要是以武力向八路军抢地盘。为解决晋察冀根据地的内部隐患,八路军冀中军区吕正操部在东进的八路军一二〇师的配合下基本消灭了张部。

晋冀鲁豫地区靠近国民党占领区,既有国民党第一战区的正规军在边缘活动,也有其所派的"游击部队"深入内部。1939年年初,蒋介石委任原西北军旧将领、曾在1924年亲自出面将溥仪驱赶出宫而著名全国的鹿钟麟为冀察战区总司令兼河北省主席,让其率兵进入冀南敌后。这其实是一石二鸟之计,让这个杂牌将领去与八路军争夺地盘。鹿率部刚刚进入冀南时,朱德、刘伯承等八路军领导人曾与之会面,争取他一致抗战,并说明他的处境,劝其不要为他人作反共工具。可是鹿钟麟一度利令智昏,网罗在敌后活动的西北军旧将领石友三等,并联合中央军的朱怀冰等部,不断向八路军后方挑起摩擦并夺占地盘。

晋冀鲁豫战略区是延安联系山东乃至华东新四军的主要通道，在全国战局中位置十分重要，中共中央决不能容许反共顽固势力夺占这一地区。考虑到当时国内复杂的政治形势，中共中央又决定争取中间势力同情，以各个击破。

当时争取的主要对象，是统辖河南战地的第一战区司令长官卫立煌。此人原是蒋介石的嫡系和内战干将，曾率部攻占鄂豫皖苏区首府金家寨，国民政府特将此地改名"立煌县"，这是继孙中山后民国年间以人名为县名的第二个事例。可是抗战开始后他在忻口与八路军共同作战，对共产党的游击战十分佩服，随后访问了延安，深为当地的革命朝气所感动，竟秘密地申请加入中国共产党。当时中共中央对这样一个国民党高官的内心还捉摸不透，同时又鉴于抗战开始时为让国民党放心已

1938年4月17日，毛泽东与卫立煌在延安合影。

保证过"不在友党友军中发展党员"，如批准蒋介石手下这位统率大军的人秘密入党，一旦暴露对两党关系影响重大。因此八路军领导人一再向卫立煌表示感谢他对共产党的友好态度，却未吸收其入党，同时与他建立了较密切的统战关系。朱怀冰等作为卫立煌的下属，他实际约束不了，不过仍在力所能及的范围内要求部下不得与八路军摩擦。

同时，中共中央还争取了出身非嫡系、与蒋介石矛盾甚深的原湘军老将程潜。彭德怀从延安回太行的路上经过西安见程，表示要针锋相对："谁放第一枪，我们立即放第二枪，这叫礼尚往来，还要放第三枪。"程潜当时只说了一句："放第三枪就不对了。"[①]这实际上表明了中立派也同意共产党对蒋介石手下的顽固派实行自卫还击，只希望不要太过分。

对于被中共中央称为"中间势力"的地方军阀如孙殿英等，八路军也争取他在反顽斗争中保持中立。孙殿英出身土匪，曾投靠过冯玉祥，以后又反复无常，还盗过清东陵，从来是有奶便是娘。一次各界为孙某人开欢迎会，其老上司冯玉祥到场讲话。一向以诙谐著称的冯玉祥开口就说："今天我们欢迎的是谁啊？是盗墓贼啊！"当即全场哗然，孙殿英也面色大变。冯玉祥

---

① 《彭德怀自述》，人民出版社1981年版，第231页。

接着又说:"原来我以为自己把溥仪那个小皇帝从故宫里赶了出去,是革命彻底了。谁知孙军长比我还彻底,连满清的祖坟,还有慈禧那个坏老娘们的墓也给挖了,大家说是不是该向孙军长学习?"一时引得台下个个捧腹,孙本人则哭笑不得。抗战初期孙殿英在豫北割据一块地盘,与八路军尚无冲突而受中央系朱怀冰排挤,当彭德怀遇到他并表示要反摩擦时,他回答说:"按照你们的方针办事,人不犯我,我不犯人。"可见他愿保持中立。

"布衣将军"冯玉祥,在抗战时任军事委员会副委员长,力主同共产党合作。

在这种十分有利的形势下,八路军于1940年1月集中晋冀鲁豫军区暨一二九师主力,加上聂荣臻亲自率领南下的晋察冀军区的一部,向国民党军朱怀冰部发起反击,一举消灭了朱部3个师和鹿钟麟的主力。作战期间卫立煌所率的一战区中央军并无动作,孙殿英部当八路军追击朱怀冰残军从其旁边经过时,仍照常出操,毫不干涉。"争取多数、孤立少数、利用矛盾、各个击破"的统战工作在反顽斗争发挥了重大威力。

在晋南豫北实施反顽作战期间,考虑到全国抗战的大局,为避免伤害国民政府任命的统辖两省战区的司令大员,彭德怀下令为鹿钟麟及所率的千人卫队放一条路,故意让其逃走。鹿本人跑回重庆,国民党当局曾要他出面"控诉"八路军在敌后如何"袭击国军,破坏抗战",其老上司冯玉祥则告诫他"不要受人利用"。鹿钟麟经此打击清醒了许多,此后不再参加反共活动,直至新中国成立时也不去台湾,后来被安排为全国政协委员。

太行反顽作战的胜利,确保了中国共产党的战略区从西北到华东连成一片。为照顾统一战线大局,当卫立煌提出希望谈判时,毛泽东于1940年3月20日和王稼祥一同致电朱德、彭德怀、杨尚昆、刘伯承、邓小平等,要求:"山西、河北反摩擦行动,全部告一段落,在此期间,偃旗息鼓,一枪不打,向一切国民党军队表示友谊,求得恢复感情,推动时局好转。"[①]根据中共中央指示,朱德于4月间亲赴洛阳与卫立煌进行谈判,双方达成了划界自守和制止摩擦冲突的协议。此后,华北敌后的国民党势力大都消除,基本由共

---

① 中共中央文献研究室:《毛泽东年谱》中卷,中央文献出版社2013年版,第179页。

产党领导的抗日力量控制局面。

八路军在华北取得反顽大胜后，据周恩来反映，蒋介石反而是一声不吭。正所谓"消灭一点，舒服一点；彻底消灭，彻底舒服"。他实际上在暗中加紧策划，华中地区的摩擦和冲突随之升级。

黄桥奏凯

全国的战略格局好比一局棋，作为领袖都要进行通盘考虑和谋划，再落下一个棋子。中共中央、毛泽东在抗日战争全面开始后，要八路军向华北敌后挺进，要新四军向华中前线开进，也考虑到今后将这两大战略区连成一片，达到这一点的关键就是要争取华中地区，如此则全国的棋局皆活。

早在1938年6月日军向徐州大举进攻时，毛泽东主持的中央书记处就发出了《关于徐州失守后对华中工作的指示》，要求："在津浦路以东，陇海路以南长江以北的广大地区内应建立一个能独立领导工作的工委，其主要任务为发展游击战争。"根据这一战略思想，毛泽东一面要求八路军向山东、河南发展，一面要求新四军从长江以南进入苏中，这样就初步勾画出一幅发展华中的宏大蓝图。

不过由于某些原因，这一发展计划进展得比较迟缓，按照某些领导人的总结是晚了两年。这当然有客观原因，即八路军在华北尚需打开局面，暂时分不出强有力的部队南下。在河南竹沟留守处的部队数量太少，东进后不能马上开辟太大的根据地。不过从主观原因看，当时中共中央对日本人占领武汉后马上停止也估计不足，主持新四军工作的项英长期不愿东进和北上，也影响了发展华中。

项英原为汉口的工人，是中国共产党建党时的老党员，1923年"二七大罢工"的领导者之一，资格既老又有"无产阶级出身"的头衔，在莫斯科时深受斯大林重视，被赠予手枪。应该肯定项英在中国革命中有过贡献，当年接触过项英的人也反映他为人耿直，缺点是遇大事常犹豫不决，对于独当一面的负责人来说，这恰恰是大忌。

项英在新四军成立时名义上担任副军长，党内职务却是中共东南局书记，因军长叶挺在广州起义后脱党，此时党籍还未恢复，新四军的工作实际上由项英主持。北上抗日前线后，项英对毛泽东提出的"独立自主"的精神一直未能很好理解，处理问题常常碍于国民党的限制。新四军进入抗日前线

1939年2月,周恩来到达皖南新四军军部,同项英(左)、叶挺(右)合影。

后,只有原鄂豫皖红军游击队改编的四支队活动于江北的皖中地区,新四军主力被国民党划定在皖南、苏南两块狭小阵地,很少有发展回旋余地,与八路军在敌后数省广阔天地驰骋形成鲜明对比。当时项英估计日军下一步会南下打通浙赣线,国民党军还会溃逃,那时就可以向南大发展。因此他将大批干部和老骨干留在皖南军部,并制订了一个"三山计划",即在日后发展天目山、黄山、四明山地区作为根据地,进而恢复南方老苏区。然而,日军占领武汉后不再南进,在国共合作抗日的情况下共产党也不能向国民党统治区发展,于是"三山计划"一直无法实施。

1939年2月,在国民党政府内唯一担任要职的共产党人周恩来到达皖南新四军军部。他对外是以军事委员会政治部副部长的身份视察工作,实际上主要任务是向设在新四军军部内的中共东南局传达中央六届六中全会精神,同时解决新四军发展方向的方针,并处理项英与叶挺的关系。周恩来传达了中央总的战略思想是"巩固华北,发展华中",并经过与新四军领导人研究,最后确定了"向北发展,向东作战,巩固现在阵地"的方针。

项英执行这一方针时总是犹犹豫豫,迟迟未大力向北发展。在他看来,江浙一带富庶区是中国大资产阶级的老家,也是蒋介石赖以起家的地方,日本占领后又成为日伪统治的中心地带,进出口贸易占全国的五分之三,为日、蒋、汪三方所必争。而且这一带多系平原水网,交通便利,日伪军活动迅速,游击条件艰难,新四军插到这里又可能激化与蒋介石的矛盾。项英担心向这里发展会把统一战线搞垮,总留恋于自己游击活动过的当年老苏区,

从合作走向决战
——中国共产党为什么能战胜国民党

老想等待日后实现"三山计划"。有人形容项英是在皖南守株待兔，结果没等到兔子，却等出了一只老虎。

当项英迟疑不决时，1939年秋中共中央派出刘少奇前往中原，领导开展发展华中的工作。1940年年初，八路军派出强有力的老部队2万余人在黄克诚率领

1939年2月，周恩来在新四军军部做报告。

下进入苏北，会同由竹沟留守处进入豫皖苏交界地区的彭雪枫部，形成了与新四军江北指挥部会合之势。此时横在八路军和新四军中间的除了一些孤立的日军据点外，主要就是头顶国民党军鲁苏战区总司令和江苏省主席头衔、占据苏北和苏中敌后广大区域的韩德勤。

国民党当局也看到八路军、新四军南北相向发展之势，为了阻隔其联系，以图将来在战略上各个击破，第三战区司令长官顾祝同于1939年年末就以上司身份一再命令新四军，要求将江北的第四、第五支队撤到江南。项英开始还犹豫不决，经中央指示才借故不执行这一命令。当时找借口其实也很容易，因为国民党一向克扣新四军军饷，更极少发弹药。军部则以对下属不能补充饷弹以致指挥不灵为理由，说明如能增加新四军的饷弹，自然可以调动。国民党根本不会向新四军增发饷弹，这样就自然地把命令顶了回去。

命令不灵，国民党就开始求助于武力进攻一途。1940年3月国民党中央军委会秘密下达了《剿灭淮河流域及陇海路东段附近地区非法活动之异党指导方案》，要求准备将新四军"压迫于大江以南或相机剿灭之"，"务须截断新四军与十八集团军南北之连系"。根据这一命令，桂系李品仙部开始向鄂东的新四军李先念部、皖中的张云逸部发起攻击，局部性的武装冲突连续发生。

在这种形势下，江南的新四军一支队在陈毅、粟裕率领下于1940年春北渡长江进入苏中。首先通过政治争取的统战工作和军事打击并用，使得泰州的李明扬、李长江这"二李"（后来在电影《东进序曲》中称为江州二刘）

同意保持中立。这样新四军在江北站住了脚，建立了以黄桥为中心的根据地。此时，八路军黄克诚部也进入苏北，与陈、粟部南北呼应。

国民党军韩德勤部自然不能容忍八路军、新四军南北会合，何况他把苏中苏北视为自己的地盘，对日寇一向避战，可是对当地的杂牌武装却总是以武力兼并，对共产党更视为眼中钉。他也懂得谋略，为了各个击破，先派人对黄克诚部表示慰问，想以虚伪的缓和暂时稳住北方。同时，他集中手下的主力部队向南方的新四军进逼，企图一战把陈毅、粟裕所部压下长江，当时的口号是"让新四军到长江里吃水"。

在这种形势下，敢不敢打国民党一省主席所率的大军，成为一个重大的战略问题。刘少奇在这一时刻拍板下定了决心，从而为中国革命全局做出了重大贡献。陈毅在1945年党的七大上称赞刘少奇到华中后办了两件主要的事情，一是"几百万群众发动起来了，实行了减租减息"，二是"进行了反摩擦"。对后一点，陈毅在会上是这样说的：

"敢打顽固派，一打即能胜利，这是一个重大的关键。有些人怕打顽固派，怕破坏统一战线，怕党外叫，怕党内有人批评，怕国民党军队多，新四军弱小，怕打不赢。刘少奇南下回答了这个问题，鼓了鼓气，一定要打，非打不行，而且一定打得赢。"

在刘少奇的统一指挥下，八路军、新四军实行了南北配合。共产党的军队是在中央高度统一的集中领导之下，能够协调一致地行动，不像国民党那样内部分为各个派系，遇进攻时往往各不相救。韩德勤名义上拥兵10万，真正能听命的却不多，进攻黄桥的主力只有李守维率领的第八十九军1万多人，奉命前去助攻的泰州"二李"早与新四军有统战关系，虽派了一支部队前往，但只是观战。

针对韩德勤的"和北攻南"，为争取政治上的主动，显示反击有理，中共中央明确在重庆告诉国民党当局："韩不攻陈，黄不攻韩；韩若攻陈，黄必攻韩。"国民党当局则认为陈毅、黄克诚两部相距大半个江苏省，有数百里间隔，陈部兵力不足万人，黄部也只有2万人，韩德勤足以御北攻南，于是置之不理。新四军部队又采取故意示弱的方式，韩德勤的代表来谈判时，故意向其诉说饷弹不足之苦，让他看小鬼们组成的少年兵。这样韩德勤部更加骄狂，不待准备充分即向黄桥发起大举进攻，为刺激士气并宣布"打进黄桥，放假三天"。衅自彼开，共产党方面正好有了反击的理由，同时得到苏中各界的广泛同情和群众的大力支持。

从合作走向决战
——中国共产党为什么能战胜国民党

1940年10月3~4日，国共双方军队在苏中展开了著名的"黄桥决战"。当然，这一"决战"并非全国性的大战，而是决定苏中乃至整个华中全局的决定性一仗。作战的场面也属世界战争史上少有，除交战的双方外，泰州的"二李"以奉"省韩"之命助战的名义派一支部队前来见机行事，驻扬州的日军也派出一个大队前来观望，形成"两方交战、两方观战"的奇特场面。

在陈毅坐镇，粟裕亲临火线指挥下，新四军指战员骁勇异常，又有广大群众助战。国民党军韩德勤部却纪律败坏，士气不振，兵力虽占优势却协同不力，结果遭包抄后大乱，第八十九军全军覆没。据当时苏皖鲁副总指挥卢印泉向重庆所写的报告描绘，最后的结局是这样的：

"余匪抄至背后，即将桥梁破坏，猛攻我三十三师，有一部败退，波及军部危急，仓促间未加部署，下令全军退却，却伏兵四起，纪律不好，人民蜂起追杀（注：此句最精彩！），全军覆没。李军长翁旅长及参谋长团长营长若干人失踪，师长孙启人被俘。"

这个"失踪"的李守维，新四军事后也在找他。交战时没有办法，战斗一结束因考虑到全国统战的大局，还是希望他能活着。随后在河中捞出此人的尸体，据查系逃跑时被拥到水里淹死。李守维是抗战开始后在内战中死亡的第一个国民党军长，陈毅闻讯后心事重重地说："这样不好！让他自己跑回去多好呢！重庆的顽固派这下子又要叫嚣了！"

油画《新四军往事——陈毅义释韩德勤》表现了新四军同国民党发生冲突后还要维持合作抗日。（李明峰作品）

黄桥一战，韩德勤的精锐丧尽，见风使舵的"二李"马上亲近新四军，日军也龟缩回长江边。此时，苏北的八路军黄克诚部以援救新四军为正当理由，大举向南进攻，席卷苏北，于1940年10月10日与向苏中乘胜追击的新四军会师盐城。考虑到要争取维护与国民党的关系以利抗战，尽管当时韩德勤逃到兴化这座孤城，但陈毅仍建议留下此人，实行休战，并在名义上仍承认他为江苏省主席。中共中央和重庆的周恩来都赞同陈毅的意见，同意暂时保留韩德勤，这样可以避免国共关系严重恶化，还可以作为交换条件责成重庆方面停止进攻皖南、苏南和皖东等根据地。不过此后一度因考虑不周，还是发起了攻击韩部的曹甸战斗，但又未能奏捷，结果在政治上军事上都造成了不利的后果。

　　总的来看，经黄桥一战和乘胜追击，中国共产党的南北两大主力打通了战略联系，发展华中的战略目标得以实现。至此，中共领导的根据地从陕甘宁至苏南基本连成一片，人口达到近1亿（包括两面负担区），军队发展到50万，出现了抗日战争以后最好的形势。

　　此时的反顽斗争不仅取得辉煌胜利，而且极大丰富了毛泽东的策略思想，总结出对国民党又打又谈、又斗争又团结的经验。毛泽东就此提出了"有理、有利、有节"的斗争策略，以及"发展进步势力，争取中间势力，孤立顽固势力"等原则。当时中国共产党在对国民党进行斗争时，仍坚持以抗日民族统一战线的大局为重，必要的反击也都适可而止。由于中国共产党的斗争，国内各阶层和苏联、美国、英国等都反对中国打内战，这使以蒋介石为首的国民党当局一直未敢下决心最后破裂，国共两党一致抗日的局面在局部内战不断的情况下仍能始终得到维持，不能不说是世界战争史上的一个奇迹。

皖南悲歌

　　当苏中的反顽奏凯并使敌后解放区南北相连时，孤悬于皖南云岭的新四军军部处境却更为危险。项英和叶挺率部在这里虽然已经驻扎了两年多，可是活动范围却只有方圆几十里，正面是日军的长江封锁线，后面和两侧都是国民党军。而且严格来讲，这块小小的地区也不是共产党领导的根据地，因为当地一直没有建立抗日民主政权，甚至连新四军军部所住的村子里还一直实行着国民党的保甲制度，这在坚持独立自主的共产党领导的地区里真是个例外。

　　在项英看来，其他地方摩擦不断，是因为总不遵守国民党的规定；皖南前两年比较平静,与周围国民党军没有发生冲突,是由于自己统战搞得好。可没想到,越是服从于国民党的限制,反而越容易被消灭。这块原先看来最平静的地方,在1941年1月间发生了最大的一场灾难——皖南事变。

按照中共党史书上的划分法,1940年10月国民党发动了第二次反共高潮。就在黄桥决战十几天后,国民党军委会正副参谋长何应钦、白崇禧联名发出了《皓电》,电文中先是诬蔑八路军、新四军打击鹿钟麟、韩德勤的"非法行动"等,随后又要求朱德、彭德怀、叶挺、项英接电后于一个月内率部全部撤到黄河以北。

这一电报突出表现了两个问题。一是国民党的整个战略有了改变,在隔断八路军和新四军的联系破产后,改用"投畀有北"的方针,企图将中共的武装全部赶到黄河以北的日本占领区,使其很难有发展余地,更便于被日军消灭。二是国民党内部在中央系以外的最大的杂牌桂系与蒋介石合作,积极参加反共。武汉失守后,中共中央本着"争取中间力量"的方针,曾对各杂牌军的首领进行过联络,桂系头目白崇禧曾对周恩来表示友好,同意让李克农率人到桂林建立八路军办事处。此时桂系军队在华中充当进攻新四军的先锋,白崇禧又出面指责共产党,这使蒋介石进行反共活动增强了实力。

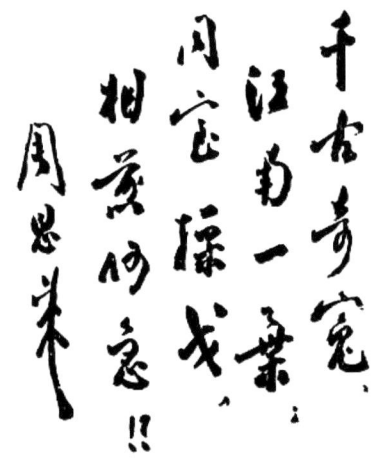

皖南事变后周恩来在新华日报写下"千古奇冤,江南一叶,同室操戈,相煎何急",以谴责国民党当局。

当时的国际形势,也使蒋介石感到有利于他反共。美国、英国此时为准备同德、日、法西斯大战,改变了原先不援华的态度,这使过去只有苏联一国援华的情况变为美、英、苏三国同时援华。1940年春天蒋介石曾准备在重庆危急时迁都甘肃天水,背靠苏联和联络陕甘宁边区,所以对反共行动有所限制,此时却大大减少了顾忌。日本也停止了对国民党战场的进攻,积极争取议和。这样,蒋介石感到自己处于可以待价而沽的有利地位,对共产党开刀也不至于引起大的后果。在发出《皓电》之后,蒋介石即命令华中的汤恩伯、李品仙部东进攻击新四军江北部队,策应韩德勤,同时以重兵包围皖南的新四军军部,并要其"限期移动"。

根据当时国内的形势，中共中央虽然拒绝了将黄河以南的部队全部北撤的要求，却同意将皖南的新四军撤到长江以北。其实，这是当时改变新四军军部危险处境的唯一办法。还在1940年春天，中共中央就一再要求皖南部队转移，但项英以各种理由不主张行动，结果转移一事拖延了下来。当时在苏南担任一支队司令员的陈毅曾到军部劝说项英。三年游击战期间他俩在一个草丛和山洞中患难与共，感情很深，此时却总谈不拢。陈毅告别时批评老战友项英说："我给你排个八字吧，你是'五心不定，输个干净'。"此"八字"随后被不幸言中。

黄桥决战后，国民党军在苏中和苏北吃了大亏，皖南孤立的新四军军部就成了其报复的最好目标。周恩来也反映蒋介石当时捏住鼻子没有说话，"但他是要复仇的，在苏北战争结束后，王懋功就到顾祝同那里去，布置皖南事变"[①]。

面对这种情况，新四军军部两个月内仍迟迟未动，并一再向以顾祝同为首的国民党第三战区交涉，表示只有发饷发弹药才能转移。项英及军政治部主任袁国平在这一问题上固然有责任，不过近年来公开的档案材料证实，中共中央对当时可能发生大规模的反共战事也估计不足。毛泽东在1940年12月间虽催促过项英渡江北上，却也认为"大举'剿共'是不可能的"，"大规模内战与国共分裂目前是不会的"[②]。转移一拖再拖，直至蒋介石秘密下达了"一网打尽，生擒叶、项"的命令，8万国民党军从三面向新四军军部包围过来时，新四军军部近万人才于1941年1月4日离开云岭开始转移。

从后来的情况看，新四军军部不仅出发已晚，而且路线也选择不当。国民党军已在东、西、南三面构成包围，新四军军部北面为日军占领区，顾祝同开始向新四军指定要走北面的道路转移到江北，并公开宣传"欢送新四军北上"，以借刀杀人。结果日军调动重兵和军舰封锁安徽中部的长江，在此渡江有极大危险。此时还有一条路，即向东北方向突围，在日军和国民党军交界处穿行。事后看这其实是唯一有可能脱险的道路，可是项英顾虑当地有国民党军的两个师拦截也未采用。结果最后确定了一条最不利的道路，即"武装借道"，先向南往茂林行动，冲出国民党军的包围圈再折向东北去苏南。这条路是向国民党军的纵深运动，在政治上给他们宣传新四军"不遵军令南窜"并实施进攻以口实，在军事上是自陷包围圈。

[①] 《周恩来选集》上卷，人民出版社1997年版，第201页。
[②] 中共中央文献研究室：《毛泽东年谱》中卷，中央文献出版社2013年版，第241—242页。

三条道路可供选择时，为何出此下策？事变发生一周后，毛泽东为中共中央起草的《关于项袁错误的决定》中就提出："此次皖南部队北移，本可避免损失，乃项、袁先则犹豫动摇，继则自寻绝路，投入蒋介石反共包围军之罗网。""此次失败是否有内奸阴谋存在，尚待考查，但其中许多情节是令人怀疑的。"据后来有人回忆，项英、袁国平等决定走这条与北移反方向而行的路线，主要是认为可以出乎国民党军的意料之外，只要冲出山口进入平原，就可自由行动再折向东北。殊不知国民党军已经早有准备，在那个地形非常不利的地方布置了罗网，而毛泽东怀疑的"内奸阴谋"，事后经查也确实存在。

新四军的行动路线，国民党早已知晓并设有埋伏，军部的原参谋处长赵凌波此前起了内奸作用。赵凌波原为国民党川军的下级军官，在围剿鄂豫皖苏区时被俘参加红军，因当地大肃反后干部缺额甚大，加上他有一定军事素质且能说会道，在肃反中抓人捕人又表现积极，因此很快得到提拔重用，内战结束前在红二十五军当上了师政委。中共中央为加强新四军从八路军选调一批军事干部时，赵凌波也被选中。皖南的国民党军曾请新四军军部派人去讲游击战的课目，他被派前往，受到各种款待和金钱女色利诱，与对方拉上关系。此后名为驻新四军军部"联络参谋"的国民党特务秘密找赵凌波，并从他那里得到一些情报。这些情况当时组织上虽不很清楚，却也有一些异常感觉，于是北撤前夕让他离开军部到第一支队当副司令员（相当于副旅长）。事后据一些负责同志回忆，在第一支队内赵凌波态度反常，故意让部队向错误方向行进，随后即失踪。新四军军部被消灭后，国民党报纸大肆刊登赵凌波的"供词"作为"新四军叛变"的根据，证明此人与国民党特务机关完全串通一气。

赵凌波投奔国民党后却未得什么要职，开始还被押入上饶集中营。在狱中他到处劝降，实际上完全成了国民党特务的走狗。后来他被放出监狱，派往淮南一带反共前沿担任一个区的小小行动队长，专门对付当地新四军游击队。在国民党特务机关看来，这个一再叛变、在国共之间投来投去的人的利用价值大概也只有这么大。当地新四军听说赵凌波到此地，正是仇人相遇分外眼红，马上派人袭击干掉了这个叛徒内奸。

由于新四军转移时国民党军已在周围严密戒备，加上鬼使神差地天不助我，行军第一天竟在冬日里下起了雨，道路泥泞难行，结果走了15公里就停了下来，指战员们都去烤棉衣。国民党军完全证实了新四军的移动路线，马上开始收拢包围。1月6日新四军先卫部队在星潭镇与国民党军打响,一举击溃了其拦截的两个营。叶挺此时主张下决心冲过去,可以在包围圈封死之前较快地突出山口。事后看来,在平原地区即使有重兵围攻也不至于全部覆没。

值此危急关头,被陈毅批评为"五心不定"的项英又犹豫起来,会议一直开了7个小时,最后项英以中共东南局书记的身份否决了叶挺的意见,又让全军掉过头来向北走,这一决定使部队彻底陷入了绝境。当时只有原先在最北面充当后卫的傅秋涛部千余人变为前锋,冲到长江边。日军因见新四军南去而放松警戒,结果傅部成功渡江到达江北,后面的部队则全部被国民党军截断并被包围于茂林附近。当地是高山狭谷区,国民党军已经占领了四周的高地并构筑了工事,新四军难以突围,在十倍于己的兵力不断围攻下弹尽粮绝,无法支持。

新四军军部被围时,蒋介石又做了两面派的典型表演。周恩来根据中共中央的紧急指示去向蒋介石交涉,要求立即为新四军解围让路,并表示:"我华北、华中将士得四军噩讯,气愤填膺,几不可遏,只有迅速解除对新四军围攻,才能免危机于万一。"

蒋介石没有出面,派刘斐于1月13日出面答复说:"我今天可负责答复,蒋已令贺耀祖(注:侍从室主任)用电话直告顾云,只要新四军确实北渡,你们应予帮助,不应为难。至冲突,因估计双方都在严密戒备下,自然容易发生误会。"

其实,这完全是麻痹之计。当天蒋介石命令发起总攻,战至次日新四军军部已无法支持。此时项英因临阵动摇已被中共中央解除职务,代理东南局书记的饶漱石要叶挺去与山下的国民党军谈判,叶挺认为到如此地步新四军已无谈判的资本,可是又不能不服从,之后下山即被扣留。的确,按照无情的军事规律,能战才能和,不能战时也就不可能谈判,去敌方只能被当作俘虏。

接着国民党军冲上来,饶漱石单个混出包围,后来回到江北。袁国平在战斗中已负伤,被老乡抬着走,国民党军冲来时抬担架者逃跑,袁国平不愿当俘虏而举枪自杀,表现还是英勇的。项英倒是有三年游击战争的经验,善于钻山洞隐蔽,他和参谋长周子昆藏了起来而未被发现。随后,突破包围的项英、周子昆隐蔽到长江边的一处山洞里,和新四军参谋处一科科长李志高等共20多人一起准备过江寻找江北指挥部。

由于皖南事变造成了这样大的损失,李志高等人对项英这位首长也是怨气不已，几次提出要分家，项英则要一起行动过江，结果这些人分成三处住。内部的埋怨情绪给了心怀歹意的副官刘厚总可乘之机。3月中旬的一天早晨，刘厚总趁大家未醒，开枪打死了项英、周子昆，拿了他们身上的金子、手表和刻有斯大林名字的手枪，跑下山去投奔国民党军。负伤未死的警卫员马上招来其他同志，另找地方掩埋了项、周二首长。直至全国解放后，陈毅等人才将当年老战友的遗骸迁葬南京。

那个叛徒刘厚总并未得到好结果。此人出身绿林，三年游击战争时率领一支小队打得还不错，可是到了新四军后受不了组织纪律性的要求，屡屡受批评，只是项英看中了此人调其来当保卫副官。皖南事变时刘厚总随项英一起突围后，既对革命悲观失望，又发现首长身上带着许多经费，遂起歹意杀心。他投降国民党后黄金、手表都被没收，领人来找项英、周子昆尸体也未发现，仅凭一支刻有斯大林名字的手枪不能取信。结果国民党特务机关把他押到重庆关进白公馆，后来证实项英确已死后也不放他，只分配了他在狱中监视其他人的任务。直至1948年军统特务才宣布释放他回籍，可他此时已无家可回，又没有盘缠，还在狱中落下周身疾病，只得恳求看守所留他当个杂工以混碗饭吃。

翌年11月人民解放军兵临重庆，特务机关把白公馆看守们编为川东游击队。刘厚总虽体衰多病，身手早不似当年任红军游击队长之时，但也作为一名队员加入。因为他明白，国民党军将领投向共产党可以升官受奖，像他这样杀害过新四军高级领导人的叛徒一旦被捉则断无饶恕之理。后来据被俘的军统特务中的目击者称，撤出重庆当天，刘厚总与一伙溃兵抢着上汽车，结果被人用刺刀在屁股上扎了一刀，被甩到路边。看守所所长陆景清乘吉普车逃跑时，发现刘厚总躺在公路旁哀叫，于是将他拉上车来带了一程，赶上川东游击队时就交给他们。此后刘厚总下落不明，解放军随后在川东剿匪结束时专门查找过这个叛徒，受审的被俘匪特均说未见此人。根据情况分析，在人民解放军追击下的混乱逃跑中，已被捅了一刀的刘厚总不可能得到医治，这个丧家犬的身边又无细软，在当地也没有熟人关系，恐怕只有横尸于荒郊野岭了。

新四军军部覆没3天后，蒋介石完全露出真面目。1月17日国民政府军事委员会发出通令，称"该新编第四军抗命叛变"，宣布将其"解散"。同时还称："该军军长叶挺着即革职，交军法审判，依法惩治，副军长项英着即通令各军严缉归案讯办。"

蒋介石的这一行动，使国共关系一时到了接近破裂的边缘。中共中央、毛泽东曾于1月中旬下达命令，要求准备向国民党统治区出击，并要求华中方面立即消灭韩德勤部，山东方面消灭秦启荣部。许多八路军将领也提出要向国民党军发起报复性进攻。不过，当时负责华中工作的刘少奇于1月15日以比较冷静的态度提出："这里的同志义愤之余，亦有立即举行反攻之主张，然根据各方面情况，平心静气一想，我们却有下列意见。"

这种"平心静气"想出来的意见是："全国局面，国民党未投降，仍继续抗战，对共党仍不敢分裂，且怕影响对苏联的关系，在皖南消灭我军，蒋亦下令制止，即证明蒋生怕乱子闹大。"因此刘少奇提议："以在全国主要实行政治上的全面大反攻，但在军事上除个别地区外，以暂时不实行反攻为妥。"

在重庆的周恩来也主张在政治上采取全面进攻，同时争取中间力量。毛泽东从全局考虑，随之也肯定了刘少奇、周恩来等人的意见，在政治上与蒋介石展开坚决斗争，在军事上采取了守势。

针对蒋介石取消新四军番号的命令，毛泽东以中国共产党中央革命军事委员会的名义命令重建新四军，任命陈毅为代理军长（保留叶挺军长之职）、刘少奇为政治委员。这样，在八路军以十八集团军番号名义上仍归国民政府军委会指挥外，就此在国内有了一支公开的不属于国民政府的抗日军队。除了原有的9万部队外，中共中央还命令将八路军南下的黄克诚、彭雪枫两部也改入新四军序列。因为既然已经宣布新四军为"叛军"，这些部队就可以不受任何束缚自由地打国民党。国民党许多元老对此十分惊恐，认为会造成南方"到处皆匪"的局面。蒋介石也担心局势不可收拾，面见周恩来时提出一种妥协方案，即将新四军原有部队再编一个军，归十八集团军指挥。

对此方案，中共中央认为不可接受，因为如果同意在政治上等于默认了蒋介石取消新四军的行为。中共中央坚持要求恢复新四军番号，释放叶挺和其他被俘人员，这实际上是要蒋介石在政治上低头承认消灭新四军军部是错的，当时也不为对方所接受。国民党军委会自皖南事变起，就停止了对八路军以4.5万人原数额发饷，八路军也停止了对重庆方面发报告。国共双方就此在军事上没有了原来那种名义上的隶属关系。

蒋介石发动皖南事变时，已准备与共产党彻底破裂，然而，当时的形势又使他不能如此做。一方面，日军利用国民党军进攻新四军，发起对河南的进攻，说明即使反共，国民党与日本也无法达成妥协。另一方面，国内各界谴责国民党方面消灭新四军，要求维护一致抗日的局面。还有一个重要方面

驻重庆的苏联大使潘友新（左）同蒋介石夫妇交谈。

就是，国民党当局依靠的美、英两国也不赞成中国内战，怕因此影响对日作战。如美国总统罗斯福的特使居里在皖南事变后即赶到重庆，向蒋介石表示美国在国共纠纷未解决前不能大量援华，并会见了周恩来。当时主要向中国提供军火的苏联也表示强烈反对蒋介石反共，驻重庆的苏联大使潘友新面见蒋介石，反对中国内战，武官崔可夫则提出苏联将考虑停止援华。

这些情况都大出蒋介石的意料，使他在当年2月1日的日记中这样写道：

"新四军问题，余波未平，美国因受共产党蛊惑，援华政策，几乎动摇。"

依赖别人而从无自力更生精神的国民党当局，自然不得不采取缓和措施。3月14日蒋介石又约见周恩来，虽回避谈新四军问题，却含糊地说："只要听命令，一切都好说，军队多点，饷要多点，好说。"此后，蒋介石并没有按诺言恢复发饷，各地对共产党军队的大规模进攻却已停止，国共双方的关系得到一定程度的缓和。

林彪代表毛泽东赴渝见蒋

1941年6月德国进攻苏联，12月间日本袭击美国珍珠港，国际反法西斯统一战线正式形成，国民政府站到反法西斯同盟国一边，对日本妥协投降的危险基本过去。在这种形势下，苏联已无力援华，美国成为国民政府的主要靠山。当时美国一面大力援华，一面要求中国国内一致对日作战，罗斯福转告蒋介石:"中国在三年之内不要发生内战,援华军火不得用于内战之用。"此话说明美国从长远角度看并不反对消灭共产党,不过从战时的利益考虑不许"三年之内"这样做。以后的事实证明,在三年后日本战败时,美国的对华政策果然有了变化。

蒋介石在这种大气候下,不得不在表面上与中国共产党保持一致抗日的关系。此时,中国共产党领导的抗日根据地处于日军不断的"扫荡"之中,是最困难的阶段。苏联因处于卫国战争的艰难时期,对中国事务的影响力减弱。在这种情况下,中共中央十分希望改善与国民党的关系,于是有了一次接近实现的蒋介石与毛泽东的会见。

1942年8月14日,蒋介石约见周恩来时说一星期后将去西安,想在那里请毛泽东出来谈一谈。毛泽东马上回电周恩来表示:"依目前形势,我似应见蒋。"[①]周恩来认为现在与蒋介石见面时机略早。毛泽东认为:"我去见蒋,将国共根本关系加以改善。这种改善如能做到,是极大利益,哪怕一个具体问题也不解决也是值得的。"周恩来则回电认为见蒋"时机尚未成熟",而且有一种可能,蒋"约毛来渝开参政会后,借口留毛长期驻渝,不让回延"[②]。

毛泽东这次虽非常想见蒋介石,但经过考虑最后还是接受了周恩来的意见,先派林彪作为代表去西安见蒋,视情况再确定是否亲自去。林彪去见蒋介石有特殊的有利条件,他既是黄埔军校第四期的学生,又是闻名全国的平型关大捷的指挥员,且刚刚从苏联回来有国际背景。可是,当林彪赶到西安时,蒋介石却已经离开,林彪于是赶往重庆。

果然如周恩来所料,蒋介石约毛泽东相见并无解决问题的诚意,纯属想改善自己内外形象的政治姿态。林彪以毛泽东个人代表的身份见到蒋介石后,先讲了毛泽东因患病未来,然后又提到内战危险,蒋介石听后就不耐烦,频频看手表,这显然是送客的表示。第二次见面时,林彪一提到新四军,蒋介石居然面红耳赤地说道:

"承认新四军,就等于不承认政府!你切勿再提新四军,提新四军我是不要听的!林彪同学,你是我的学生,所以我才说这个话。"

就这样,有一个双方都不肯让步的新四军问题梗结在那里,国共关系实际上得不到任何发展。能保持军事冲突不大规模地发生,就已是很不易的事情。1943年6月,蒋介石允许周恩来、林彪回延安,双方的谈判又停顿了下

---

① 《周恩来传》,人民出版社、中央文献出版社1989年版,第546页。
② 中共中央文献研究室:《毛泽东年谱》中卷,中央文献出版社2013年版,第402页。

来。此时因美英两国宣布废除了百年来的不平等条约，共产国际宣布解散，蒋介石得意之余，又发动了一次反共高潮。

1943年年初"废除不平等条约"之事，原本是一场宣传闹剧。美英等国自鸦片战争后百余年间在中国通过不平等条约取得占有租界、领事裁权和关税等方面的种种特权，国民党当政后从未取消过。太平洋战争爆发后日本将各沦陷城市的英美租界占领，并假惺惺地要汪伪政权宣布"收回权益"。落于汉奸之后的国民党面子太过不去，才与美英签订所谓的"平等新约"。此时美英过去享有的在华特权差不多都已被日本剥夺，加上为拉拢中国抗战，索性做个空头人情，承认废除过去的不平等条约。其实严格而论，某些不平等条件和特权并未取消。如国民党政府曾要求英国废除《中英南京条约》，归还这一条约中割让的香港。尽管此地当时已被日军占领，但丘吉尔政府还是坚决不许，并宣布一定要在战后收回香港。至于美国方面，刚刚宣布废除领事裁判权，又与国民党签订美军在华人员刑事案件的处理的换文，规定美国人在华犯罪仍由美方处理。以后美军士兵在华强奸妇女及各种犯罪行为，中国司法部门无权过问，以致闹出轰动全国的"沈崇事件"，其"依法"的祸根就在此处。凡此种种，岂不是照常保持在华特权吗？

对于这样一个只有面子上虚荣的所谓"废约"，国民党政权大吹大擂，把蒋介石说成是一雪"百年国耻"的"民族英雄"。1943年春天，经蒋介石授意，曾追随汪精卫当过汉奸后又跑回重庆的文人陶希圣捉刀代笔写下了《中国之命运》一书，用蒋介石的名字发表。此书的中心思想即按书名之意发挥，鼓吹"中国之命运"要由国民党一党主宰，并宣传什么因不平等条约废除，中国的对外问题已经解决，以后两年的任务是解决国内的"新式军阀""变相割据"问题。很明显，这是为发动内战制造理论根据，并显露出不久将要动手的杀机。同年夏天，国民党军的"西北王"胡宗南奉蒋介石之命调动两个集团军到陕甘宁边区周围，准备相机发动进攻。

蒋介石坚持一党专制和个人独裁的方针，他在抗战时发表的《中国之命运》（实为陶希圣代笔）就系统阐述了其专制主义思想。

中共中央当时在舆论阵地上进行了针锋相对的反击。针对《中国之命运》结束语中"没有国民党便没有中国"的谬论，延安《解放日报》发表了《没有共产党便没有中国》的社论，以后还以此谱成歌曲，一时唱遍解放区（解放后在"中国"前加了一个"新"字）。面对国民党的军事威胁，中共通过各种渠道一面向国际国内社会大力揭露此事，一面在陕甘宁边区进行了总动员，准备迎战。当时美英等盟国从对日作战的角度出发，反对中国内战，掌握援华装备分配大权的美军驻华司令史迪威还要国民党受援时保证武器不作为内战之用。这样，总算制止了国民党准备发起的反共战争。

尽管国民党与共产党的军事冲突在皖南事件结束后的近四年间有所缓和，可是国特机关却仍加紧对中共地下秘密组织的大破坏。中国共产党也改变了抗战初期作出的不在友党友军内发展组织的许诺。双方除了在战场上和公开政治舞台上的争斗外，隐蔽战线上的较量也日益激烈。

自1939年国民党规定限制"异党"，特别是皖南事变之后，中国共产党在国民党统治区除了有合法身份的公开办事处外，其他组织都转入地下隐蔽活动。以周恩来为书记的中共南方局统一领导国统区的工作，下属两个工作委员会：

一个是西南工作委员会，简称"西南工委"，负责川、康、云、贵、湘、鄂的地下工作。

一个是南方工作委员会，简称"南委"，负责粤、桂、赣、闽、浙和港澳的地下工作。

此时隐蔽活动取得了许多成绩，然而，由于当时在国统区工作中出现了某些偏差，许多秘密组织遭到严重损失。

在中原地区，国民党特务机关于1942年年初策反八路军驻洛阳办事处主任袁晓轩叛逃，由他那里得知了中共河南地下省委的联络网。于是一举抓捕了数百人，破坏了国统区的整个河南地下党。少数党员脱险跑回延安，中共中央负责保卫情报工作的书记康生又称河南省委是国民党特务控制的"红旗党"（近似于后来所说的"打着红旗反红旗"之意），以此作为开展审干和"抢救运动"的重要缘由。袁晓轩后来参加了军统，解放战争期间被派到长春担任特务头子，负责对付中共地下组织。解放时他因未能走脱而改名换姓隐藏，后被公安部门发现线索。这个在街道表现积极、终日满口进步名词（对这些名词他本来就不陌生）的"非党群众"一天突然发现他在延安时的老同学站在面前并大喝"袁晓轩"，开始他还装作听不明白，却也没逃过被抓进班房的下场。

这一时期中共南委遭到大破坏是最严重的事件，也堪称20世纪40年代国民党特务机关对共产党地下组织最重大的一次打击。由于当时国共双方关系没有公开破裂，国民党不公开宣扬此事。遭到破坏的中共南委原本是对国民党保密的地下组织，中国共产党也不便公开提出抗议，只对廖承志等个别人被捕提出交涉。全国解放后，国共双方才将此事公之于众。

中共南方工作委员会书记是方方，副书记为张文彬，相当于一个中央局。南委机关设在国民党统治区的广东和福建交界处的山村内，由地方秘密武装掩护。南委负责人主要居住在广东北部城镇内，以隐蔽身份活动。

南委机关暴露并受到重大破坏，如同周恩来后来在中共重庆南方局会议上所总结的那样："其根本原因是秘密组织与武装斗争同时并用，致工作路线发生许多错误。"

周恩来还具体解释说："因两者在大后方的政策是相矛盾的，只能勉强支持于一时，而不能保存永久，而且必致破坏秘密组织，损失力量。"南委被破坏的源头在江西，正是由于武装组织与省委的联络暴露出破绽。

国共内战停止和南方游击队集结北上组建新四军后，当地仍留下了部分人员和武器，由当地秘密的党组织领导。这也是中国共产党领导武装斗争的一贯传统：在任何根据地的主力转移时，总要留下革命火种。不过，当时国内形势却发生了变化，由于民族矛盾上升，阶级矛盾下降，在国共两党一致抗日的情况下，中国共产党已经承诺不在国统区组织武装斗争，这些游击武装就很难开展活动。可是，因当时考虑到今后进行斗争的可能性，又不愿将其解散，只得让骨干人员在较偏僻的地带相对集中居住，还要给处于秘密状态的地下党组织供给费用。长此以往，难免不被特务机关侦察发现线索。

例如在井冈山脚下的原湘赣苏区，当地游击队北上后就留下了原湘赣苏维埃主席谭余保领导的党组织和部分游击队。谭余保赴延安开会后，由原省苏维埃保卫局局长颜福华担任特委书记，武装人员在山间隐蔽，武装一部埋藏起来，准备在国共破裂或日军占领当地后进行游击战争。原江西、福建苏区的其他一些地方，也有不少这样的地下组织。他们都归江西等省委的统一领导，各省委由南委领导，这种领导又要通过地下交通员的联络来实施。

联络这种分散各处并目标很大的游击网络，交通自然就容易出毛病。1940年国民党特务正是在江西的一个渡口发现两名女交通员可疑，然后就跟踪盯梢。这时特务机关也吸取了经验，改变了内战时期性急的捕人办法。内战时期发现了共产党员后就马上抓人,审问出线索就迅速开展大搜捕,虽然有时能较快地破坏地下组织,不过也容易打草惊蛇,一般总有些人会闻讯隐蔽或转移。此时国民党特务机关采取"放长线"的办法,发现线索不马上抓人,而是长期秘密跟踪,找到交通站后又选准时机进行秘密"突击"。

特务机关的所谓"突击",就是在不为人注意的情况下偷偷抓捕交通站负责人。抓到后马上进行审问,以处决的威胁和利诱相结合,迫其叛变并同意为特务机关服务,然后迅速将其放回原处,在秘密进行监视的情况下让交通站继续与各方面保持联络,以顺藤摸瓜。经过很长时间的追寻,国民党特务于1941年7月逮捕了江西省委书记谢育才,破坏了整个省委机关。随后,特务又继续以省委的名义与各特委、县委联系,掌握其线索和活动地点后再以一网打尽的方式进行消灭。结果至1942年年初,国民党特务以耐心秘密搜寻的方式,经过近两年的时间,将中共江西省委所属的各地组织全部破坏。原来拥有最多武装的湘赣特委遭破坏时,书记颜福华叛变并交出了全部地下组织和经费、武器,自井冈山斗争起江西地区所组织起的革命武装至此全部毁灭。

曾在苏联加入过共产党、此时任赣南专员的蒋经国,在破坏中共江西省委一事中出了大力,得到他父亲的赏识和信任。事实证明,加入过共产党并熟知其活动规律的人一旦投向敌对阵营,那么对原组织的破坏会更严重。

中共江西省委被破坏后,国民党方面采取严格保密措施并以其名义继续与南委联络,因此南委负责人直至1942年春天仍不知这一情况。这时他们虽然已经收到周恩来从重庆方面发来的警告,要求注意国民党方面的破坏,江西省委与南委的联系也出现了中断和异常情况,可是南委领导却未能认识到问题

1939年,蒋经国就任赣南行署专员,1945年,步入而立之年的蒋经国在此大刀阔斧查禁烟赌娼、修明吏治、发展经济。

的严重性，仍于4月间派原江西省委书记、现任南委组织部部长郭潜去广东北部的曲江交通站向江西省委传达指示，并检查江西方面究竟出现了什么问题。

郭潜虽然参加过长征并在一、四方面军搞过宣传工作，但却是一个带有浪荡习气的文人，举止随便，不严格遵守秘密工作的规定。他到曲江后，南委发现江西情况不妙，急电要他离开，可郭潜却未及时撤走，结果于5月26日在旅馆内被特务抓捕。经审问和威胁，当晚郭潜就叛变。此后，他被安排到国民党特务机关和宣传部门从事反共活动，台湾在20世纪六七十年代出版过一个被称为"中共党史权威"的郭化伦所写的中共党史和许多文章，此人就是郭潜。

郭潜身为南委组织部部长，掌握大量组织系统的秘密。他首先供出了粤北省委的情况，并于第二天带领特务去抓捕了粤北省委书记李大林和其他一些负责人，广东的地下党组织就此又被破坏。

此时，在重庆的周恩来已经迅速了解到粤北省委被破坏，立即急电南委，要求通知不久前从香港撤回并隐蔽在曲江的廖承志马上回重庆，如走不了就去其母何香凝处，国民党考虑到"党国元老"的面子也不敢去抓捕。然而南委还没有和廖承志联系上，郭潜又带着特务上门逮捕了廖承志。

接着，郭潜又带领特务直奔南委机关所在地——闽粤边的大埔。6月8日，特务们在高坡镇抓到了南委副书记张文彬和宣传部部长涂振农。

张文彬是长期从事秘密工作的老党员，担任过红一军团保卫局长，负责营救过西路军被俘人员，抗战开始时担任过中共中央秘书长。他被捕后英勇不屈，受到特务百般折磨虐待而死于狱中。

涂振农则是一个怕死的软骨头。他在党内也是老资格，20世纪30年代初就曾担任过红十军政委。涂振农被捕后供出了南委的许多情况，解放后因其叛变行为受到严惩。当时和他在一起的毛泽覃的遗孀、贺子珍的妹妹贺怡被捕后坚强不屈，并吞金自杀未成。后经周恩来交涉，国民党才将她释放回延安。解放初期，贺怡回江西寻找毛泽东和姐姐所生的男孩以及自己留在当地的孩子时，不幸因车祸而亡。

国民党特务抓到涂振农后，又按线索跟踪追捕，幸亏南委机关所在地周围的群众武装组织掩护，才使方方等领导人得以转移。

得知这一险情后，6月8日周恩来急电南委书记方方，要求南委负责人立即分散隐蔽。随后，南方局又针对南委的危险情况，要求南委在国民党统治区停止一切活动，身份可能暴露的党员一律转移。方方经过长途跋涉，于第二年5月才从福建赶到重庆八路军办事处,随后跟随周恩来一起回延安。

南委机关遭到破坏时,国民党特务机关根据郭潜、涂振农等叛徒提供的线索又破坏了中共广西工委。隐蔽在国统的地下浙江省委也被国民党特务侦破,省委书记刘英被捕。这位刘英当初与叶飞、粟裕等人一起在闽浙赣地区坚持了三年游击战争,也在肃反问题上对叶飞产生过误会。当游击队整编为新四军上前线后,他留下领导隐蔽工作。刘英被捕后在狱中坚贞不屈,随即被蒋介石下令枪杀。

南委是中国共产党在南方坚持战略支点的领导机构,它的破坏对整个华南工作造成了严重的损失。中共在华南的工作经过这次打击,在抗战末期和解放战争初期陷入较消沉的状态,有人形容这等于在战略上损失了10万精兵。

当时由中共南方局书记周恩来亲自领导的西南地区的地下工作,就取得了许多成绩而没有大的损失。当时在国民党内部能起重大作用的秘密党员,如胡宗南的秘书熊向晖,重要的国民党将领何基沣、张克侠等都是长期隐蔽,不参加党的组织活动,其身份只有周恩来等极个别人知道,对其联系也尽

中共在国民党将官中发展的秘密党员张克侠。

量减少并做到隐秘。他们能够向中共中央提供许多重要的情报,并在国民党军内进行策反,却始终未暴露。

四川等地的中共地下党组织也根据周恩来等人的要求,实行隐蔽化和社会化的方针。首先是把公开工作与秘密工作严格分开,如红岩村的八路军办事处是公开的共产党机关,平时有大量特务监视,因此一般情况下不与地下党发生联系。地下党机关尽量减少人员,经常变换地址,领导人也要找到正当的社会职业,不致引人怀疑。如领导重庆地下党的川东特委书记廖志高的地址只有周恩来、董必武、孔原知道,由于他们三人的身份都是公开的,因此谁也不去廖志高那里,只派交通员定时联系传达指示。川东特委的其他委员,也大都不知廖志高住在哪里。至于国民党当局,更是在几年时间里不知道自己首都所在地的共产党地下组织最高负责人是谁。

下层地下党的工作当时虽然开展得轰轰烈烈,吸引了大批有志青年学

从合作走向决战
—— 中国共产党为什么能战胜国民党

生,甚至包括蒋介石的心腹秘书陈布雷的女儿陈琏。可是根据周恩来的要求,这些地下据点原则上不能超过5个人,而且都实行单线联系,各党小组间不发生横的关系。所以直至1948年春因《挺进报》事件引起的重庆地下党破坏(其实此事暴露也与开展川东游击活动有关),重庆中共地下组织在国民党腹心进行了大量活动,特务机关却

画作《红岩》表现了周恩来同董必武、叶剑英、邓颖超、吴玉章一起在重庆生活的场面,画面右侧表现了一个特务在监视。(沈嘉蔚作品)

一直无法破获这些秘密机构。这些,证明了周恩来所阐述的原则是正确的,即:"在大后方的党,只能全力执行中央长期埋伏、积蓄力量、等候时机的路线,不能同时采取武装斗争的路线。"①

除了秘密开展党的活动外,周恩来还领导南方局与社会上的民主党派及国民党军阀中的地方实力派进行了统战工作。皖南事变后由于中共坚持斗争,国共之间的一些组织因不满国民党当局的压迫也组织起来,于1941年3月成立了具有第三党性质的中国民主政团同盟。周恩来经常与民盟的领导人黄炎培、张澜等往来,宣传共产党的主张,争取他们参加反对蒋介石独裁统治以争取民主的斗争。民盟的成立及开展活动,使国民党一党专政又出现了一个新的反对派。蒋介石对外不承认民盟有合法地位,然而,因共产党支持民盟,美国出于其争取中国第三方势力并同情这些"自由主义者"的用心,也在某种程度上与之联络,使国民党当局长期不敢加以取缔,只好以特务监视并经常以恐怖手段相威胁。

对于西南的一些受蒋介石排挤的地方军阀如龙云、刘文辉、潘文华等,中共南方局也同他们建立了反蒋统一战线。这些被称为"国民党杂牌"的军阀过

---

① 《周恩来传》,人民出版社、中央文献出版社1989年版,第510页。

去都与红军打过仗，那是因为共产党要"革"他们的"命"并夺其地盘。此时共产党去了西北，威胁他们利益且总想借机消灭他们的是蒋介石，在注重眼前利益的这些实力派看来，与共产党相呼应对保存自己的实力有好处。于是周恩来与刘文辉经联络进行了秘密会晤，并派人到西康省会雅安的刘公馆内设立了电台。在四川另一个军阀潘文华那里，中共也秘密设立了电台。这两处秘密电台一直进行着中共中央与他们的联系，直至1949年年末刘文辉、潘文华二人起义。主持云南的龙云当时也同意与中共联系，让八路军办事处在他的省政府内架设电台，自己也秘密加入民盟，表示以武力作为后盾支持民盟反蒋。

这样，通过出色的统战工作，中共争取到西南的实力派和民盟力量，形成了某种程度上的三角关系，使蒋介石两面受敌。蒋介石反共时，西南的实力派和第三方人士竭力反对，因为他们明白只要共产党失败，蒋介石腾出手来马上就会收拾他们。同样，当蒋介石要消灭异己时，共产党也在全国大力揭露并加以反对。这种近似"三国演义"的局面，一直维持到抗战胜利时龙云被蒋介石解决。

"内战内行，外战外行"

国共之间的关系到了临近抗战胜利的1944年又出现了一个大变化，其原因在于当时中国两个抗日战场出现了相反的情况。当国际反法西斯战争到处凯歌高奏时，中国正面战场却出现了极反常的现象，败势已定的日本侵略者又把国民党打得溃退千里，以致社会上都称蒋介石一伙为"内战内行，外战外行"。

全国抗战爆发后，与提出"打到鸭绿江边，收复一切失地"的中国共产党相比，国民党的抗战是极不彻底的。蒋介石在1939年年初的国民党五届五中全会上，公开提出抗战的目标就是恢复卢沟桥事变前的位置。1941年12月8日太平洋战争爆发，中国单独抗击日本的局面变为以中、美、英、苏为首的26国共同对德、日、意轴心国作战的形势，国民党当局此刻才对日本宣布进入战争状态，废除过去与日本签订的不平等条约。蒋介石把宝押在美国必然胜利上，于是坐等胜利，正面战场上的作战更趋消沉。除了在日军发起进攻的地段抵挡一下外，在数千公里的战场上长期实行静坐式的消极避战，只是为了打通国际运输通道以获得物资支援，才在滇西和缅甸战场上向日军发起了抗日战争期间唯一的一次大规模战役进攻。

从合作走向决战
——中国共产党为什么能战胜国民党

1944年年初，日本大本营鉴于海上交通一天天困难的情况，为与南方军保持联系，迫切感到有必要打通纵贯中国南北的铁路线，并打通从中国大陆到越南的陆上交通，同时除掉在桂林、衡阳等地的中美空军基地，防止美国轰炸机空袭日本。

自1944年年初起，侵华日军为了发动战略进攻，又补充了大量兵员，使总兵力达70多万人。经过周密准备，日军从同年4月开始发起了"一号作战"，投入兵力约51万人。同年4月日军占领了河南中部广大地区后，就此打通了（北）平汉（口）铁路。

5月下旬，日军又向湖南北部发动大规模攻势，6月占领长沙，8月占领衡阳。国民党军由于在湖南遭到失败严重影响了士气，加上政府在惊慌中实施疏散，未能很好地组织，上百万难民到处奔逃，使道路堵塞，前方和后方都呈现出一片混乱的局面。就此，中国战场上出现了自1938年以来的又一次大溃败。11月日军进占广西各重镇，随即与驻越南的日军会合，并以一部进入贵州独山。

日军发动"一号作战"时，在浙江和福建沿海也展开了一些进攻，又占领部分城镇，并于10月间占领了中国东南沿海唯一的港口福州。1945年1月，日本又打通了武昌至广州的铁路，纵贯中国南北的交通线也被日军打通。

国民党军在日军近一年的进攻中，损失了60万人的军队，丢失了面积达30万平方公里并有4000万人口以上的地区。当时日本在太平洋战区和缅甸的各个战场上都遭到失败，可是在中国却取得这样的进展，引起世界上的震惊。在日军发动"一号作战"期间，国民党军在兵力数量上不仅拥有很大优

油画《中国远征军》表现了卫立煌（画中看地图者，其左为史迪威）指挥远征军反攻滇西取得胜利的情景。（赵力中作品）

势，武器装备通过美援也已得到改善，而且占优势的美国航空兵曾大力出动支援，给日军白天的地面行军和后勤运输造成许多困难，然而国民党战场却仍然出现溃败，还丢失了衡阳、桂林、赣州等重要的空军基地。这种情况的出现，正是以蒋介石为首的国民党独裁统治及其在政治上、经济上严重腐败的反映。

在抗日战争期间，大后方的广大民众生活极其痛苦，国民党达官贵人却骄奢淫逸，趁机大发国难财。"前方吃紧，后方紧吃"是当时的生动写照。在后方尤其让广大人民痛恨的，就是各地强征壮丁。本来，保卫国家、打击侵略者是国民的义务，可是有钱人却大都行贿不去当兵，保长们就强迫无钱者去，家属又不给任何优待，阵亡者一般也没有抚恤，加上军中黑暗压迫士兵，结果许多人纷纷逃避兵役。于是征兵就几乎成了用绳索捆壮丁的同义词，那些"持干戈以卫社稷"的士兵，待遇如同囚犯。

1944年8月下旬，有一支驻重庆机房街的运输部队的壮丁们被连长毒打后，血肉模糊地关在屋内，有些还在屋中死去。此情况被邻人发现传出，整个重庆舆论大哗。蒋介石得知后，也于8月30日带上侍从室主任钱大钧和自己的姑表弟、后方勤务部部长俞飞鹏，在兵役署署长程泽润陪同下前去视察。当看到屋里惨不忍睹的情景后，蒋介石挥动手杖，对身为中将的兵役署署长程泽润劈头就是一顿打，随后将其关押，还下令枪毙。当时国民党内一些人将"总裁"的这种行为当成"关心士兵"的恩惠宣扬，可是，仅仅凭一时之怒将兵役署署长暴打一顿，却不去改变抓壮丁的兵役制度，丝毫于事无补。

当年11月27日在国民政府纪念周上兵役部部长鹿钟麟报告说，抗战七年来，前后征壮丁共1100万人，然实际到达战场者不及500万人，其余都逃亡或病故。其实，鹿钟麟这时说的许多"病故"，也就是像在重庆机房街那种情况下被长官折磨致死。

一面是朱门酒肉臭，一面是百姓和下级士兵几成冻死骨，让那些没有兵血喝、发不了国难财的下级官兵出死力拼战而无怨言，又岂可得呢？在1944年日军"打通大陆交通线"的攻势中，侵华之敌已是强弩之末，精锐师团大半调走，兵力远不及国民党军，火力上的优势也不复存在，却一直能攻到接近重庆的贵州独山。连蒋介石的心腹、与毛人凤和郑介民并列为军统特务三巨头的唐纵也在日记中如此写道：

"士气低落的根本原因，由于军民脱节，军政脱节，官兵脱节，河南战役和这次行军的体验，是老百姓已经把我们拒于千里之外，'政治上军事第一军人第一'，徒成口号而已！"①

国民党战场上出现大溃败的时候，敌后解放区战场却展开了局部反攻，出现了中国共产党领导的力量在抗日战争期间的第二次蓬勃大发展。

在1941—1942年两年里，各解放区经历了最困难时期的考验。在敌后各解放区，由于日军不断进行"扫荡"、蚕食和"强化治安"，根据地大大缩小，人口降到5000万（其中一面负担的只有2000万人），由于作战损失和为解决经济困难而实行精兵简政，八路军、新四军一度下降到只有40万人。

陕甘宁边区虽然没有战争，却面临着极严重的经济困难。当地为全国有名的贫困区，老百姓平时自己的口粮大都不足，要养活大批军队和政府机关人员更难。抗战头三年国民党只给十八集团军发4.5万人的饷，其实都由八路军和边区政府派人从西安领取，再买日用品和粮食运回，以解决延安当地党政军机关所需，敌后部队的供给则由他们自己在当地解决。皖南事变后国民党停止发饷，并严密封锁边区不许商人往来，延安的机关干部马上面临着衣食无着的威胁。在毛泽东"自己动手，丰衣足食"的口号鼓动下，全边区军民开展了大生产运动，终于渡过难关。

得不到苏联的援助，国民党为数很少的军饷也断绝了，反而锻炼出中国共产党人自力更生的精神。有了经济上的自力更生，政治上才能真正独立自主。毛泽东能够不怕美蒋的威胁，顶住苏联的压力，恰恰也在于有这种坚实的基础。

进入1943年，敌后各解放区战胜了敌伪的进攻和破坏，又逐步展开恢复工作，根据地又扩大到8000万人口，军队数量也有所增加。经过前一段时间的残酷斗争锻炼，党政军民都积累了丰富的对敌斗争经验，战斗意志也更为顽强，终于成为一股不可战胜的力量。

1944年6月，毛泽东为中共中央起草的命令中要求对现有的47万人的部队进行整训，以迎接日后的反攻。当时日军为向国民党统治区发动"打通大陆交通线"的大规模进攻，被迫从华北、华中战场抽调大批兵力，许多地区的防务由伪军负责，对敌后解放区的"扫荡"也大都停止。中共中央抓住这一有利时机，要求各解放区发起攻势，扩大根据地，消灭孤立的据点，被日军称为"游击反攻"的局部反攻在敌后战场展开，与国民党战场的溃败形成鲜明的对比。

同年9月，鉴于国民党在正面战场又丢弃了大片领土，中共中央经研究决定开辟新的战略区。以晋冀鲁豫军区部队进入河南新沦陷区，开辟根据地，

---

① 唐纵：《在蒋介石身边八年》，群众出版社1991年版，第477页。

同时决定随后派出王震率领的三五九旅和延安的干部大队南下湖南，并要求苏中新四军准备向江南发展，恢复苏南和皖南区域。经过半年的反攻，敌后战场上解放了1000多万人口，1944年11月八路军、新四军扩大到65万人，至翌年4月扩大至91万人。

军事力量方面的天平发生变化，自然会影响到政治要求。1944年年末至1945年年初中国共产党再度与国民党进行谈判时，力量和口气就比过去强硬得多。过去国共谈判的主要议题是承认中共的合法地位、承认边区政府和增加军队编制等问题，此时中国共产党提出的要求就变为改组国民党一党专制的政府。正如1944年9月中共中央致电在重庆的代表林伯渠、王若飞时所说的那样："目前我党向国民党及国内外提出改组政府主张时机已经成熟，其方案为要求国民政府立即召集各党、各派、各军、各地方政府、各民众团体代表开国事会议，改组中央政府，废除一党统治。"

成立民主联合政府的口号，成为抗日战争末期国共两党斗争的焦点，当时在政治上无合法地位并盼望在国共之间取得一席之地的民主党派也拥护这一主张。毛泽东在1945年4月中国共产党第七次全国代表大会上所作的政治报告，题目就是《论联合政府》。

"联合政府"的要求，彻底否定了国民党自执政以来一直实行的一党专政，无疑是要挖它的老根。蒋介石这个独夫实行的统治，其实与古时坚持权力不可分享、"天无二日"的封建集权制毫无二致，中国共产党人此时却联合民主力量对他提出最大的挑战，难怪1945年2月13日蒋介石在会见周恩来和赫尔利时曾恼怒地这样说："联合政府是推翻政府，党派会议是分赃会议。"

中国共产党人却毫不让步。同年夏天，国民参政员左舜生以"第三方人士"的代表身份访问延安时，毛泽东就以带讽刺的口气对他说："谁说'天无二日'，我偏要出两个太阳给他看看！"

当时的形势是"边区的太阳红又红"，重庆方面却日薄西山，这预示着中国的政治局势即将发生天翻地覆的变化。

三 "三国四方"都瞄准战后

进入1945年以后,对中国为祸五十年的日本走向败降,神州大地上政治斗争的主角就变成"三国四方",也就是中国的国共两方和美国、苏联。这三个国家的四种政治力量的关系错综复杂,从日本投降前夕就瞄准了战后主宰中国这个大目标,在某种意义上成为毛泽东、蒋介石、杜鲁门、斯大林这四巨头斗法,而最后也是最大的赢家是毛泽东。

中国革命的胜利建立在抗日战争胜利的基础之上,现在人们经常颂扬全民族抗战的历史性胜利,这当然是正确的,对于振奋民族精神无疑大有益处。不过公正地讲,中国虽因日本投降成为战胜国,可是半殖民地半封建的地位并未改变,国家仍然受人欺凌,领土和权益仍然被强国瓜分,而且瓜分者还是一同对法西斯作战的盟友。美、英、苏秘密签订的雅尔塔协定及由此派生出的中苏友好同盟条约,就是典型的事例。在民族胜利前夕出现的

雅尔塔会议期间罗斯福(中)、丘吉尔(左)、斯大林(右)三巨头会谈。

这两个协定，令一切爱国者多少年来始终言之痛心。

"人必自侮，而后他人侮之。"外国人如何对待中国是一回事，中国自己的当权者屈辱地接受这种对待则是另一回事。以蒋介石为首的国民党政权为了在战后更好地对付共产党，居然完全接受雅尔塔协定的安排，以出让国家领土权益为代价，换取苏联不支持中共的保证，同时又将自己放在美国附庸国的位置上。这不能不激怒一切有民族自尊心的国人，也种下了国民党政权在战后迅速败亡的种子。

蒋介石通过战后的交易虽然取得了外交上的有利地位，然而，一向不怕鬼、不信邪的毛泽东却以反潮流的精神对待国际上的滚滚逆流。这位当年"问苍茫大地，谁主沉浮"的湖南学子，此时率领中国革命力量以独立自主的精神把握住自己的命运，从而能以敢于斗争、敢于胜利的气概迎接新历史阶段来临的挑战。

中共"先夺取半个中国"的计划

1945年1月至8月初，国共关系处于尖锐对立的状态。与前几年不同的是，此时争执的焦点不是对日坚持抗战或是妥协的问题，而是在战胜日本后谁在中国处于优势地位的问题。延安枣园内一系列中央会议以及与美国、苏联人的商谈，都围绕着这一中心点。

当时中共中央的最高决策机关住在延安枣园，这里是毛泽东到延安后的第三个住处。1937年1月中共中央由保安县（今志丹县）进驻延安城后，毛泽东和中央机关住在城南凤凰山下。1938年11月20日日本飞机对延安实施大轰炸，以中国共产党的首脑机关驻地为主要目标，凤凰山下落下许多炸弹，气浪几乎冲塌了毛泽东居住的那座三孔的窑洞。为了确保安全，当天晚上中央就安排毛泽东迁往城外延河对面一个不起眼的小村子杨家岭。为便于集中学习，党中央机关的各部门也陆续集中到杨家岭。因在这条山沟里为召开七大而修建中央大礼堂，一时人多嘈杂，加上施工放炮，毛泽东经常睡不好觉。杨家岭西面几里外的枣园有一座独立的庭院，绿树成荫，过去是军阀高双成的庄园，后来为中共中央机关所用。为便于休息和集中精力思考问题，1943年以后毛泽东搬到枣园，中央政治局的一些主要负责人也随之到此居住。

当国民党正面战场出现大溃败后，中共中央在枣园接连举行会议，确定提出建立"联合政府"的要求。对于独裁的蒋介石来说，这实际上无异于与虎谋皮，因此中共一面在政治上宣传这一口号以争取国内外各界同情，一面加紧军事上的行动，准备对日实行最后大反攻，并应付当时认定的日本投降后不可避免的内战。

中共中央此时在军事上的方针，概括为"扩大解放区，缩小沦陷区"。因国民党还在抗日，毕竟不能向国统区大举发展，于是日军在1944年新占领的广大地区成为扩大解放区的重要目标。在华北、华中敌后，解放区军民广泛开展拔据点、夺取边远城镇的工作以压缩敌占区的攻势，同时又根据中共中央指示，抽调部队向华中、华南和华东实施战略性展开。

1944年11月，八路军三五九旅的主力告别了进行了三年大生产的南泥湾，并偕同延安干部大队开始了远征湖南、广东的新"万里长征"。部队于1945年春夏之交进入湖南境内，并准备下一步向广东发展以会合东江纵队，建立华南根据地，以便将来内战爆发后在全国战略格局上"造成南方一翼"。

与此同时，八路军晋冀鲁豫军区王树声等部进入河南，在国民党军丢弃的豫西地区建立根据地，并同鄂豫边地区的李先念所率的新四军第五师（名义上属于新四军，其实归中央军委直接领导）相呼应。中共中央还决定成立新的鄂豫皖中央局，派当年在此战斗过的原红四方面军总指挥徐向前重返此地担任书记，重整旧部，恢复过去横跨三省的鄂豫皖根据地。

为发展湖南、湖北交界地带的工作，根据中共中央部署，当年在洪湖战斗过的红二军团师长贺炳炎率领的八路军一二〇师部分干部和精干部队返回湘鄂边地区，建立江汉军区，准备在当年洪湖苏区的那片平原上重建根据地。

莫文骅等原广西红七军干部也接到中央指示，要他们准备率队重返广西，利用日军刚刚占领该地的混乱局面建立根据地。

粟裕所率的新四军一师和原六师之一部也在1945年年初渡过长江进入苏南，直插京沪杭三角地区，在日伪顽交界地区建立根据地。此时，在日军打通大陆交通线后被隔断在东南地区的国民党第三战区顾祝同部还拥兵30万人，却始终对日军避战自保，而调集主力进攻新四军。新四军连续举行了3次天目山反顽战斗，粉碎了国民党第三战区精锐，特别是歼灭了皖南事变时的主力第五十二师，随后江南新四军又向浙东、皖南发展。

这一系列的战略性行动勾画出一幅蓝图，那就是将华北的八路军与中原的新四军五师、华南的东江纵队连成一片，从陕甘宁直至广东、广西形成一

三 "三国四方"都瞄准战后

道各根据地相连的战略屏障,将国民党主力堵在大西南的山区里。此刻,除了陕西潼关至西安这段陇海线尚未被日军占领外,国民党方面已经一寸铁路不剩,也没有一个出海口。被隔断在东南的第三战区力量并不强,经过3次天目山反顽战斗证明,新四军足以对付他们。这样,反法西斯盟军即美国军队一旦在中国东部登陆,只有找中共武装策应。如同在南斯拉夫一样,盟国尽管不喜欢以铁托为首的南共领导的人民解放军,却因前国王的军队已经失败,要打德国人还是得援助并支持铁托。

按照这一设想,在对日本的大反攻到来后,中国共产党领导的武装将"以我为主"配合盟军夺取中国东部,并在中部地区封闭国民党军出山抢夺胜利果实的战略通道。1945年4～6月党的七大对此目标的规划是:先夺取半个中国,再夺取整个中国!

可惜的是,由于对苏联将参加对日作战不知情,中共中央此时还认为离日本崩溃还会有较长时间,因此南下部队还只是刚刚陆续出发。毛泽东在1945年6月仍对南下的王震等人预计说:"日、美决战当在明年夏季以后,故你们尚有一年至一年半以上之时间可以利用。"①随后的形势突变,使得这一计划不可能实现。

在解放区战场上,1945年春夏八路军、新四军也对日伪军积极展开局部反攻。日本天皇主持的御前会议于1945年6月8日通过的《世界形势判断及今后应采取的指导战争的基本大纲》中,对中国形势的分析就承认:"敌方对我占领地区的反攻,特别是延安方面的游击反攻,一定会越来越厉害。"②

日本方面所称的这种"游击反攻",当时从长城内外一直发展到长江南北、广东沿海。通过局部反攻,日军占领区大大缩小,解放区

毛泽东在延安做报告阐述持久战时,说明抗日战争有两个目标——民族革命和民主革命。

---

① 中共中央文献研究室:《毛泽东年谱》中卷,中央文献出版社2013年版,第606页。
② 日本外务省编:《日本外交年表和主要文书(1840—1945)》下卷,1969年版,第614页。

得以进一步扩大。

不过,当时八路军、新四军进行反攻时还难以进行大规模的战役行动,其主要原因是武器装备太落后。特别是缺乏炮火,单靠炸药包、手榴弹及一些土办法,还难以攻破敌人坚固的堡垒据点,也不能夺取大城市。1945年4月,在党的第七次全国代表大会上毛泽东作《论联合政府》的政治报告时,曾设想过:"中国解放区的军队一旦得到新式武器的装备,它就会更加强大,就能够最后打败日本侵略者了。"可是,由于苏联、美国都不向解放区提供武器装备,毛泽东在《论持久战》中设想的战略反攻还没有开始,反法西斯盟国共同努力导致的日本投降就突然来临了。

"南渡君臣"坐等胜利

临近抗战胜利的国统区,政治空气是一片沉闷。广大民众对政府腐败和苛捐杂税骂声不绝,而抗战后迁入大后方的下层人士有不少口念着"遗民泪尽胡尘里,南望王师又一年"的诗句,想着何时能打回老家去。外敌入寇后偏安巴蜀的"南渡君臣"们,则在观望国际形势坐等抗战胜利,并以主要精力与中共争夺胜利果实。

四川腹地因四面被崇山峻岭环抱,中间是丘陵和平原沃里,险可阻外敌,富足图生存,自古以来常是中原人民和某些帝王的避难之地。抗日战争开始后,不仅国民政府迁都重庆,沿海和长江流域的大批工商业者和老百姓也迁逃四川,重庆、成都等地一时都人满为患。南京失守前夕的1937年11月20日,国民政府宣布迁都重庆,可是蒋介石本人和中央机关并没有马上入川,而是搬到武汉。直到川军被"调虎离山",蒋介石才在1938年年末以后住进了自己的中央军控制下的重庆。后来有人讲"蒋介石躲到峨眉山",作为艺术上的夸张形容是可以的,从地理上讲这并不准确。

国民政府迁都重庆后,因有大量外来居民涌入,市内人口一时达到200万。不过这座山城仍然只有一些手工业作坊和少数军火工厂,陪都的地位和大量官僚机构的设立,使其更具有畸形发展的消费城市面貌。正如当时四川打花鼓唱词中所说的:

"一进重庆城,山高路不平,口吃两江水,笑贫不笑淫。"

不愿当亡国奴而涌进大后方的多数人,处境都十分艰难。由于物价飞涨,一般的公务员和知识分子都难以维持最低生活,直属军事机关里没有兵

三 "三国四方"都瞄准战后

抗战时期国民政府陪都重庆的城区照片。

血可喝的中下级军官生活也很苦。有次蒋介石视察时,一个中校军官见了"委员长"不敬礼,却手持鼓胀胀的公文包躲避,被侍卫官当场拿住。打开一看,包里竟全是锅巴。原来他的薪水根本养不活家中妻儿,只好每天下班时从食堂中偷着刮点锅底带回去。身为西南联合大学名教授的吴晗后来回忆说,他在战争后期的生活不如战前学校里一名勤杂工的水平。

这种贫困如在战前早就激起暴动了,不过当时是全民一致抗日,人们多少还可以把苦难归咎于外敌入侵。对国民党当权者,大后方的民众们却也是怒骂指责,无日无之。因为当广大民众过着极其艰苦的生活时,许多发国难财者却花天酒地。太平洋战争爆发后,国民政府派飞机从香港抢运要人回来,结果孔二小姐的洋狗和大包小包挤掉了原广东省省长陈济棠和其他人的座位。特别是美国的"驼峰空运"增大运量,滇缅公路又被打通后,在运来军火的同时大量高档消费品也进入朱门大户,被称为"玻璃袜子"的尼龙丝袜、派克笔和可口可乐等成为有身份者的象征。"暖风吹得游人醉,只把陪都当南京"的达官贵人们,终日沉迷于声色犬马,不少人倒产生了与蜀汉后主刘禅相反的心情——"乐不思宁"。

蒋介石本人及其周围的一群人,此时却是终日在谋划如何返回其起家的江浙地区,并在战后夺取全国,以达成国民党在中国从来没有实现过的统一。进入1945年年初以后,中印公路的打通使大批美援物资滚滚而来,中央嫡系部队36个师换上了美式装备,那些刚刚由"十万青年十万军"口号动员起来的青年军也武装齐全,可是并不见其出征战场。从国民党军的战略配置图看,其所辖的10个战区、4个方面军100个军、300多个师另20个独立旅共250万人的陆军中,只有不到1/3的部队在抗日前线。特别是装备精良的部队,大多部署在深远的大后方。

得到了大量美援，武器装备较日军已占优势，国民党在战场上却仍是只对峙不出击。在1945年春季，日军进攻鄂西北时，国民党军还丢失了重要的老河口机场和襄阳城。随后在湘西芷江附近的防御性会战中，国民党军虽打退日军却不追击。同年夏天，当日军缩短战线撤出广西时，国民党军也只是尾随在后面徐徐跟进。在国民党最高当局尚在筹划的作战议程上，1945年度想发动的唯一战役，就是那个"反攻广东计划"，要求是"以打通广东之海口为目的，须先取雷州半岛，再分别进攻衡阳、曲江，我滇南部队则牵制越北兵力。"①

当时在雷州半岛的日军只有一个支队，相当于一个加强旅团，此战役如发动也不会是一场大战，作战的主要目标也只是占领湛江港，以取得出海口，从海上接受美援装备。

要美援、要装备，只是一味地要别人的东西。自抗战前三年从苏联求得3亿多美元的援助外，以后又从美国得到10亿美元、从英国得到1亿英镑（合2亿多美元）。这些钱相当于国民政府战前四年的财政收入总额（1936年国民政府的财政收入只有11.7亿法币，折合4亿美元），数目不可谓小。可是要到了金钱和武器又舍不得用于抗日战场，留它干什么呢？对于这一点，其实当时国内外的明眼人都很清楚。7月间，宋子文从苏联谈判中途回国，向国民参政会做报告，已经说明："对日战争可能在今年秋季，最迟在明年春季结束。"此时国民党最高当局知道苏联即将出兵，美国又要进攻日本本土，战争可以靠别人来打，自己就能乘机保存和壮大实力并进行内战。

正是出于这种原因，中国的局部内战在日本投降前就已经发展到相当规模。1945年夏天，国民党军在湖南出动了20个师以上的兵力截击南下的八路军王震部，双方在湘中和湘东北一再苦战。同时，国民党第三战区调集精锐一次次在天目山等地与新四军南下部队作战，国民党第一战区的部队在河南西部向八路军发起进攻，绥远西部的国民党军傅作义部也大力东进攻击八路军晋绥军区部队。对陕甘宁边区的南部要地爷台山，国民党军胡宗南部也于7月间发起大规模进犯，八路军则集中陕甘宁留守兵团的主力进行反击，激战持续到日本宣布投降之后……外战尚未停止，内战却已经成燎原之势。

后来，国共双方在统计抗日战争伤亡官兵数量时，都将对内作战的数字列入，所以在八年抗战的380万个伤亡将士（其中阵亡150万人）中，其实也有相当数量是中国人自己造成的。

---

① 《白崇禧回忆录》，解放军出版社1987年版，第304页，第226页。

中美合作所与迪克西使团

当时唯一能制止国共内战的力量,就是向国民党提供援助,并充当其靠山的美国。抗日战争接近结束时,作为世界第一富国美国的势力介入了中国政治舞台,并扮演了举足轻重的角色。然而,白宫当权者们自相矛盾的对华政策,使其不能制止反而助长了中国内战。

美国"二战"海报中所绘的中国战区参谋长史迪威,他因斥责国民党腐败和主张支援八路军而被蒋介石赶走。

从日美矛盾激化直至日本投降前,美国确定的对华政策一直存在两个方面:一是要求联合中国各派力量打日本,为此反对国民党在战时打内战;二是支持以蒋介石为首的国民党政府,以他来统一中国。这一政策本身就自相矛盾,因为支持蒋介石的结果,必然造成内战危机严重升级。

仔细而论,美国当权者们对蒋介石从无好感,罗斯福因蒋是光头,曾轻蔑地给他起了一个"花生米"的绰号。抗战末期以前被派到中国的美国官员极少有人讲国民党、蒋介石的好话,称赞中共的言论却不少。那个身为驻华美军司令并兼中国战区参谋长的史迪威,就曾对国共作出过这样的对比:

"我是根据看到的情况来判断国民党和共产党的。国民党是腐败、失职、混乱、搞钱、苛捐杂税、言行不一。囤积、黑市、与敌通商。

"共产党的纲领是……减税、减租、减息。提高生产和生活水平。参加政治。说到做到。"①

1943年年末史迪威到开罗一见到自己的总统罗斯福,就大讲国民党之腐败,蒋介石之无能。以后他又主张向"能打日本"的八路军提供军事援助。在意识形态上,史迪威绝不赞成共产主义,他尊重的是客观事实。

从美国的全球战略和意识形态角度出发,白宫的主持者们多少年来一贯坚决反对中国共产党,他们最喜欢的是那些受西方熏陶的"民主自由主义者"。可是这些第三方势力当时在中国完全不成气候,既无政治、经济实力,也无军事力量,迫使美国人最后只有在国民党和中国共产党之间作出选择。

---

① 西奥多·怀特编:《史迪威文件》,纽约1948年英文版,第316页。

从合作走向决战
—— 中国共产党为什么能战胜国民党

在对日作战的紧张时期，美国曾经试图对国共两党都进行联系，然而，重点始终在国民党方面。反映这种矛盾的一对典型事例，就是一方面帮助国民党建立起维持独裁统治和反共的中美合作所，一方面又冲破蒋介石的阻挠在延安设立了迪克西使团。

现在的许多读者一听到中美合作所，往往就以为是指白公馆、渣滓洞那些恐怖的监狱。其实，这些监狱只是参与这一合作所的国民党军统机关的附属关押所。中美合作所的主要工作内容，是美国谍报机构与国民党特务机关联合进行对日本的电讯侦察、情报交换。为进行类似的工作，当时还建立过中苏合作所、中英合作所，只是规模远远不能与中美合作所相比。此外，中美合作所独具特色的内容，是美国提供了大量器材、武器和教官，以训练大批军统特务，其中也包括对犯人进行逼供刑讯，如白公馆、渣滓洞中就应用了这些"最新成果"。以美国的卡宾枪、无声手枪等特殊武器装备起来的军统指挥的"忠义救国军""交通警察总队"等，在抗战末期积极投入到对共产党的镇压和进攻中。

主持中美合作所的美方谍报机关代表是1942年派来的海军中校梅乐斯（后升为准将），可以说他与军事代表史迪威同期到达。当史迪威等人一面主持援华又一面反对蒋介石以美援武器打内战时，美国特工人员就把砝码完全押在蒋介石一边。抗日战争后期梅乐斯就不加掩饰地宣布：中美合作所正在训练中国全国警察力量的一批骨干，他们将利用最新的科学技术，以便在战后维持中国治安。中美合作所的使命是不仅要同中国共产主义作斗争，而且要考虑美国未来的全球地位。①

戴笠（左）和梅乐斯（前右）陪同蒋介石等检阅军统组织的重庆特警班，其任务是对内镇压。

抗战后期美方谍报机关在华代表是1942年派来的海军中校梅乐斯（后升为准将），这是他与军统头目戴笠（左）在一起。

---

① 裴可权：《抗日战争中中美特种技术合作所的贡献》，台湾《传记文学》第38卷第6期。

三 "三国四方"都瞄准战后

如果说史迪威等人的态度还反映了美国当时对华政策中较开明的一面，那么梅乐斯这个特务头子的态度则是当时美国反动势力贯彻对外政策的典型代表。1944年10月，因史迪威一再顶撞蒋介石并要求援助八路军，蒋介石在激愤下要求罗斯福将他召回。随后美国派到中国的大使赫尔利和美军司令魏德迈的态度有了变化，日益明确地表示要扶蒋反共。他们虽然也说国民党的坏话，却更反对中国共产党。特别是史迪威的后任魏德迈，更是以极右的立场站到蒋介石一边。

那个名叫艾伯特·伯迪·魏德迈的美国将军，出身于一个日耳曼血统的德国移民家庭。在美国陆军中服役后，他又于30年代被派到德国陆军学校见学。回到自己祖先的土地后，他不仅不对纳粹的法西斯恐怖统治表示义愤和憎恶，在反苏反共问题上还产生了强烈的共鸣，同时又对德军的威力大加称赞。返回美国后，这个被同事骂为"德国佬"的魏德迈竭力反对美国支援英国、苏联对德作战。美国对德宣战后，陆军的安全部门对他专门进行过"忠诚测验"，怀疑他里通纳粹。事后，马歇尔等长官一再保证，说魏德迈只是愿意提不同意见，对美国还是忠

1945年美国魏德迈中将成为《时代》杂志封面人物，他接替了原由史迪威担任的中国战区参谋长并兼驻华美军司令。

心耿耿的，魏德迈本人也表示愿到对德作战前线去洗刷自己，安全防谍部门才不再追究。可是美国陆军部却规定，不许这位"德国通"涉足对德作战事务，而派他到远东参加了对日作战。魏德迈对此表示愤慨，不过还是服从了命令。

这个30年代的纳粹同情者来华后，开始还会吸取史迪威的教训，表现出谨慎的态度，见面就对蒋介石敬礼，显出一副恭敬的态度。随着往来的增多，他很快与当年同为纳粹崇拜者的蒋介石找到了共同语言。特别是在维护独裁体制和反共方面，双方可谓"高山流水遇知音"。在日本投降前，魏德迈就为蒋介石献策，主张以武力为后盾在战后解决中共问题。魏德迈来华后的这种表现不光是他个人的问题，表现为包括罗斯福在内的美国当权者们的对华态度。他们考虑到战后只有国民党能满足美国的在华利益，于是必然把宝押在他们自己也咒骂为"独裁、腐败、无能"的国民党身上。

抗日战争后期美国在援蒋的同时也曾与延安方面建立起联络关系，而追溯起来，这种关系的开端是在抗战初期。世人大都知道那位闻名世界的《西行漫记》的作者埃德加·斯诺，知道他是第一位访问中国革命根据地的美国记者。论起美国海军陆战队卡尔逊上尉，其知名度就远远不能与斯诺相比。然而，在中美关系的史册上，卡尔逊起到的作用完全可以与斯诺媲美，因为他是美国政府派到中国共产党领导的区域的第一个美国人，也是沟通双方官方关系的第一人。

1937年12月，当日军的铁蹄已经踏入晋中，在那出著名的旧戏《玉堂春》中被苏三称为"无好人"的山西洪洞县里，美国军官卡尔逊作为朱德总司令邀请的客人，亲眼看见了八路军是如何发动群众抗战的情景，回国后作了详细汇报。看到这些报告并从其他渠道了解到许多情况后，出于牵制日本的目的，罗斯福总统反对蒋介石在战时采取反共军事行动，这对中国的抗战大局是有利的。从这一点出发，当罗斯福于1945年4月突然因脑溢血去世时，中共中央的领导人发自内心地表示了哀悼。

毛泽东从一向注意思考世界大事的习惯出发，也特别关心美国的动向。从1940年起，毛泽东就敏锐地预感到将来美国必定会在世界上有最重要的影响。他又反复思考过中国共产党日后必然同美国发生的关系，认为成为朋友的可能性小，成为敌人的可能性大。不过，为了抗战的全局，他还是尽量争取友好的可能。

1944年国民党战场出现大溃败后，美国当权者们一度考虑过在国民党内部"换马"，同时，他们也更重视中国共产党的抗战力量。当年7月经过美国副总统华莱士访华时亲自向蒋介石施加压力，终于达成了美军派出称为"迪克西使团"观察组驻延安的协议。

所谓的"迪克西使团"是当时非正式的俗称，不过也反映出美国对中共的态度。"迪克西"是美国南北战争期间分裂的一方的名称，以此比喻中国解放区的首府延安，多少带有些变相承认中共是与国民党对立的政治实体的意味。

1944年7月22日美军观察组的飞机在延安机场降落，毛泽东等中共中央领导人于7月26日就接见了到达的全部成员。在交谈中，毛泽东提出美国是否有可能在延安建立一个领事馆，并说提出这一问题是因为考虑到抗日战争结束后美军观察组会立即撤离延安，而那时正是国民党发动进攻和打内战最危险的时机[①]。这段话，说明毛泽东当时对美国出面制止蒋介石打内战还抱有希望。

---

① 中共中央文献研究室：《毛泽东年谱》中卷，中央文献出版社2013年版，第531页。

二 "三国四方"都瞄准战后

随后,毛泽东又在8月15日《解放日报》为欢迎这些远客而发的社论中,对美军观察组亲笔加上了"战友们"这一称呼,并表示了在共同对日作战中相互配合的愿望。

被派到延安的美军观察组组长包瑞德随后向美国政府送回一系列报告,深刻地说明了他们对国共两党的对比。他们向美国政府报告,打日本是中共领导人"最感兴趣的事情之一",中共军队"是一支年轻的、经过战斗锻炼的、受过良好训练、伙食穿着都不错的志愿军队,这支队伍身体素质极好,情报工作水平很高,士气旺盛"[①]。

他们还通过观察得出结论:

"一个政权得到人民如此广泛、积极的支持,这在中国近代史上是没有先例的。""中国正处在蒋介石向共产党交权的边缘。""中国共产党人将在中国存在下去,中国的命运不是蒋的,而是共产党人的。"[②]

这些观察和结论被以后的历史事实证明是有远见的,而且比当时的共产主义运动领袖斯大林对中国问题的预测更高明。

延安的美国观察人员一时成为中共中央领导人窑洞里的常客,毛泽东不仅经常请包瑞德、谢伟思等人前来谈话,有时还亲自去看望他们。然而好景不长,由于日本战败临近,美国政府从战后的长远目标考虑,越发感到坚持独立自主立场的中国共产党不符合自己的利益,并想将其融化到腐败却亲美的国民党政权中去。

赫尔利访问延安后态度的急剧转变,就是美国对华政策变化的典型体现。1944年秋国民党战场大败,美国政府派赫尔利作为罗斯福个人代表来华。此人到中国时居然连蒋介石姓什么都不清楚,还傲慢地不屑一问。首次进行外交拜会时,他想当然地按照西方人名在前姓在后的习惯,开口就称蒋介石"General Shi",也就是"石将军"。这种外交场合罕见的失礼,使在场的其他人都啼笑皆非。赫尔利来华后于11月间访问延安,与中国共产党签订了五点协定草案,其主要内容是组织联合政府,改组现有的政府和军事委员会,公平分配美国的援华物资。

赫尔利回到重庆后,蒋介石激烈反对这五点协定,声称这等于"把对政府的控制交给共产党"。赫尔利开始还解释事实并非如此,并建议如蒋不喜欢"联合政府"一词,可改为"两党政府""多党政府",殊不知这更不能

---

① 包瑞德1944年7月31日、9月30日报告,原件藏于美国国家档案馆,第319类,第4187匣。
② 《在中国失去的机会》,《美国外交文件》1944年第6卷,第182页。

1944年，毛泽东同美军驻延安观察组组长包瑞德在一起。

1944年秋天，毛泽东、彭德怀同美军观察组人员在一起合影。

被接受。尽管赫尔利一再劝说应同意让共产党"插进一只脚趾"，但蒋介石却回答说："插进一只脚趾就会全身挤进来！"

对于这个坚持独裁统治却又如此虚弱和害怕对手的蒋介石，赫尔利马上就完全让步，否定了自己刚刚签过字的协定，同意国民党方面提出的三点建议。这个三点建议根本不提"联合政府"一事，只是要"将中共军队整编为正式国军，国民政府承认中共为合法政党"，此外还允许中共将领参加军事委员会，给予议论、出版等自由。这实际上是要共产党以交出军队的代价，换一个空洞的"合法地位"。

其实，在从无民主制度，蒋介石又实行军事独裁统治的中国，一旦交出了军队，连脑袋都会保不住，哪里有什么"合法地位"可言？当初"四一二"政变反共屠杀的教训还历历在目，而且就以民主同盟等中间派小党来看，它们无一兵一卒，却也没有"合法地位"，国民党甚至对它们不理不睬。对中国共产党之所以还在表面上客气几分，恰恰在于其没有交出军队。

向蒋介石让步后，赫尔利又回过头来劝中共接受国民党的三点建议。他还向赶到重庆的周恩来解释说，美国是准备帮助中共的，"成百架飞机的东西在等着"，然而没有国共之间的一项协议，美国无法帮助。赫尔利还大言不惭地说："最好设一同盟国的统帅，你们难以受国民党的指挥，国民党也难以受你们的指挥，我可以担任这个职务。"这个美国西部放羊娃出身、只有陆军少将军衔的人居然要国共两党把数百万军队都交给他指挥，无异于痴人说梦！

一向视兵权如命的蒋介石当然不能将自己的军队交给赫尔利，只声称如中共担心自己军队交出后的安全，可以"由一名美国军官指挥"。中共中央

三 "三国四方"都瞄准战后

1944年美国特使赫尔利访问了延安,与中国共产党签订了五点协定草案,受蒋介石反对后又自食其言。

当即拒绝了国民党的三点建议,周恩来还批评赫尔利自食诺言。1945年1月28日毛泽东也致电周恩来指出:"你拒绝了赫尔利的两个补充办法是很对的。这是将中国军队尤其是我党军队隶属于外国,变为殖民地军队的恶毒政策,我们绝对不能同意。"①

由于中共方面坚持独立自主的原则,赫尔利原先作为诱饵的"成百架飞机的东西"也就完全没有兑现。后人曾说,当时美国援助八路军的物资,严格计算起来只有美军观察组组长包瑞德送给朱德的一副双筒望远镜。

这个赫尔利虽然举止轻浮,言语无度,被中共领导人讥讽为"二百五",然而其人代表的却是美国政府对华政策。在国民党战场危急时,美国一度曾考虑选择国民党内的李济深、龙云等人出面执政,为此史迪威甚至奉命派人秘密计划过以制造飞行事故的方式干掉蒋介石。这位中国的独裁者再不好,美国对战时盟国的领袖采取这种手段,其在国际上的横行霸道及毒辣也令人悚然,以致策划者考虑再三后都不得不中途停止。那个因光头被戏称为"花生米"的脑袋在权术方面也是精明过人,蒋介石紧握住权力不分散,国民党内任何反蒋人物和美国欣赏的那些第三方人士都形不成任何有实力的集团,这也使美国的"换马"企图始终不能实现。

进入1945年以后,美国对远东问题更多的考虑是战后如何在中国维护和

---

① 中共中央文献研究室:《毛泽东年谱》中卷,中央文献出版社2013年版,第574页。

扩大美国的利益。从这一点出发，不管史迪威和驻延安那些美军观察员说了中国共产党多少好话，骨子里坚决反共的美国政府也不会援助毛泽东。同样，不论美国的观察家和在华人员怎么说蒋介石腐败无能，可是在中国能实现美国利益的还是"只此一家，别无分店"。正是从这时开始，过去总是骂国民党囤积武器不用于抗战而准备内战的美国要员，此时也不再说三道四。赫尔利很快就任美国驻华大使，并解除了驻华的一些曾说中共好话的外交官的职务。他于2月16日还明确地对蒋介石说："等到对日战争结束，你的那些装备精良的师团就可以轻而易举地战胜共军了。"

与此同时，驻延安的美军观察组也发生了变化。那个对中共比较友好的美军观察组组长包瑞德上校被调走，而派来一个专门与国民党进行情报合作的德帕斯上校。由于这个人大受中共中央讨厌，1945年7月间美方又派来一个曾在美国驻苏大使馆任过职，坚决反共并号称"共产党问题专家"的伊凡·耶顿担任组长。中共领导人也极少再来这里看望，而美军观察组除了用自己的柴油发电机向中共中央驻地和新华社送电外，其他一切合作都已停止。

在这种形势下，思考美军可能登陆问题的毛泽东，不可避免地面对着一个重大问题：如何对待当时还是"战友"的美军。对于美军在中国沿海登陆，当时中共中央感到既对战胜日本有利，也存在危险。因为1944年年末英军将领斯科比率军在希腊登陆后，就以武力镇压当地的共产党游击队并扶植旧国王复辟，美军也完全有可能采取类似做法。因此毛泽东从七大起就一再向党内提出，要警惕"斯科比危险"。

不过在日本投降前，预计的美军登陆并未出现，反倒是苏联军队出现在东北，这使中国的国共两党都面临着一个全新的局面。

雅尔塔的强权交易

抗日战争胜利前夕苏联出兵中国东北，虽然是反法西斯斗争中的一部分，却也是代表强权政治的雅尔塔协定的产物。在打败德国后，苏联对远东的兴趣随之增加，美国也以中国的主权和领土与之进行了交易。

苏、美、英等盟国在对德战争进入尾声时，都将主要精力放在考虑夺取战争胜利果实的问题上。在欧洲，苏联军队进入东欧，美英军队也在西欧登陆，双方在军队向前推进的同时也商讨了如何划分势力范围。这种商讨完全就像市场上的交易，按照交易双方的资本——军事力量能够到达和控制的范围进行。谁的军队能占领什么地方，什么地方就是谁的势力范围，就建立谁的社会制度，他人不能问津。当时剩下的主要问题，就是东方的对日作战及如何分配战争果实。此刻在欧洲的交易基本上是对既成事实的承认，而亚洲战局尚未见最后分晓，有较大的讨价还价余地。

当时美苏对亚洲问题的商讨，中心点又是中国。据美国的决策人物估计，日本崩溃后谁能主宰中国，谁就能掌握远东。在对日战争临近结束时，美国还有一个最担心而又不便明言的问题，那就是美国出于长远的考虑，要约束苏联在满洲的行动，避免其支持反对美蒋的中国共产党。

对于这一点，美国派往苏联的大使哈里曼事先已经特别提醒其政府首脑说：

"存在的巨大危险是苏联可能袖手旁观，而等我们牺牲了大批美国人生命，打败日本之后，红军长驱直入满洲和中国北部大片地区。那时苏联人就能轻而易举地以'公众要求'为口实，建立满洲和蒙古人民共和国了。罗斯福总统力图使斯大林先前所谈的一般保证化为俄国尽早参加太平洋战争的明确行动，限制苏联在东方的扩张和取得苏联对中国国民党政府的支持。"①

美国总统罗斯福还担心苏军不仅会进入中国东北，并且会进入华北，并担心地问道："如果俄国人进去了，他们还肯出来吗？"②

正是由于这种担心，美国在以中国主权为代价抛出某些诱饵后，要用协定套住斯大林的手脚。斯大林本人也害怕再与美国发生冲突，在争取一些眼前小利的前提下，在事关整个国际战略全局的问题方面向美国退让。

早在1944年6月，斯大林在会见美国大使哈里曼时就已经承认战后美国可在中国"起领导作用"，并同意罗斯福的意见，即"蒋介石是唯一能把中国合在一起的人"③。1945年2月，在苏联克里米亚半岛上前沙皇的避暑行宫里，反法西斯联盟的三巨头——苏联部长会议主席斯大林、美国总统罗斯福、英国首相丘吉尔坐在纳粹德国军队不久前刚刚洗劫过的殿堂中，对世界战略格局又作了一番安排。

当时罗斯福因下肢瘫痪而坐在特制的轮椅上，虽然深感体力虚弱，但是作为支撑他的后盾——美国的经济实力却是最雄厚和令人生畏的。当时美国

---

① Harriman's Statement, Hearings of Military Situation in the Far East, p3332.
② 艾夫里尔·哈里曼、伊利·艾贝尔：《特使——与丘吉尔、斯大林周旋记》，纽约1975年版，第370页。
③ Feis, Herbert: The China Tangle, p.140.

从合作走向决战
——中国共产党为什么能战胜国民党

表现1945年4月苏军与美军会师的油画，这一场景反映了双方共同对日作战的合作关系。

本土完全未受战争破坏，钢的年产量达到8000万吨以上，拥有占世界总数一半的工业生产能力。

参加会议的美国代表团的衣食住行，也显示出"山姆大叔"的富足和傲气。乘坐战舰到达克里米亚的美国人根本不用俄国主人准备的用具，自己带来了全套豪华的生活设备。罗斯福居住的前沙皇宫殿，也按美国的卫生标准重新消过毒，并安置了盥洗间。美国官员们还特地留神了苏联警卫部队的状况，发现斯大林身边的卫兵都是年轻高大的，可是城外公路两旁的部队几乎都由未成年的男孩子和姑娘组成。在严冬凛冽的寒风中他们军衣单薄，连手套也未能配发，持枪敬礼时身上都不禁在颤抖……看到刚经历了残酷战祸的苏联人力物力已如此匮乏，美国人的脸上不禁浮出一丝丝冷笑。

手中拿着烟斗的斯大林在谈判中却仍然咄咄逼人，虽然他的国家的情况正像眼前这座满目疮痍的宫殿，1/3的国民财富已经毁于对德战争，丧生人数高达2700万人，而男性壮丁的半数已经伤亡（根据苏联解体前公布的详细统计数字来看，战时军人死亡即达866万人）。不过这场残酷的战争，也显示出苏联强大的潜力和顽强性。同年，苏联钢的年产量只有1200万吨，工业生产能力只相当于美国的1／5左右，但是它所拥有的数目达1136万人的军队，尤其是在对德战争中锻炼出来的世界上力量最强的陆军，还是令美国人望而生畏。

二 "三国四方"都瞄准战后

此时英国的状况，则如同手拿雪茄、肥胖并显得衰老笨拙的丘吉尔本人的外貌，老迈而虚弱。在战争中，英国本土也遭到严重破坏，工业生产能力已不及苏联，其统治的殖民帝国也已开始崩溃。昔日的"日不落帝国"，如今已不是美国平等的伙伴，在主要国际问题上大致只有听从美国的意见。

这次会议，实际成了美苏两家划分战后势力范围的交易。从总的情况看，美国虽然让给苏联一定利益，但在全球战略上处于攻势地位，而苏联虽然在尽量多争取一些利益，却处于守势地位。

雅尔塔会议召开时欧洲战局已接近尾声，三巨头主要讨论了战后如何处置德国和划分欧洲势力范围。对于美苏两国，亚洲问题是讨论的重点。

当时日本军队在海战中虽然失利，但其陆军主力仍基本完整，全部兵力仍有700多万人，并准备以此在亚洲大陆上继续长期顽抗。美国政府首脑这时尚不知原子弹能否研制成功。日本人在太平洋岛屿战斗中显示的"玉碎"精神证明，这些东洋武士并没有西欧军人那种见形势绝望即放下武器的传统，名副其实地要战至最后一兵一卒。美国军队夺取每一座山、每一个山洞、每一条堑壕都要进行浴血的拼杀。美国军方据此估计，依靠强大的火力进攻日本本土虽然能够成功，却至少要付出100万人以上的伤亡。即使攻占了日本本土，战争也并不一定能够结束，天皇和军部头目还有可能迁都北朝鲜或满洲继续作战。考虑到这些，美国军方迫切需要苏联参战，以减少美国的损失。

至于英国在亚洲问题上的地位，罗斯福和斯大林都认为无足轻重，美国和苏联在雅尔塔就满洲问题进行的交易，开始对他们的盟国英国也保守秘密。从2月8日起，在雅尔塔的前沙皇夏宫内，三巨头之一的丘吉尔被撇在一边，罗斯福由大使哈里曼、译员波伦陪同，斯大林由外交人民委员莫洛托夫、译员巴甫洛夫陪同，私下举行会谈。

斯大林和罗斯福的会谈开始后，斯大林就提出了苏联参加对日作战的条件，要求把库页岛（苏联称为"萨哈林岛"）南部、千岛群岛交给苏联，苏联可以使用"不冻港"大连和中长铁路（即中东、长春两条铁路）。

对于斯大林的这番要求，罗斯福表示同意，2月11日美苏双方拟好了协议。对于另一个巨头丘吉尔，只是到协定拍板那天通知他前来参加签字。

对美苏两国蔑视大英帝国的这一做法，参加雅尔塔会议的英国外相艾登深为不满，当时主张不要签字。可是丘吉尔经过考虑后说，他非签字不可，"不然，英帝国在远东的整个地位就存在危险"[①]。

---

① Wilmot,Chester: The truggle or urope . Fennno, ichard , he alta Conference, Heath ,Boston,1955,p.75.

这个所谓的"危险",其实就是担心美国不支持英国恢复其殖民利益。日本发起太平洋战争后占领了中国香港、马来半岛、新加坡、英属婆罗洲和缅甸等国家和地区,当美国大力对日进行反攻时,大英帝国却没有那么雄厚的实力在欧亚两地同时进行大战,丢失的殖民果实大都还没有夺回。即使日本战败投降,这些殖民地的人民也可能高举民族独立大旗。要防止这一点,只有依靠美国提供政治上和军事后勤上的支援,帮助英军抢在日本撤退前重返当地。

正是出于这种考虑,丘吉尔将支持美国在雅尔塔会议上的决定,作为罗斯福回报英国的条件,勉强在协定上签了字。这样,雅尔塔会议上对于亚洲的势力范围划分,基本是美苏两家进行了交易。

1945年2月11日正式签字的雅尔塔协定,全称是《苏联参加对日作战的协定》,其内容是这样的[①]:

苏美英三大国领袖同意,在德国投降及欧洲战争结束后两个月或三个月内苏联将参加同盟国方面对日作战,其条件为:

1. 外蒙古(蒙古人民共和国)的现状须予维持。

2. 由日本1904年背信弃义进攻所破坏的俄国以前权益须予恢复,即:

甲、库页岛及临近一切岛屿须交还苏联;

乙、大连商港须国际化,苏联在该港的优越权益须予保证,苏联之租用旅顺港为海军基地须予恢复;

丙、对担任通往大连之出路的中东铁路和南满铁路应设立一中苏合办的公司以共同经营之;经调解,苏联的优越权益须予保证而中国须保持在满洲的全部主权。

3. 千岛群岛须交予苏联。

经调解,有关外蒙古及上述港口铁路的协定尚须征得蒋介石委员长的同意。根据斯大林元帅的提议,美总统将采取步骤以取得该项同意。

三强领袖同意,苏联之此项要求须在击败日本后毫无问题地予以实现。

苏联本身表示准备和中国国民政府签订一项中苏友好同盟协定,俾以其武力协助中国达成自日本枷锁下解放之目的。

J. 斯大林

富兰克林·D. 罗斯福

温斯顿·S. 丘吉尔

[①] 《国际条约集》(1945—1947年),世界知识出版社1963年版,第8—9页。

二 "三国四方"都瞄准战后

这个雅尔塔协定的核心，就是承认外蒙古的现状和"恢复"沙皇俄国于日俄战争时期在中国东北失去的"权益"。

提起俄国在中国东北的"权益"，实际只是沙皇时代侵华所获得的利益。十月革命之后，1919年和1920年列宁领导的苏维埃俄国政府曾发表过两次对华宣言，宣布放弃俄国资产阶级在中国掠夺的一切及所有在华特权。唯一保留的一项，就是由中苏双方共同经营中东铁路。可是在日本占领全东北并建立伪满洲国后，苏联政府眼见中东铁路已保不住，就不顾中苏两国在1924年达成的合营这条铁路的条约，单方面于1935年以1亿多日元的价格将中东铁路卖给了伪满洲国。当时日本操纵的伪满洲国向苏联付的款虽然少了些，却已经付过钱，苏联在雅尔塔会议上要"恢复"这种已经宣布放弃，或已经出卖过的"权益"，无论从国际法上，还是从政治道义上看，都是完全说不通的。

苏联要出兵打日本，对于正在抗战中的中国自然是好事。可是要"恢复"沙俄在东北的"权益"，则是地地道道的大国沙文主义行径。美国方面慷他人之慨，背着中国对此完全允诺。美苏首脑达成的"谅解"中甚至还明确规定，如蒋介石不同意，"美总统将采取步骤以取得该项同意"。也就是要利用美国支配国民党政权的条件，压迫蒋介石同意。雅尔塔协定特别令中国人感到悲哀之处，还在于协定中对四大同盟国之一——中国的主权和利益做了交易，可是中国政府的代表不仅没有参加会议，事后很长时间还不被告之。

早在1943年秋天，经罗斯福力主和英苏两国同意，美国就给中国加上了一顶"大国"的帽子，正式宣布将中国列入反法西斯"四强之一"。

中国取得这一地位的主要原因，当然在于中华儿女同日本侵略军的多年苦战，表现出国家顽强的韧性和潜力。但是，美国却将此当作它对中国的"恩赐"。而且罗斯福在与反对给中国"大国"帽子的英国外相谈话时已说明，把力量很弱的中国拉入"大国圈子"，其目的是："倘和俄国在政策上发生严重冲突，中国毫无疑问会站在我们一边。"[①]

正如罗斯福所说，美国给中国戴上"四强之一"的帽子，其考虑正在于战时和战后的"四强"之中，美国反对苏联可以取得3∶1的优势，并非真正要提高中国的地位。据史料明确记载，在1943年11月的美、英、苏三国首脑召开的德黑兰会议上，恰恰是罗斯福把中国的旅顺、大连港当作促使苏联对

[①] Sherwood, obert E.: Roosevelt and Hopkings, pp.716-718.

从合作走向决战
——中国共产党为什么能战胜国民党

1943年召开的中、美、英三国首脑的开罗会议,此时美国因中国抗战的贡献和自身需求把中国拉入"大国"圈子。

在1943年的德黑兰会议上美、苏就首次谈论了苏联参加对日作战。

日参战的诱饵。

11月30日,当三巨头共进午餐时,丘吉尔问起斯大林,表示想听听苏联政府对远东和那里的不冻港的看法。接着,罗斯福又对斯大林抛出诱饵说:"俄国在远东没有一个港口是完全不冻的,因为符拉迪沃斯托克(海参崴）只是个部分不冻港，而且还被日本控制的海峡所包围。"

看到斯大林很感兴趣，随后罗斯福又说，自由港的主张也许还适用于远东，并提到大连这种可能性。

斯大林对此欣然接受，不过他毕竟想到了当事国，认为中国人不会喜欢这种方案。

这时，以中国的"保护人"自居的罗斯福立即保证说：

"中国人会喜欢在国际保证下的一个自由港的主张。"

对此，斯大林立即高兴地说：

"那将是不坏的。"①

此时在美国政府首脑的心中，所谓"四强之一"的中国，仍只不过是任他们摆布的走卒，甚至还可以将其领土赠送给别人当作酬劳。随后在雅尔塔会议期间的交易，正是当时美国对华政策的延伸和具体表现。

蒋介石惊叹盟友"已卖华乎"

美、英、苏达成雅尔塔协定后，对外是严格保密的，罗斯福从苏联黑海边回国后在美国国会作报告，公开撒谎说雅尔塔会议只讨论了欧洲问题，与太平洋无关，然而，一些国民党官员通过在美的关系还是打探出其中一些秘密。1945年3月15日，国民政府驻美大使魏道明向重庆密报了所探悉的雅尔塔会议大致内容，蒋介石看此报告后怒火中烧，在当天的日记中写道：

"阅此，但有痛愤与自反而已，'雅尔塔'果已卖华乎？惟如此可以断定此次黑海会议俄国对日作战已有定议。果尔，则此次抗倭战争之理想，恐已成梦矣！"②

雅尔塔协定达成后，为确保其有关中国部分内容的贯彻，1945年5月28日美国驻苏联大使哈里曼又与霍布金斯一起拜见了斯大林。这两位美国外交官先是询问了苏联的出兵准备工作，然后又探询说："当苏联军队开进满洲时，斯大林大元帅是否打算让蒋介石组织民政工作？"

斯大林立即回答："凡是苏联军队开入的地方，满洲也好，中国其他地

---

① Foreign elation of The nited tates, Diplomatic apers : The Conferences at Cario and ehran 1943, p.869.
② 日本产经新闻连载：《蒋总统秘录》第十三册，台湾中央日报译印，1977年版，第186页。

1945年6月27日，国民政府行政院长宋子文（中讲话者）率团前往莫斯科谈判，蒋经国陪同，苏联外长莫洛托夫（右二）在机场迎接。

方也好，中国行政机构都将由蒋介石建立。"①

取得了斯大林只将满洲交给国民党，而不支持中国共产党的保证，美国才放心地通知中国国民政府去和苏联办交涉。

6月14日，美国政府正式将雅尔塔协定通知国民政府，并要国民党当局依照此精神同苏联签订一个具体的条约。作为一个主权国家，当时的国民政府如果有一点独立自主的精神，完全可以对这种背着自己达成的损害中国主权的交易不予承认，可是媚从于美国的国民党政权虽然不满，却还是遵从了美国的意旨。

对于此事，蒋介石事过二十多年后也承认："美、英、苏三国在雅尔塔签订密约，我中华民国没有参加，在法律上不受其约束，但在事实上，美国对苏和对华政策所加于谈判的影响之大，却无可讳言。"②

1945年6月，蒋介石派自己的妻兄、行政院院长宋子文到达莫斯科，开始中苏两国政府的秘密谈判。因谈判不顺利，以后又派外交部部长王世杰和特派员蒋经国前去协助。不过一切谈判的决策乃至细节，都由蒋介石亲自掌握。

---

① Foreign elations of The United States, Diplomatic Papers: The Conference of erlin 1945, Vol.1, pp.41-46.

② 《蒋总统集》第一册，《苏俄在中国》，台湾"国防研究院"，民国五十年（1961年）版，第302页。

了解历史的人都知道,当时国民党政权的一切重要事务也只有蒋介石一个人能做主,所谓"独夫"之称的确名副其实。仅以职务而论,蒋介石是国民政府主席、国民党总裁、军事委员会委员长,在财经方面他还兼四行联合办事处主任,又是国防最高委员会及航空等一大堆委员会的兼职委员长,并挂上陆军大学、中央军校、中央大学、中央政治学校、警察学校等许多学校的校长的头衔。有人统计过,抗战时蒋介石曾兼职达37项之多。抗战时陪都有句笑话,说如果重庆市长出了缺,蒋介石一定会兼市长;委员长官邸所在的曾家岩那一个街道的保长出了缺,蒋介石大概还会兼那里的保长。由于兼职太滥太多,而国民政府的公文报告中又常常需要主官署名,所以经常要闹出蒋中正"请示"蒋中正、蒋中正"训示"蒋中正之类笑话。由于高度集权于一身,国民党的党、政、军乃至外交决策都要出自他一人,甚至一些小问题都要事必躬亲。

鉴于交易久久未能达成,7月19日蒋介石又在重庆曾家岩官邸接见了苏联大使彼得罗夫,拿出当年在上海交易所时的本事,亮出了他准备与苏联作交换的根本条件:

"必须苏联协助我东三省领土、主权与行政权完整,及解决国内共产党问题,使国家真正统一,和新疆变乱的解决。必须这一点做到,我才可排除一切,解决外蒙问题。"①

对当时的打算,在国民党逃台后举行的第一次党代会即其"第七次全国代表大会"上,蒋介石曾在1952年10月13日的政治报告中有一段自白说:

"当时我个人的决策,就是要求战后确保胜利果实,奠定国家独立、民族复兴的基础,必须求得二十年休养生息,和平建设;只要能够争取这一个建设机会,那就是任何牺牲,亦是值得的。于是我们政府对俄帝,乃决定忍辱谈判,不惜承认外蒙独立,做此最大牺牲,来忍痛签订条约和附件。无如墨迹未干,竟被俄帝一手毁弃,这是万万所不料的。……我主张放弃外蒙的决心,实基于此。这在现在看起来,实在是一个幼稚的幻想,决非谋国之道;但我在当时,对外蒙问题惟有如此决策,或有确保战果,争取建国的机会。这是我的责任,也是我的罪愆,所以我不能不向大会报告的。"

这些充分说明,当时除美国压迫的因素外,蒋介石自己也有一笔交易急于同斯大林做,就是苏联占领东北后只能交给他,不能交给中国共产党以便

---

① 台湾中国国民党中央委员会:《中华民国重要史料初编——对日抗战时期》第三编1981年版,第637页。

其"建国"。为内争和一己之私如此出卖国家领土权益,在中国历史上实在罕见!台湾作家车之鉴曾称"国民党卖国第一、失土最多",并以五代时割幽燕十六州给辽国的后晋石敬瑭相比。另一位作家李敖则认为石敬瑭出卖领土尚无如此之多,还总算是借辽国契丹人之力打下并巩固住江山,"国民党固石敬瑭不若也!"①。

延安与"远方"日渐疏远的关系

对于当时蒋介石与苏联领导人的交易,延安一直不知情。中国共产党人曾长期亲切称为"远方"并在电码中代号为"辰兄"的苏联,此时考虑的只是自己国家的眼前利益。由于"远方"此时没有什么消息,中共中央关于日本大约还有一年才会投降的判断,很大程度上正是由此而造成的。

西方的许多人士及中国台湾当局在后来都曾宣传,斯大林在雅尔塔协定和中苏条约中同意只支持中国国民政府,只不过是一种外交欺骗。其实,许多历史事实都证明此说并不尽然是对的。当时苏共虽然与中共仍保持着名义上的兄弟党关系,然而斯大林已在许多方面对中国共产党不满,并不相信中国革命能够胜利。

在那如火如荼的斗争年代里,中国共产党人讲到那个代号为"远方"、被戏称为"红色麦加"的莫斯科,总有一种圣地之感。在整个中国革命的进程中,苏联几乎是中国共产党唯一真正的外部援助者。中共建党初期几年的活动经费大都靠国际拨给,党的干部在苏联培训,甚至领导人的老婆、孩子也以那里的疗养院、保育院作为避难和养育之地。土地革命战争时,白区党的活动经费也大都由共产国际即苏联的财政拨款提供,苏区和红军虽然主要靠自力更生,却也在紧急关头得到过苏联的援助。如红军三大主力长征到达贫瘠的陕甘宁地区后连大多数人的棉衣都无着落,苏联紧急以外国某贸易公司的名义将数十万美元汇到上海宋庆龄处,在那里兑换后再由秘密交通员迅速运往西北购买红军急需物资。抗日战争初期苏联虽不向中共提供军火,却也陆续拨给了一些款项,并通过西北公路的秘密中转提供了少量物资。这与苏联援助国民党的3亿美元相比虽只是九牛一毛,不过对解决中共地下党的活动经费及补充中央领导机关的开支还是起到一定作用。

尊重历史的人都应该承认,老一代的苏俄革命者确实也曾经以理想主义

---

① 李敖:《蒋介石其人》,人民文学出版社1994年版,第241页。

的态度热情援助过中国革命。然而，权力的腐蚀往往不是革命理想的说教所能抵制的，随着长期执掌政权和从本国的利害出发，苏联对中国革命的态度也越来越掺杂进私利至上的因素，共产国际的机构实际上也逐渐变成苏共的对外关系部，成为以"老子党"身份指挥他人为自己对外政策服务的工具。在中国问题上，斯大林支持那个长期脱离国内斗争实际，只知蹲在共产国际的"留斯克"大厦中啃洋教条的王明，并通过他提出了一系列并不合乎中国革命长远利益的路线，在中国革命的危急关头还要高喊"保卫苏联"的口号，其根子也正在于此。毛泽东在延安整风时曾一针见血地指出："王明问题的关键、症结之所在，就是他对自己的事考虑得太少了！对别人的事却操心得太多了！"①

毛泽东在中国共产党内确立了领袖地位后，斯大林从尊重现实出发予以了肯定。可是进入了抗日战争相持阶段，特别是到了以清算迷信苏联教条为中心的延安整风后，中苏两国的共产党人的分歧就日益扩大。抗日战争期间，苏联也在延安派驻了一些人员，他们与中共中央的交往过程，就特别表现出两党关系中的摩擦日渐增多。当时在中央负责对苏联络的师哲就此曾回忆说：

"在1942年以前，苏方人员不多，常以军事记者的身份出现。他们中的多数人都到前方，甚至到战争前沿地区，现场观察了解情况、搜集情报。因为他们都是现役军人，任务只是了解敌情、搜集军事情报，所以考虑问题的范围总是极其单一、狭小而有限度的。例如：一个姓伊万诺夫的团级干部深入到华北太岳、晋绥各解放区了解敌情，搜集情报，但他又常以军事专家的姿态指手画脚，责怪我们没有利用一切条件、机会与可能性去打击敌人，指责我们的作战方法过于原始、落后等等。

伊万诺夫大约于1942年春返回延安。在回国之前，他到杨家岭毛主席住处辞行，并谈了一些前方的见闻。

毛主席对他们说，我们还是小米加步枪，我们还是持久战，反正八路军是土八路。我们不行，我们一切都落后。对我们的一切你们都看不惯。但我们却能胜利地抗击数十万敌军，而且能使自己的军力成倍地增长和加强。

伊万诺夫没有听懂毛主席的弦外之音，感到莫名其妙，没趣地离开了。"②

---

① 师哲：《在历史巨人身边——师哲回忆录》，中央文献出版社1991年版，第263页。
② 师哲：《在历史巨人身边——师哲回忆录》，中央文献出版社1991年版，第209页。

中国作为一个东方大国，在斯大林眼里有极其重要的分量。根据当年负责对苏联络的中国同志所谈感受，以及根据赫鲁晓夫晚年的回忆，在苏联领导人中只是斯大林一人掌管对华各项政策，几乎事无巨细都要亲自决定，至多与莫洛托夫商量一下。因此，苏方派遣到延安的人员反映的意见，自然会传到斯大林那里，这肯定会增加他对中共的不良印象。

苏方对中共有意见，同样延安的中共领导人对苏联的不平等对待也很不满。苏德战争开始之后，苏联一时无暇过问中共党内的事情，主要是担心日本在远东也配合德国的进攻，因此迫不及待地要求中国共产党采取牵制日军的行动。为此，斯大林致电毛泽东，以商量的口吻询问能不能抽调若干个旅或团摆在长城附近，牵制日军。毛泽东回电表示说，这比较困难，因为我们的力量一集结，目标就大了，就会遭到袭击、围剿，会吃大亏。另外，我们武器很差，无法同日本进行大会战。

这一回答是完全实事求是的。在上一年的百团大战中，八路军消耗很大，还没有得到充分的补充。日本军队又在华北进行大规模"扫荡"，各敌后抗日根据地正处于缩小时期，军事上和经济上都非常困难，进行大出击必败无疑。

然而，斯大林并没有充分体谅中共的困难，1941年冬当德军兵临莫斯科城下时，斯大林再次致电毛泽东，希望派一部分力量向长城内外方向发展。中共中央没有给予肯定的回答，只说部队调动有困难。

这时，毛泽东并不是不肯支援苏联，而是强调只能在战略全局的长远角度上予以配合，而不是在某个具体的战役行动中配合。中国抗日军民能坚持敌后战场的长期斗争，牵制了几十万日军，这本身就是对苏联极大的支援。对这一点，当时毛泽东曾让周恩来向苏联驻重庆大使馆武官崔可夫解释说：

"假如不顾一切牺牲来动作，有使我们被打塌，不能长期坚持根据地的可能，这不管对哪一方面都是不利的。"

中共中央当时还解释援助苏联的意图是："巩固根据地，实行广泛的游击战争与日寇熬时间的长期斗争方针，而不是孤注一掷的方针。"

斯大林格勒战役之后，由于苏联的战局已经稳定，不再急于要求中共配合，斯大林与毛泽东之间就很少有直接电报往来。中共中央的情报仍通过"农委"（由任弼时组织的对苏联络机构的代号）或苏军情报组的电台发送苏联。有时，毛泽东找苏联驻延安联络员弗拉基米洛夫（中国名字为孙平）谈话，向他讲些情况，提些问题，通过他反映给斯大林，然后，苏方又通过他向毛泽东和一些联络人员暗示斯大林的意图。

1942年以后延安整风深入开展，翌年11月已宣布解散的共产国际原总书记季米特洛夫致电中共中央，不同意中共党内对周恩来、王明的批评，并对康生所主持的审干之类问题表示怀疑。从后来的历史看，这份电报的某些具体内容并非全无道理。然而，当时寓居苏联的保加利亚共产党领导人季米特洛夫已经就任苏联共产党中央国际宣传部部长（这一安排还体现了认为苏联是"全世界无产阶级的祖国"的观念），他如此致电中共中央，显然是按照斯大林的意思来反对中共党内的整风。

对于来自苏联的压力，毛泽东坚持了独立自主的态度。延安整风中有些具体做法需要后人进行反思，然而它作为一次冲破苏联模式的伟大思想解放运动，确实为夺取中国革命的最后胜利奠定了重要的基础。正是从这时起，中国共产党人再不听从他人的"指挥棒"指示，在党际关系中也改变了共产国际时期的那种"老子党"与"儿子党"的主从隶从性质，在以我为主的基础上与苏共往来。

面对中国共产党人的态度，斯大林不仅在其党内及对他国共产党人表示过不满，还在一些资本主义国家领导人面前流露过毁谤之词。例如斯大林对美国大使哈里曼称中共不是真正的共产党，只是"麦琪淋"即"人造奶油"共产党的说法，尽管有些西方人认为是一种掩饰，可是从当时的情况看未必不是由衷之言。

正是由于中苏两国共产党关系疏远，于是苏联领导人在许多涉及中国的重大问题上也不向中共打招呼。关于苏联在西线战胜德国后，在东方对日将采取什么态度的问题，驻延安的苏联代表孙平只表示要打日本，却从不详细说明。苏方后来解释说，雅尔塔会议会上苏、美、英三方有个协定，即谈判内容及战略意图应绝对保密，其目的是防止苏联向中共透露。

如果说苏联对美、英的交涉还有理由不告之中共的话，与国民党政府的交涉也向中共保守秘密，并在背后保证不支持中共，从政治道义上就很难解释了。特别是斯大林同意将中国东北交给国民党政府而不交给中国共产党（当然事后因中共的力争而未完全兑现），也不尊重东北人民的对日斗争史。

中国东北是在1931年"九一八事变"之后因为蒋介石"不抵抗"政策而丢失的。国民党当局丢失东北有罪，收复东北却无功。在日本占领东北期间，只有中国共产党领导的东北抗日联军进行了为时十几年的斗争，有数万中共党员和抗联战士在战斗中牺牲。1940年以后抗联余部大部退往苏联，但是仍然不断返回东北进行侦察和战斗。苏共在与国民政府签订中苏条约后，曾致信给设在抗联军中的中共东北委员会称："尽管你们在东北进行了长期的斗争，但苏联为了战后的和平，不得不将东北交给国民党政府。"同时还称："希望你们继续坚持斗争，相信通过长期的斗争，中国革命最后一定会取得胜利。"这段话说穿了，意思就是出于我自己的利益，不能再帮助中国革命了。

中共中央对雅尔塔协定和莫斯科的中苏谈判不知情，重要原因也在于没有国际性的情报网，每天接收世界性的消息主要靠新华社的电讯稿。陕北山沟里的毛泽东就是靠着看报纸、听广播预测中日战争的进程和天下大势的变化，庙算之精，常为世人惊叹。不过这种有限的信息来源，毕竟难以保证次次妙算无误。苏联战胜了德国后会打日本，对此毛泽东等中央领导人确认无疑，可是速度如此之快却是始料不及。

当时在毛泽东身边工作的胡乔木曾回忆，党内对这个问题的估计是："彻底打败了希特勒，苏联可以把力量转移到远东战线上来了，但面临着一个与英美取得妥协的问题。直至那里，人们还认为要经过一个战略反攻阶段日本才会投降。但美国扔原子弹，苏联出兵，加速了日本投降。胜利的到来是很突然的，尽管七大作了这个准备。"①

这种突然来临的抗战胜利，确实给中共中央带来了很大的压力和许多意外难题。

胜利日却签订不平等条约

在抗日战争胜利之时，给中国人带来巨大悲哀并给中共带来巨大难题的事件，就是蒋介石为一己私利，出卖国家领土主权与苏联达成了《中苏友好同盟条约》。

从1945年6月末至8月中旬，中国国民政府与苏联政府在莫斯科进行了秘密谈判。蒋介石在取得苏联的交换条件后，同意在东北给予苏联以种种特权，并允许外蒙古独立。中国的版图在外蒙独立后发生了巨大的变化，由清末的树叶形，变成了公鸡形。

中苏谈判开始后，美国政府就通知双方："由于美国在雅尔塔的任务，

---

① 《胡乔木回忆毛泽东》，人民出版社1994年版，第81页。

三 "三国四方"都瞄准战后

1945年8月14日,《中苏友好同盟条约》签字的照片。王世杰(斯大林右侧立者)代表中国签署条约,同意"中国政府当承认外蒙古之独立"。

任何中苏条约在签字前,希望先和美国磋商。美国的态度是:雅尔塔协定必须遵守——而且准确地遵守,不多也不少。"

对于美国人的旨意,国民党当局不敢违反。在谈判期间,宋子文每天同美国驻苏大使哈里曼谈话,实际上是报告谈判进展情况。哈里曼及其身后的美国政府,这时事实上充当了中国国民政府进行谈判的指导者。

中苏谈判开始后,苏联提出的要求甚至已经超出了雅尔塔协定的要求,如要将旅顺、大连由苏联可使用的"自由港"变成苏联单方面占领的军事区,外蒙古则由"维持现状"变为要中国承认外蒙古独立。

对于旅顺、大连的问题,因有美国的许诺在前,国民党政府感到可以让步,只是词句上要维护一点面子,不能再用"租界"等字样,并加上"中国海军也可使用"等字样。蒋介石最感难办的是对外蒙古"现状"的理解,因为它关系到面积150多万平方公里的土地问题。

外蒙古在清朝时是中国领土的一部分,只是因沙皇俄国策动于1911年后出现过短时间的"自治"。1918年中国北京政府曾收回外蒙古,可是因白俄分子驱逐中国军队,苏俄军队又进入外蒙古,因此该地于1921年宣布"独立"。这一事件,成为20世纪20年代初中苏两国交涉的重要内容。经过长期谈判,在1924年签订的《中苏解决悬案大纲协定》中,苏联正式承认外蒙古为中国领土的一部分,中国国民政府则同意苏联暂时在外蒙古驻军。对外蒙古"维持现状"依照此解释，可以理解为承认其"自治"和允许苏联驻兵。

当时宋子文等在谈判中费尽了口舌，斯大林却毫无松动之意。蒋介石的长子蒋经国也作为国民政府外交特派员赶到莫斯科，协助自己这位并非亲娘兄弟的舅舅。蒋经国一见到斯大林，马上重述当年在苏联时的"难忘岁月"，并提及八年前告别莫斯科回国时承蒙接见的旧事，多少想以私人关系来为艰难的外交谈判增加一点润滑剂。

可是，看到蒋经国的出现，斯大林心中只是大失所望并产生了愤懑之情。那一代苏联人，大概都听说过这位一度以谴责蒋介石背叛革命、"大义灭亲"闻名于全俄的"蒋介石的儿子"。1937年苏联与中国国民政府为共同对日恢复合作关系，把蒋经国以及他在俄国的妻儿送回中国。临行前，斯大林还专门接见蒋经国，并向他在苏联所生的孩子送了精致的飞机、坦克玩具作为礼物，希望他日后不要辜负苏联的培养。

然而，回国后的蒋经国马上与父亲和解，不是像斯大林希望的那样在政治上影响蒋介石，而是完全站到蒋介石的立场上，并成为国民党内负责党、青、特的要角，甚至已经被内定为蒋家王朝的后继人。过去从苏共学到的加强内部控制、动员争取群众的一套办法，经过他的改造再与有中国特色的封建权术相结合，竟成为对付共产党的武器。至于斯大林当年送给他孩子的礼物，虽然在担任赣南专员时还放在家里，可是当1945年年初日军攻占赣州，他的俄国太太携儿逃跑时，也将其随家中的杂物一道丢掉。苏联驻重庆大使彼得罗夫闻知此事，只得无奈地说了声"儿子总是跟随父亲的"。

此刻，面对这位当年的"尼古拉同志"作为自己的谈判对手和意识形态的敌人出现，斯大林只能抑制住一向对党内离经背道的"叛徒"的仇恨心，在表面略事寒暄后，随之以更严厉的口吻说话。

在斯大林以强者自居的严厉口气下，宋子文和蒋经国很快就表现出一副请求怜悯的可悲形象。二人一再与苏方交涉，表示可作出最大让步，允许苏联在外蒙驻兵，让外蒙保持最大限度的"自治"。据1945年7月2日的会谈记录证实，宋子文在与斯大林的会谈中甚至以恳求的口吻说：

"吾人实处于困难之地位，吾人无法向人民宣布吾人将放弃任何一部分领土……如吾人承认外蒙之现状，中国政府将发生动摇。"

可是，斯大林却毫不容情地回答说：

"外蒙在地理上之地位，可使他人利用之，以推翻苏联在远东之地位。……日本即使投降，亦将再起，因此之故，苏联在外蒙领土上应有自己之法律权。"

不论宋子文、蒋经国如何恳求，斯大林坚持要中国承认外蒙独立，并要求将旅顺、大连作为苏联的军事区[①]。

对于苏联的要求，美国政府也感到过分。7月中旬中苏谈判陷入僵局，宋子文赶回重庆与蒋介石商讨对策。7月20日蒋介石致电美国总统杜鲁门求助，杜鲁门于7月23日回电蒋介石，以主人对仆从的口气说：

"我请您执行雅尔塔协定，但未请您作出超过那个协定的让步。您若同斯大林元帅在雅尔塔协定的正确解释上持有不同意见，希望派宋回莫斯科继续努力，以便完全达成谅解。"[②]

根据杜鲁门的要求，蒋介石只得派宋子文和外交部部长王世杰再次去莫斯科。由于美国于7月16日试验原子弹已经成功，对苏联参战的要求已不像原先那么迫切，所以对中国国民政府又提出了新的要求，即在旅顺、大连问题上不得再向苏联让步，但是对外蒙问题却要宋子文"变实质为形式"，即索性公开承认其独立。

8月5日，杜鲁门又指示哈里曼通知斯大林："我们相信宋子文已经接受了雅尔塔协定的要求。"同时又表示："我们的目的在于门户开放政策，因此我们反对把大连港划归苏联军事区或把它作为苏联海军基地。"[③]这就露骨地表明美国也想染指旅顺、大连。

苏联的苛刻条件和来自美国的指令，这两方面压力使得蒋介石一时也感到难堪，谈判于8月上旬恢复后又拖延不决。可是8月9日苏联参战后，10日日本要求投降的消息就传来，谈判形势立即有了大变化。

8月12日的谈判开始后，斯大林"好心"地提醒中国国民政府代表，说中国共产党马上要进入中国东北。把中共拉进来当成压蒋介石屈服的砝码，果然一下触到了蒋介石的痛处。

8月13日中国国民政府外交部部长王世杰紧急致电蒋介石，声称：

"外蒙问题，职等反复谈判，迄无结果，不胜惶恐。但默察苏方态度，似非蓄意与我为难，其欲藉此次缔约，改进中苏关系之心，似属相当诚恳。就我方利害而言，则此次缔约，可以申明中苏关系，减少中共之猖獗，保证

[①] 台湾中国国民党中央党史委员会：《中华民国重要史料初编——对日抗战时期》第三编，1981年版，第578页。
[②] 哈里·杜鲁门：《杜鲁门回忆录》中译本第一卷，生活、读书、新知三联书店1974年版，第245页。
[③] 哈里·杜鲁门：《杜鲁门回忆录》中译本第一卷，生活、读书、新知三联书店1974年版，第362页。

苏军之撤退，限定苏方在东北之权益，凡此，皆为今后统一及建国所必需，倘再停止谈判，则形势必立变，前途隐患甚大。"①

接到王世杰的告急电报后，当天晚间蒋介石就复电，允其"权宜处置"，从而在实质上完全接受了苏联的各项条件。

第二天，也就是1945年8月14日，中国历史上又一个不平等条约——《中苏友好同盟条约》由中国国民政府与苏联政府在莫斯科签订。这个条约名义上是两国共同结盟对日作战（其实苏联已经出兵，当天日本正式表示投降，何用结盟对日作战？），实质却是中国国民党当局以承认苏联在中国东北享有特权和外蒙古独立，换得苏联不支持中国共产党并将除旅顺、大连以外的全东北交给中国国民党接收。

出于签约双方各自的忌讳，这个条约中只字未提中国共产党，但是条约换文上最关键的一句话就是：

"苏联政府同意予以中国以道义上与军需品及其他物质之援助，此项援助完全供给中国中央政府即国民政府。"

中苏条约规定，苏联红军在战争结束三个月内完成撤出，将东北交给国民政府。条约还规定缔约双方保证在实现和平之后"进行密切的友好合作"。条约规定中国宣布大连为"自由港"，旅顺由中苏海军共同使用。

在条约中有关外蒙古的规定是，中国同意在战败日本后，如果经公民投票表决，将根据外蒙古人民的意愿，承认外蒙古独立。这段文字，实际上只是国民党当局同意外蒙古独立的官样掩饰之词。同年年末，国民政府根据条约规定派人"参观"（注意：不是监督）外蒙古的"公民记名投票"。这种与国际通用的无记名投票方式完全相反的办法，是要投票者面对当地政府人员在票上签名再投，占人口大多数的文盲则由工作人员代写后自己捺手印。果然不出所料，经宣布有98%的票数赞成独立，于是翌年1月5日国民政府正式承认外蒙古独立。国民党当局逃到台湾后，当美国艾森豪威尔总统于1953年1月上台后宣布不承认前任杜鲁门当副总统期间签订的雅尔塔协定后，自己才于同年2月间宣布废除《中苏友好同盟条约》，不再承认外蒙古独立，这也只能是自欺欺人的可笑之举。国民党当局退到台湾后一再诅咒雅尔塔协定，却不敢解释自己为什么屈从于他人，以战胜国的地位反而接受了这个严重损害国家主权的协定。

---

① 台湾中国国民党中央党史委员会：《中华民国重要史料初编——对日抗战时期》第三编1981版，第650—651页。

事实上，蒋介石在中苏条约签订后曾对赫尔利讲："总的来说是满意的"①。这是因为他感到，以出卖主权拉拢了苏联，对付中国共产党并统一国家就有了保证。至于后悔并大骂这一条约，只是败逃到台湾之后的事。

苏联在签订雅尔塔协定、中苏条约时的表现，在表面上看是对中国实行强权政治，实际上又是一种对美国软弱退让的表示，外表咄咄逼人的攻势其实掩饰着内心妥协求和的守势。正因为如此，中苏条约签订后美国政府也发表声明表示欢迎。

如果从苏联早已宣布的支持各国人民革命斗争的政治原则来说，参加对日作战和支持中国是应尽的义务，根本不应该提出这类损害中国主权的条件。如果同美国和中国国民党政权事先不达成什么协议，苏军一样可以顺利占领满洲，而且在占领后以实力地位支持中国共产党或进行外交周旋，所采取的步骤可以更灵活，无论对美、对蒋，都可处于更有利的地位。斯大林当时的对华态度不仅在政治上是缺乏道义的，在战略上也是缺乏远视的。以后的事实很快证明，斯大林此时根本未料到，由于中国革命的胜利，他费尽力气所达成的雅尔塔协定在几年后变得毫无用处。

苏联出兵东北，促进了中国抗日战争的早日胜利，但是中国版图上又少了大片土地。从1858年俄国逼迫清政府签订《中俄瑷珲条约》直至1945年的《中苏友好同盟条约》，俄国及苏联政府以军事占领和政治干涉，使中国先后丧失了数百万平方公里的领土。这些，不能不对后来的中苏关系产生长远的不利影响。

这段历史回顾起来，确实给中国人留下了痛苦的记忆。当时美、英等西方国家仍以殖民者的态度对待"四强之一"的中国，苏联在同意援华的时候也严重损害中国的领土主权，这其中一个最基本的原因，就是在现代国际秩序中起决定因素的是金钱和武力，富国、强国和穷国、弱国之间不可能有真正的平等。

中国是第二次世界大战中牺牲最大的国家之一。20世纪50年代时初步计算是死亡1100万人，负伤1000万人。到90年代有人统计认为还需加上当时受折磨致死的1000万人，也就是加上在日伪奴役下因饥饿、囚禁和劳役等丧生的亡灵，这样得出了死伤共3500万人，其中死亡2000万人的数字。且不论这些数字的精确程度（其实在当时战乱的中国不可能有精确统计），有一点是

---

① 《雅尔塔会议》第68—69页，《中国的纠葛》，北京大学出版社1989年版，第382页。

确凿无疑的,即"二战"期间中国人死亡之多仅次于苏联。中国人通过八年血战,在政治上、军事上的地位有所改善,可是国家却极度贫困和落后。当时偌大中国的工业产值,比不上只有几百万人口的比利时、葡萄牙。1945年春中国共产党第七次全国代表大会起草的军事报告中曾客观地指出,即使中国革命取得胜利,其经济基础较之西欧发达国家还要落后一百年至一百五十年。斯大林当时不相信中国革命能很快胜利,强国的巨头们采取如此的对华态度,从中也就不难找到解释。

战后的苏联油画《伟大的斯大林元帅,光荣啊》,带有个人崇拜色彩。
当时斯大林对华态度不平等,也不相信中国革命会胜利。

不过,我们如果公正客观地看待第二次世界大战结束后的历史进程,雅尔塔协定中虽然消极方面占主导地位,但多少还有一点积极因素。苏联根据协定出兵中国东北,对于促进世界大战的结束和中国抗日战争的胜利还起到了推动作用。在第二次世界大战结束时,作为主要战胜国的美、英、苏三国明确分配了胜利果实,这虽然忽视了弱国、小国的主权和利益,但对于维护战后国际和平却有一定作用。苏联在雅尔塔协定中将满洲划为自己的势力范围,对于抵制美国的势力进入中国东北,以及中国革命力量日后在满洲的发展,在客观上也有某些益处。

几年后由于中国革命的胜利,反共的国民党出卖给苏联的国家权益,被对苏友好的中国共产党人收回。由于外蒙古独立已成事实,新中国则对此继续承认。1949年7月,中国共产党代表团在全国解放战争已临近最后胜利的凯歌声中到达莫斯科，斯大林在克里姆林宫第一次会见代表团团长刘少奇时就表示：

"1945年签订的中苏条约是不平等的，因为那时是与国民党打交道，不能不如此。"①

斯大林这番既有歉意又自我辩解的讲话，只能令中国人感叹不已。老一代的国人会记得，1925年3月初，当中国民主革命的先行者孙中山躺在北京协和医院的病床上行将辞世之际，曾用颤抖的手在汪精卫等人为他起草的遗嘱上签了字。这份著名的《总理遗嘱》中最重要的一句话，就是"联合世界上以平等待我之民族共同奋斗"。孙中山惜别人生之际回顾自己"致力国民革命四十年"的经历，所寄予厚望的"以平等待我之民族"，正是十月革命后的苏联。然而令人惋惜的是，以斯大林为首的苏联无论是对待中国国民党或是中国共产党，在许多方面都没有体现出"平等"精神。

"不平则鸣。"第一次世界大战结束后的巴黎和会上，中国虽是战胜国的身份却将山东权益割让给日本，从而激起五四运动，成为伟大的新民主主义革命的开端。第二次世界大战结束时的雅尔塔协定和中苏条约，以及美军以解除日军之名在东部沿海大举登陆，又一次使中国在战胜之际蒙受了重大屈辱。这样，刚刚对日本"发出愤怒的吼声"的中国人，又对坚持卖国、独裁、内战政策的国民党政府发出了同样的吼声，这也昭示着战后的中国必将掀起新的革命高潮，并为国共斗争揭开新的一幕。

---

① 师哲：《在历史巨人身边——师哲回忆录》，中共文献出版社1991年版，第405页。

四 抗战胜利突来，双方各有忧虑

日本投降和抗日战争胜利的来临，对于中国人来说是很突然的。经过八年的浴血奋战，日本的败局已定，不过在中国战场上中日双方力量的总体对比还处于均势。由于国际反法西斯力量的共同努力，特别是美国的打击和苏联的参战，使日本实际上有条件地接受了投降。中国的抗战还处在相持阶段，没有展开全面的战略大反攻就迎来了最后胜利的结局。

油画《受降式》形象地表现了日本代表在降约上签字的情景。（刘宇一作品）

四　抗战胜利突来，双方各有忧虑

对于这场中华民族百年来首次获得的对外反侵略大战的胜利，全国人民的兴奋和喜悦是可想而知的。然而，作为领袖人物来说，所要考虑的问题则更多更远，喜讯传来后所带来的更多的是忧虑。

当时毛泽东的心情，正如他两年后所回忆的那样："日本投降时，我们还是一则以喜，一则以惧。喜的是日本投降，抗战胜利了；惧的是优势问题未解决，蒋介石很强大，严重的内战危险临头，成败两个可能还在斗争。我到重庆的时候，蒋介石的事情好办，我们的事情不好办。"①

与此同时，在重庆万众欢腾的时刻，蒋介石及其身边的心腹谋士都面带忧色。据冯玉祥回忆，蒋介石听到日本投降的消息后，"他一点欢喜也表现不出来"②。空前强大的中国共产党和解放区军民站在他面前，民族矛盾缓和后阶级矛盾随后就会激化，这不能不使他分外忧愁。

战后对日本战犯进行东京审判的现场，法庭按美国要求不涉及皇室的战争责任。

于是，随着抗战胜利的捷报传来，国共两党的斗争进入了一个空前激烈的时期……

"剑外忽传收蓟北"

正式的历史书都记载着日本于1945年8月15日正式投降，可是中国人民普遍得知抗战胜利的喜讯是在五天前的8月10日之夜。那天晚间盟国突然宣布：

---

① 胡乔木：《胡乔木回忆毛泽东》，人民出版社1994年版，第513页。
② 冯玉祥：《我所认识的蒋介石》，黑龙江人民出版社1980年版，第205页。

日本天皇已向盟国提出愿在保留天皇统治国家大权的前提下接受《波茨坦宣言》。消息从广播中传出，中国的抗日后方立即出现了狂欢之夜。次日一早，陪都重庆几家大报的第一版都不约而同地登出了杜甫的诗篇《闻官军收河南河北》。

> 剑外忽传收蓟北，初闻涕泪满衣裳。
> 却看妻子愁何在，漫卷诗书喜若狂。……

担任过几天唐朝的工部侍郎，即相当于副部级待遇的这位诗人，一直被重视官本位的我国先人尊称为杜工部。他避居四川穷困潦倒之际忽闻安史之乱平息写下的这一名篇，恰好与抗战胜利喜讯传来时无数人的心情相仿。当时，从国统区的中心城市重庆、成都，到解放区的后方延安和敌后各抗日根据地，都顿时成为狂欢的世界。

国民政府陪都的情况，如同当时的报纸所载的那样："日本投降消息传出，重庆大欢乐，百万市民兴奋不眠。"

在大后方的其他城市也是同样。8月10日晚间8时，延安清凉山的新华社也收到盟国电台关于日本乞降的广播，整个古城顿时沸腾起来。

在这个晚上，延安是火把的世界，是黑夜中的光明世界。在市内和城外的几条山沟里，火龙彻夜不息，欢呼和锣鼓、鞭炮声震动天地。一片片口号声震动山谷——

> "庆祝抗战胜利！"
> "中华民族解放万岁！"
> "中国人民团结起来，争取和平民主！"
> "实行大反攻，收复失地！"
> "制止蒋介石发动内战！"

当时人们都兴奋地欢呼着："日本宣布无条件投降了！"其实根据政治家和史学家们冷静的分析，东京的最高决策者并非无条件投降。战前日本的政体是天皇制军国主义，掌握国家绝对统治权的是皇室，首相不过是经常更换的臣仆，军部也是工具。战后美国主持的东京审判将侵华战犯中日本十一首相之一、太平洋战争中三首相之一的东条英机当成"头号战犯"，其实正

四　抗战胜利突来，双方各有忧虑

油画表现了延安庆祝抗战胜利的火炬游行的情景。（蔡亮作品）

是为那个最高决策者开脱。了解历史的人其实都明白战时日本真正的头号战犯是谁，不过日美双方在结束战争前已经讲好了条件，加上战后东洋三岛上的"太上皇"麦克阿瑟和他的上司杜鲁门总统都认为保留天皇制对控制日本有利，于是就只追究二流角色的战争责任，对日本侵略罪行进行清算的东京审判也远远没有对纳粹德国的纽伦堡审判那么彻底。战后日本当权者屡屡否定侵略责任，恰恰也在此种下了根子。

在中国土地上，有识者在兴奋之余也不能不满怀忧虑。战胜了日本并不等于带来了和平。在昆明，民主人士李公朴在参加西南联合大学庆祝胜利的诗歌朗诵晚会时，就即席念出一首新作：

> 不要狂欢，且慢骄傲，
> 胜利团结与民主并没有得到。
> 它还靠咱们大家努力，
> 抓紧时机共同创造。①

得知日本投降后，各界代表到重庆蒋介石官邸前祝贺，图为蒋介石勉强走出以笑脸向人们打招呼的镜头。

对于争取民族民主革命的有志者来说，中国最主要的民族敌人被打败了，可是争取国内民主的斗争却仍然摆在面前。那些反动独裁统治者，此时并没有因侵略者投降而开放民主，而是更加处心积虑地

---

① 全国政协文史资料研究委员会编：《文史资料选辑》第八十六辑，第31—32页。

研究如何进行内争。

此刻的蒋介石听闻喜报后不喜,反而是眉关紧皱,全无欢颜。8月10日晚间喜讯传来后,他马上召集心腹开会,紧张地研究对策。同时,远在汉中充当统辖三个战区的"封疆大吏"——行营主任李宗仁值此举国狂欢之夜也是一副忧愁之态。据他本人事后回忆,8月10日晚的情况是这样的:

"汉中城乡此时也欢声震天,爆竹震耳欲聋。全城军民举行联合大游行,各机关、团体纷纷派代表前来行营道贺。各人心目中无不充满胜利还乡、前程似锦的美梦。但是我本人此时反觉得落落寡欢,颇使登门道贺的人感觉诧异。"

心情如此郁闷,正在于感到自己奉身的政权已是"积弊太深,病入膏肓""前途荆棘正多"[1]。

令后人感到惊讶的是,听到抗战胜利的消息后蒋介石下达的第一个命令是以那些日寇的仆从、沦陷区的伪军为对象。即在8月10日夜,蒋介石以军事委员会委员长的名义下达了《对沦陷区的地下军、伪军的命令》,其中强调:"我沦陷区各地下军及各地伪军,应就现驻地维持地方治安,保护人民,各伪军尤应乘机赎罪,努力自新,非本委员长命令,不得擅自移动驻地,并不得受非经本委员长许可之收编,仰各凛遵为要。"

这就是说,蒋介石处理的第一要务,是让伪军为他看管好日本占领的各大城市和地区,不得受"本委员长"之外的"收编",把话说穿了就是不能向共产党投降并交出这些地区。

8月11日,重庆中央社又以广播的方式公布了蒋介石下达的两个命令。一个是他在8月11日给第十八集团军(八路军)的命令,一个是他于同日给各战区将士的命令。蒋介石在给第十八集团军的命令上说:"所有该集团军所属部队,应就原地驻防待命。"此外还有不许向日军和伪军收缴枪械一类的话。蒋介石给各战区将士的命令则要求:"各战区将士加紧作战努力,一切依照既定军事计划与命令积极推进,勿稍松懈。"[2]

两个命令,立场和爱憎何等分明!这分明是不许解放区军队接收胜利果实,而要由蒋介石自己的嫡系部队和伪军一起来夺取。围绕着抗战胜利的果实归谁这一问题,国共双方立即展开一场激烈争夺。

---

[1] 《李宗仁回忆录》,广西文史资料研究委员会1980年版,第820—821页。
[2] 台湾"国防部政史局":《中日战争史略》,正中书局。

毛泽东在枣园空前紧张

在延安听到庆祝抗战胜利的锣鼓声后,窑洞中的毛泽东和其他党政军领导人都感到胜利来得太突然。日本宣布投降时还在延安待命的晋察冀军区司令员聂荣臻对此回忆说:

"摆在面前的问题很多,但归纳起来,主要是在日本投降之前,对形势发展估计不足产生的。苏联对日本一宣战,日本很快就宣布投降了,对这种急剧变化的形势,事先没有足够的思想准备。所以,日本一宣布投降,无论在思想上、组织上,以及物资准备等方面都感到措手不及,跟不上形势发展的需要。"[①]

在这一重要历史转变关头,全国各战略区的领导人大都集中在延安,不在自己的岗位上。此前为了召开中国共产党第七次全国代表大会,各根据地的负责人和党政军的领导同志大都作为大会代表到延安来了——原先负责八路军前方指挥的彭德怀、晋察冀的聂荣臻和萧克、晋绥的贺龙、晋冀鲁豫的刘伯承、华中新四军的陈毅、已确定担任鄂豫皖分局书记准备去中原的徐向前等也在这里。邓小平原来在太行山区主持工作,没有到延安参加中共七大。6月下旬毛泽东打电报告诉邓小平:你已经当选七届中央委员,望到延安参加中央全会。于是,邓小平也千里迢迢地赶来。各大战略区的最高领导人中,只有罗荣桓没有来。他肾脏病日趋严重,中央内定由林彪到山东去接替,不过也还没有动身。中共七大结束后,绝大多数代表留在中央党校进一步学习大会文件,并研究下一步反攻的问题。

当时中央军委根据形势的变化和不久将要面临的反攻任务,提出要准备实行游击战向运动战的转变,为此各地代表都研究了回去后如何将分散游击的队伍集合起来,实行大兵团作战的问题。

中共七大之后毛泽东在军事上所考虑的主要问题,是如何根据日本即将失败的形势发展抗日根据地和人民军队。历史的档案和文件都证明,他这时的主要着眼点是考虑美军在中国东海岸登陆的问题,解放区的重点发展方向也在中国东部和南部。

进入8月以后,毛泽东就战略发展起草了两个最重要的电报。一是发给中原地区的李先念等领导人,对形势的估计是:"日寇明冬可能失败,还有一年时间供你们作准备工作,你们必须在这时间内准备一切,对付必然要到来

[①] 聂荣臻:《聂荣臻回忆录》(下),解放军出版社1984年版,第591页。

的内战局面。"

另一封电报是发给广东区委的,要他们准备迎接率八路军南下第一支队经过第二个"万里长征"、进入湖南的王王(王震、王首道)部队。电报中对形势的估计是:"盟军登陆日寇北撤后,你们所处平原地区将处于极端困难地位。"①

8月6日,中共中央还发电报给山东分局并告冀鲁豫及华中局,就战争的形势强调指出:"美军登陆期近,国民党必全力争夺山东。我为准备条件,以利在美军登陆后获得迅速发展,造成控制山东全局的力量。"

此时,毛泽东估计日本投降还有一年,各项工作也都是以此为基点进行准备。各大战略区的领导人开完中共七大后没有立即返回,也是想进一步研究工作并确定方针。

直至8月8日,在延安的中央委员们接到的通知是翌日上午到杨家岭中央礼堂参加七届一中全会第二次会议,讨论通过《关于若干历史问题的决议》(以下简称《决议》)。当刚刚在党的七大当选的中央委员们忙着整理本本,回忆党内过去的历史时,第二天突然出现的情况,使会议的中心议题大变。

8月9日上午中央在杨家岭开会时,得到苏联出兵东北的消息,会议在通过《决议》和党章后马上议论新形势和任务。毛泽东提出:"我们的任务主要有四项,即配合作战、制止内战、集中统一、国共谈判。现在同苏联红军配合作战,是痛快的。具体如何配合,还要等战争的展开。"②

苏军出兵东北,前面是被击毁的日军坦克,这些打击加速了日本投降。

---

① 《毛泽东军事文集》,军事科学出版社、中央文献出版社1993年版,第812—814页。
② 中共中央文献研究室:《毛泽东年谱》中卷,中央文献出版社2013年版,第617页。

四　抗战胜利突来，双方各有忧虑

可是，还没有等到确定与同为共产党人、并能"痛快"配合的苏军如何联合"作战"，第二天晚间就传来日本乞降的消息。在这历史的转折关头，从八路军总部机关所在地王家坪，到党中央机关所在地杨家岭，再到新华社所在地清凉山，延安中央机关上上下下都处于极其繁忙而紧张的工作之中。

住在枣园的中共七大选出的五大书记之中，毛泽东、周恩来、刘少奇最忙；朱德总司令历来表现不慌不忙，优哉游哉，事情却处理得从容不迫，井然有序；而任弼时当时重病在身，力不从心，只是着急。

这段时间里，毛泽东工作之紧张忙碌到了空前的程度。据当时在他身边的同志回忆，毛泽东把办公地点移到枣园里的乒乓球桌旁。他一面处理事务，一面接见即将被派赴各地的领导干部和将领们，有时忙得无暇进食、饮茶。他身边的工作人员把刚刚成熟的瓜果和馅饼放在乒乓球桌上，毛泽东饥渴时，就一手继续书写命令、委任状、文告、声明等，一手抓起瓜果等食物，如风卷残云一般地塞进嘴里。①

距毛泽东办公的乒乓球桌不远，枣园小礼堂周围摆放着一圈长条靠背木椅，干部们静静地坐在那里等候命令和指示。愿意吃什么，在实行供给制的中央机关也不必拘礼，自己到主席的"办公桌"上取了就吃。领到委任或指示的人，都精神振奋地立正、敬礼，然后各自离去。

在尚不知道日本将要投降的8月10日，毛泽东为中共中央起草的指示，主要内容是通知各解放区，要求立即布置动员一切力量向日伪军发动广泛的进攻，以正规部队占领大城市和交通要道，以游击队和民兵占领小城市。中共中央还指示，各解放区应迅速将过去主要从事游击活动的部队编成正规兵团，投入大反攻作战。

延安获悉日本政府准备接受《波茨坦公告》的消息后，从8月10日深夜12时至8月11日下午6时这18个小时内，毛泽东伏案奋笔，连续亲自起草了以延安总部朱德总司令名义发布的七道命令：

第一号命令要求各解放区抗日武装向当地日伪军发出最后通牒，令其缴械投

《毛主席在延安窑洞》。（靳尚谊作品）

---

① 师哲：《在历史巨人身边——师哲回忆录》，中央文献出版社1991年版，第305页、第307页。

降，如遇拒绝缴械即应予坚决消灭。

第二号命令要求配合苏联红军进入中国境内作战，准备接受日、"满"敌伪军投降。并命令吕正操、张学诗、万毅、李运昌部向东北进发。

第三号命令要求配合外蒙古人民共和国军队进入内蒙古及绥、热、察等地作战，并准备接受日、"蒙"伪军投降，贺龙所部由绥远现地向北行动；聂荣臻所部由察哈尔、热河现地向北行动。

第四号命令要求肃清同蒲路沿线之敌伪军并准备接受敌伪投降及进入太原。

第五号命令要求所有铁路沿线之中国解放区抗日军队应积极举行进攻，迫使敌伪无条件投降。

第六号命令要求对日作战的朝鲜义勇队司令武亭等立即统帅所部，随同八路军及原东北军各部向东北进军，并达成解放朝鲜的任务。

第七号命令要求各部队进入城市后实行军事管制。

毛泽东为延安总部起草的这七道公开命令，当时在很大程度上是出于政治宣传目的，在政治上显示对日反攻的声势。在军事行动方面，中央军委根据各战略区的实际另行制定了各自的任务。8月11日，毛泽东为中共中央起草的命令确定了当时的主要行动目标是："目前阶段，应以集中主要力量迫使敌伪向我投降，不投降者，按具体情况发动进攻，逐一消灭之。"①命令还强调：占领一切可能占领的大小城市与交通要道。当时行动的主要目标，是夺取各地的日伪占领的重要城市和据点。

不过由于胜利来得突然，事先未很好准备，各敌后抗日根据地能立即投入作战的部队不多。八路军原先的野战部队数量有限，1942年困难时期又实行"主力地方化"，许多旅、团建制的部队都穿上便衣，改成县大队、区小队，进行分散的游击战。此刻为了大反攻，中央军委又临时下令将大批地方部队组成能机动作战的大兵团。虽说已是争分夺秒，可是动员、集中和重新编组免不得耗费时间。如晋察冀军区一个月内就将部队扩大到20多万人，比过去增加了1倍多，许多战士还没有军装，头上扎一块白毛巾，匆匆认识了一下各级指挥员，就靠着称为"11路汽车"的双腿，在各地崎岖的小道上奔向争夺胜利果实的战场。

由各根据地集中到延安的领导干部，此时也急着赶回原来的岗位。当时

---

① 中共中央文献研究室：《毛泽东年谱》下卷，中央文献出版社2013年版，第1页。

刘伯承、邓小平、聂荣臻、陈毅等人搭乘美军飞机登机前的照片。

设在延河南岸的中央党校以及设在延安东北部桥儿沟的鲁艺，学员们也大都在紧张地收拾行装，一批批干部相继离开这块吃过小米、读过马列主义的圣地，向各根据地进发。为了争取时间，中共中央还向驻延安的美军观察组通报，要他们派飞机来延安并转飞华北敌后的前方简易机场，以接运在当地的美国飞行员。这些飞行员都是战时被日军击落或因飞机出现故障而伞降于敌后，被抗日根据地军民营救出来的。

当美国的C-47运输机在延安东关机场降落，与中共中央外事部门取得联系后就要马上转飞晋察冀或晋冀鲁豫地区时，熟悉英语的黄华等人就上去与驾机的美国飞行员交涉，要他们在飞机上顺便搭载一些联络人员和顺路者。为尽快接运自己获救的同伴而有求于八路军的美军人员当然不便拒绝，于是一些他们看来着装普通但年纪稍大的人随即上了飞机，几小时后就飞越了徒步几十天才能完成的行程，到达了太行山麓和易水河畔。多年后美国人才知道这些顺路搭乘飞机的客人原来大都是驰名天下的各个解放区的领导人，其中有刘伯承、邓小平、聂荣臻、陈毅、林彪、萧劲光……下了飞机后，他们又像接力赛似的骑上骏马，奔赴各自分担的任务区。

蒋、伪迅速合流反共

为了抢夺胜利果实，蒋介石首先倚重的是前几年由国民党内部降日的汉奸汪精卫，因为他们"本是同根生"，阶级属性相同，只是当初对日本的态度不同。

抗战期间，汪精卫网罗20多名叛国的国民党中央委员和50多名国民党军降敌将领于1940年在南京建立了伪国民政府，这是一个日本侵略者以刺刀支撑的地道的傀儡政权，其所属的机构只存在于沦陷区内，由各级日本顾问"指导"，完全是日军用以统治中国人民和征粮征税的工具。这个政权下属的80万伪军，绝大多数也是由降日的国民党军编成（其中大都是杂牌军），是侵略者的帮凶，在日本投降后本当以附敌治罪，可是在国民党当局奇怪的政策之下，这些民族罪人却摇身一变，改换门庭，成为帮助国民党军接收的先锋。一手导演这幕丑剧的，又是国民党军统特务机关的头子戴笠。

自太平洋战争爆发后，国民党当局就认定日本是捋虎须，必败无疑，如何处理战后问题就日益成为蒋介石及其左右考虑的重点。进入1943年以后，日军的形势江河日下，作为蒋介石心腹羽翼的军统特务机关就展开对日占区伪军的"策反"工作。同年军统的内部刊物《家风》登载了一篇戴笠署名的《论沦陷区工作》的文章。虽然这个只专长于格杀捕打的特务头子文字功夫很差，此文肯定有"秀才"代笔，不过观其中心思想却无疑出自戴笠。文中回顾了抗战后形势的发展，称：我国主要大城市都在敌后，我们不能控制，设若一旦胜利反攻，难免为"异党"所得。"虽鞭之长，不及马腹"，是此文最后的概括。

自己放弃了以百万平方公里计和有2亿多同胞的广大沦陷区，又没有本事在那里开展游击战，自然是"鞭长莫及"。那么，如何在"胜利反攻"时与共产党领导的敌后抗日军民争夺果实呢？从当年起军统就正式成立了"策反

汪精卫（前手持帽子者）视察伪军。抗战末期汪伪军数量达90万人，是日寇的帮凶，却也成为国民党拉拢的重点。

蒋介石为军统特务头子戴笠的照片题词"碧血千秋"。

委员会",大力勾结汉奸和伪军,开展美其名曰的"策反工作"。

单从"策反"一词的字面意思上看,争取附逆者回头并不错,可是铁一般的历史事实是,军统策动这些汉奸伪军"反"的并不是日本侵略者,而是坚持抗日斗争的解放区军队。在抗战临近胜利的最后两年,国民党特务机关所秘密联络的南京伪政府、华北伪政权乃至伪满的大批汉奸头目,没有一个人起义反抗日本侵略军,所受领的任务只是在日本投降后看守住敌后大城市,不交给共产党。

当时,南京汪伪政权的军队共编为6个方面军,分别由任援道、孙良诚、吴化文、张岚峰、庞炳勋、孙殿英这6个过去降敌的国民党将军任总司令。华北伪绥靖军总司令门致中,同样也出自国民党军中。由于人熟路熟,军统特务很快通过关系

伪满总理张景惠(中)被日本军官簇拥的照片,此人在战争后期也同军统秘密拉上关系。

秘密找到这些人,交代任务,许以日后不仅免罪还可论功。这些民族败类本是见利忘义之徒,当初降日就是为个人私欲,如今见日本大势已去,过去押宝有误,自然想在重庆方面为自己留一条后路,于是一拍即合,都私下答应"暂留敌营",先与日本人一起进行反共作战,将来时机一到,就充当中央的"先遣军"。

国民党当局不仅积极联络关内的伪军,与东北的伪满头目也建立了关系。1945年3月下旬,作为东北军将领的第一战区临泉指挥所主任何柱国向蒋介石侍从室送上一份文件,原来是通过老关系转来伪满总理大臣张景惠的报告。这个老汉奸见形势对日本不利,也向蒋介石秘密输诚,并建议首先扩大伪满军队,伪满与华北合流,将伪满军推进华北,以免华北沦于共产党。蒋介石马上批准军统与之联系。张景惠在伪满崩溃之际还自感胸有成竹,被苏军抓捕前夕还在一心等待"中央"。

当日本投降的消息突然传来后,伪政权的汉奸们也马上积极行动起来。8月15日当天,在汪精卫死后刚代理主席职务不到一年的陈公博主持召开了会

议,盗用"国民政府"名义建立起来的伪政府演出了收场戏。

在侵略者蹂躏祖国大片河山时降敌,在侵略者投降后又用一套称为"和平运动"的谬论为自己卖国求荣的行径辩解。他们声称因中国打不过日本,抗战必败,再战必亡,由他们出面与日本讲和,才能保护民众,并可通过和平方式从日本占领军手中逐渐收回权益,以此来"曲线救国"。如今日本垮了,陈公博等人还硬说自己的"曲线救国"与重庆国民党当局的"直线救国"是殊途同归。但是他们也明白自己唯一的希望就是能以实力向重庆国民党当局投靠,以抵抗共产党而保全地方来将功赎罪。

可是蒋介石当时在重用汉奸时有所选择,因此南京伪政府内地位居第一位和第二位的汉奸头目的陈公博和周佛海首先发生争斗。

多少有些书生迂腐气息的陈公博参加过中国共产党,曾于1921年作为广东代表参加过党的一大,可在第二年就脱离组织去美国留学。在哥伦比亚大学读硕士学位时,他把当时还属机密的中共一大党章也当成学术资料公开出来。这一目无党纪的行为,倒也为后人研究中共党史提供了一份重要的历史资料。此人回国后就投靠了国民党,在20世纪20年代成为汪精卫的亲信。抗战开始后不久,身为国民党中央执行委员、国民政府实业部部长的陈公博对抗战前途完全失望,随汪精卫一同叛国。到了1943年夏天,他见日本大势已去,才对当初的选择产生悔意,派人到重庆向戴笠送信并转告蒋介石,表示愿立功赎罪。

重庆方面此时却看不上这个汉奸名气很大却又没有实权的家伙,主要倚重地位仅次于陈公博的周佛海。周佛海人在历史上从来都是个见风转舵、投机成性、毫无气节操守的家伙。20年代初他留学日本时参加了共产党,又在1921年7月到上海参加过第一次全国代表大会,与自己的湖南同乡毛泽东共居一室。可是三年后见国民党给他厚禄高官,周佛海又脱离了共产党。大革命时他随北伐军到了武汉,一时又跳到极"左"立场上,鼓吹搞什么"裸体大游行"的"妇女革命"。没几天他转向极右,到南京投靠蒋介石,并写了一篇记述"逃出赤都"的文章。

当时还以左派自居的汪精卫也看不过去,对周围的人说:"周佛海真拆烂污,他以前是共产党员,现在却攻击起共产党来了。他退出共产党就算了,还要反噬,真不是东西!你们以后切不要和这种人一起共事。"

周佛海立即在文章中公开反唇相讥道:"汪精卫真拆烂污,他本是国民党的党员,现在却要做共产党的工具,攻击起国民党来了。他跑到国外去就算了,还要来倒戈,真不是东西!我们以后切不要和这种人共事。"

四 抗战胜利突来，双方各有忧虑

陈公博（1892–1946），汪精卫死后代理伪国民政府主席。

周佛海（1897—1948）在汪伪政府成立时留影。

具有讽刺意义的是，当初恶语相加的汪、周二人到了抗日战争开始后却走到一起"共事"。抗战开始后，周佛海担任国民党中央代理宣传部部长、委员长侍从室第二处副主任，与陈布雷并列为蒋介石的"文胆"。可是看到武汉失守，这个朝三暮四的周佛海又追随汪精卫投敌。投敌之后仅过了三年，看到太平洋战争爆发，日本前景不妙，这个官居南京伪政权第三位的家伙又感到后悔。他随后又与军统头子戴笠建立了联系，并派代表到重庆向蒋介石请罪。蒋介石也通过戴笠向周佛海表示，要他切实掌握武装，以实力控制江南，将来待日本失败时完整交给中央，防止京沪为共产党所占。

此后，周佛海一直坐镇上海而不去南京任职，因为那里存储着伪政权的多数货币准备金，还驻有伪政权的中央税警总团，兵力超过万余人，装备在伪军中也堪称头等。周佛海一面将财权牢牢掌握在手中，一面要税警团及沪杭一带的其他伪军直接听命于自己，一时成了长江下游沦陷区内最有实力的汉奸，并与军统头子戴笠建立了电台联络。

得知日本要投降的当天，周佛海就亲电重庆担保守住京沪地区。不过同时他还请求给予官衔，其用意是让蒋介石公开承认他的地位，日后安全就能确有保证。对周佛海的要求，蒋介石有些为难。公开任命一个全国第二号汉奸为"党国"官员，毕竟是大失人心也很不光彩的事。可是戴笠感到如不封官，这些伪政权头目心中无底，担心蒋介石过河拆桥，可能不会尽力。次日即1945年8月11日，已在东南地区的戴笠就马上致电蒋介石报告："上海情形混乱，金融无市，拟由周佛海担任上海行动总队，掌握伪方军警力量，以免奸伪乘机捣乱。"

8月12日，蒋介石批准了这一建议。毕竟防范共产党要紧，委任罪大恶极的汉奸虽然影响不好，此时也顾不得了。

考虑到周佛海的力量主要在上海，南京伪军的头号实力派是任援道。12日当天，重庆的委员长侍从室也发出对南京伪第一方面军总司令任援道的任命："任命任援道为先遣军总司令，维持京沪线及南京治安。"

虽然重庆方面的报纸一律不登这些任命，南京、上海一带的报纸却立即刊登了消息：重庆军委会任命周佛海为军事委员会上海行动总队总指挥、罗君强为副总指挥。令其指挥税警总团、上海市保安队和警察，并指挥驻杭州的第12军及伪地方团队，负责维护上海及沪杭一带的治安。

摇身一变的汉奸机构及其下属军队根据刚接到的蒋介石"维持秩序"的命令，宣称要继续实行统治，并要当地日军服从它们的指挥。就此，主子和奴才的地位一下子颠倒过来。

8月19日，周佛海以总指挥的身份发表了谈话，他声称上海行动总司令部已成立，他已奉"中央"之命成为总司令，负责维护治安。沦陷区的人民在欢庆胜利时，正准备把过去多年的仇恨向日本侵略者和为虎作伥的汉奸们发泄，突然看到这些任命状，许多人都不禁愕然。

对此，美国《纽约时报》记者蒂尔曼·德丁于9月10日就写了一篇评论称：周佛海在使"傀儡军变成国民党"的过程中"起着特别重要的作用"。德丁还写道："由于得到国民党政府的怂恿，周佛海在上海地区负起了'维持治安'的职责，所用的军队据说还是一支相当强大而且装备精良的部队，而且现在仍然起着'维持治安'的作用。"

当时，不仅周佛海加封了官职，南京下属的六个方面军的总司令任援道、孙良诚、吴化文、张岚峰、庞炳勋、孙殿英，以及华北绥靖军总司令门致中，都被国民党授予"先遣军总指挥"、新编军"军长"等职。既然把80万日本的傀儡军队收编，"伪军"这一词也不再用，国民政府军委会正式称他们为"自新军"，作为"国军"的一部分。虽然待遇明显比中央军低得多，可是毕竟是"朝廷命官"，这些伪军感到有了靠山，就死心塌地抵抗八路军、新四军，保卫各大城市等候国民党军接收。

蒋介石不仅重用与其原出一党的汪伪政权汉奸，还对当年与国民党作对并要叛离中国的伪蒙疆政权头目予以拉拢。9月7日，世袭的蒙古王爷德穆楚克栋鲁普（人称德王）突然由华北飞抵重庆白市驿机场。1936年此人在日本关东军支持下叛国"独立",随后又成为伪蒙疆联合自治政府的"主席",在国内是一度与溥仪差不多齐名的大卖国贼、大蒙奸。陪同德王前来的是出身汉族却已经蒙古化的军人、日本组织的伪蒙古军总司令李守信。此二人在八路军攻占张家口时随日军逃往北平,然后搭乘

伪蒙古政府头目德王同日寇板垣征四郎握手的照片,此人卖国降日中华共愤,抗战结束时却被蒋介石重用。

国民党先期联络人员的飞机到达重庆。德王随身还带有一份给蒋介石的"建议书",主张还由他主持内蒙古"自治",以对抗当地的共产党。

当时国民党内部有人闻讯后即建议说:"德逆附敌,罪不容诛,今敌失败犹唱自治,岂可纵容!"主张扣留于重庆,日后审其叛国之罪。可是蒋介石听说零散的伪蒙军还有四五万人,不但不追究其罪,反而接见这位德王,并加封其为"蒙古自治政府主席""蒙旗先遣军总司令",派他和李守信火速返回内蒙古,召集原部与八路军对抗。

对于东北伪满政权的汉奸们,国民党当局也予以重用。日本投降后的三个月内,由于八路军已经抢先进入东北,苏军只允许国民党行政人员进入"接收"而不许军队开入,于是蒋介石又拿出军阀混战中收买加委的惯技,由国民党党部和特务机构先后派出大批"侯专员"式的人员到南北满去收编土匪伪军,给他们封官加委。这些人也明白共产党迟早会对他们搞清算斗争,于是与国民党一拍即合。如投降日军的东北抗联叛徒谢文东,在日本投降后又拉起一伙人啸聚山林,居然得到上将的委任状,军衔比东北保安总司令部长官、嫡系将领杜聿明还高一级。虽说这类廉价的封官许愿并不值钱,却毕竟来自国民政府的命令,打国民党旗号。于是乎东北境内一时有上10万胡匪变成"中央先遣军",那些残民以逞的汉奸匪徒大都一跃而为"国军军官"。

东北解放区在土改时又进行了剿匪斗争,这是活捉土匪头子谢文东进行公审时的情景。

1945年年末,苏军在驱赶了驻东北大城市的中共部队和机关后,允许国民党空运部队前去接收。国民党当局立即把在关内收编的伪满军作为"国军"派去东北接收。当听到第一批空运部队即将到达长春后,市内有成千上万"盼中央"的各界人士去机场欢迎。涂着国民党青天白日徽的美制飞机降落后,欢呼的人们突然惊愕地发现,这些第一批进入东北大城市的"国军"都讲地道的东北话,还可认出一些相识的面孔:原来他们是日军训练出的伪满军精锐"铁狮部队"!抗战后期这伙人被调到华北扫荡八路军,日本投降后完整地被国民党收编为第2保安总队。

"国军原来是汉奸!"这一消息在长春不胫而走,许多人如同头上浇下一盆冷水。不仅在长春如此,在东北的土地上,"国军"锋芒所到之前,国民党的臭名就已先迎风远播。后来,一些国民党要员也抱怨这些收编的杂牌货败坏了"中央"的名誉,可又是谁要你们重用这些丑类的呢?

日军投降后,当大批"接收"人员涌进被宣布为"光复"的沦陷区时,当地人民在吃尽苦头后编了一句话:"天上飞来的不如地下钻出来的,地下钻出来的不如原地摇身一变的。"

所谓"天上飞来的",自然是指那些乘美国飞机来的接收者;所谓"地下钻出来的",是指那些"统"字号人物组成的别动队或自封的"地下工作者",此等人抢夺城市和资产更占先一步;所谓"原地摇身一变的",则指那些本来是附敌有据的汉奸,此时却受"国军"的封号,一下子由伪军变成了国民党军。

四 抗战胜利突来，双方各有忧虑

如此重用汉奸伪军，在社会上自然引起轩然大波。就连蒋介石身边的高级幕僚、军统头目之一的唐纵也在1945年12月1日的日记中哀叹："以至于今日，政治风气社会风气，沓沓然无可挽回。现在许多汉奸又摇身一变而为政府官吏，抗日的青年穷小子在街上流浪没有人理会。如果让这趋势发展成功，革命潮流将不属于我们了！"①

利用日军当"守备队"

日本投降时，在中国广大沦陷区内最强的一支武力，还是为数110万人的日本占领军。蒋介石抢夺胜利果实时重用的汉奸伪军毕竟战斗力太差，保守城市主要还要依靠昔日的侵略者。这时真正能向日军下命令的，是拥有最强大实力的美国，杜鲁门此时采取的政策，又恰恰是"利用敌人来做守备队"。

华盛顿宾夕法尼亚大街边的白宫得知日本投降后，刚刚接任总统才4个月的杜鲁门也陷入焦虑和忙碌之中。过去他担任在美国被称为"最不重要的职位"——副总统，几乎是个闲差。可是在这个职位上最大的好处，就是可能一跃担任"最重要的职位"。果然，当罗斯福突然因脑溢血而告别尘寰后，杜鲁门依法马上继任了总统。一大堆棘手的事务，也马上摆到他的案头。

此时的美国已经是世界上经济和军事实力最强的国家，"领导世界"已是华尔街巨头们的现实要求。当东京皇宫里的当权者终于递上降表，正式屈服于美国之后，实现这一美梦的最大障碍就是苏联和第二次世界大战结束后兴起的各国民族解放运动。白宫当权者们研究在太平洋战场受降的问题，中国战区又被放在头等关注的地位上，考虑的重点则是如何阻止共产党利用日本投降壮大自己的力量。

按照国际间正常的战争惯例，投降者应该向与自己当面作战者缴械。在中国战场上，差不多半数的日军在敌后战场与解放区军队作战，按照常理，应该让正面战场的日军向国民党军投降，敌后战场上的日军则向解放区军队投降。可是美国国务院的谋士们却反对按照正常的惯例受降，认为让中共部队接受日军投降是危险的。因为这会使大半个中国马上被共产党接收，以致使美国在华利益不能实现。

1945年8月12日美国驻华大使赫尔利也打给国务院一份电报，其中很坚决地表示说："如果美国政府和联合国允许中国的一个拥有武装的政党接受日

---
① 唐纵：《在蒋介石身边八年》，群众出版社1991年版，第530页。

本投降，那么中国的内战便会因而不可避免。"①这个坚决亲蒋的大使还建议，应在投降条件中加上日本必须把全部武器交给国民政府的条款。

在太平洋战场担任作战指挥的麦克阿瑟，此时被任命负责安排日本投降事宜。这个一向习惯于口衔长管烟斗、戴着太阳镜傲然悠荡的职业军人，在政治态度上素来站在极右翼的立场上，早在20世纪30年代初就以敢于下令在白宫前广场出动坦克并开枪镇压"饥饿示威"的退伍军人而恶名远播。此人虽然负责对日作战，最崇拜的人却是日本军阀东乡平八郎大将，对共产主义则极端仇恨。一听到日本表示投降，麦克阿瑟马上向国防部提议，应命令中国战区的日军只能向蒋介石投降。

在杜鲁门眼中看来，国民党政府虽然腐败独裁，按照美国的"人权"标准和民主观念来衡量绝对属于反动的专制政权，却是亲美的，能够充当自己的附庸。而中国共产党尽管有许多优点被人称赞，可是美国国务院中国科科长庄莱德在备忘录中早已一针见血地说明："考虑到中共的性质，意识形态及以往的态度，很难设想，美国的任何一种利益能在这样的共产党国家中得到发展。"②

从美国控制中国的目标出发，杜鲁门最后决定，还是全力支持国民党政权。在受降问题上，不能让日军把武器和地盘交给共产党，以壮大中共的实力。8月15日，麦克阿瑟被任命为负责占领日本的盟军总司令，马上向日本大本营下达的受降范围的命令中，规定除中国长城以北为苏军受降范围外，整个中国境内（不包括香港）、越南北纬16度线以北地区均为蒋介石指挥的中国军队的受降区。日本的支那派遣军、中国台湾的第10方面军、越南北部的第38军应接受蒋介石的命令，在这一地区投降，违者要予以惩罚。

此时让蒋介石的军队去受降，在中国大部分地区却办不到。对国民党当局在战争结束时所处的可悲局面，杜鲁门不禁感叹道："蒋介石的权力只及于西南一隅，华南和华东仍被日本占领着，长江以北则连任何一种中央政府的影子也没有。"于是他决定打破常规，采取了一种"利用敌人来做守备队"的政策。

杜鲁门后来在回忆录中对此解释说："假如我们让日本人立即放下他们的武器，并且向海边开去，那么整个中国就会被共产党人拿过去。因此我们就采取异乎寻常的步骤，利用敌人来做守备队，直至我们能够将国民党的军

---

① 《杜鲁门回忆录》中译本第二卷，三联出版社1974年版，第374页。
② 《美国外交文件》第7卷，第633页。

队空运到华南,并将海军调去保卫海港为止。因此,我们便命令日本人守着他们的岗位和维持秩序。"①

如此这般,转眼间昔日作为作战对手的日本侵略军,立即就变成执行自己反共任务的盟友。而此时的侵华日军头目,也把保存自己实力并逃避惩罚的希望寄托在美国和蒋介石身上,于是双方一拍即合。

当时侵华日军的最高指挥机构,是设在南京大方巷原外交部大院内的日本支那派遣军总司令部。1944年12月接任支那派遣军总司令的冈村宁次大将,是天皇手下的"宫廷党羽集团"中的"三羽乌"之首,在日军中又有"支那通"的称号。20世纪初在日本士官学校时,他任过"清国留学生队"的区队长,军阀阎锡山、孙传芳、陈仪等人都是他的学生。随后他又在参谋本部支那课任过班员、课长。20世纪20年代,他又来华担任过

冈村宁次在战争结束前担任"支那派遣军"总司令,他要求日军迅速同国民党"结成一体"以对付中共。

驻上海武官和孙传芳的军事顾问。自1938年以来,他在侵华战场上一直充当主角,任第十一军司令官、北支那方面军司令官,曾负责对华北各抗日根据地进行"治安战"。冈村宁次虽然后来被中国共产党宣布为头号侵华罪犯,受到国民党当局的庇护才逃脱,然而在他晚年所写的回忆录中,对中国各派军队评价最高的还是八路军。冈村宁次承认:"共产军作战勇敢,内部团结,其政策对青年人有吸引力,只是其实力还不如蒋的直系军队。"②这番话,或许反映了他作为一个军人,对自己顽强的对手还是有一点客观的认识。

当听到本国乞降的消息后,冈村宁次一直在向东京呼吁"排降屈辱的求和,把战争进行到底"。8月15日当天听到天皇的"终战诏书"后,他又宣布"谨遵圣命"。不过他仍然要求先"停战",再将部队撤退到沿海港口,待上船回国前再放下武器。可是这一主张又得不到允许,他就决定以手下105万陆军(在华日海军4万人不归他指挥)和1.6亿人口的占领区为本钱,与蒋介石讨价还价。

---

① 《杜鲁门回忆录》中译本第二卷,三联书店1974年版,第72页。
② 稻叶正夫:《冈村宁次大将资料》,东京原书房昭和四十五年(1970)版,第339页。

对于中共方面提出的受降要求，冈村宁次开始也做过一点试探，以图多方周旋以争取有利于己的地位。8月15日八路军朱德总司令下令给在华日军统帅冈村宁次大将，要他率部投降，但这只限于解放区军队作战的范围内。冈村宁次也派出代表前往新四军军部，并表示愿与在延安的日本共产党领袖野坂参三见一面。然而8月15日当天冈村宁次又接到蒋介石的命令，要其"保持现有态势，并维持所在地之秩序"。随后他又得到远东美军统帅麦克阿瑟关于只能向美蒋军队缴械的通告。起初有所犹豫并试图多方试探的冈村宁次就此打定主意，只接受美国和国民党政权的命令。

8月17日日本支那派遣的军使到达了天长县新四军军部。[①]然而投降谈判还未正式开始，他们马上又接到来自南京的总司令部的命令，要其立即返回。

8月18日，日本陆军参谋总长梅津美治郎向冈村宁次发来密电，其内容是："在此时机，不如将赤色势力引入支那本土，使之与美国方面势力发生冲突，造成东亚混乱，我日本可收渔人之利。"这一方针反映了日本军部中的某些人的想法，准备让侵华日军让出部分地区给中苏两国的共产党军队，使之与美蒋接收部队冲突，大日本帝国就可能在夹缝中求得复兴。

冈村宁次经过短暂考虑，马上表示反对，称："应该与国民政府紧密结成一体，断然对付中共。"[②]果然，以后国民党声称他"协助政府接收有功"，对这个侵华头等罪犯宣判无罪。

蒋介石此时也对侵华日军多方表示好意。8月15日上午蒋介石亲自到重庆中央广播电台宣读"抗战胜利对全国军民及全世界人士讲话"，这个讲话吸取了一贯亲日的戴季陶的意见，被称为"以德报怨宣言"。

在这篇冗长的讲话中，蒋介石虽历数了侵华的罪行，也称赞了国内军民的抗日精神，却又说道："我说到这里，又想到基督宝训上说的'待人如己'与'要爱敌人'两句话，实在令人发生无限的感想……我们中国同胞须知'不念旧恶'及'以德报怨'，为我民族至高无上的德行。"[③]

对于绝大多数听此广播的中国人来说，"要爱敌人"此言听来不能不觉得刺耳。从正常的国际关系准则而言，对日本无辜的民众本来就不应视为敌人，蒋介石自己也一再说只与黩武的日本军阀为敌，那么胜利后所爱之"敌人"，

---

① 《赖传珠日记》，人民出版社1989年版，第602页。
② 稻叶正夫：《冈村宁次大将资料》，东京原书房昭和四十五年（1970年）版，第36页。
③ 蒋纬国编著：《抗日御侮》第十卷，台湾黎明文化事业公司，第92页。

四 抗战胜利突来，双方各有忧虑

只能是那些过去曾对中国人民犯过无数罪行的侵略者了！尤其是在日军尚未解除武装、罪行尚未清算之际发此怪论，只能是想对其加以利用。此后国民党对宣布投降的日军予以厚待，就为这种"爱敌人"之说做了一个注脚。

由于侵华日军接受美蒋的命令，不仅拒不向解放区军民缴械，还在部分地段向八路军、新四军进行反攻，夺回了刚刚放弃的山西省的文水、山东省的即墨、江苏省的海门等10多座县城。此后，日军又为国民党军的空运、海运和陆路进军提供掩护。中国解放区的军队为打乱国民党调动兵力进行内战的部署，并迫使部分日军和伪军投降，只能在各地继续向日军和伪军展开攻势。

8月21日，日本支那派遣军的洽降军使到达湖南芷江，举行了洽降仪式。作为盟国的美国人堂而皇之地和国民党军将领并坐在受降席位上，而作为中国敌后战场抗日主力的共产党军队却没有任何代表出席，甚至不邀请新华社记者参加。据后来公布的历史档案记载和当事人的回忆证实，在日军降使今井武夫住所的非正式会议中，一场具有实质内容的交易正在紧张进行，双方研究的主要内容，又是如何防止中国共产党接收，将沦陷区及日军的装备物资完整地交给国民党当局。这种谈话的气氛，按今井武夫的回忆录描述是："中国方面以蔡副参谋长为首，各参谋一律表示对日方有深刻的理解，始终以武士道的态度相待，与其说他们是对待敌

1945年8月21日，日本"支那派遣军"副参谋长今井武夫（中）到湖南芷江洽降。

芷江受降时日本军官说明自己驻军的位置。

国败将，不如说好像是对待朋友一样。"①

8月23日今井等人的飞机刚刚从芷江起飞返航后，何应钦又马上致电冈村宁次，明确把解放区军队称为"匪"，还提出要日军夺回被敌后抗日军民收复的土地，再交国民党军。电报称："如果各地在指定国军接收前，为股匪所占领，日军应负责任，并应由日军将其收复，再交还我接收部队。"②

根据芷江会谈取得的结果，从8月27日起，国民党军开始由美国飞机空运进驻南京，接着又空运至上海、北平等大城市，接受侵华日军投降。

9月9日在南京城内举行完侵华日军投降仪式后，冈村宁次仍然回到设在大方巷的总司令部办公，并得到国民政府军委会的新任命——中国战区日本官兵善后总联络部长官。这个联络部，实际上就是原来的日本支那派遣军总司令部，原有机构保持不变，地点不变，并继续指挥部队与八路军、新四军作战。

对投降后的日军统帅机构只改一块招牌、换汤不换药的情况，战后日本战史上也得意地宣扬过，声称："派遣军的组织系统得以像终战以前那样继续有条不紊地存在，一个原因就是得到了中方蒋主席以下领导人的善意相助，维持住了全军原来的指挥系统，很自然地形成了保护侨民和自卫自存的态势。"③

当时，长期侵略中国的日本军队终于投降，的确是中国人民值得庆祝的事件。然而由于美国和国民党实行利用投降日军对付解放区军民的政策，导致中国战区的日军受降是在一种极不正常的情况下进行的。国民党不仅单方面垄断受降，并且与日军联手反共。宣布投降的日军按照国际惯例应是战俘，可是国民党方面为对其表示尊敬竟发明了一个名词，称其为"徒手官兵"。严格讲来，许多日军在投降数月后仍不"徒手"，还拿着武器与解放区军民作战。

这方面最典型的事例发生在山西战场上。日本宣布投降后阎锡山马上与日本第一军建立了联盟关系，双方共同对八路军作战。日军遣返回国时，阎锡山还要将山西的6万日本军人全部留下作为"反共志愿军"，后因种种原因未能如愿，却也留下了1万人。

1945年10～11月间，国民党军方宣布在各地举行正式受降仪式，其中也包括了太原、大同。其实在山西境内这一仪式根本没有举行。为在报纸上有

---

① 《今井武夫回忆录》中译本，中国文史出版社1987版，第229页。
② 国民政府国防部史政局及战史编纂委员会档案，中国第二档案馆藏。
③ 日本防卫厅防卫研修所战史室著：《昭和二十年的支那派遣军》第七章第二节、第三节。

照片作证，阎锡山专门与日本第一军的头目谈妥，让全副武装的日军徒手出操时把枪支架在操场上。此时第二战区长官部派人拿着照相机到日军营区拍照。这些照片发表出来，上面可看到一排排枪支整齐地架好，后面站着徒手列队的日军，是标准的"受降仪式"！

阎锡山这套"受降"的把戏，负受降总责的何应钦完全清楚，还予以鼓励，并对阎锡山将日军编为两个师的"志愿军"也表示赞同。10月下旬阎锡山飞到重庆报告"受降顺利""进展神速"，蒋介石则对他大加嘉奖，称"山西为全国受降最快的模范省份"。

这样，华北日军与解放区军民继续作战，直至美军和国民党的大批军队于同年年末至翌年年初到达为止。对此，最后一任日本北支那方面军司令官根本博中将在战后就回忆说："在华北，日军严守军纪，继续艰苦奋斗，掩护国民政府军和日本侨民的集中，直到国民政府军能够防御共军的侵犯为止，始与之进行交代，并将武器交出。同时帮助侨民有条不紊地回国。在此期间，逃亡和失踪的，全军不过数百名。所以如此，中国领导人的善意也是原因之一。从十一月开始，中国方面对我军一部分解除武装，主力部队则是从翌年二月开始解除的。"①

这个早年既是宫廷党羽集团成员，又是侵华老手的根本博，不仅逃脱了战犯审判，还被国民党军秘密请为上宾。直至汤恩伯从大陆退到厦门、金门时，身边还总跟着一个身材不高的穿着便衣的"顾问"，连兵团司令刘汝明都不知其为何人②，还是胡琏说出此人就是过去大名鼎鼎的根本博。这个在"扫荡"抗日根据地中血债累累的战犯，在参与中国内战中又犯下新罪行。至于那个冈村宁次，不仅在投降后被长期秘密留用为顾问，直至国民党逃台后还请他充当"革命实践学院"的教官。

美、蒋、日、伪如同冈村宁次希望的那样，在反共前提下迅速结成一体，使中国战场上出现了这样的图景：日本宣布投降后的几个月里，身份上已经是战俘的日本军队却仍然手持武器，继续与战胜国中国的解放区军队作战，并"维持秩序"，即镇压各地的中国人民。这真是世界战争史上罕见的奇怪现象！

---

① 日本防卫厅防卫研修所战史室著：《北支治安战》（下）第七章第三节。
② （台）《刘汝明回忆录》，传记文学出版社1979年版，第173页。

从合作走向决战
——中国共产党为什么能战胜国民党

八路军、新四军争夺"桃子"

在日本宣布投降却还未放下武器的这段短暂的时间里,国共双方的矛盾虽然迅速上升,不过争夺的焦点还在日军由谁受降和沦陷区由谁收复的问题上。双方的进军主要目标还是日占区,不过国共两军的局部内战已经愈演愈烈。

对于争夺胜利果实,在8月13日的延安干部会议上毛泽东以他一贯的幽默感打了个形象的比喻——"比如一颗桃树,树上结了桃子,这桃子就是胜利果实。桃子该谁摘?"①

为了使解放区军民能摘到较多的"桃子",中共中央在政治上、军事上都展开了斗争。为了在政治上批驳蒋介石要求第十八集团军"原地驻防待命"的命令之荒谬,毛泽东马上起草了两篇回复蒋介石的公开电,分别于8月13日和16日以朱德总司令的名义发表。

除了政治上的公开宣传、发布命令外,毛泽东在同一紧张时刻又为中央起草了一系列党内指示。根据中央指示,各战略区的领导人也都根据本地区的任务,制订了夺取大城市的计划,并马上通过电波把命令传达到千里之外的各军区。

晋察冀军区下达的命令是:准备夺取北平、天津、保定、石门(石家庄)、大同、阳泉、张家口、唐山、山海关,并与苏军会师,准备伺机进入东北。

山东军区下达的命令是:准备占领济南、德州、徐州、青岛、连云港及其他交通要道。

晋冀鲁豫军区下达的命令是:准备协助晋绥军区夺取太原,并准备占领开封、新乡、归德(商丘)三城。

晋绥军区下达的命令是:准备夺取太原、归绥(呼和浩特)。

在皖东天长县的新四军军部于8月10日接到中共中央关于"集中主力去占领大城市和要点"的命令,于次日下达了向南京、上海等大城市进攻的部署,还任命了上海、南京等市的市长。在上海的中国共产党地下组织积极行动,发动工人准备进行起义。正当群众庆祝抗战胜利的潮流奔腾之际,上海的大街小巷突然出现了许多标语——"欢迎新四军进入上海"。一些工厂里

---

① 《毛泽东选集》第四卷,人民出版社1991年版,第1128页。

四 抗战胜利突来，双方各有忧虑

积极准备武器，地下党的干部还勘察攻击目标，等待着一声号令，即里应外合奋起占领全城，让红旗在黄浦江畔当时中国最高的楼房上飘扬。

在中国共产党人积极行动的同时，过去的抗日战场上消极应付的国民党当局却以极快的速度前来抢夺胜利果实，并阻挠解放区军民的对日攻势。

由于蒋介石的命令和日伪方面的态度，使形势的变化不尽如原先的想象。位于南京的日本支那派遣军司令部集中兵力保卫各大城市，蒋介石又视江浙一带大城市为老巢，决不会允许新四军进入。当潜伏在宁沪一带的国民党特务机关向重庆急报了上海出现的动向后，蒋介石立即对周佛海等南京伪政权头目加封官职，令其坚守上海等城，不能向新四军缴械。消息传来，中共中央又于8月12日改变决心，提出"江南大城市不作占领打算"，要求新四军停止执行攻击南京、上海等大城市的命令，向中小城市和广大乡村发展。

根据形势及时改变行动方针，这正是毛泽东所一向倡导的"灵活机动的战略战术"。长江南北的新四军部队根据中央的新方针，一面继续大造攻击上海、南京等城的声势，使日军和伪军急忙向这里收缩，一面迅速全面出击，占领了大量县城和乡村。

在大反攻开始之后，华北战场是解放区抗日军民的重点攻击方向。从河北平原、太行山麓到长城脚下，到处都吹响了反攻的号角。张家口之战，又是反攻中最为出色的一个范例。

苏联出兵之后，围绕着塞外名城的得失，苏联、日本和中国的国共两方

1945年8月下旬八路军晋察冀部队攻占张家口，为进军东北创造了有利条件。

油画《攻克山海关》表现了八路军攻克这一进入东北的雄关的情景。（骆根兴作品）

马上展开了激烈的争夺。重庆国民党当局对距自己战线十分遥远的张家口十分关注,是出于全国战略格局的考虑。蒋介石在一个多月前接到雅尔塔协定的内容后,就根据美国在华军事顾问的建议,将驻河套地区傅作义部3个军升格为第十二战区,并令其东进,与日伪军联系,准备接收并夺取平绥线,切断进入内蒙古和东北的苏军与华北八路军的联系,阻止中共部队进入满洲,建立所谓的"防共隔绝走廊"。美军顾问还特别强调,如果此举成功,中共问题不难解决。

毛泽东为延安总部起草的命令,也要求八路军以晋绥军区一部阻止傅作义部对察东解放区的进攻,而以晋察冀、晋绥军区主力配合苏蒙联军作战消灭和迫降日伪军,夺取察哈尔、热河一带。

八路军察蒙骑兵支队奉命前去与苏蒙联军联络,于15日在张北地区首次遇到了苏蒙联军。双方商议了共同作战的事宜,苏军表示他们准备进攻张家口。然而此后苏军因遵守与美国商定的不过长城的协议,只对张家口采取了佯攻,真正发动强攻的是八路军部队。

当八路军包围张家口时,当地的日本驻蒙军司令官根本博已经与国民党军傅作义部达成协议。8月20日,根本博致电冈村宁次报告说:"重庆方面之傅作义已要求接收张家口,谓可保护日本人的生命财产。但若将张家口移交延安军或外蒙苏军,该等即不能守约。本职决心答应傅作义之要求,并坚决阻止八路军及外蒙苏军侵入。"①

20日清晨,八路军开始了攻城战斗,经三天激战攻入城内,日军突围向东逃窜。伪蒙政府的"主席"德王随日军逃走前,吩咐手下的伪军要守住城市,以便向国民党傅作义部交接。可是此时在八路军的猛烈攻势下,已失去斗志的伪蒙军只好纷纷缴械投降,这个由日本侵略者炮制的号称"第二满洲国"的伪蒙疆政权就此彻底崩溃。8月23日下午,民国年间作为察哈尔省会的张家口全城得到解放。张家口之战不仅政治影响重大,而且在战斗中还缴获了各种枪1万多支,子弹500多万发。尤其是得到这么多的子弹,在当时是一个了不得的数字。原来八路军晋察冀军区总共只有4万多支枪,平均每支枪只有30~40发子弹。如今一举缴获了这些子弹,下一步打大规模的运动战就有了必要的物质基础。

张家口是八路军在国内占领的第一座省城,这座塞上名城随后还成为晋察冀解放区的首府。夺取张家口的胜利,使美蒋反动派在长城一线建立"防

---

① 日本防卫厅防卫研修所战史室著:《昭和二十年的支那派遣军》第七章第一节。

共隔绝走廊"的企图彻底破灭,为进军东北打开了重要的通道,在国内战略全局上极大地改善了解放区的态势。

听到八路军攻占张家口的消息,国民党当局竟然称此地被"股匪占领",并要求日军再夺回张家口以交给傅作义部。何应钦于8月31日致侵华日军总头目冈村宁次的第16号备忘录中称:"据报我察哈尔省会张家口于八月二十五日晨被不明番号之军队,一说系股匪占领,本总司令殊为遗憾。查察绥热三省地区,本部备忘录第一号及第四号明白规定,应由第十二战区司令长官傅作义上将负责接受,在傅长官及其所指定之中国正规军未到达前,该地区日军,应负责维持该地秩序。"①

然而,此时华北的日军在解放区军民四处展开的反攻面前已是焦头烂额,在北平、天津和太原等各个要点守备兵力都捉襟见肘,穷于应付,实在无法完成何应钦的要求。

当时在华北其他地区,八路军也广泛展开攻势。晋察冀军区的部队从8月11日就开始向北平发起攻击,从三面形成对北平的包围,并一度攻占北平东郊的通县飞机场。晋察冀边区政府还公布了新北平市长的任命,并组织接管干部。日军急忙撤退外围的据点,和已经宣布就任国民党新编军长职务的门致中指挥的华北伪军一起,集中重兵守住了城池。

在华北最大的工商业城市天津,此时也发生了一场激战。八路军冀中军区根据反攻的命令,集中13个团的兵力,在8月中旬进抵天津外围。8月19日夜,八路军冀中军区部队一举攻入城内,占领了西火车站。驻天津的日军集中兵力和火力顽抗,伪军和所谓国民党"地下军"也投入战斗。八路军因火力弱和兵力不足,很快撤出了市区。

八路军晋绥军区的部队从8月12日起也开始反攻,一部向当时的绥远省会归绥(今呼和浩特市)进攻,一部向山西省会太原进攻。8月15日,八路军攻入太原市郊区,随即又攻入当时作为太原县城的晋祠。日本第一军司令部在太原市内坚守,又与国民党第二战区阎锡山部勾结共同进行反共作战,八路军停止攻击太原,转而解放了山西西部和北部的大部分县城。

进攻归绥的部队开始进展比较顺利,当地日军大部分逃走,剩下的小部分和伪军一起龟缩进城内。8月18日,八路军晋绥军区部队攻入归绥,城内日伪军1300多人被包围后已同意缴械。此时,国民党傅作义部从河套方向开来,在城外向八路军发起攻击,城内的日伪军也立即翻脸。八路军部队受到内外夹

---

① 国民政府国防部史政局及战史编纂委员会档案,中国第二档案馆藏。

击，不得不撤出归绥。不过绥远东部的大片地区，却就此被八路军解放。

北线的反攻连连奏捷之际，在南线的晋冀鲁豫军区也取得节节胜利。晋冀鲁豫军区的部队于8月中旬开始向当地的日军和伪军展开反攻后，因开封、新乡等城难以攻取，很快移兵在横跨四省的广大地区内占领了大部分县城，并切断了平汉铁路、陇海铁路。随后，晋冀鲁豫军区部队又攻占了只剩下伪军驻守的华北古城邯郸。此后，晋冀鲁豫军区司令部迁到这里，使此地成为又一个重要的解放区首府。

坐落在平汉铁路上的重镇邯郸获得解放，以后又始终保持不失，不仅阻断了国民党军在抗战结束后进入华北的主要陆上通道，而且使晋冀鲁豫解放区内部完全连成一片，还打通了全国解放区的陆上交通。当时解放区军民都自豪地说："只要有延安开的路条，就可以从陕甘宁边区的陇东一直走到苏皖解放区的长江边！"

山东方面的反攻规模最宏大。山东军区司令部在日本宣布投降后迅速将这些分散的武装统一编为8个师、12个警备旅和1个还没有作战舰艇的海军支队。50万民兵也动员起来，积极参战和支前。为了争取政治上的主动，8月12日，山东出席解放区人民代表会议的代表正式推举产生了山东省政府，黎玉担任了主席。同日，新成立的山东省政府宣布：一贯祸鲁、助敌为虐的国民党山东省府，再无资格回山东。山东人民在被国民党政权丢弃后，自己组织了英勇的抗战，此时当然应该在政治上取得统治地位，收获八年抗战的胜利果实。

此时，驻山东的日伪军原已是惶惶不可终日。可是那个当时被人称为"饮水不思源"的国民党山东省主席何思源在伪第6军的护送下突然潜入济南，向日军要求"就地驻防，并协助加强防务"。同时，他还向何应钦发出急电称："鲁境内奸军活动甚烈。"何应钦马上致电冈村宁次称："山东土匪时乘国军接收部队未到前，将向济南发动总攻，济南市入夜枪声不断，人心恐慌等情，希速饬细川忠康将军确保济南治安为要。"

根据侵华日军总司令部的命令，山东日军拒绝了八路军要其投降的通牒，坚守济南、青岛两地，并向胶县、淄川等地反扑。然而八路军在山东仍收复了大部分县城，并于8月17日解放了威海，于8月25日解放了烟台，为渡海进军东北打开了通道。

反攻进行到8月下旬，考虑到美蒋垄断受降权，大城市已经难于夺取，8月23日，中共中央在《关于目前时局和任务的指示》中指出："原定力争大城市的方针是对的，但形势变了，今后一个时期应夺取中小城市。"

大城市和要道不能属于八路军、新四军，可是在"力争"二字下，解放区军民还是摘到了不少"中小桃子"。在华北方面八路军采取攻势，从8月9日至9月2日共收复了100多个中小城市和广大乡村，包括烟台、威海卫、龙口、益都、张家口、集宁、丰镇等地，威震华北，打开了中国共产党的有利局面。新四军占领了江苏中部、安徽中部和南京、太湖、天目山之间的许多县城，造成了极好的形势。

就这样，一大批"中小桃子"终于落到了解放区军民手中。在日本投降前，敌后各抗日根据地大多在民瘠民贫的山区，军队不仅缺乏武器，而且弹药奇缺，多数枪支只有十几二十发子弹，发展部队受到很大限制。但通过反攻占领广大地区和大量缴获物资装备，情况有了极大的变化。解放区军队由93万人迅速发展到近130万人，部队装备也大大改善。在反攻前根据地人口虽有1亿，可是真正向抗日政权一面负担的巩固区只有5000万人口，其余一半仍是向抗日政权和伪政权同时交纳粮税的两面地区。反攻胜利结束时，完全一面负担的解放区人口达到1.3亿，相当于扩大了一倍半。解放区的面积也达到200万平方公里以上，纵跨长城内外、大江南北，除中原区外又全部连成一片。

通过坚持八年艰苦卓绝的持久抗战，加上在日本投降后举行的大反攻，中国革命力量得到了空前大发展。与八年前抗战开始时相比，中国共产党领导的根据地人口扩大了80倍，军队扩大了20多倍，这不仅为夺取中国民主革命的最后胜利积蓄了雄厚的力量，而且准备了广阔的战场。中国抗日战争最伟大的胜利成果，其实正在于为后来新中国的建立奠定了最重要的基础。

6万美军登陆中国沿海

中国解放区军民的反攻威震华北、华东，已经宣布投降的日军虽然在继续作战，不过败军之将不可言勇，知道"皇国"败降的日军官兵此时根本没有多少战斗意志。腐败无能的伪军更是难以与八路军、新四军对抗，使得美国又以"受降"之名直接出兵到中国东部来帮助蒋介石抢夺胜利果实。

从8月下旬开始，美国将其原先用于"驼峰空运"的太平洋战区的大部分运输机都调到中国。数百架C46型和C47型运输机频繁地起降于各机场，出现了整个第二次世界大战中都从未见过的一幅大规模空运场面。

据中国战区美国空军司令斯特拉特迈耶9月25日宣布：仅8月和9月，14万国民政府军就被美国空军用飞机运到日本占领区。他还颇为自豪地说："在

从合作走向决战
——中国共产党为什么能战胜国民党

大战时期,美国空中运送军队,以此次运送为最大量而又最复杂。"此言确实不虚,在当时的世界空运史上,这一数字创造了最高纪录。

对最有经济头脑的美国当权者来说,动用这么多飞机,消耗这么多汽油,当然不是心血来潮。打德国和日本,美国的空运部队都没

1945年9月30日,美国海军陆战队第一师在塘沽登陆,继而进入天津、北平、秦皇岛等地,刚降下太阳旗的华北城市又升上了星条旗。

有用过这么大的力气,对日作战期间国民党恳求美国空运增加一点吨位,都要求爷爷告奶奶式地费好久的唇舌。如今日本投降了,却突然这样舍得花血本,自然是感到控制中国更为重要。

自从美国的大规模空运开始后,冈村宁次又向美国和国民党当局报告,八路军一部攻入天津,虽被击退,却有可能是联合苏蒙军共同南下攻占北平、天津的前奏。其实,当时苏蒙联军严格遵守与美国约定的受降界限,连超过长城配合八路军进攻张家口都不干,更不要说南下平津。不过冈村宁次这一番危言耸听的报告传到何应钦和美军总联络官麦克鲁那里,马上又上报到蒋介石和麦克阿瑟那里,顿时引起重庆林园官邸和美军太平洋总部的紧张。

绝不能允许北平、天津落入中共之手,立即成为美军和蒋介石的一致信条。他们都担心当地的日军当守备队靠不住,因为这些宣布投降后已陷入失魂落魄状态的"大和武士"们,现在不是为天皇而是为别国打仗,自然不会甘心卖命,一旦顶不住就可能或降或逃。于是,蒋介石和麦克阿瑟都决定速派兵前去接收。由于美国向华东空运已使用了绝大部分运输机,再加上当时的飞机运量和航程都有限,有些国民党军一时去不了的地方,如华北的天津、青岛、秦皇岛等地,美军干脆自己出马,派出舰队直接到中国登陆。根据麦克阿瑟的命令,美国海军陆战队第3军直接出马,由日本转赴塘沽登陆。在美军到达前,继续严令日军坚守在华北的占领区。

中国抗战期间,许多人期盼美军能在东部沿海登陆帮助驱逐日本侵略者,可是美军却从未出现。如今日本投降了,黄海、渤海的海面上却到处是

四 抗战胜利突来,双方各有忧虑

1945年12月15日,上海街头运送美军去美国军舰的车队。

白色的航迹道道,大批美国舰只直向中国沿海驶来。9月30日,在仍由日本军队守卫的天津港里,美军开始登陆。随后,在中国东部港口里有6万名美国海军陆战队蜂拥上岸。刚刚降下太阳旗的旗杆上,居然又升起了星条旗。作为胜利国的中国,旧的侵略军还未赶走,反而又涌进来新的外国军队。

国民党军接着由美国以海运和空运方式送到,原先在华北的日军和伪军则负责为他们的进驻提供警戒。不久前还是战场上敌手的三国两方的四支队伍,在华北大地上竟然这样奇妙地迅速结合起来。

战时长期在中国担任美国《时代》杂志联络员,并亲身到华北采访了受降过程的著名记者白修德(Theodore H. White)就亲眼看见了身材高大的美国兵和矮个的日本兵在同一个车站里并肩站岗的情景,对此曾有一段精彩的描述:"美国海军陆战队、国民党军队、以前的伪军以及日军,在一个前所未见的奇怪的联盟之下,协同一致地防卫这些铁道,以抗御游击队的袭击。而最痛心的讽刺是:就是在这个平津地区,当局势最险恶紧张的时候,中共游击队曾经屡次出生入死地从日军手下抢救过美国飞行员,当B—29型美机于轰炸日本归途中被迫降落时,这些飞行员们就是当地村民安全偷运至后方的,而这些村民现在已经被看为美军的敌人了。"[1]

国民党政府不仅在美国的支持下抢夺胜利果实,还利用侵略军和附敌的傀儡军对付本国同胞,这不但引起了中国解放区军民的极大愤怒,也引起原

---

[1] 白修德、贾安娜:《中国的惊雷》(中译本),新华出版社1988年版,第329页。

先的国民党统治区和沦陷区人民的严重不满。美军开进刚刚获得民族解放战争胜利的中国，控制战略要地，而且军纪败坏、胡作非为，严重伤害了中国人民的民族自尊心。当时在各大城市内，美军士兵抱着"吉普女郎"招摇过市，成为路人皆为之侧目的普遍景象。1945年12月，恰恰在受到西方影响较多的中国知识界内，最先发起了要求"美军滚出中国去"的运动。"善有善报，恶有恶报"。短短几年后，国民党政权即被中国人民推翻，美国对华政策亦彻底失败，报应何其速也！

"劫收"到城市却失去人心

美国和国民党政权虽然利用日军和伪军暂时夺取了中国沦陷区的大城市，却在中国几乎民心丧尽。

"五子登科"一词，在抗战胜利后成为国内各城市中几乎人所周知的一句讽刺话。对于"天上飞来的"的接收大员和"地下钻出来的"国民党"地下工作者"们，房子、车子、条子（金条）、票子、婊子这"五子"，成为最重要的追逐目标，一时闹得乌烟瘴气，几至不可收拾。

当时国民党当局在突如其来的胜利之际急于抢夺城市，对接收事先并无统一规划。结果是党部抢，行政官员抢，军统、中统、宪兵、陆军、空军、警察机关也都争先去抢。加上蒋介石一贯实行"分而治之"的统治权术，党、政、军、特组织互不相统，每一组织内部也故意造成相互牵制的几个派系，这种体制更加剧了争夺的混乱。结果是"先入关者为王"，谁先抢到手归谁。后到者眼红心热之余，有本事的就再去抢先到者。

当时被派到北平的名义上的最高长官李宗仁，对此曾描述道："当时在北平的所谓'接收'，确如民间报纸所讥讽的，实在是'劫收'。这批接收人员吃尽了抗战八年之苦，一旦飞入纸醉金迷的平津地区，直如饿虎扑羊，贪赃枉法的程度简直骇人听闻。他们金钱到手，便穷奢极欲，大肆挥霍，把一个民风原极淳朴的故都，旦夕之间变成了罪恶的渊薮。中央对于接收权的划分也无明确规定，各机关择肥而噬。有时一个部门有几个机关派员接收，以致分赃不匀，大家拔刀相见。无法解决时，便来行营申诉，我这身为最高长官的行营主任竟成了排解纠纷的和事佬。"[1]

---

[1] 《李宗仁回忆录》，广西政协文史资料委员会1980年版，第六十一章之（一）。

在天津，停在港口的一条船竟然被联勤总部、海军部、交通部、战时生产局、战时运输局、航政局这六个单位派上自己的接收人员，你争我夺，各不相让。有的洋房刚被某部贴上封条，马上又被另一部贴上新封条，竟有一房

抗战胜利时中国大量饥民嗷嗷待哺的悲惨镜头，国民党当局对此不顾而忙于劫收。

贴不同单位封条十几个之多者。为争夺"敌产""逆产"，还经常出现相互拔枪射击的火拼现象。

1946年2月，蒋介石到南京、上海、杭州视察了接收情况。他随同的高级侍从幕僚唐纵在2月20日的日记中就这样写道："与各地将领谈话，彼等经过接受敌军投降后之比较，无论管理、保育、教育、训练，与敌军比较，真是惭愧。在敌人手中的营房、武器、马匹，都是很有规模，到了我们手中，不是管理不好，就是保育不好。敌人营房有水电设备，到了我们手中，移防的部队就要拆走，请示中央增加管理人员与管理费用，中央不理，宁可听其毁坏。马匹因为马粮不敷，均患肠胃病，相继倒毙，日人闻之窃笑不已！"[①]

公物被大量损坏，私物却圆满到手。接收还未完成，各大城市的漂亮房子和好车子几乎都换了新主人。伪政权头目的姨太太和宠爱的舞女，此时也大都成了"接收夫人"。留置重庆的"抗战夫人"们以后又有不少打上门来，闹出争风吃醋的丑剧。

在华南，负责抢占广州的新一军到达这座南国名城后，虽然经日军残酷统治后市面已大显萧条，却也不乏少数灯红酒绿之处。前几年历经印缅丛林中苦战的军官们可找到了销魂之处，一时纸醉金迷。为满足奢靡之资，该部强占物资、房舍又大肆拍卖，百姓按谐音一时对新一军以"新日军"称之。在"突出结婚"的风潮中，连排以上的军官大都找了女人，这时急于投怀送抱者大都并非出自良家。新一军不久被调往东北战场时，广州市市长都开玩笑祝贺说："你们可为我们带走了不少'盐水蛋'（暗娼）。"这支训练、

[①] 唐纵：《在蒋介石身边八年》，群众出版社1991年版，第498页、592页。

从合作走向决战
—— 中国共产党为什么能战胜国民党

装备都与新六军同称国民党军中之冠的美械部队到了东北，战斗力大为降低，除了打内战不得人心外，"接收"之功自然也不可没。

官员们可以"劫收"发财，上行下效，国民党军中许多士兵也要模仿。由于无权无势，除了偷摸拿一点东西、捞一点外快外，就是向街头小贩勒索或顺手牵羊地强拿强要。当时在各城市，"老子抗战八年，你该慰劳慰劳"——这已成为人皆耳熟的士兵们的口头禅。在非管束较严的繁华区，远远见了大兵或伤兵们，许多摊贩都争先逃避。

漫画《抗战胜利》表现了人民困苦，而国民党大员乘飞机去接收发财。（廖冰兄作品）

在接收中，最大的直接受益者还是"四大家族"中的三家——财神爷宋子文、孔祥熙这两大豪门及以"蒋家天下陈家党"著称的陈立夫兄弟。对日军和伪政府的浮财和消费资料虽然可以你抢我夺，可是对敌伪工商业企业的生产资料特别是固定资产的接收，还是交行政院院长宋子文处理。金融系统的接收权，也在掌管财政的孔祥熙手中。被称为CC集团的陈立夫、陈果夫兄弟，此时其控制的中央党部虽然没有"劫收"到多少经济机构，也异想天开地打出"党营事业"的牌子，由蒋介石在接收到的日伪资产中拨出5000亿元法币，作为"党营事业基金"。在"四大家族"中，据说只有蒋介石不贪污，可是作为一个把天下据为己有的人，还用得着贪污吗？

四 抗战胜利突来，双方各有忧虑

抗战刚刚胜利之际，战时流亡在大后方的人民急于返回故乡，可是"接收大员"们抢在他们的前面，先对沦陷区居民进行了一番大劫掠。当时流落到四川的返乡者曾仿照唐代诗人李白的诗句，写下一首讽刺作：

八年沦落彩云间，千里江山不得还；
两岸义民啼不住，飞机已过万重山。

当万众狂欢庆胜利的热潮过去后，上百万不愿做亡国奴而背井离乡奔赴大后方的人们恨不得胁下生翼，马上回到长江下游的故乡。可是在这些"下江人"中，真正能够迅速返乡的却是那些前一段已经"乐不思宁"的达官贵人或皇亲国戚。此时，美国飞机运送的是抢占大城市的"国军"和"接收大员"，以及他们有门路的家属，至于多数平民和下级官员只有日日排长队，最后冒着挤木船闯三峡的风险漂流东下。虽说在急流中也有"千里江陵一日还"的可能，却也有不少船翻人亡的惨剧发生，使许多胜利之民在两岸经常悲啼不住。

在抗战胜利后，许多国民党官员马上以言行在国人中划分了一道鸿沟："重庆人"（当然不是指重庆的小民百姓）是世界"四强之一"的胜利国的"义民"，而留在沦陷区的则是身份为亡国奴的"顺民"。

多数"义民"在抗战胜利后并没有飞黄腾达，却也有少数以"义民"自居者捷足先登地飞回沦陷区，大发了"胜利接收"财。

当时沦陷区内的民众除了为应付敲诈而气恼外，最关心的事还是自己手里原来握有的汪伪政权发行的钞票，也就是胜利后人称的"伪币"如何处理。特别是没有多少实物积蓄的小民百姓，还要靠过去积攒下的一点钱度日。

日军侵占华北、华东各地后，曾强迫老百姓将手中的国民政府发行的钞票法币兑换成伪币，比价是两块法币兑一块伪币。谁私藏一块法币，宪兵队发现后就可以"抗日分子"的罪名抓去，因而沦陷区内的法币差不多都已兑换成伪币，并已流通了好几年。

"如今应该按照原比价，一对二。"刚刚胜利后，被称为"收复区"的原沦陷区内许多新出现的报纸都这样呼吁。从沦陷区与大后方的货币实际购买力来看，一块钱的法币与一块钱的伪币的币值相差不多，可那些"接收大员"和"义民"们都是带着法币而来的。接受日军受降仪式举行后两天，何

从合作走向决战
——中国共产党为什么能战胜国民党

漫画《舌卷江南》讽刺国民党接收大员的贪婪搜刮。（廖冰兄作品）

漫画《奉命接收》讽刺国民党接收。（廖冰兄作品）

应钦以陆军总司令的名义于9月11日下令停止使用伪币，等候兑换处理。9月28日，刚刚收复的各大城市的银行门口都贴出了国民政府财政部的布告，宣布"伪币与法币的比值为二百比一"。

"二百比一"！此布告一出，刚刚庆祝光复的各大城市里顿时是哭声骂声一片。有钱有势者，早都把手中的钞票换成房产地产和物资，只有小民百姓有点现钞和银行的储蓄在手中，此时差不多都家资荡尽。在1亿数千万人口的沦陷区内，刚刚欢庆胜利的景象迅速被民众的悲戚之相所代替。

此时作为战败国的日本，美国占领当局所定的日元对美元的比价还远未如此刻毒。许多中国人一经比较，不禁抱怨这场胜利是"惨胜"，在日伪统治时"想中央，盼中央"，没想到"中央来了更遭殃"！

如果说某些"接收大员"和特务的敲诈勒索还可以从个人品质来辩解，国民党当局有借口推脱责任，那么这种政府规定的兑换率，却是"党国"最高当权者对上亿沦陷区人民的一场大洗劫。不仅带着法币来的军政官员们以此发了横财，掌握了国家银行的宋子文、孔祥熙两大家族更是一下子聚敛了富可敌国的资产，这些不义之财马上又大都转存到美国银行，成为穷国向富国的逆向投资，这样到头来只能是穷国愈穷、富国愈富。

这种"杀贫济富"，以国家机器的力量为极少数豪门贪欲服务的经济政策，自然立即激起天怒人怨。民犹水也，可载舟亦可覆舟。短短几年后，国民党统治集团在大陆就迅速遭到了覆舟之报。那个在国民政府中曾任副总统、代总统，被中国共产党宣布为第二号战争罪犯的李宗仁在大陆失败后避居美国，随后他在回忆录中曾痛心地总结自己政权崩溃的原因："刚胜利时，沦陷区中伪币的实值与自由区中的法币，相差原不太大，而政府规定伪币与法币的兑换率为二百比一。以致一纸命令之下，收复区许多人民顿成赤贫了，而携带大批法币的接收人员则立成暴富。政府在收复区失尽人心，莫此为甚。……国家在大兵之后，疮痍满目，哀鸿遍野，而当国者却如此以国事逞私欲，国民党政权如不瓦解，真是无天理了！"①

经过"接收"的一番大折腾，举国民怨沸腾。国民政府被迫宣布要"清查"接收情况并惩治贪污。可是由于有着与《红楼梦》中"一损俱损，一荣俱荣"的"四大家族"相同的关系，当"清查"接收中的贪污行为开始后，蒋介石或充耳不闻，或一味包庇。监察院院长于右任从来胆小怕事，所谓监察一向有"只打苍蝇不打老虎"之称，此时也感到接收之祸已威胁到"党国"存亡，不得不向蒋介石当面提出应派遣监察委员到各地监察和查处接收工作。没想到，这个本出自一片苦心的建议却碰了个大钉子。蒋介石对这个留着长须的"于大胡子"以不太客气的口吻说："不要因为监察院的房子被航空委员会接收，就听信某些人挑拨。接收虽然有些毛病，也要顾全大局，不可家丑外扬，给共产党以口实。"②

蒋介石自己后来也醒悟到这点，不过却是在1949年年初因内战失败而"下野"避居老家浙江溪口之时。当他的部下去看他时，他一再以沉重的口气说："我们的失败，就失败于接收！"

国民党于日本投降后接收到关内各大城市，表面上增强了自己的实力，实际上却丧失了城市内的绝大多数人心。过去国民党在农村一直缺乏群众基础，而城市中若干社会阶层的支持是其存在的依托，此时失去了这些，末日的来临自然就为时不远了。

---

① 《李宗仁回忆录》，广西政协文史资料委员会1980年版，第854页。
② 何汉文：《大劫收见闻》，引自全国政协文史资料研究委员会编：《文史资料选辑》第五十五辑，第31页、第9页。

五 两大对手渝州相见

中华民族的共同仇敌日本一投降，国共两党的矛盾立即上升到第一位的高度。不过在大规模的内战展开之前，中国大地上还出现了一线和平的光昡，两大对手蒋介石和毛泽东在重庆相见，曾使几亿国人一时产生了殷切的希望。

在新中国成立后直至80年代的一些党史书上，把毛泽东赴重庆谈判只写成揭露蒋介石假和平面貌的一种策略，其实这是不全面的。在1945年8月那个形势瞬息千变的环境里，以毛泽东为首的中共中央既做了以战争对付国民党反共内战的准备，也是诚心诚意地争取和平。

按照后来的党史划分法，往往把日本投降至翌年夏天全面内战爆发这10个月称为"过渡时期"，意思是从争取和平到战争全面开始的过渡。其实当时也讲过渡，打算却是争取由局部内战向和平过渡，只是没有实现而已。

当时谈和平，是国际国内大气

1945年8月28日，毛泽东到重庆谈判，当天他与蒋介石在林园会面。

候的需要。抗战胜利的来临，一方面使百年来受尽来自西洋和东洋欺凌的中国第一次取得反侵略战争的全胜，一方面却又出现了空前规模的内战威胁。历经战祸的人民不想再打，中国共产党人其实也竭力试图避免内战。至于以蒋介石为首的国民党，当时也高喊过"和平建国"。于是，出现了中共中央一度估计过的"三三合作"维持和平的可能，那就是：

世界上美英苏三大国合作，维持国际和平；

中国社会上三个阶级合作，即无产阶级、民族资产阶级和大地主大资产阶级合作，维护国内和平；

国内政党中三大力量合作，即共产党、国民党和民盟合作，维护和平建国的局面。

当然，在争取和平的时候中共中央也充分估计到战争的可能，所以始终处在做两手准备的主动地位。

毛泽东提出学习法共

1960年出版《毛泽东选集》第四卷时，由于受当时强调革命武装斗争的政治气氛影响，收录抗战胜利后毛泽东的指示和文电时主要选择强调战争准备的内容，对有些原文还作过删节。即便如此，在第四卷中收入的1945年8月26日的指示电中，还保留有毛泽东对中国可能进入"和平发展的新阶段"[①]的估计。

如果全面地看待历史，可以看出在毛泽东决定去重庆谈判前的长时间里，中共中央的着眼点主要是准备对付内战，对和平极少抱有希望。毛泽东判断国内和平可能实现并决定前往重庆谈判，是在8月下旬。就在此前的十几天里，中共中央还一

1945年8月毛泽东在延安，此时他极为忙碌。

---

① 《毛泽东选集》第四卷，人民出版社1991年版，第1153页。

直强调内战临近,并不准备举行与蒋介石的最高级会谈,只是由于国内外情况的变化,使中国共产党的方针在这很短的时间里有了一个重大变化。

刚刚得知日本乞降的消息后,第二天即8月11日毛泽东即致电正在南下的王震指出:"苏联参战,日本投降,内战临近,你们的任务仍是迅速到达湘粤边与广东部队会合,坚决创造根据地准备对付内战。"①

出于这种"内战临近"的判断,8月12日毛泽东既要求晋绥、晋察冀两军区部队"务用全力歼灭傅作义东进部队",又要求华中局"准备内战战场"②。8月13日,毛泽东又为中共中央机关报《解放日报》撰写了社论,题目就是《蒋介石在挑动内战》。8月16日,毛泽东为新华社所写的评论,又将蒋介石称为"人民公敌"。

这种军事上的布置和政治上的宣传,都是准备应付大打。既然是"人民公敌",也只有打而不能谈了。可是几天之后,这一切又发生了突变。首先是国内出现了一股呼吁和平的空气,许多中间力量和社会舆论都要求国共两党合作建国。蒋介石为争取政治上的主动,于8月14日公开向毛泽东发出邀请电,称"世界永久和平局面,可期实现,举凡国际国内各种重要问题,亟待解决"。

两天之后,毛泽东以不太客气的口气发了回电,要求他对朱德总司令驳斥其要求八路军"原地驻防待命"的电报表示意见后,再考虑见面问题。蒋介石当时是不可能认错的,不过他却于8月20日再次向毛泽东发出邀请电,而且口气恳切地称"如何以建国之功收抗战之果,甚有赖于先生之惠然一行"。

对第二次邀请,毛泽东于8月22日复电表示先派周恩来去渝会见。蒋介石于23日又电毛泽东,称"惟目前各种重要问题,均待与先生面商",摆出一副非要与毛泽东当面谈判的架势。蒋介石这三封电报,还通过中央社和其他舆论工具大肆宣传,国民党的公开报纸暂时停止了对中共的点名攻击,这明显是想在国内外舆论面前把争取和平的旗帜抢到自己手里。据后来透露出的消息,蒋介石的这些举措是政学系头目吴鼎昌出的主意,因估计毛泽东不敢前来,就故作声势,以便将不愿和谈的责任推到中共身上。

当时在国共之间的中间阶层中,确有些人认为与蒋谈判无益,如原十九路军领导人陈铭枢就认为蒋介石一向言而无信,与之谈判只能吃亏。海外进步华侨领袖陈嘉庚也认为与蒋介石谈不出结果。不过从多数人的意向看,还是希望毛泽东能与蒋介石面谈,以制止人们不愿意看到的内战。

---

① 中共中央文献研究室:《毛泽东年谱》下卷,中央文献出版社2013年版,第2页。
② 中共中央文献研究室:《毛泽东年谱》下卷,中央文献出版社2013年版,第3页。

此刻在国际上实力最强的美英苏三国，也都表态不赞成中国内战，美国特使赫尔利早就提出要接毛泽东来重庆谈判，并一再表示"以美国的国格担保毛主席及其随员在会谈后能安全返回延安"。过去人们常说这是美国帮助国民党进行和平欺骗，不过从后来公开的历史档案看，美国当权者看到国民党的腐败，当时已经认定内战爆发对蒋介石并不利，想以和平方式溶化中国共产党。动机虽不良，想要和平还是真的。当然以后蒋介石要打内战，美国因基本利益已与他拴在一起只能继续支持，这从很大意义上讲也是其政策惯性造成的身不由己。

由于这时的美国对中国问题有最大的影响力，毛泽东首先重视美国的态度。同时，共产国际解散后仍被公认为国际共运领袖的斯大林的表态也对中国共产党有重大影响。8月20～22日，斯大林向延安的毛泽东接连拍发了两封电报，说蒋介石邀请毛泽东去重庆协商国事，在此情况下如一味拒绝国际国内就不能理解了。如果打起内战，战争的责任由谁承担？电报中还说明美英苏三国都反对中国内战，并保证毛泽东去重庆的安全。

电报中还有一层意思，即认为中国如打内战，国家有毁灭的危险，民族将遭受灾难。因为当时苏联的来电在1947年中共中央撤出延安时全部被焚烧，后人都是靠回忆叙说的，有些用词记得不一定准确。例如有人回忆说电报中称如打内战"民族将会灭亡"，此言就有点问题，因为当时人类还没有掌握以后那样可怕的核武器（广岛、长崎所用的当量都不到2万吨）。一个政权可以灭亡，"民族"如何能灭亡？斯大林本人在卫国战争中也说希特勒一伙会被消灭，德意志民族将永远存在，那么中华民族又何以能灭亡呢？

不管怎么说，斯大林的态度是明确的。当时毛泽东等领导人对蒋介石不抱任何幻想，不过考虑到美国、苏联会对他形成制约，确定和平的可能性主要由此而发。考虑到国际国内形势，中共中央在这一关键性的日子里经过紧张的讨论，于8月23日的中央政治局扩大会议上制定了新方针。在这个会上毛泽东阐述了对形势的新看法：

"我们现在的口号是：和平、民主、团结（过去是抗战、团结、进步）。和平是能取得的，因为苏美英需要和平，不赞成中国内战；中国人民需要和平。国民党也不能下决心打内战，因为它的摊子未摆好，兵力分散，内部矛盾，无论如何弱于日军加伪军，加上解放区的存在，我们不易被消灭，人民与国际反对内战，因此内战是可以避免和必须避免的。"[①]

---

① 中共中央文献研究室：《毛泽东年谱》下卷，中央文献出版社2013年版，第11页。

既然认为"和平是能取得的",原先以武力夺取政权的计划自然也要修改。于是,毛泽东对整个中国革命斗争的道路也有了一个新设想。

在毛泽东赴重庆的前五天,即8月23日,因萧劲光等一批高级干部马上要离开延安,毛泽东接见了他们。为了使大家对中央的意图和战略全局心中有数,毛泽东以交底的方式谈了这一时期的打算:

"这次去重庆谈判,我们提出了十四条,其中承认解放区和军队为最中心一条。中间可能经过打打谈谈,甚至可能要打痛他,逼他承认这些条件。因而在最近两星期要进军,今后还有一段时期要进军,向日本占领地进军,夺取城市,发动群众,扩大解放区。要在蒋介石、美帝国主义面前摆出一个中国内战不是那么好打的态势,取得我们在谈判中比较有利的地位,以争取和平。

"……我们要准备走长期的、迂回曲折的道路,准备对付最大的困难。如果蒋介石应允了条件,我们就要暂时走法国的道路,戴高乐领导,共产党参加政府。那就是独裁加若干民主的时期。"①

如今回想起来,如果这个"走法国的道路",却又不学习法国共产党交枪榜样的设想实现,当时中国就会出现"一国两制"的局面——在国统区,仍由国民党实行统治;在解放区,实行共产党领导的新民主主义制度。国内成立国、共、民盟三方组成的联合政府。按照毛泽东的话说就是:"让蒋介石当总统,我们当副总统吧。"②

毛泽东当时提出向法共学习,是一度想走法国共产党加入戴高乐政府的道路。不过当时中国共产党与之有一个根本区别,就在于法共参加政府是根据斯大林的要求和国内被英美盟军占领的实际交出了武装,中共却没有打算交出一枪一弹,也不交出解放区政权。

假如这个"走法国的道路"能够实现,那么整个中国现代史都要改写了。然而重庆谈判及以后的中国客观条件决定了这条路走不通,还是要"走俄国人的路",用武装夺取政权。

"美国姑娘"降落延安机场

既然对中国革命的道路有了新的设想,就要去同蒋介石谈判。毛泽东是否亲自前往,一时成为中央内部争论的焦点。在重庆方面,驻华美军司令魏

---

① 肖劲光:《肖劲光回忆录》,解放军出版社1987年版,第324—325页。
② 胡乔木:《胡乔木回忆毛泽东》,人民出版社1994年版,第400页。

德迈也通过驻延安的观察组来电相邀，美国大使赫尔利更自告奋勇前来延安迎接中共的谈判代表，那架起名为"美国姑娘"的由C47型运输机改装的客机正待命起航。

在8月22日的延安中央会议上，中央还是决定由周恩来作代表前去谈判。可是考虑到抗战期间周恩来曾常驻重庆，现在再去没有什么新意，也不足以向国际国内显示中国共产党的和平诚意，于是毛泽东想自己亲自前往。在8月25日晚间经过政治局7人与刚从重庆回来的王若飞一夜商讨，反复权衡利害后，决定毛泽东与周恩来、王若飞一起前去重庆谈判。

从1927年上井冈山起，毛泽东就从来没有离开过自己的军队和根据地。设在上海的党中央召唤他不去，要他去苏联学习他也不去，国民党以国民参政会的参政员资格邀请他开会又一直告假。1942年那一次蒋介石相邀，毛泽东本人虽想去，却也因多数同志不赞成和时机不成熟而作罢。此次深入龙潭虎穴，确实是一次破天荒的举动。

8月26日在枣园召开的政治局扩大会上，毛泽东向高级干部宣布决定说："我去重庆的问题，现决心答复魏德迈的电报——去！这样可以取得全部的主动权。要充分估计到城下之盟的可能性，但签字之手在我。自然必须作一定的让步，在不伤害双方根本利益的条件下才能得到妥协。我们让步的第一批资本是广东至河南；第二批是江南；第三批是江北。"

针对许多同志的担心，毛泽东又说："我党历史上还没有随便缴枪的事，所以决不怕；如果要软禁，那更不怕。"①

当时许多人为毛泽东的安全担心，一是怕蒋介石的暗害，二是怕扣留软禁。前者有着美英苏三国保证安全，加上蒋介石对自己邀请的客人如下毒手也会引起天下指责，因而出现的可能性不大，后者却很有可能发生。蒋介石在历史上已有过几次将主要政敌诱至身边加以扣留的先例，特别典型的是对李济深、张学良二人。

1929年蒋介石要下手解决盘踞两湖的以李宗仁为首的广西军阀时，为防止与其关系密切的广东派头领李济深援救，特派国民党元老吴稚晖将李济深哄骗到南京。这个被冯玉祥依照《三国演义》中诸葛亮的口吻骂为"苍髯老贼，皓首匹夫"的"吴老狗"果然以"人格"担保劝驾成功，结果李济深入京即被扣，他的部下陈济棠被蒋介石收买，两广团瓦解，导致蒋介石在对桂战争中取胜。李济深后来变成无害的光杆司令后才获得释放，从此在激愤中

---

① 胡乔木：《胡乔木回忆毛泽东》，人民出版社1994年版，第403页。

从合作走向决战
——中国共产党为什么能战胜国民党

走上了反蒋的道路。

对张学良的囚禁更是世人皆知之事。西安事变后张学良亲自送蒋介石回南京,原定道歉请罪后几天就返西安。谁知蒋介石到南京后马上翻脸,以"军法审判"和"管束"之名将张长期关押,张学良属下的东北军也因金钱收买和武力压迫而被分化。蒋介石见张学良失去了武力后盾,更是长年不肯释放他。

中共中央经过深入研究,最后还是认为蒋介石扣留毛泽东的可能性不大,毛泽东本人更以无畏的气概主张去重庆。至于是否会当张学良第二,经过分析也认为不

抗战胜利时的蒋介石洋洋自得,已决心要解决共产党。

会出现。因为东北军实行的是张家父子的封建家族式统治,内部没有政党和进步组织的维系,也没有明确的第二号、第三号人物,一旦主帅被扣群龙无首,可以被收买和分化瓦解。而中国共产党领导的军队和解放区则完全不同,已经有坚强有力的集体领导核心和雄厚的力量,国民党休想撼动。再则,毛泽东不仅后盾坚强,在国际上的影响也远非李济深、张学良可比,那个有百万军队和上亿人口的解放区令国民党政府的后台美国也不敢小视,苏联毕竟又同情中国共产党,蒋介石一般不敢轻举妄动。事后根据中共中央得到的消息,国民党内确有人秘密建议,应以经常需要"垂询国事"之名将毛泽东留在重庆不使返延,蒋介石对此策未敢首肯。

2007年,美国斯坦福大学胡佛研究所公开了蒋介石1932—1945年的日记。从1945年重庆谈判时的日记可以看出,毛泽东初到重庆

美国驻华大使赫尔利(中)前往延安,邀请毛泽东去重庆。

时，蒋介石曾试图"感化"，因此决定待之以"诚""敬"，以达到不战而胜中共的目的。9月下旬，蒋介石见中共不肯放弃军队和解放区，谈判陷入了僵局，便于9月27日飞往西昌"休息"一周，所写日记都是考虑如何"审治"毛泽东。不过经过反复权衡利害，在日记中蒋介石认为扣留审判毛泽东不仅会遭到美苏反对，苏联还可能在北方制造麻烦，中共武装和国内其他党派也会制造纷扰。因此在10月6日这天他又改变了主意，在日记中带有点无奈和听天由命的情绪写道："对共问题，郑重考虑，不敢稍有孟浪。总不使内外有所借口，或因此再起纷扰，最后唯有天命是从也。"

由此看来，毛泽东从当时中共的实力和国际形势考虑，认为去重庆谈判大体上是安全的，这一判断基本是正确的。不过此行确实冒着一定的风险，蒋介石的日记所写下的"审治"想法，就说明那个极度仇恨共产党和毛泽东的独裁者确有下毒手

1945年8月28日，毛泽东从延安登机赴重庆，左起为张治中、毛泽东、赫尔利、周恩来、王若飞。

的打算，不过还是因国内外大势使其未敢下最后的决心。如今已公之于世的那些日记，也清楚地说明蒋介石只讲眼前之利而缺乏政治家的基本信义，同时进行谈判也毫无诚意可言。

在去重庆谈判之前，毛泽东坚持了两手准备、两手并用。8月26日当天他在为中央起草的通知中提出了两种可能，一方面预计国民党"在内外压力下，可能在谈判后，有条件地承认我党地位，我党亦有条件地承认国民党的地位，造成两党合作（加上民主同盟等）、和平发展的新阶段"。另一方面又说明"如果国民党还要发动内战，它就在全国全世界面前输了理，我党就有理由采取自卫战争，击破其进攻"。[①]

8月27日，那架名为"美国姑娘"的专机降落在延安东关机场上，国民政府军事委员会政治部部长张治中、美国驻华大使赫尔利乘机前来迎接毛泽东前往重庆。毛泽东招待了二人，确定次日上飞机。临行前他又与代理主席职务的

---

① 《毛泽东选集》第四卷，人民出版社1991年版，第1153—1154页。

从合作走向决战
—— 中国共产党为什么能战胜国民党

刘少奇说："对蒋介石的一切挑衅行为，都必须予以迎头痛击，有机会就吃掉它，能消灭多少就消灭多少。我军的胜利越大，农民群众活动越积极，我的处境就越有保障、越安全。须知蒋委员长只认得拳头，不认识礼让。"①

敢战方能言和，也是一条基本定理。毛泽东去重庆前的两手准备，恰恰反映了这一点。

毛泽东同周恩来在延安机场。

互知底牌的艰难谈判

8月28日，当上万军民聚集在延安东关机场为毛泽东送行时，焦虑和期盼的神情溢于每个人的眼中。当飞机发动引擎的轰鸣响起后，毛泽东在机门旁摘下头上的硬壳帽向人群挥动。著名摄影家吴印咸及时拍下这一宝贵的历史镜头（不过在后来发表时剪掉了旁边赫尔利的头像），机场上的呼声如海涛般响起。

据陪同毛泽东去重庆的胡乔木回忆，上飞机时有人问："我们能不能回来？"毛泽东说："不管他，很可能是不了之局。"这一"不了之局"的估计，后来证明是完全正确的。

毛泽东于8月25日复电同意去重庆谈判，确实有点出乎蒋介石的预料。国民党内后来有人回忆，其政学系头目还大受一番抱怨，认为这次是假戏变成真作。不过蒋介石长期富有政治权谋的经验，抗战后期也一再与共产党谈判，有的书中说他对与毛泽东谈判事先毫无准备，也未免小视了这个权谋家。蒋介石对共产党是决心要消灭的，不过当时发动内战确有很多困难，也希望以和平方式吃掉共产党的武装和政权，此招不成再以武力解决。所以说他为打内战大搞和平欺骗是对的，不过想用和平手段对付共产党一度还是真实的。蒋介石当时是文武两手并用，在重庆谈判中是以文为主，兼之以武力压迫即抢占战略要点。

在毛泽东到重庆之前，蒋介石为了与中国共产党谈判，迅速召集幕僚们研究，很快定出一份底盘。根据中共南方局出色的情报工作，毛泽东在与自

---

① 师哲：《在历史巨人身边——师哲回忆录》，中央文献出版社1991年版，第309页。

己最大的对手见面时，就已经知道了蒋介石的让步极限，那就是：

在中共保留军队问题上最后可能让至16个师；
在中共参加政府问题上考虑在中央各院增设一名副院长；
在中共掌握地方政权问题上，如毛泽东愿意，可任命为新疆省政府主席；
在国民大会代表的比例上，国民党要保证十分之七以上。

根据90年代以来台湾方面公布的材料看，当时国民党方面通过获得的情报，对中共进行谈判的底牌虽知之不很详细，却也了解大致精神。蒋介石知道中共中央希望通过谈判避免内战，提出要求的中心就是"承认现状"。

抗日战争胜利后解放区和中共军队的现状，恰恰是蒋介石坚决不肯承认的。他的基本原则始终是："共产党交出军队，才有合法地位。"对解放区他绝对不能承认，对共产党交出的军队虽可以保留十几个师，却要经他整编，再分别插入国民党军的各战区之中，以实现"军令政令统一"。

交出八年流血抗战发展起来的百万大军、上亿人口的解放区，只能换得几个政府中的副职和一个"新疆省政府主席"的正职，谈判的开价如此之低，怎能让中国共产党人接受？"四一二"大屠杀的前车之鉴犹历历在目，一旦真的交出军队和根据地，仅给几个无实权的空衔和偏远的新疆一隅之地，那么大多数革命军民还不要为人刀俎之肉。

尽管知道蒋介石的底牌，毛泽东仍希望通过谈判和解放区军民在争夺胜利果实时所显示的实力，迫使国民党提高开价，达到承认解放区和人民军队现状的目的，为此也可以小作让步。重庆谈判中双方展开的斗争，核心也在于此。然而蒋介石始终不肯再让步，这注定了国共双方在实质问题上无法达成妥协。

8月28日下午3时，毛泽东乘坐的飞机在重庆降落，国民党方面的礼遇还是隆重的。因为这可不是十年前悬赏25万大洋求购毛泽东头颅的时候，如今的中共中央主席是国民政府主席的头等贵宾。毛泽东下机后国民党方面就开来一辆黑色的别克高级防弹轿车，这种车在重庆只有三辆，蒋介石和宋美龄各有一辆，另一辆作为其护卫车。毛泽东在重庆期间，这辆原作为护卫的车子都一直跟随毛泽东服务，开车的还是蒋介石的专车司机。这个司机与蒋介石身边的其他侍卫官和服务人员一样，一色的都是原籍浙江奉化，因其与蒋介石是同乡才能得到信任。

在机场上接待来客时,蒋介石还摆了一点架子,让身份只是空军司令的周至柔作为自己的个人代表前去迎接。不过他吩咐请客人从机场直接到山洞林园官邸来,自己在那里摆宴相迎。

车子开出机场后,作为陪同者的张治中特地对毛泽东表示:"蒋主席专门嘱咐,安排了条件最好的林园美军招待所,请毛先生作为下

1945年8月28日,毛泽东到重庆谈判,当天他与蒋介石在林园会面。左一为美国大使赫尔利,左二为蒋经国。

榻之所。"其实,这种安排并非只考虑接待条件,而是含有国际政治意味。毛泽东马上表示拒绝说:"我是中国人,为什么要住美国人的招待所?"本是一番好意的张治中当场有些尴尬,接着又说:"政府方面的招待所条件要差一些……"毛泽东却毫不犹豫地回答说:"可以住。"

当天傍晚,蒋介石的迎接宴会在林园举行,中国政治舞台上两个最大的对手在此聚首。二十年前他们在广州的国民党中央会议上见过面,蒋介石对当时代理国民党中央宣传部部长的毛泽东印象不深,只记得他愿意讲农民问题。那时的黄埔军校校长兼第一军军长也没有料到,那位身着青布长衫、说湖南土语的高个子的"跨党分子"以后能成为自己最大的敌人。

这次宴会上蒋介石有意请赫尔利、魏德迈作陪,席间礼貌性地表示欢迎毛泽东、周恩来到重庆,双方在祝酒时说的都是空洞的客套话,宴会完后主人就请客人到林园2号楼休息。据当时的警卫人员后来回忆说,他们刚刚回来后不久,毛泽东与负责警卫的秘书陈龙及蒋泽民、齐树吉等在室里说话,8时许突然电灯熄灭,久闻重庆"天不晴、路不平、灯不明",没想到主席官邸也会停电。可是揭开窗帘向外一看,警卫人员感到奇怪,不禁立即掏出了手

五 两大对手渝州相见

枪对四周戒备。

刚点上蜡烛，一个副官模样的人进来，首先警觉地扫视了几个警卫人员，然后对毛泽东行了礼，说道："蒋主席要来看毛先生，请他们回避一下。"

警卫人员的任务是保卫毛泽东，身子没有动。毛泽东却挥了挥手说："那你们就出去吧。"

毛泽东到重庆当晚蒋介石设宴招待。

在黑暗中，一大群人走进了毛泽东的屋子，原来是蒋介石在侍卫官的簇拥下进了屋。他们布置好警戒后，屋里的灯又亮了，可是周围房间却是一片漆黑。原来主人是害怕延安来的这几个带枪的警卫人员，在自己的官邸里居然也要以防备行刺的方式行动。

进行礼节性的看望后，蒋介石未说什么实质性的话又匆匆告辞。当警卫人员回来时，毛泽东感叹了一句："他们那么多的人，还怕我们这几个人！"

蒋介石的这次突然夜访，实出一般人意料，连一向办事以细致著称的周恩来事先都未想到。因为熟知这位"委员长"生活规律的人都知道，礼节性的欢迎宴会刚刚结束，在双方代表未拟订谈判日程前，从来妄自尊大并极爱摆架子的蒋介石按理说不会轻易出面。何况刚刚在宴会桌上已经祝客人晚间休息好，很快又到来宾下榻处登门问候，这是多年来对待他人从未有过的举动，这反映了此刻的蒋介石肯定是心绪不宁，才想再同毛泽东见一面。

蒋介石宴请毛泽东的地点——林园2号楼。

当天夜里，在延安长期习惯于夜间办公白天睡觉的毛泽东未能入眠，一早起来到林园住所外面的蜿蜒小路上散步，发现蒋介石已在晨雾中站立许久。事后知道，正是这天晚上，蒋介石招来谋士，亲自确定了谈判的原则，要求"务必坚持、务必执行"。

毛泽东到达重庆后的第二天清晨，两个彻夜都在思考对策的对手在林间小道上不期相逢后，便于石椅上对坐，开始了第一次单独的面对面的实质性交谈。

从一接触到实质性问题起，蒋介石马上就表现出要按他亲定的三条谈判原则谈话，这内定的三条谈判原则就是：

1. 不得与政府法统外来谈改组政府问题。
2. 不得分期或局部解决，必须现实整个解决一切问题。
3. 归结于政令、军令统一，一切必须以此为中心。

在石椅上为时不长的相逢座谈，蒋介石也只能是亮一下自己想谈的内容，还不可能深谈，毛泽东也只能在原则上对应几句，具体问题还要待日后相争。不过两人首次接触到政治实质问题，都感到下面的谈判将是艰难的。

毛泽东下榻的林园2号楼现在还依照当年的陈设对外展览。

在林园居住，毛泽东身边的警卫人员都有一种身在"虎穴"的感觉，周恩来和八路军办事处的人员也十分担心。8月30日，毛泽东搬到红岩村八路军驻渝办事处，大家才有一种"回家"的心情。不过住在城外的红岩接待访客不便，好客的张治中就将城内曾家岩的公馆"桂园"腾出来，供毛泽东白天在那里接待客人。这样，毛泽东在重庆大体是晚间住在红岩村，白天或去"桂园"或去登门会见国民党要人、民主人士及当年故旧。去访问的对象既有国民党左派如宋庆龄和冯玉祥等人，也有坚决反共的右派分子。何应钦、陈立夫和戴季陶等开始不愿露面，毛

蒋介石的主要谋士、坚决反共的戴季陶。他在重庆谈判期间还宴请了毛泽东。

泽东则亲自上门拜访，使这些过去视若仇敌的人也大感吃惊。戴季陶急忙回函叙说当年在上海国民党党部时与润之先生共事的旧话，并设宴相请。不过计算起来，毛泽东在重庆期间见面最多的还是那个亲邀他来访的主人蒋介石。

9月4日，蒋介石正式指定了参加国共重庆谈判的国民党方面的四名代表——张群、张治中、邵力子、王世杰。其本人并不在内，不过这次重庆谈判的真正主角，却是毛泽东和蒋介石两人。

由于谈判双方都大致了解对方的底盘，在原则问题上都不可能让步，这场对手之间都知己知彼的谈判显得格外艰难。毛泽东到重庆前原准备住10天左右，却因谈判不顺利留渝43天，与蒋介石的会谈达11次之多。

有随员参加的公开场合的会谈，主要是礼节性的表态，双方大都说些简短的客套话或宣传各自的观点。重要的实质性会谈，大都是在毛泽东和蒋介石两人之间秘密进行，甚至没有其他任何人在场。

这两位挥斥千军的领袖人物在谈话时，都不会像秘书人员那样当场拿笔纸做记录。后来的历史学家研究其会谈内容，只能从毛泽东事后对他人的讲话以及蒋介石在这些天所记的日记中去寻找。

由于想缓和一下谈判的紧张气氛，这期间蒋介石曾一再设宴相请毛泽东，并于9月5日以招待苏联大使彼得罗夫之名陪毛泽东到中央干校大礼堂看

戏。对美国人以外的其他来客,蒋介石从未如此热情过。不过想起来也不奇怪,政治家来往看的是实力,毛泽东来渝并不是一个人,而是身后有着100多万军队和1亿人口的解放区,蒋介石面对这个最想消灭的力量也不得不屈尊地表现出最大程度的客气。

宴请毛泽东时,蒋介石曾专门请美国人作陪。看戏时出于有意安排,主人又请来苏联大使彼得罗夫。此时正是《中苏友好同盟条约》签字不久,这显然是要抬出中国共产党的国际友人来施加压力。进入剧场后,蒋介石就坐在毛泽东和彼得罗夫这两个不同国籍的共产党人的座位中间。

那一晚请的是著名的厉家班演出京剧《穆桂英挂帅》,开演前蒋介石还特地走上台为毛泽东到来和苏联大使出席致了欢迎辞。毛泽东随后上台致谢辞。他那口浓重的湖南口音,许多人不全听得懂,可是毛泽东特别强调的"和为贵"一词,使到场者大都为之感动,毕竟国民党内的多数人也是盼望和平的。

在看戏间隙,蒋介石对身边的客人随便发问说:"毛先生最喜欢看哪一出戏?"

"逼上梁山。"毛泽东按照自己在延安时的喜好如实回答。

老蒋的脸色却顿时有点变化,大概认为话中有刺,是故意讽刺他。

见主人有些不悦,毛泽东坦率地解释说,自己在延安时就最喜欢看剧院演这出戏,是因为它的唱腔铿锵有力,戏的寓意也好:"因为世界上有许多事情都是逼出来的"。

蒋介石一边听一边点头说:"毛先生所言极是,世界上许多事情确实都是逼出来的。"

同一个"逼",两个对手此时正好有不同的理解。9月2日得知日本正式签署了降约,蒋介石和毛泽东一起举杯共庆全国人民抗战的胜利。随后,蒋介石却以中断谈判"逼"毛泽东让步。9月中旬,双方在解放区和中共军队这两大关键问题上陷入僵局。

蒋介石见以和平方式要中共交出军队和解放区的目的达不到,为不使其部属因和谈而松懈战争意志,专门向各战区发出密电称:"目前与奸党谈判,乃系窥测其要求与目的,以拖延时间,缓和国际视线,俾国军抓紧时机,迅速收复沦陷区中心城市。待国军控制所有战略据点、交通线,将寇军受降后,再以有利之优越军事形势与奸党作具体谈判。彼如不能在军令政令统一原则下屈服,则以土匪清剿之。"

这一电文很快被西安方面的中共秘密人员获悉，使中共中央更清楚蒋介石的内心。毛泽东恰恰针锋相对地提出应将华北几个省的省长交中共人士担任，并保障这些地方的解放区自治地位。同时，中共军队应与国民党军队保持一比六的比例，并划定各自的军队驻地。

谈判期间毛泽东也作了一些让步。在来重庆之前，其实就已经准备将南方那些孤立的解放区让出，集中力量确保华北、华中。不过因国民党方面毫无让步的表示，原想作为交换条件的撤退南方根据地的问题迟迟未提出。9月15日，从延安的来电中得知苏军已默许八路军进入东北，中央决定调动南方兵力北上，毛泽东、周恩来在谈判中立即向国民党主动提出可以让出南方的根据地，还表示可退出陇海铁路以南的全部解放区，以此显示共产党人并非像国民党所说的那样只知争地盘。当时国民党的谈判代表对这一让步表示欢迎，同意中共部队编5个军16个师，却仍坚持不承认"解放区"这一概念，要共产党把北方的根据地也交给政府，政府在委派各省的官员时再根据中共推荐的人选酌情任用。这一条件意味着国民党有权任用共产党的干部，并可随意调遣，毛泽东当然不能接受。

此时，作为国共双方调解人并陪毛泽东来渝的美国大使赫尔利见共产党不肯屈服，加之其国内舆论也对他不利，于是决定返回华盛顿。临走的前一天即9月21日，他找到毛泽东又想施加些压力，声称中共要么答应蒋介石的要求，交出军队和解放区，要么破裂。毛泽东却回答说："不承认也不破裂，问题复杂，还要讨论。"

这个赫尔利本来是一副盛气凌人的态度，此时却在中国共产党人面前碰了软钉子。他几次到延安时，都是一副傲然自得的样子。有一次当着机场上中共中央的领导人和大批干部群众的面，赫尔利突然一手抓住飞机扶梯，一手向天挥舞，嘴里大叫："哦哈哟！哦哈哟！"（日语"你好"）

在场的人们都对这番奇怪的表演感到惊讶，美军联络人员和记者也个个面露难堪之态。毛泽东对身边的人只轻蔑地说了声："小丑。"

美国大使赫尔利陪毛泽东到重庆时一副得意狂态，旁边的毛泽东对此表现出轻蔑。

有的干部出于对这种失礼行为的气愤，当场质问美军联络组组长包瑞德上校："这是什么意思？"本来对这个行为冒失的大使就深为不满的包瑞德上校无可奈何地回答说："赫尔利是牧羊娃出身，这可能是他表示欢乐的一种特殊方式吧！"

赫尔利的自鸣得意，在他陪毛泽东同机到达重庆时达到顶点。他下机后就以西部牛仔的形象做了一番表演，还向记者大喊大叫。回到住所，他又向自己的朋友宣布："我已经把共产党装在口袋里带回来了！"

依他此时之见，凭借美国强大的实力和支持国民党的态度，苏联又已经明确表示不支持中共，毛泽东只能按自己的要求乖乖就范。然而没想到事与愿违，许多美国人事后都讽刺说："中国的事态发展证明共产党无处不在，可就是不在他的口袋里！"

赫尔利与毛泽东最后一次谈话施加压力全无结果，随后出于对调解人的礼貌，毛泽东还送他到机场，目送此人登机悻悻而去。赫尔利回国后被迫辞职，再也未返中国。

美国向中共施压无结果，当时有些第三方人士主张"国民党在政治上多让步，中共在军事上多让步"。对此，毛泽东善意地做了解释。鼓吹在国共两党之间走"第三条道路"的民社党领袖蒋匀田在《中国近代历史转折点》一书中对此有一段生动的回忆：

他于9月24日到张治中公馆拜会毛泽东，希望劝说把军队交出。毛泽东开诚布公地回答说："老实说，没有我们这几十万条破枪，我们固无法生存，你们也无人理睬。"

接着，毛泽东又介绍了最近谈判中的一场交锋说："最近蒋先生曾对周恩来同志说：'盼告诉润之，要和，就照这条件和，不然，请他回延安带兵来打。'我异日拜晤蒋先生，当面对他说，现在打，我实在打不过你，但我可以对日敌之办法对你，你占点线，我占面，以乡村包围成城市，你看交军队于个人，能解决问题吗？"

想到自己这个小党只是在利用国共斗争的间缝里求生存，蒋匀田对这些话也不能不点头称是，连声说："确系实情。二十三年前我就在南京被囚于所谓政治招待所。毛先生，现在你我都是受压迫的政党，处境可说大致相同。可是你们尚有枪杆保卫地区以生存，我们真是飘零可怜，任人宰割。"

毛泽东接着又说："军队国家化固然好，所有特务人员，更须国家化。不然，我们在前头走，特工人员在后面跟踪，这样威胁，那我们又如何受得了呢?"

讲到特务跟踪时,毛泽东即站起,以行动表现,左右转头向后看,使在座的人为之惊笑不已。蒋匀田多年后还追述说:"毛先生表演特务跟踪之毕现形态,今日回忆,真令我百感丛生,情难自已。"

当时对蒋介石小骂大捧的《大公报》于9月20日邀请毛泽东前往,宴会席间其主编王芸生又重提所谓共产党"不要另起炉灶"。毛泽东风趣地回答说:"不是我们要另起炉灶,而是国民党的炉灶里不许我们造饭。"

在重庆期间,毛泽东除了与国民党谈判,还广泛接触了第三方人士,终日访谈和招待不断。就是对于过去十分恐惧共产党的重庆各大资本家,毛泽东也专门设宴相请。当着刘鸿声等人的面,毛泽东详细说明了中国共产党的新民主主义纲领,在现阶段并不主张没收资本家的产业,而是采取调解劳资间利害关系的政策,并指明在新中国民族工商业才有广阔的发展前途。通过这些耐心的统战工作,中国共产党和毛泽东的威信在国统区各界得到极大的提高。重庆谈判虽然没有能打动蒋介石,却使国民党内许多人和社会上的中间力量把同情放在共产党一边,这本身就是最大的成功。

毛泽东在重庆同民盟领导人张澜在一起的照片。

未达成具体协议的《双十协定》

重庆谈判陷入僵局,国共双方在战场上的较量也激烈展开。当时双方还都以主力向日军占领区发展,不过国共两军的冲突也愈演愈烈。

从9月初开始,根据蒋介石的命令,第十二战区的傅作义和马占山部为抢占通向东北的道路,从绥远向东猛烈进攻,企图夺取张家口,八路军不得不予以坚决打击。对那个出身胡匪,却因在"九一八事变"以后首举抗日旗帜

从合作走向决战
——中国共产党为什么能战胜国民党

国画《同舟共济》表现了周恩来在重庆同民主人士们密切交往的情形。（赵华胜作品）

的东北军旧将马占山，共产党曾长期予以争取，他路过延安时打猎负伤，毛泽东安排救治并在他伤愈后亲自主持大会欢迎这位"抗日名将"。抗战胜利后，中共方面仍通知马占山，如愿意合作可支持他返回东北。然而出于旧军队高级军官的阶级立场，马占山站到蒋介石一边，率手下两个骑兵师为傅作义打先锋。结果9月中旬八路军晋察冀军区部队在柴沟堡包围了马部两个师，予其重大打击，其残部突围西逃。马占山手下的基本力量从此丧尽，自己告病入院，终日靠吸大烟度日。不过在北平和平解放时，病势垂危的马占山劝告老友傅作义接受和平改编，在有生之年总算做了一件好事。

这一期间国共战事最激烈的地区是在山西上党。阎锡山为抢夺胜利果实，从9月初开始即在仍不肯放下武器的日军的掩护下进攻晋冀鲁豫解放区的腹心晋东南上党地区。为了打击国民党军的气焰，并配合重庆谈判，刘伯承、邓小平指挥晋冀鲁豫军区3万多部队向阎锡山部发起反击，激战至10月初歼其3万多人。这个山西土军阀的实力一下子损失了三分之一，从此一蹶不振，后来依靠主要由解放区土改中逃亡的地主分子组成的"铁军基干"和收编的日本军人来支撑，才勉强在太原附近顽抗下去。

上党大捷作为抗战胜利后共产党反击国民党的第一次大胜利，显示了解放区军民的实力，使蒋介石不敢轻视。不过当时国民党总体力量仍占据绝对优势，又有美国的支持，所以仍没有实质性的让步。

眼看和谈无果，张治中等主和派建议发一个措辞笼统的公报，表示双方都愿意和平，并对毛泽东说："不发表这个东西不行，你既这么大面子来了，就总得搞个什么。"尽管这种空洞的公报不解决实际问题，却能向全国显示中共的和平愿望，毛泽东当即表示欢迎。

对于发这么一个仅仅表示和平愿望的公报，国民党方面却产生了争议，中常委会上多数人竟表示反对。那些妄自尊大的党官们对维护其一党专制最积极，许多人甚至不承认中共能与"政府"有平等会谈的地位，连双方的公报都不让发。最后还是"总裁"决定，才确定与中共代表签订一个《政府与中共代表会谈纪要》。

对这个会谈纪要——后来中共方面和进步力量因其签字日期称之为《双十协定》——是出于政治斗争的需要。因为既然是双方签了字的协定，违反者就要受道义上的谴责。国民党方面却不承认这是一个"协定"，因为里面的内容是各说各的观点，只是用"纪要"形式归纳记录下来，其中达成共识的只有一个"和平建国"的原则，并没有具体问题的协定，因而从军事行动上讲无约束力。在这个纪要中，共产党方面提出要撤出南方八块解放区（其实多数地区在签字前已经撤出），后来因情况变化，其中的中原解放区就未撤。但是国民党却无法说共产党违约，因为它本身就没有承认这是一个协定。后来国民党为了发动内战，共产党方面可以说国民党违反《双十协定》，是因为里面规定了和平建国的方针。从这个意义上讲，签订这样一个文件对共产党是有利的。

鉴于再谈下去也不会有什么进展，10月上旬毛泽东表示要返回延安，蒋介石挽留他过了"双十节"即中华民国的国庆节再走。由于表示"以美国的国格"担保安全的赫尔利已经回国，在周恩来的建议下，张治中说自己将亲自护送毛泽东回延安。

在中华民国的国庆节即"双十节"这一天，国民政府发布授勋令，对大批抗战文武有功人员授予"胜利勋章"。蒋介石考虑再三，在受勋人员名单中加进了朱德、彭德怀、叶剑英三人，又加进了毛泽东和董必武，还加进了邓颖超。事后，蒋介石在日记中写下了他这么做的原因："双十节授勋，特将共朱毛等姓名入，使之安心，以彼等自知破坏抗战，危害国家为有罪，唯恐政府发其罪状，故亟欲抗战有功表白于世，以掩盖其滔天罪恶。余乃将顺其意以慰之，使其能有所感悟而为之悔改乎？然而难矣哉！"

蒋介石的两面手法，在此时表现得真是淋漓尽致。他内心深处认为毛泽东等中共领导人有"滔天罪恶"，却还要为其授勋，表扬其功绩。蒋介石还在日记中称"彼等自知""有罪",其自作聪明也显得十分可笑!

也是在这一天,即毛泽东返回延安的前一天,在桂园张公馆一楼那个只有20平方米的会客厅里,国共双方代表签订了历史上有名的《政府与中共代表会谈纪要》,即《双十协定》。耐人寻味的是,毛泽东、蒋介石都没有出席签字仪式。

当时毛泽东坐在桂园楼上的房间里,蒋介石在签字仪式结束后两小时赶到桂园,一是算作送行,二是来接毛泽东同他一道参加国民政府庆祝双十节的招待宴会。宴会后,毛泽东和周恩来、王若飞一起去林园官邸,算是向蒋介石辞行的礼貌性拜访,当晚还留宿那里。在林园这最后一天里,蒋介石又单独与毛泽东进行了两次长谈,一次是在晚间,一次是在第二天早晨上飞机之前。

据毛泽东事后回忆,蒋介石当时表示要在送别前说说"肺腑之言"。这位对别人一向颐指气使的"委员长"此番却以非常亲切的口气说:"只要我们二人能合作,世界就好办。国共两党,不可缺一,党都有缺点,都有专长。我们都是五六十岁的人了,十年之内总要搞个名堂,否则对不起人民。"

既然讲到人民,毛泽东马上就向蒋介石讲起应解决人民最迫切需要解决的土地革命问题。蒋介石马上显得很大方地说:"很好,将来这些事情都给你们来办。"

然后,蒋介石又转回老话题来,貌似恳切地说:"共产党最好不搞军队,如你们专在政治上竞争,那你们就可以被接受。"

还是老一套。毛泽东针锋相对地提出根据地政权问题说:"解放区的努力应该承认,应该帮助。"

蒋介石面带悲观地说:"这次没有解决好。"

毛泽东回答说:"很有收获,主要是方针,确定了和平建国的路线,我们拥护。"

两人谈到实质性的问题,特别是解放区的问题,蒋介石的态度又硬起来。在送别前又一口咬定说:"政府决不能再有迁就。"①

蒋介石与毛泽东平生最后一见时的这种表态,其实最好地说明了表达"肺腑之言"的目的。几十年后台湾公布的蒋介石当时的日记上仍充斥着"共匪"一类的咒骂,并有"甚叹共党之不可与同群也"的感想。这些,也证实了谈话开始时那种亲切态度的虚伪性。怪不得熟悉乱世之际各国首脑生平的人常常会感叹,出名的政治家往往都是最出色的演员。

---

① 胡乔木:《胡乔木回忆毛泽东》,人民出版社1994年版,第422页。

蒋介石送别毛泽东这天的装束也是别有安排。平时蒋介石在官邸内一般只是身着黑绸长衫,最后与毛泽东会谈时却是一反常态地身穿笔挺的军装,佩戴特级上将军衔的领章,腰上还挂着"军人魂"佩剑。这副全身戎装的打扮,自然是想向对手暗示下一步的决心。

毛泽东去重庆谈判虽然没有解决实质性问题,却向天下显示了中共的和平诚意,也反衬出蒋介石的顽固态度。明眼人都知道,蒋介石坚持要取消解放区和中共军队,事关共产党人的生死存亡,无论如何不可能被接受,这就势必要打内战。对蒋介石的这一态度,当时国民党内许多人也不满意。抗战胜利之际,国民党内和平厌战情绪非常普遍。尤其是那些经历过长年战争的军人,绝大多数都不愿意再过风餐露营的战地生活,反而是一批不知兵事的党棍们终日起劲地叫嚷要"戡乱",以维护其一党专制的独裁统治。对此,不仅张治中、邵力子等主和派一再进言不可再打内战,连王耀武这样的嫡系高级将领也面见蒋介石陈述意见,认为不妨在东北或西北划出较大的地方,让共产党的军队和工作人员都到那里去,先分区而治,以避免摩擦而生战事。蒋介石却执意坚持要乘抗战胜利之机,一举解决中共问题,绝不肯再做让步。

两大对手在重庆谈判虽然没有谈拢,然而毛泽东与蒋介石都更深刻地了解了对方。毛泽东返回延安后最深刻的印象是:"我看蒋介石凶得很,又怕事得很。""我看,现在是有蒋以来,从未有之弱。"①得此印象,自然更坚定了敢于斗争的信心。

蒋介石对毛泽东印象最深的,是通过一件生活小事看出对手意志的坚强。毛泽东平时在生活上有两大嗜好,一是饭不离辣椒,二是手不离烟卷。特别是在用脑思考问题和写东西时,总是手拿一支烟,边抽边想,通常一天要

1945年10月11日,毛泽东从重庆飞回延安,陈诚(毛泽东右侧者)代表蒋介石到机场送行,周恩来留渝继续谈判。

---

① 《胡乔木回忆毛泽东》,人民出版社1994年版,第422页。

抽50支装的一听才够，室内终日烟缕不绝。当年同毛泽东握过手的人往往会注意到，他的手指已被烟熏得焦黄。

蒋介石自到黄埔军校之后就已戒烟，提倡"新生活运动"后又反对别人吸烟。侍从室的人和蒋介石的亲信都知道"先生"的这个癖好，无人敢在蒋介石屋里吞云吐雾，就连宋美龄抽烟时都要离开。一次，蒋介石的心腹秘书陈布雷奉召进入办公室候命，恰好蒋介石在里面睡午觉，烟瘾极大的这个"文胆"竟憋得头上流汗，好容易等"先生"起来布置完公事，立即冲出门去，到院里点烟狂抽起来。

当毛泽东第一次进入蒋介石的屋里坐下时，不自觉地按照往日习惯点燃一支烟抽了起来。蒋介石面部表情虽无变化，却也可能是出于下意识，把手指弹了弹。这时毛泽东忽然想到早已听说过主人对抽烟反感，马上把烟熄灭收起来。此后，毛泽东与蒋介石在一起经常会谈终日，不论时间多久都从不抽一支烟。

对这一生活上的细节，蒋介石却深感震惊。事后，他与最亲近的陈布雷发了一通感叹说："毛泽东此人不可轻视。他嗜烟如命，手执一缕，绵绵不断，据说一天要抽一听。但他知道我不吸烟后，在同我谈话期间竟绝不抽一支烟。对他的决心和精神不可小视啊！"

国民党阵营"窝里斗"的启示

在重庆谈判期间，国民党不仅与共产党争战不息，其内部也发生了一场真枪实弹的内讧，并向全国民众很好地说明了蒋介石究竟有无和平解决内争的诚意。历史证明，抗日战争胜利后马上就爆发了内战，这是中国社会矛盾发展的不可避免的结果。对于坚持独裁的蒋介石政权来说，不仅对共产党不能以谈判解决问题，即使在国民党内部，也要用武力消灭视为异己者。

在抗战期间，蒋介石利用外战之机将全国各军阀的杂牌军队都推上前线，或借刀杀人，或强力改编，从而使国民党内过去存在的许多派系都失去了武力基础。只有那个云南省主席龙云自恃有滇军依靠，并秘密参加民盟，联络中共，在西南经常不肯听命。在蒋介石看来，这是他向北对付共产党之前必须解决的后顾之忧，于是日本一投降，他就以"受降"为幌子调云南军出老窝，马上演出了一幕解决龙云的"全武行"丑剧。

在抗战胜利之际，为应付全国人民的期盼，国民党当局曾提出"和平建国"的口号，宣布要以政治方式解决国内各党各派的纷争。话虽是这样说，然而庆祝抗日战争胜利的锣鼓声还未停息，侵华日军还全副武装未予缴械，内战的枪炮声却已在中国大地上四处响起。在昆明市内，各界人民正为云南儿女在抗战中浴血台儿庄、奋战滇西缅北终于换得的胜利成果欢庆时，却在睡梦中被国民党统治区内部"窝里斗"的炮声惊醒。

其实，抗日战争胜利的喜讯传来的第二天，即8月11日，蒋介石在这极为重要的一天内可谓日理万机，却也分出精力来向嫡系将领杜聿明详细布置了准备解决云南省主席龙云的任务。据杜聿明回忆，当天清晨蒋介石召见他后就说："你先回去做解决龙云的准备工作，等日寇投降的事情处理后再待命实行。"

蒋介石与龙云的合影，抗战期间蒋介石就想解决这个"云南王"。

接着，这个身兼数十职、政务不可谓不繁的蒋介石又详细交代了如何进行军事准备，对于如何控制通信、交通和各机场，防止龙云逃跑等细节，也都一一叮嘱。

听了这道命令，杜聿明一时大失所望。听到日本乞降的消息，他马上由昆明飞到重庆，以为能够得到一个接受日军投降的差使，也可以告慰一下在自己率领下于昆仑关、缅北血战中牺牲的第五军的将士们。可是意外的是，蒋介石布置的竟是打内战的任务。此时杜聿明的心情正如他自己后来回忆的那样："我听了蒋介石的指示后，感到大失所望，因为我从自己的主观愿望出发，以为日寇投降后，我能到各处对日受降，比解决龙云这件事要'光荣'些，可是又不敢违抗蒋介石的意旨，只得接受他的指示，未作任何的申述。"①

这真是外战尚未停，内战马上又要发起。而且这次对内作战策划之精心、动作之敏捷，确为对日战争中所罕见，的的确确是"内战内行，外战外行"了！

---

① 全国政协文史资料编委会：《文史资料选辑》第五辑，第38页。

龙云对蒋介石也是早有提防。自南京国民党政府成立不久，这位割地称雄的"云南王"就宣布服从中央并加入了国民党，不过他深知蒋某人吞并异己的手段，一向不轻易允许中央军入滇。就是当年红军长征进入云南、薛岳率部随后尾追时，龙云向蒋介石提出的条件也是一旦红军离开，中央军也不能在滇停留。卢沟桥的炮声响起之后，龙云出于爱国之心，将自己长年培训、以大半积蓄购买法国武器装备起来的云南军精锐编成第60军，交国民政府军事委员会指挥，开赴抗日前线。

云南军虽然为国家和中华民族建立了战功，可是蒋介石却蓄意借外战消灭异己。这支被视为"杂牌"的部队自归中央指挥后，军饷屡被克扣，损耗的武器装备也迟迟得不到补充，还以兵力减员为由被缩小了编制。在中央军大肆扩充之际，第60军原先的3个师却变成了2个师。后来蒋介石同意再补一个师，却不允许云南军自己增编，而拨来中央系的部队，实际上完全起监视和牵制作用。国民党中央军又以出兵缅甸和防备入侵滇西和越南的日军为由，大批入滇，至抗战末期打退了日军后仍久驻不走。

好不容易等到了抗战胜利，此时云南系的两个军——第60军和第93军正部署在滇南。8月中旬，蒋介石在向杜聿明交代了任务后，又命令龙云的表弟卢汉率云南部队进入越南接受当地的日军投降，同时许诺可将接受的日军武

1945年在昆明中美共庆对日作战胜利的照片，主席台上三人中左为省主席龙云。抗战胜利时龙云认为国内和平会到来，对蒋介石放松警惕而遭突袭。

器和财产交云南以补偿抗战时的损失。此刻龙云只想到当时是抗战胜利,举国要求和平民主,蒋介石把共产党的领袖毛泽东都请到重庆谈判,对国民党内的人纵然是视为异己的杂牌,此刻也还是不会下手,于是服从了蒋介石的命令。昆明城外只留下一个师,市内只剩一个宪兵团。

当云南军入越部队已经全部到达千里之外的异国后,9月30日,蒋介石派空军副司令王叔铭到达昆明,向杜聿明正式下达了解决龙云的命令。

10月3日凌晨1时以后,中央军"五大主力"之一的第5军突然冲入昆明,市区内的云南省政府所属的宪兵团各驻地首先遭到袭击,除了省政府所在的五华山之外,整个昆明市迅速落入中央军之手。

听到枪声大作,又发现中央军冲到自己的公馆门口后,人熟路熟的龙云跳墙从小路脱逃,上了省政府所在地五华山。他上山能据守抵抗一段时间,多少有了些向蒋介石讨价还价的资本。可是此时他手下却只有两个连的卫队,面对着蜂涌入城的几万中央军只好叫苦不迭。此时杜聿明把蒋介石的"调任令"送上被包围的五华山,通知:"免去龙云军事委员会昆明行营主任、云南省政府主席本兼各职,任命龙云为军事委员会参议院院长。"

国民党政府的这个参议院却有虚衔而无任何权力,只不过是个养老院。尤其可笑的是,调动一个地方官要使用大炮、坦克和大批军队发起突然袭击,实是现代世界政治史上的奇闻。

"调任令"送去后,蒋介石又一日数电催促龙云赴重庆,这位"云南王"并不甘心就此交权,一面向省内各县为数号称10万的保安团发令要求快来"勤王",一面急召卢汉从越南率军反攻滇南。可是电讯系统早被中央军控制,命令下达不到许多县份,刚刚接收了美式装备的中央军又控制了省内要冲,那些尽是由大烟鬼组成的地方团队岂能是对手?在越南的云南军虽有8个师,可中央军属下的10个师已经在其周围严密布防,加上山高路远,根本返不回来。龙云在五华山坚守了3天,眼见再不屈服,中央军就会对自己这个最后据点发起总攻,届时必然玉石俱焚,只好将云南省政权交给中央军,自己飞往重庆。从此名为军事参议院长,实际上被软禁在家,直至国民党政权崩溃时才用计逃出,此后走上与共产党合作之路。

蒋介石以武力解决了龙云,从此在国民党内没有任何一个军阀或地方官敢再不听令,蒋氏在国民党内的一统天下自此终于正式形成。可是这一行动,也使世人更认清了蒋某的面孔,令国民党内许多人离心离德。在越南的云南军随后被强调到东北战场打内战,第60军第184师进入辽南不久就高举起义旗帜,成为东北国民党军中第一支投向共产党的部队。

10月3日当天,正在重庆谈判的毛泽东也一日一夜未眠,在红岩村第十八集团军驻渝办事处内紧张地等候收听云南的情况报告。蒋介石武力解决龙云,固然可称统治阶级的内讧,然而也明确无误地向全国人民传达了这样一个信息:对于国民党内被视为异己的人,蒋介石都可以不顾信义地突然以武力袭击予以解决,对于他多年的心腹大患中国共产党,难道还能希望他有和平谈判的诚意吗?

毛泽东在由重庆返回延安后,虽然没有放弃和平希望,却认为必须再打痛蒋介石,就此制定了新的战略方针,10月28日向各大区领导人交代了当时的战略计划:"我党决心动员全力,控制东北,保卫华北、华中,六个月内粉碎其进攻,然后同蒋公开谈判,迫他承认华北、东北的自治地位,才有可能过渡到和平局面,否则和平是不可能的。"①

当时,打是为了争取和平,而且打的期限也初步确定为"六个月"。

围绕《沁园春》的诗词唱和斗争

重庆谈判期间及其后,国共两党不仅在谈判桌上和战场上进行争斗,在诗坛上居然也展开了一场较量。毛泽东的咏雪伟词在国民党陪都一经发表,立即引起轰动,这一无意引发的文字斗争也就此出现,可谓国共关系中一段颇有兴味的趣谈。

毛泽东在重庆期间,除了与蒋介石频频谈判外,还访问了许多故人。一些曾与昔日这位"润之先生"熟识的人也纷纷前往叙旧,桂园和红岩村内终日是宾客盈门,负责监视的国民党宪兵和特务都搞不清到底有哪些人前来。国民党内的左派、著名诗人柳亚子先生,就在此期间一再前去看望广东时期的老朋友毛泽东。

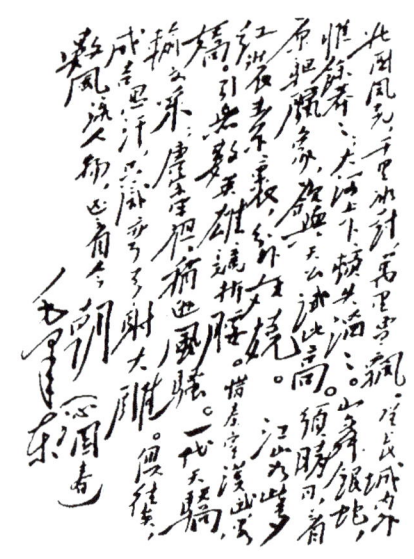

重庆谈判期间毛泽东手抄词作《沁园春·雪》赠送老友柳亚子。

---

① 中共中央文献研究室:《毛泽东年谱》下卷,中央文献出版社2013年版,第43页。

五　两大对手渝州相见

毛柳之间曾有过"饮茶粤海未能忘"的交情,然而这一交往当初并非那样具有诗情画意,而是与残酷的斗争相伴。大革命期间毛泽东与柳亚子曾同在国共合作的广州国民党部内工作,有过密切的交往。1926年,蒋介石发动排斥共产党人的"三二〇事件",柳亚子预见到此人日后必然为祸,急忙找到毛泽东,建议以重金雇枪手干掉蒋介石。毛泽东赞同柳亚子对蒋介石的分析,却反对采取暗杀行动,并解释了共产党人主张阶级革命而不搞个人恐怖活动。柳亚子对毛泽东的见识深为钦佩,"阔别羊城十九秋"后在重庆相见,除谈论国事外又向毛泽东索要诗作,于是出现了"索句渝州叶更黄"的一段佳话。

毛泽东在重庆期间,柳亚子还专门请了画家尹瘦石为他画像。毛泽东将刚到陕北时所写的《沁园春·雪》书写相赠,并附言称:"似于先生诗格略近,录呈审正。"在"十八集团军办事处"的信笺上,笔锋雄劲地写下了原词:

北国风光,千里冰封,万里雪飘。
望长城内外,惟余莽莽;
大河上下,顿失滔滔。
山舞银蛇,原驰蜡象,欲与天公试比高。
须晴日,看红装素裹,分外妖娆。

江山如此多娇,引无数英雄竞折腰。
惜秦皇汉武,略输文采;
唐宗宋祖,稍逊风骚。
一代天骄,成吉思汗,只识弯弓射大雕。
俱往矣,数风流人物,还看今朝。

看到这首豪迈的辞章,柳亚子情不能抑,诗兴激扬。于是"次韵润之之咏雪作"填词一首为和:

廿载重逢,一阕新词,意共云飘。
叹青梅酒滞,余怀惘惘;
黄河流浊,举世滔滔。
邻笛山阳,伯仁由我,拔剑难平块垒高。

伤心甚，哭无双国士，绝代妖娆。

才华信美多娇，看千古词人共折腰。
算黄州太守，犹输气概；
稼轩居士，只解牢骚。
更笑胡儿，纳兰容若，艳想浓情着意雕。
君与我，要上下天地，把握今朝。

对于毛泽东的这首词作，当时中共驻重庆的领导人不赞成发表，对此，柳亚子也曾在他为毛泽东的《沁园春·雪》所写的跋文中称："毛润之沁园春一阕，余推为千古绝唱，虽东坡、幼安，犹瞠乎其后，更南唐小令，南宋词慢。中共诸子，禁余流传，讳莫如深，殆以词中类似帝王口吻，虑为意者攻讦之资；实则小节出入，何伤日月之明。"

正由于考虑到有人会以"帝王口吻"为由对毛泽东的词进行攻击中伤，重庆《新华日报》以未得本人同意为由，只发表了柳亚子送去的和词。可是人们见了"和词"，对未发表的原词产生了极大的兴趣，于是有了一些手抄本在重庆的部分文人中私下流传。

当时在民营的《新民报晚刊》任编辑的吴祖光得到三份抄稿，凑合成原词，认为是"真可谓睥睨六合，气雄万古，一家倚傍，自铸伟词"，于是在11月14日的报上发表。抗战胜利后国民党政府因受国内外舆论谴责，不得不宣布取消过去以"防止泄露军机"为由实施的报刊检查制度。于是此词顺利登载，一时轰动山城，并在全国各大城市许多报纸上转载，广为流传。

读到《沁园春·雪》的懂诗之人，都能感到毛泽东是以词的形式咏志抒怀，说明在"如此多娇"的神州大地上，只有中国共产党人是"今朝"真正的"风流人物"，将主宰国家的命运。对于以往的一切帝王将相，以至现今的国民党政权，都是极大的蔑视。据说此词传到蒋介石的侍从室，立即引起震怒。根据名为管理蒋介石个人起居警卫、实际掌握"党国"最高决策权的侍从室发出的指令，国民党中央宣传部立即召开会议，要求用毛泽东原韵以和词的方式进行批驳。于是，诗坛上的一场围攻战有组织地打响。

国民党中宣部决定由"党国"的官报《中央日报》组稿，可是许多奉命写词的文人不卖力气，大概强令性的文艺创作方式历来使作者讨厌。见来稿既少质量又差，《中央日报》主笔王新民只得自己化名"东鲁词人"，在

《中央日报》上发表了所作的一首"和词",其中称:

山河美丽多娇,笑草莽英雄亦折腰。
想翼王投笔,本矜才藻;
押司题壁,凤擅风骚。
惜误旁门,终虚正果,勒马悬崖着意雕。
时未晚,要屠刀放下,成佛今朝。

在这首格调极低的政治性词中,一面咒骂中共"杀人掠地",一面又规劝"屠刀放下",完全是迎合蒋介石所需写出。接着,国民党控制的报纸上出现了一批批类似王婆骂街、群犬吠日的"和词"。其中军事委员会的《和平日报》(原为围剿红军时的《扫荡报》,被张治中改名)刊登了反动文人易君左的一首和词,既攻击了毛泽东和人民革命,又对自己政权的前途感到忧伤,其原文是:

国脉如丝,叶落花飞,梗断蓬飘。
痛纷纷万象,徒呼负负;
茫茫百感,对此滔滔。
杀吏黄巢,坑兵白起,几见降魔道愈高?
明神胄,忍支离破碎,葬送妖娆。

黄金难贮阿娇,任冶态妖容学细腰。
看大漠孤烟,生擒颉利;
美人香草,死剩《离骚》。
一念参差,千秋功罪,青史无私细细雕。
才天亮,又漫漫长夜,更待明朝。

这首多少有点文采的词,虽将共产党比作黄巢、白起,却也哀叹难以"降魔",并认为其政权到了"国脉如丝"的境地,反映了一派衰败破亡的情绪。这在正忙于接收并头脑晕眩的国民党人中,也倒算是有点远见。

1945年12月10日,又发表了两首和词,其中一首化名的词中又写道:

万里风行,一曲高歌,意荡神飘。
念井冈陈迹,徒呼负负;
延安今日,犹是滔滔。
如此干戈,亦云革命,愧对陈吴况汉高。
君差矣,尚眼空无物,自诩妖娆。

另一首尉素秋女士的和词则言语更为恶毒,其中称:

十载延安,虎视眈眈,赤帜飘飘。
趁岛夷入寇,胡尘滚滚;
汉奸窃柄,浊浪滔滔。
混乱中原,城乡分占,跃马弯弓气焰高。
逞词笔,讽唐宗宋祖,炫尽妖娆。

耐人寻味的是,一向自认为站在中性立场、对蒋介石经常"小骂"的《大公报》,也对毛泽东的词进行抨击,认为其中充满了"帝王思想"。

当时在重庆的进步文化人士中,一些人马上以和词形式回敬国民党的攻击。郭沫若在当年12月11日的《新民报晚刊》上发表了《沁园春·和毛主席韵》:

国步维艰,寒暑相推,风雨所飘。
念九夷入寇,神州鼎沸;
八年抗战,血浪滔滔。
遍野哀鸿,排空鸣鹏,海样仇深日样高。
和平到,望肃清敌伪,解除苛娆。

西方彼美多娇,振千仞金衣裹细腰。
把残钢废铁,前输外寇;
飞机大炮,后引中骚。
一手遮天,神圣托付,欲把生民力尽雕。
堪笑甚,学狙公芧赋,四暮三朝。

这首词不仅表达了制止内战的愿望，而且谴责了美国支持国民党打内战的行径，被国民党当局的御用刊物说成是"借题发挥其'反美'之思"。接着，郭沫若又发表了第二首和词，里面颂扬了毛泽东的词"气度雍容格调高"，并指斥那些攻击毛词的国民党文人"声传鹦鹉翻娇"，是"朽木之材不可雕"。

毛泽东本人对自己的词作发表及引起的反响十分关注，12月29日，他在致王若飞岳父黄齐生先生的信中说："若飞寄来报载诸件付上一阅，阅后乞予退还。其中国民党骂人之作，鸦鸣蝉噪，可以喷饭，并付一观。"在这封信中，毛泽东将那些御用文人的"和词"比作"鸦鸣蝉噪"，认为只能引起"喷饭"的可笑结果。

黄齐生收到毛泽东的信后，也步毛词之韵，挥毫奋笔疾书一阕《沁园春·和柳亚子》：

是有天缘，握别红岩，意气飘飘。
忆郭舍联欢，君嗟负负；
衡门痛饮，我慨滔滔。
民主如船，民权如水，水涨奚愁船不高？
分明甚，彼褒鄫妲笑，只解妖娆。

何曾宋子真娇，偏作势装腔惯扭腰。
看羊胃羊头，满坑满谷；
密探密捕，横扰横骚。
天道好还，物极必反，朽木任他怎样雕！
安排定，看居鳝谈邠亶父，走马来朝。

当时在华东解放区的新四军代军长陈毅得悉重庆围绕着《沁园春》一词的唱和战，一时也意兴大发。正所谓"天南一柱百战身，将军本色是诗人"，陈毅一挥而就三首和词。其中的《沁园春·斥国民党御用文人》这样写道：

毛柳新词，投向吟坛，革命狂飙。
看御用文人，谤言喋喋；

权门食客，谵语滔滔。
燕处危巢，鸿飞寥廓，方寸岑楼怎比高？
叹尔辈，真根深奴性，玷辱风骚。

自来媚骨虚娇，为五斗纷纷竞折腰。
尽阿谀独夫，颂扬暴政；
流长飞短，作怪兴妖。
革面洗心，迷途知返，大众仍将好意招。
不如是，看所天倾覆，殉葬崇朝。

重庆谈判时期以《沁园春》词牌为唱和形式进行的这场文坛大战，堪称中国近现代政治史和文学史上的一大奇观。国共斗争不仅是军事、政治斗争，也延伸到经济等领域，还扩展到文坛之上，围绕着毛词发表引起的全国性的风波就是典型事例。蒋介石统治之腐朽，其文化颓废没落，在诗词咏唱上也居于下风。而中国革命力量政治上的生机勃勃和欣欣向荣，在文坛上表现为意气风发，赢得了大多数知识分子的倾心和向往，预示着不久将天下归心。

这样，在国共重庆谈判期间，以毛泽东为首的中国共产党无论在政治上、军事上还是文化上都是大赢家。虽然当时实力仍然逊色一筹，但在心理上却取得了巨大优势。

六 "向北发展，向南防御"

在抗战胜利后国共谈判期间，双方在军事上的争夺始终未停。中国共产党人此时的目标虽然是争取国内和平，然而仍然要在军事上争得有利的态势，以便在毛泽东所估计的"和平发展的新阶段"[①]到来后居于更有实力的地位。当时集中了中国的重工业的东北，又成为国共两党争夺的头号重点。

蒋介石利用丧权辱国的中苏条约，在夺取东北的政治问题上抢先了一步。然而由于他的军队在抗战时远逃大西南，中共领导的武装则在东北边缘区建立了根据地，结果八路军在争夺东北的军事行动上占了先机。

日本投降后，中共进军东北经过了一个试探阶段，至1945年9月中旬才最后确定决策。举国欢庆"八一五"抗战胜利后大概一个月，9月14日上午延安上空突然出现了一架涂着红五星的美制道格拉斯飞机。这架飞机的驾驶员也像前几年轰炸延安的日本飞行员一样，以那个高耸于清凉山对面的宋代宝塔为主要地貌识别标志，认准了到达的目的地。随后，飞机在宝塔山北侧那个只有简陋土跑道的东关机场上着陆，几个苏联红军军官在一个八路军干部的陪伴下跳出舱门，要求会见中共中央负责人。

飞抵延安的这几位不速之客，正是苏军后贝加尔方面军司令部的代表，以及先期到达沈阳的八路军冀热辽军区第十六分区司令员曾克林。他们的到来和这次会见的结果，使中共中央大力争夺东北的战略决策随之正式确定，并展开了一场决定中国命运的大进军。

[①] 《毛泽东选集》第四卷，人民出版社1991年版，第1153页。

有了东北即有全国胜利

白山黑水间那片富庶的大地,在20世纪上半叶是中国经济最发达的区域。由于日本侵略者的大量投资,利用中国劳工的血汗建设起了雄厚的工业基础。日本投降前夕,人口只有4000万人的满洲生产的工业产品在全国总产量的比例是:钢铁占95%,煤炭占60%,电力占70%。当时全国铁路总长2.6万公里,而东北的铁路就有1.3万公里,其密度达到欧洲的水平。这里又是全国唯一的粮食自给有余的大区,农业条件也很好。当时有人称,中国从总体上看是个非常落后的农业国,可是假如把满洲单独划出去,在世界上可算得上是一个工农业都很发达的国家。在中国哪一个政党或集团控制了东北,其实力就无疑会占据优势地位。

抗战胜利前,东北是中国经济最发达的地区,照片中是本溪湖煤铁有限公司。日本当局通过压榨中国人民,在当地建成了远东重要的工业基地。

在中国大地上,革命的星星之火是在南方开始点燃,并在华南、西北、华北和华东形成燎原之势,被日本帝国主义直接严密控制的东北则长期是党的工作最为薄弱的一个战略区。然而,中国共产党人从来没有忽视过那里,不仅在20年代就艰难地开拓当地的工作,"九一八事变"后又不断派遣干部前去组织武装斗争。40年代初抗联受到严重挫折后,中共又建立了东北工作委员会,重新派遣人员去开展满洲的秘密工作。毛泽东等人始终看重这片黑土地,不仅由于这里最早开始了全民族抗击日本侵略的伟大斗争,也不仅是由于这里有着那"满山遍野的大豆高粱",更重要的是它是中国最主要的工业基地。想振兴我们这个百年来积贫积弱的民族,那些烟筒林立、铁轨密布的工矿区又是希望之所在。

国民党在东北历来缺乏基础。民国初年那里是奉系军阀张作霖的地盘,直至1928年其子张学良才"易帜"归顺了国民政府,国民党立即将张学良和东北军将领都吸收入党。这些人加入国民党只是个名义,南京方面刚刚开始在东北建立党部,日本就于1931年发动"九一八事变",国民政府以不抵抗政策轻易地丢弃了东北。此后,蒋介石又排挤流亡关内的东北军,西安事变后更是对其深恨不已,东北籍的人士在国民党政权内得不到重用。所以与关内许多地区特别是江浙等南方省份不同,蒋介石政权在满洲没有什么社会基础,抗战后的"接收"近似于"外来户"闯入。

在抗日战争期间,敌后坚持抗战的中国共产党却创造了向东北发展的有利条件。东北抗联虽然在1940年基本失败,只剩千余人退到苏联,然而华北的八路军则有了大发展。八路军建立的晋察冀、山东根据地又与东北比邻,晋察冀边区所属的冀热辽根据地的八路军还进入辽宁西部山区建立了游击区,活动范围插入伪满洲国西部。由于强大的日本关东军,中共武装还难以向东北腹地发展,不过一旦天下有变就可以捷足先登。

进入1942年后,世界反法西斯战争连为一体,毛泽东就开始考虑苏联对日作战后中共的武装力量向东北发展的问题。尽管从当时的条件出发,毛泽东没有答应斯大林要八路军向关外大举出击以牵制关东军这一不切实际的要求,却在内部设想准备将来以山东作为战略转移的枢纽,提出当日本战败后,

苏联油画《苏蒙联军越过长城》,1945年8月苏联出兵并控制了东北。

从合作走向决战
—— 中国共产党为什么能战胜国民党

"整个八路及新四须集中到东三省去,方能取得国共继续合作的条件"①。

领袖之所以为领袖,他区别于一般干部及群众的最重要之处,恰恰在于不仅能看到眼前的一步两步,而且还能看到以后的长远进程。在毛泽东心目中,将来进军东北的蓝图在日本投降前三年就开始勾画。

1945年5月8日纳粹德国投降,对于苏联何时对日作战一事,作为"兄弟党"的苏共却对中共保守秘密。毛泽东当时虽对时间如此临近估计不足,却从未来苏联必然攻日这一点考虑,在党的会议上开始提出进军东北的设想。5月27日,毛泽东在中共七大会议上就说过:"今后的问题,要得到技术条件,要准备二十到三十个旅,十五万至二十万人,脱离军区,将来开到东北去。"②

5月31日,毛泽东在七大上作关于政治报告讨论的结论时又说:"东北四省极重要,有可能在我们的领导下。有了东北四省,我们即有了胜利的基础。"③

6月10日,在选举候补中央委员时,毛泽东又直接出面为东北籍代表拉选票,并在大会上说:"我觉得这次要有东北人当选才好。东北是很重要的,从我们党的发展,从中国革命的最近将来的前途看,东北是特别重要的。只要我们有了东北,中国革命就有了巩固的基础。现在我们的基础是不巩固的,因为我们根据地在经济上还是手工业,没有大工业,没有重工业,在地域上也没有连成一片。"④

1945年6月,毛泽东在中共七大的讲话中就强调东北对中国革命是特别重要的。

在邻近东北的晋察冀边区,对北方的动态关心更多一些,边区向中央提交了一个准备配合苏军作战的报告,中央批复同意,却未提出具体意见。党的七大于6月间结束后,晋察冀边区的负责人聂荣臻还留在延安。当地因前一阶段实行

---

① 《毛泽东军事文选》第二卷,军事科学出版社、中央文献出版社1993年版,第681页。
② 中共中央文献研究室:《毛泽东年谱》中卷,中央文献出版社2013年版,第600页。
③ 中共中央文献研究室:《毛泽东年谱》中卷,中央文献出版社2013年版,第601页。
④ 中共中央文献研究室:《毛泽东年谱》中卷,中央文献出版社2013年版,第603页。

精兵简政，这时仍顾虑财政困难，并认为反攻为时尚早，总兵力只保持10万余人，其中能机动作战的部队又只有一半。随后形势突变时，虽然迅速将地方武装集中、升级以大力扩军，却在一刻千金的历史转变关头显得有些被动。

抗日战争结束时，蒋介石虽然与苏联达成了将东北交给他的交易，其军事力量却距那里路途遥远。当时中央系（嫡系）和地方系（杂牌）的军队共有263个师，连同后方人员、各地保安队等总计达400万人以上。位于北战场抗战的部队，却只有绥远以西的第八战区副司令长官傅作义部的3个军。连同归其指挥的马占山的东北挺进军2个骑兵师，总共不过7万余人。由于这一军事集团在国民党军中距东北最近，日本投降前蒋介石破格把傅作义指挥的这区区几万人编为一个集团军以上的指挥机构——第十二战区，然而该战区的最前线距东北还隔着纵横几百公里的晋绥、晋察冀两大解放区。1945年6月间美国将雅尔塔协定的内容通知蒋介石后，驻华美军顾问团马上建议从绥远的河套地区东进，以便在苏联出兵后迅速切断东北与华北的联系，建立"防共隔绝走廊"并抢先出关。蒋介石随即于7月间命令傅作义赶快从包头以西东进，向晋绥解放区进攻。然而傅部军力不大，八路军晋绥军区部队进行了顽强的抗击，绥东和张家口等地还有日军的重兵驻扎，东进一开始就受阻。

1945年7月，中共中央也得知国民党当局已派代表赴苏谈判，认为有可能达成共同对日作战的条约。此刻在斯大林与杜鲁门、蒋介石的交易中，中共虽然已经被划在圈外，但却仍坚信能够依靠自己的力量获得胜利。8月3日，王若飞在给延安的干部做报告时谈到，国民党与苏联可能达成协议，苏联不大可能援助我们。但是王若飞也指出，斯大林作为一个马克思主义者，不可能限制中国革命。

8月9日上午，苏联出兵中国东北的消息突然传到延安，历史的进程往往比人们预料的更为迅速，"一天等于二十年"的情景在重大转折关头真的出现了。就在苏联参战的第二天傍晚，日本乞降的消息又从广播中传来！一场争夺东北的国共两党斗争，马上在中国大地上展开。

不明苏军态度，先派部队侦察

日本提出乞降后，虽然侵华日军还在顽抗，然而领袖人物都知道抗日战争作为一个历史阶段已经结束。这时在全国的战略格局上，东北的地位变得极为重要。这里不仅有着发达的经济基础，而且从地理位置看，如果东北及热河、察哈尔被中共控制，中国革命根据地便与苏联、蒙古、朝鲜相接，出现一个"背靠沙发"的局面；相反，如果东北及热河、察哈尔被国民党所控制，则中国革命根据地将仍然处在敌人的四面包围之中，爆发内战时必将受到国民党军的南北夹击。

延安获悉日本政府准备接受《波茨坦公告》的消息后，从8月10日深夜12时至8月11日下午6时这18个小时内，毛泽东伏案奋笔，亲自起草了以延安总部总司令朱德的名义发布的七道命令，其中的第二、第三、第六道命令规定了与苏蒙军配合协同的事宜，公开提出了要进军东北四省（黑、吉、辽、热）。

在第二道命令中，延安总部指示所属部队为配合苏联红军进入中国境内作战，并准备接受日、"满"敌伪军投降，原东北军吕正操所部由山西绥远现地，向察哈尔、热河进发；原东北军张学诗所部由河北、察哈尔现地，向热河、辽宁进发；原东北军万毅所部由山东、河北现地向辽宁进发；现驻河北、热河、辽宁边境之李运昌部即日向辽宁吉林进发。

第三道命令指示，为了配合外蒙古人民共和国军队进入内蒙古及绥、热、察等地作战，并准备接受日、"蒙"伪军投降，贺龙所部由绥远现地向北行动；聂荣臻所部由察哈尔、热河现地向北行动。

第六道命令指示，为配合苏联红军进入中国及朝鲜境内作战，现在华北对日作战的朝鲜义勇队司令武亭等立即统帅所部，随同八路军及原东北军各部向东北进军消灭敌伪，并组织东北的朝鲜人民，以便达成解放朝鲜的任务。

毛泽东起草的命令中提到的"朝鲜义勇队"，是中国抗日战争期间由流亡的朝鲜人建立的反日组织。挂名其司令的武亭，三十年代就担任了中国工农红军炮兵团团长、八路军总部直属炮兵团团长，是在中共军队内部职务最高的朝鲜人。日本投降后武亭返回朝鲜，朝鲜战争爆发时任人民军第2军团司令。

毛泽东起草的命令中所说的"原东北军吕正操所部"，其实是八路军冀中军区的部队。抗日战争初期，身为东北军第53军一个团长的吕正操率领所部响应共产党的号召，拒绝南撤留冀中抗战，以后被改编并入八路军冀中军区。这时原部队虽已不存在，却有着以东北军旗号打回老家去的宣传意义。

至于命令中所说的"原东北军万毅部"，是指1942年在山东起义投奔八路军的东北军第111师一部。这支部队起义后加入八路军山东军区的序列。该部经过按八路军制度改编后对外还沿用原番号，不过只有2500余人。由于部队中东北人较多，在进军中仍然可以起重要的向导作用。

毛泽东为延安总部起草的这七道公开命令，当时在很大程度上是出于政治宣传目的。在发出第六道命令的同时,中共中央于8月11日又发出党内指示,说明这道命令"为对外宣传,抢先取得国内外公开地位而发,除李运昌部队外,并非真要吕、张、万等部马上开往四省"。

当时之所以不派大部队向东北进军,一是日本关东军尚未投降,一是苏军能否允许中共进军东北还摸不透。直至半个月后,在延安总部公开命令中所指令的部队中,只有邻近辽宁西部的冀东李运昌部进入东北,担负了战略侦察的任务。

除了不明苏联的意向外,日本投降突然来临时各敌后抗日根据地扩大和调动部队也需要一段时间。如果贸然调动大军前往又被苏军所阻,既影响了关内的"摘桃子",东北还得不到,徒劳往返,就会造成"扁担没扎,两头打塌"的困境。

延安总部的命令公布仅三天,8月14日苏联与国民党政府签订了《中苏友好同盟条约》,这一条约于8月26日正式公布。条约中明确宣布苏联只援助国民政府,并要将东北交给国民党,这对长期以来对苏联抱有深切希望的中国共产党人不能不是一个重大的心理冲击。

中苏条约签字后,美国政府认为苏联会履行将东北交给国民党的诺言,自以为得计。当时美国按照国民党同自己的关系来推测中共同苏共的关系,认定中共也会听从苏联摆布。美国驻苏大使9月10日曾向政府的报告说:"由于俄国的保证,中共讨价还价和企图获得军事支持的基础无疑地大受削弱。"①

可是出乎他们的预料,这时的中国共产党人早已不唯苏联之命是从。自1935年1月遵义会议之后,中共在毛泽东的领导下就已经完全走上了独立自主的道路。美国政府当时以东欧各"卫星国"与苏联的关系看待中共对苏关系,在战略判断上犯了一个根本性的大错误。当然,中苏条约的公布对中国共产党是一个严峻的考验,是听从三巨头对中国的安排,服从苏联的指挥棒,还是把命运放在自己手中,这一关系到中国革命前途及中国命运的关键问题不能不使我党领导人日夜焦虑。为此,以毛泽东为首的中共领导人一方面继续力争夺取东北,一方面又持十分谨慎的试探态度。

8月26日,毛泽东在赴重庆谈判前夕起草了《中共中央关于同国民党进行和平谈判的通知》,就全国范围内党和军队的工作进行了部署。里面关于东北问题的一段话在1960年出版的《毛泽东选集》第四卷时删去,因为当时中

---

① 《中美关系资料汇编》第一辑,《美国与中国的关系(白皮书)》,世界知识出版社1957年版,第179页。

苏两党关系还未破裂,不易把"家丑"外扬。不过,这段话近年来已公布,其中阐述了中共中央当时对东北的方针:

"东北三省在中苏条约规定的范围,行政权在国民党手里,我党能否派军队进去活动,现在还不能断定,但是派干部去是没有问题的。……派千余干部由林枫同志率领去东北,万毅所率军队仍须进至热河边境待命,可去则去,不可去则在热河发展,造成强大的热河根据地。"①

在已经列入《毛泽东选集》第四卷的《中共中央关于同国民党进行和平谈判的通知》一文中,毛泽东所计划夺取和控制的地区,不仅没有将整个东北包括在内,甚至不能将辽宁全省包括在内,只能计划控制"辽宁一部",因为辽宁省西部本来就是冀热辽解放区的一部分。这一先观察再待机而动的决定,体现了慎之又慎的态度。

毛泽东在这一决定中认为"派干部去是没有问题的",是根据苏联与国民党政府签订的《中华民国与苏联友好同盟条约》中苏联不干涉中国内政的条款,谅苏军不会阻拦。派林枫率领的千余干部从延安起程后,中共中央命令冀热辽军区第十六军分区司令员曾克林配合苏军攻克山海关,再相机向辽宁挺进。

当时,刘少奇在自己的窑洞里悉心研究各种文件、各地来电等,或者同出发到前方去的同志谈话,只有遇到重大问题才同毛泽东商量。他首先也关注到东北方面的形势,就应该采取的方针向毛泽东谈了自己的见解和设想:"苏联军队虽然没有积极支持和帮助我们,却也没有阻拦我们,估计也不至于对我们背后开枪。那么,我们在东北也就赢得了战略上的胜利,即北面没有敌人;西面蒙古、东面朝鲜都是友邻,我们可以集中力量对付一个方面的敌人。有了这样一个有利的战略地位,就有了取得胜利的基础。"②

刘少奇在延安主持中央工作时,为争夺胜利果实做出了进兵东北的决定。

据当事者回忆,毛泽东听着刘少奇的陈述,一直默不作声,也没有停

---

① 《辽沈决战(下)》,人民出版社1988年版,第590页。
② 师哲:《在历史巨人身边——师哲回忆录》,中央文献出版社,第307页。

止自己手里的事情，不断地写文告、调兵遣将、发布命令、交代任务。两天后，即8月28日，毛泽东、周恩来、王若飞在张治中、赫尔利的陪同下，同机飞离延安去重庆谈判。

毛泽东赴重庆第二天，即8月29日，在代理主席职务的刘少奇主持下，中共中央再度研究了东北的形势后在党内发出指示，一方面对形势做出并不乐观的估计，一方面仍认为发展东北有希望，指示中说：

1. 苏联为了维护远东和平与受中苏条约之限制，必须将东三省交还国民政府，国民党军队亦将进入东三省。我党我军进入东三省后，红军必不肯和我们作正式接洽或给我们帮助。

2. 但中苏条约中也明白规定"所有中国籍人员，不论军民均归中国管辖"，苏联不干涉中国内政。而《红星报》论文中又更明确宣布，"中国唯一应走之道路，乃进步与民主的发展"，如此我党我军在东三省之各种活动，只要不直接影响苏联在外交上之义务，苏联将会采取放任的态度并寄予伟大的同情。同时国民党在东三省与热察又无基础，国民党派军队去尚有困难，现在道路不通，红军将于三个月内全部撤退，这样我党还有很好的机会争取东三省和热察。

3. 晋察冀和山东准备派到东三省的干部和部队，应迅速出发，部队可用东北军及义勇军等名义，只要红军不坚决反对，我们即可非正式地进入东三省。不要声张，不要在报上发消息，进入东三省后开始亦不必坐火车进占大城市，可走小路控制广大乡村和红军未驻扎之中小城市，建立我之地方政权及地方部队，大大的放手发展。在我军不能进入的大城市，亦须尽可能派干部去工作。不要勉强与红军作正式接洽与联络，亦不要请求红军给我帮助，只要红军不作声，不采取反对之行动即好。但为红军坚决反对之事，我必须照顾，不要使红军在外交上法律上为难。山东干部与部队，如能由海道进入东三省，则越快越好。

4. 热河、察哈尔两省，不在中苏条约范围之内，我必须完全控制，必须迅速派干部和部队到一切重要地区去工作，建立政权和地方武装，但亦不要希望红军给我们帮助，一切只要红军不坚决反对即应放手进行。

5. 关于东北与热察红军占领区的情况，我们还不清楚，一切应根据当地具体情况处理并随时报告我们。晋察冀与山东应派得力干部，带电台进到红军后方随时报告情况。

同日，以刘少奇为首的中共中央又致电重庆中共代表团，就进军东北问题说明："去东北部队原定延安两个团及万毅部，与冀中、冀鲁豫各一个团，均已起身决经冀东前去。因情况不明，暂时不决定派更多部队去。"

进入9月中旬，中共中央派往东北负有侦察任务的部队果然不负众望，一个个令人振奋不已的喜讯传到了延安。

8月30日，李运昌、曾克林所率的冀热辽军区第十六军分区的部队与苏军配合占领山海关后，9月3日即乘火车出关东进，于9月4日进入锦州，9月6日又进入沈阳。不过这支部队因与延安联系不上，中共中央一时尚不知这一情况。

1945年8月末，八路军在苏军炮火掩护下攻占山海关，打开进军东北的通道。

1945年中共部队奉命"闯关东"。

在冀东李运昌部试探着出关的同时,8月26日八路军山东军区也派出一个营部队作为侦察分队,在吕其恩、邹大鹏的率领下,乘船从烟台渡海,于29日到达辽东半岛的庄河县上岸。

这支侦察小分队上岸后,见当地已是无政府状态,只要是打出收复国土旗号的中国

八路军冀东第16分区司令员曾克林(右二)与苏军协商共同攻打山海关,随后他率部首先进入沈阳。

武装,振臂一呼就应者云集。于是,他们马上占领了庄河县城,并打起招军旗,吸收了大批参加者。接着,他们向大连前进,与盼望已久的苏军相遇。见面后先自报军头,说明自己是八路军,一名苏军少将很热情地与他们进行了"非正式接洽"。这位苏军少将说明,苏军在东北只占各城市,至于其他地区八路军只要不打出公开旗号,可以自由活动。吕其恩等听到这一表态后十分高兴,立即乘船赶回胶东,到达后即刻通过电台向中共中央报告。

9月11日,中共中央接到吕其恩的报告,从延安致电以毛泽东为首的重庆中共代表团,通报了来自东北的重要消息,并说明已确定出兵东北:"胶东区党委派吕易率一排武装乘汽船到大连与红军接洽,现已返回。红军某少将与之非正式接头,据称我在乡村活动红军不加干涉,在大城市组织非武装之团体亦可。现红军只控制大城市及要道,乡村及内地小城市相当混乱,伪组织有的等待交代,有的畏罪逃跑,有的小城市被土匪占领,群众情绪极高,自动殴打日本人,并有自发组织。我一排武装在大连登陆后,一经号召,便有数百人参加工作。从胶东去东北水路甚便,亦甚安全,部队过海船只亦不成问题。胶东已决定派两个营及百余干部去东北,我们根据上述情况,已电山东抽调四个师十二个团共二万五千人至三万人,由肖华率领即日进入东北,并已电华北各地去东北干部即日集中起程。"

决心出动4个师近3万人兵力,这已是战略性的行动。至此,中国共产党进军东北的行动,正式拉开了帷幕。

胶东的好消息传来三天之后,东北方面又传来了冀东部队已进入沈阳并

得到苏军允许的消息。

原来,八路军冀热辽军区第十六军分区部队占领锦州后,就以第20团和朝鲜支队共2000余人一起坐上火车,径直向东开,于9月6日上午进入沈阳车站,使驻守沈阳的苏军大吃一惊。因这是进入沈阳的第一支八路军,苏军不知如何处理,开始不许下车,把八路军堵在车厢内很久。从苏联的体制来说,对于这类重大的涉外事件必须请示莫斯科,下级的确无权做主。

被堵在火车上的八路军顿时火冒三丈,因为干部战士们从参加革命起所受的教育,就是苏联是革命的灯塔和人类的希望,对"老大哥"抱着天真的美好愿望。如今真的见到苏军,却受到这般待遇,不能不叫人大失所望。当天经过与苏军反复交涉,说明自己是中国共产党的队伍,奉延安总部的命令到东北配合苏军共同作战,最后苏军才同意八路军下车,却要驻到距沈阳市30里外的苏家屯。随后因见到群众热烈欢迎中国军队,苏军又同意八路军驻到市内小河沿。

八路军同苏军碰面时还是以"同志"相称。

苏军同八路军相遇时显得很亲热。

八路军住下后,苏军有些不放心,当天夜间又派出政工干部询问中国共产党和八路军的一些情况及党员在部队中的比例等等。双方毕竟都受同一政治理论,一交谈就马上搞清了确实是意识形态上的自己人。

过了一天即9月7日下午,苏军驻沈阳最高指挥机关——近卫军坦克第6集团军的首长邀请八路军指挥员曾克林、唐凯前往见面,说明"斯大林、莫洛托夫来了电报,你们确实是毛泽东、共产党的部队"。同时表示:"你们来沈阳,我们没有去车站欢迎你们，很对不起，这主要是中苏条约的限制。"

接着双方又以"同志"相称，并就八路军如何与苏军如何配合、如何肃清各地敌伪武装势力都达成一致意见。经过苏军同意，八路军还成立了沈阳卫戍司令部，并发布安民告示，负责起市内的治安。

9月7日的会谈虽然是苏军的部队领导人出面，却奉有斯大林的指示，这表明苏联对东北的政策已经有了一个重大的变化，即不反对八路军进入东北，这对于尔后中共领导的武装继续挺进东北具有十分重要的意义。可惜的是，进入沈阳的八路军携带的电台功率小，与延安联系不上。随后苏军后贝加尔方面军司令部表示，为了和中共中央取得联系，可专门派出一架飞机赴延安。于是，曾克林陪同苏军代表一起从北陵机场起飞，顺便也回到自己的圣地请示汇报。

9月14日，苏军的这架飞机抵达延安机场，中共中央听到这一消息大喜过望，大举进军东北的战略决策即在一天一夜内最后确定。

"此真千载一时之机"

自毛泽东赴重庆后，中共中央一面在翘首等待东北的消息，一面也计划新的战略行动方针。考虑到苏军也许会持反对态度，中央初步设定了一个以20万大军夺取中原的计划。然而东北形势的变化，使中共的发展方向出现了180度的大转弯。

9月14日下午，曾克林见到刘少奇等中央负责同志，详细汇报了他们进入东北的情况。9月14日晚至15日上午，苏军代表卫斯别克上校又与中共中央领导人进行了会谈。

会谈前，苏联红军代表贝鲁索夫中校向朱德总司令递交了一份通知，虽篇幅不长，却堪称中苏关系史上的重要文件，其全文如下：

马林诺夫斯基元帅命令我转达如下各点：

1. 按照红军统帅部指示，蒋介石军与八路军之进入满洲，应按照特别规定之时间。

2. 在红军退出满洲之前，蒋军及八路军均不得进入满洲。

3. 因八路军之单个部队已到奉天、平泉、长春、大连等地，红军统帅请朱总司令命令各该部退出红军占领之地区。

4. 未得红军允许进入满洲之国民党部队已被红军缴械。红军统帅部转告朱总司令，红军不久即将撤退，届时中国军队如何进入满洲，应由中国自行解决。我们不干涉中国内政，中国内部问题由中国自行解决。元帅转告总司令，他不论对总司令本人，不论对八路军均抱深厚之同情。

苏军代表随即还说明，进入沈阳的中共部队公开打出八路军的旗号，会在国际上造成影响，给苏联带来外交上的麻烦，所以才提出这样一个通知。

不同意打着"八路军"旗号的部队进入东北，又表示"深切的同情"，中共中央抓住苏军的这种两面态度，表示可不用共产党、八路军的名义进入东北，并说明八路军在抗日战争时期开辟的冀热辽根据地包括辽宁西部，理应将这一地区交给中国共产党。

听到中共中央这一表态后，苏军代表就对八路军进入东北不再提出异议，并同意将山海关至锦州一线交给八路军。苏军代表还希望中共中央马上派负责同志去东北，以便协调苏军与中共出关部队的行动。

在实行高度集权的苏联，校级军官绝对无权作出这种涉及重大国际问题的表态，作为方面军司令的马林诺夫斯基元帅也不会有这个权力。这种姿态，其实是斯大林默许八路军以不公开身份进入东北的表示。

苏军的这一态度，使中共中央极为振奋。在刘少奇的主持下，中央当天就作出决定，派领导同志随这架飞机即刻去东北，这些领导人中有彭真、陈云、叶季壮、伍修权、段子俊和莫春和，并决定任命彭真为中共东北局书记。

鉴于毛泽东正在重庆谈判，如果请示，电文往返和密码翻译还需要时间，刘少奇当天称"此真千载一时之机"，一刻不肯延误。本着先行动、再请示的精神，刘少奇根据毛泽东原来的精神作出了全力争夺东北的决定，派出东北局的干部乘苏军的返程飞机由延安去东北。当紧急的公务处理完，派赴东北的领导干部已经乘飞机启程后，9月15日上午刘少奇才为中央起草了给以毛泽东为首的重庆中共代表团的电报，通报说：

"红军来延之飞机，今晨已飞回。彭真、陈云、伍修权、叶季壮及报务译电各一人已去东北。因各方商谈结果，以上述各人前去为适宜。中央并决定组织东北局，以彭真为书记，陈云、程子华、伍修权、林枫为委员。办事处暂设沈阳，对外不公开。"

在通知重庆的毛泽东和周恩来的同时，9月15日当天中共中央又在刘少奇的主持下，正式向党内发出发展东北根据地的决定，指出："目前我党对东北的任务，就是要迅速的、坚决的争取东北，在东北发展我党强大的力量。"

决定在指出这是"千载一时之机"后，对于部队进入东北的方式，做了更具体的规定：

进入满洲边境时，绝不可被红军及英、美、国民党人发现，决不要经过红军驻扎的地方。

在东北决不能采用八路军的番号，也不能用共产党的公开名义和红军接洽并取得其帮助。

如部队进入满洲不可能，即放下武器，脱下军装，作为劳工或难民开到沈阳附近再装备。

中央同时指示胶东渡海部队，不要考虑美军海上截击，"途中如万一遇美军盘查，军队可坚称向冀热辽军区之乐亭与山海关之间某地进发；便衣可坚称难民回东北"。

在这一重大历史关头，向中央提议进军东北的还有一些地方的领导人。正在淮安城下组织围攻伪军的新四军第三师师长黄克诚虽然身在华中一个局部地区，也不无忧虑地瞻望全国局势，认为蒋介石对谈判全无诚意，因此请华中局书记饶漱石迅速向中央发电报，建议中央及军委立即派大部队到东北去，不管苏联红军同意与否，都要进军东北。9月14日黄克诚还直接致电中央，建议尽量多派队伍去东北，并将江南新四军北撤。①

大力北进，南方势必就要收缩。抗战结束时中国共产党的军事战线漫长，从长城内外延伸到广东沿海，纵贯全国，兵力处于分散状态。长江以南的各个根据地面积小、部队少，又靠近国民党所占的中心城市和交通要道。在日本投降、日蒋矛盾消失的情况下，很快有遭受卷土重来的国民党军各个击破的危险。不改变这种被动态势，在内战中定会招致重大损失，也抽不出多少部队进军东北。对此，刘少奇也与黄克诚持同样的意见，主张撤出江南各个解放区，以缩短战线，还可以腾出较多兵力发展东北。

决心进军东北之前，1945年9月初中央已开始在南方收缩战线。在刘少奇的主持下，党中央指示王震、王首道率领的南下支队自广东北部"北上与（新四军）五师（鄂豫边）靠拢"。确定全力夺取东北的决策后，中央随即

---

① 《黄克诚回忆录》，解放军出版社1989年版，第324—327页。

作出了从南方北撤部队的部署。

在9月17日至19日这三天中，中央作出一系列安排，提出："为了控制热察、发展东北，必须调兵北上""山东主力及大部分干部迅速向冀东和东北出动""新四军江南主力部队，立即转移到江北"。

随后，中央又确定调山东分局书记、山东军区司令员兼政治委员罗荣桓率领分局和军区领导机关以及山东5个主力师、18个基干团进入东北，由新四军军部及一部北上接替山东工作。

为实现这种全国性的战略转移，9月17日，刘少奇以中央的名义致电重庆中共代表团，向毛泽东、周恩来提出了一个重要的战略性建议："我们全国战略方针必须确定向北推进，向南防御的方针。否则我之主力分散，地区太大，处处陷于被动。因此，我们的意见，新四军江南主力部队立即转移到江北，并调新四军主力十万到冀东或调新四军主力到山东，再从山东、冀鲁豫抽调十万到十五万人到冀东热河一带。"

9月19日，根据全力争夺东北的战略规划，刘少奇为中共中央正式制定了概括为"向北发展、向南防御"的全国战略方针，其中以豪迈的语言宣称："只要我能控制东北及热、察两省，并有全国各解放区及全国人民配合斗争，即能保障中国人民的胜利。"①

对于刘少奇在历史紧要关头代表中央作出的战略决策，毛泽东表示了赞同。9月19日，在重庆与国民党谈判的毛泽东亲自复电中央，同意了刘少奇拟订的战略计划，并指出：

1. 浙东、苏南、皖南、皖中部队北撤，同意你们及张、饶计划，越快越好。此间已当作一个让步条件，向对方提出，且有好影响。

2. 同意陈、饶去山东，罗及肖去东北，林彪去热河，亦以快为好。华中由谭、邓组织分局。

这样，北方根据地的部队迅速向东北赶路，南方根据地的部队则从全局出发，忍痛告别了当地父老乡亲，向北方根据地撤退。10月8日，粟裕向中央报告，江南新四军主力已经渡过长江。这样，当中共在重庆谈判中正式同意让出南方根据地并签订《双十协定》前，江南部队主力其实已经撤到江北。

----

① 《刘少奇选集（上卷）》，人民出版社1985年版，第372页。

六 "向北发展，向南防御"

当时，中共在重庆谈判中将撤出南方八个解放区作为争取国内和平民主的让步条件，并通过协定公布于世，又受到全国各界的热烈拥护。蒋介石历来说共产党只知争地盘，这次不是慷慨地让出八块根据地吗？

八路军部队向东北进军。

对这一点，毛泽东回到延安后于10月17日向干部做报告说：长江以南各个解放区，不让也得让，争也争不到，何必不慷慨一点让出来呢？算总账，没有蚀本，没有吃亏，这个地方失了，那个地方得，失了一寸，得了一尺，还赚九寸。

在战后争夺东北的问题上，中国共产党的确表现出前所未有的灵活性。此时，一切僵化的教条、模式都被打破，可谓在行动上"思想解放"的典范。尽管苏联方面已宣布要将东北交给国民党，中共中央仍派去大批干部并以小部队进行侦察和试探。不让公开进入就秘密进入；不让打共产党、八路军旗号就立即改换名称，先是称"东北人民自治军"，后来又改称"东北民主联军"……对外名称、形式都可根据条件需要而变，但基本目的是坚定不移的——全力争夺东北。

国民党政权在签订中苏条约时，由于害怕苏联在东北支持中国共产党，曾坚持要在换文中写上苏军进入东三省后"所有中国军民，都归中国方面管辖"。后来的事实证明，这是干了一大蠢事。这一条款恰恰被中苏两国的共产党人抓住，成为苏军有理由默许中共在东北活动并不加干涉的合法根据。

根据延安总部的命令，十几万部队和干部争分夺秒地前进。水路陆路、乘火车、坐马车、徒步并用，向着中国这片最富庶的黑土地前进，终于在由美国飞机、军舰运输的国民党军队到达前抢占了先机。当时代理党中央主席职务的刘少奇在中国革命这一重大关头立下的重大功绩，也从此铭记在史册之上。

"全国战略方针"核心在于争取东北

"向北发展，向南防御"作为刘少奇代表中央确定的"全国战略方针"，其核心是向北发展以争取占领东北，向南防御则是阻击国民党军进入这一战略要地。

战略决心既下，中共中央在刘少奇的主持下要求进入东北的部队和干部迅速行动。那些部队上路后，发现天空中出现了一架架大头的美国运输机轰鸣着向北飞行，心中更急，那双在长期游击战中练就的铁脚板也就迈动得更快。

9月底，中央接连发出几项指示，强调"时机万分紧迫""向东北和冀东进兵及运送干部，是目前关系全国大局的战略行动，对我党及中国人民今后斗争有决定作用。目前是时间决定一切。迟延一天即有一天的损失""不容许片刻迟缓"。

开始山东部队因船只困难，渡海速度较慢，9月30日中共中央特别致电批评说："渡海行动，如此迟缓，已是大错，如不立即补救，将逃不了历史的惩罚。"语句如此严厉，

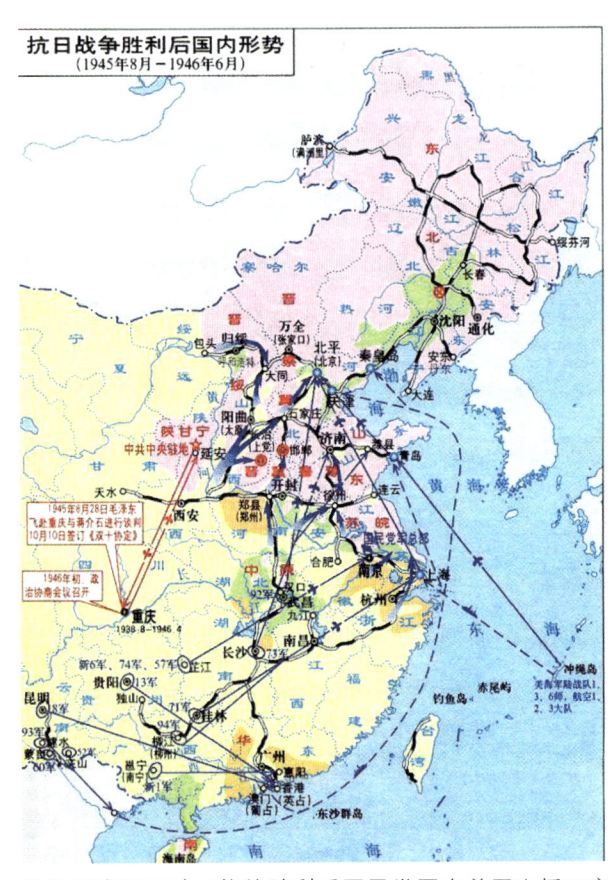

这幅示意图反映了抗战胜利后国民党军在美国支援下空运、海运部队抢占胜利果实的国内形势。

正反映了形势的急迫。

为加强进军东北的力量,中央原先从延安派往中南和华东的部队和干部在途中大都接到新命令,立即折向东北前进。林彪、萧劲光等人于8月24日乘美国派到太行山接运获救飞行员的飞机离开延安,准备去山东接替生病的罗荣桓。两人在去山东途中行至河南濮阳,突然接到中央的"万万火急"电报,命令原定去山东的干部立即转道去东北。林彪自己也提议改去东北,于是这一行人的行军方向由东转北,并快马加鞭地疾进。

1945年,陈毅奉命率新四军军部和主力从苏中北移山东。

中共中央开始曾考虑调动30万部队进入东北,然而各根据地抽不出这么多机动力量。奉命调赴东北的部队,有的也因途中受阻未到达。但是到1945年11月底,总共有11万多人进入了东北,其中主要的部队有:

冀热辽军区第十六军分区部队近1万人,于9月上旬从陆路进入锦州、沈阳;

冀中三个团、晋绥、冀鲁豫各一个团7000人,于10月间由陆路进入辽宁西部和中部;

山东军区第一、第二、第三、第六、第七师及第五师一部,共6万余人,由海路于9月至11月间进入辽西和南满,后以一部进入北满;

陕甘宁边区的三五九旅、教导二旅和警一旅各一部,及抗日军政大学、延安炮校共1万余人,于10月下旬至11月间进入辽西,后大部转赴北满;

新四军第三师3万余人则由黄克诚率领,从江苏北部启程经千里长途行军,于11月中旬进入辽西。这是当时进入东北的最大的一支部队。

除上述部队外,还有从延安和各解放区抽调的党政干部2万余人,包括作为100个团架子的各级干部。

在苏军进占东北时,原东北抗日联军撤到远东的余部也从苏联红军返回。他们虽然只有几百人,却被苏军分派到57个城市,许多干部担任了苏军的卫戍副司令。他们利用这一机会发展了许多地方武装,并与出关的八路军汇合，与中央恢复了中断多年的联络。这支重要力量在发展东北时，因其具有地方特色，也起到了重要的作用。

在先后到达东北的中共高级领导干部中，有20名中央委员和中央候补委员，占中共七大选出的全部中央委员和中央候补委员的四分之一以上，其中有四名政治局委员——彭真、陈云、高岗、张闻天。这时还只是中央委员的林彪因过去的战绩和在部队中的威信，被临时指定为东北地区的军事指挥员。

10月下旬，鉴于陈毅率苏中新四军军部及主力一部已北移山东，罗荣桓等率山东军区司令部人员乘船从山东黄县龙口出发，渡过渤海湾，11月中旬罗荣桓赶到沈阳。

如此大规模的进军行动，虽然不声张，对外却是无法严格保密的。美国海军此时进入了渤海湾，其公开的任务是接受日军投降。可是他们很快发现了大批小船正穿梭般地从胶东解放区向东北运送人员，正准备在天津登陆的一些美国军舰随即掉头向烟台开来。

9月下旬，美军开始在胶东海面集结舰只，并提出准备登陆。这一行动显然是要破坏八路军从胶东渡海去东北的计划。中共中央得到这个消息以后，于9月27日向美军驻延安观察组宣布，烟台已被我军解放，该地已没有日伪军，不要登陆干涉中国内政。

美军却仍不罢手，10月6日美国临时组成的黄海舰队在司令巴尔贝中将的率领下，以大批军舰开至烟台港口外，声称奉美国盖德海军上将的命令，前

日本投降后，美国依仗其在全球超强的海军舰队进入中国沿海。

六　"向北发展，向南防御"

1945年10月，美舰驶到烟台海面，中共谈判代表登舰谈判要其离开。

来进驻烟台，要求登陆。当地八路军负责人质问此时还以抗日"友军"面貌出现的美军联络人员：为什么要登陆？美军开始称是来收缴日军武器的，发现说不通后又说是来帮助排除水雷的。当八路军表示不需要帮助后，美军罗尔少将索性蛮横地说，既然奉上级的命令，就要进入烟台，要求贵军立即退出。

在这种形势下，只能兵来将挡，拿出敢于斗争、敢于反抗的精神来。接到胶东的紧急报告后，中共中央在刘少奇的主持下，指示胶东区党委坚决拒绝美军登陆，要求"建筑工事、实行抵抗"。中央还指示："将冲突时间、地点、人数及其具体经过情形，迅速报告和公布。只有我军采取强硬态度并在世界上引起舆论大风波之后，才能压制美军的无理干涉。"

为引起世界舆论的注意，10月7日，叶剑英以十八集团军参谋长的名义公开发表声明，就烟台事件指出，美军"竟然在该地强行登陆，因而发生任何严重事件，应由美方负其全责"。

此时，世界大战刚刚结束，美苏关系又开始紧张，这种国际形势和美国国内的舆论都不会允许美军在中国陷入新战争。面对中共的严正态度，美国军方显示出欺软怕硬的实质，10月16日美海军舰队灰溜溜地撤出烟台海面。保卫烟台的这场以真枪实弹为后盾的政治斗争取得胜利，不仅保障了胶东到东北的海上交通线，也使美军在第二次世界大战后第一次在它想要登陆的地方被驱赶回去。

223

国民党进军东北碰壁

国民党比中国共产党提前知道苏军出兵东北一事，准备时间多，可是其行政官员和军队进入东北却比靠两条腿前进的中共部队慢得多。论其主要原因，只能怪"南渡君臣"们长期偏安巴蜀，在北战场只有一个兵力不多的傅作义部，无法穿越广阔的解放区。至于美械装备的国民党主力军，当日本投降之际尚在大西南的山区，没有一个出海口，先要占领越南的海防以及上海、广州等地，然后才能辗转向东北运输兵力。

不过苏军占领东北后，当地很快冒出了一批国民党的"地下工作者"，使东北老百姓第一次领略了过去"盼中央"所盼来的结果。

日本发动"九一八事变"前，东北长期由奉系军阀统治，老百姓并不真正知道国民党当政的滋味，后来当亡国奴时还把国民政府当成正统的中央来期盼。国民党中央不抵抗而丢弃东北后，直到四十年代初考虑到将来要夺取胜利果实，才派了一些"统"字号的人物潜入东北建立组织，并吸引了城市内一些有爱国心的热血青年加入。可是为时不久，素以嗅觉灵敏著称的日本特务机关几乎全部破坏了国民党的地下组织，那些派遣人员也大都投降并被日伪情报机关任用。只苦了那些刚刚加入的青年，关在宪兵队特高课的大牢中备受折磨。

关东军投降后，由于知道苏军要把东北交给国民政府，那些早当了汉奸的"统"字号人物和一些伪满特务摇身一变，又成了从事"地下工作"的中央先遣人员。仅仅几天时间，沈阳、长春、哈尔滨各大城市就挂出了好多个"国民党党部"的招牌。那些刚从监狱中逃生出来的青年学生们赶快去报到，可是一进门就瞠目结舌。原来指认、审讯并和鬼子宪兵一起拷打他们的汉奸特务，如今都成了"党部负责人"！

除了这些多少与真正的国民党沾点边的"党部"外，东北地区还一下子钻出来数量多如牛毛的"中央先遣军""国军特别行动队"等，其实都是原来的伪满军队和土匪打出的招牌。如此的国民党，使东北的民众吃了一惊。不过一些人从善良的愿望出发，认为他们都是冒牌货，还盼着真正的"中央"。苏军的军管机构通过登记摸底，也先后取缔了各城市的这些挂着国民党牌子的机构。

中苏条约签订后，重庆的国民政府认为东北即将到手，于是官场内先演出了一场分肥闹剧。对于负责东北的人选，李宗仁曾认为将张学良放出来担

傅作义（左二）根据蒋介石的命令于1945年6月向察哈尔解放区进攻，企图切断中共进入东北的通道。

任最合适，可以利用老的社会关系顺利地进行接收，然而蒋介石对东北军的衔恨未消，对此根本不予考虑，只想任用自己中央系统的心腹。于是CC派、政学系、黄埔系都要在这个中国最富庶的地区安插自己的人。可是蒋介石于8月31日突然宣布任命资历并不高、靠辅助蒋经国得宠的原江西省主席熊式辉为"军事委员会委员长东北行辕"（对外亦称东北行营）主任，又任命曾留苏12年的"大太子"蒋经国为"东北外交特派员"，负责办理对苏交涉。在如此重要的战略区只选用二流角色主政，这一人事安排实际考虑的是蒋家王朝的接班人选，这使国民党元老和许多要人们大失所望。

为解决狼多肉少的矛盾，国民政府还宣布将东北划分为九省，即辽宁、辽北、安东、吉林、松江、合江、黑龙江、嫩江、兴安九省，此外还有两个中央直辖的特别市即大连市、哈尔滨市，这样就可以多安排些官吏。可是腐败的官僚们欲壑难填，接收大员们还没有出发，东北的人事却已在争吵不休，并消耗了国民党官员们的主要精力。不少人认为，反正有苏军看管着东北，三个月后才撤，不用着急。

9月下旬，中共部队进入东北的消息传到重庆。蒋介石马上决定用飞机向长春派驻行政官员。10月9日，由重庆派出的以东北行营副参谋长董彦平为首的先遣人员乘坐飞机，经北平抵达长春。10月12日，熊式辉、蒋经国也飞赴长春。随后，蒋介石又在重庆召见杜聿明，要他迅速去东北，与苏军交涉派兵接收问题。

国民党军从陆路进入东北的企图刚一实施，即感到全无希望。这是由于中共中央"向南防御"的战略计划顺利实施，关内可进入东北的三条主要交通干线都被阻断。

在华北沿平绥铁路东进的傅作义部遭到阻击，并被打回绥远。聂荣臻、贺龙并率八路军晋察冀军区主力乘胜追击，一举包围了归绥（今呼和浩特）。这一仗虽然没能完成歼灭傅作义部的计划，却使其只能龟缩在老窝中。

由河南沿平汉铁路攻入河北南部的国民党军主力，是孙连仲部的三个军。刘伯承、邓小平指挥晋冀鲁豫军区主力发起了邯郸战役，一举歼灭了两个军，剩下一个军在高树勋的率领下起义。这一集团军于10月末全军覆没，震撼了华北。由日军掩护沿同蒲、正太铁路进入石家庄的胡宗南部两个军在邯郸战役后因背后受威胁，不敢再大举北进。

沿着津浦铁路北上的国民党军数量不多，山东段铁路又早被八路军截断。陈毅由延安赶到山东后，马上指挥新四军北上部队会同当地留下的八路军山东军区部队发起津浦路战役，歼灭上万伪军，迫降了数千名日军，控制铁路数百公里。

这样，国民党军沿陆路进入东北已不可能。派军队前去"接收"的唯一办法，就是靠美军的运输，把刚由美国飞机从内地运到上海接收的汤恩伯的老底子第13军等部再装上军舰，以运往东北。可是苏军根据雅尔塔协定的精神，认为美国军舰和飞机不能进入东北，国民党军一时又缺乏自己的长途运输工具，大举派兵到东北就成了问题。

国民党行政人员进入东北倒是一帆风顺，苏军还表示了欢迎。可是当熊式辉在长春市东北行营的门前挂出"军事委员会委员长东北行营"的牌子时，马上收到苏军的抗议照会。照会上称，苏方只同意你们的行政人员来接管，苏军未撤走前不允许军事人员出面。结果，熊式辉只好摘下了这块牌子。苏军还以保护安全之名，不许行营人员随便外出，一些前来与国民党行营联系投靠的伪满官员也被苏军哨兵拦阻在外。

国民党方面见中国共产党军队已大举进入东北，并在各地建立政权扩大军队，自己却只能进去几个文职人员，自然怒火中烧。熊式辉、蒋经国等人一再就所谓苏联违反了中苏条约的规定向苏军提出交涉。苏军却解释说：东北各地的抗日武装及民主政权，都是东北人民自己建立起来的。他们并没有打中国共产党或八路军的牌子，我们只知道这些是"自治"的军队和团体。

根据中苏条约，苏军不能去管中国的军民。

对于国民党从长春派到东北其他城市的"接收大员"，苏军一概允许前往并予以接待，同时通知中共人员对他们不得加以伤害。在一些中小城市，苏军将国民党接收人员请到后，办理了移交政权手续，把空荡荡的政府办公楼交给他们作为市政府，待双方正式签字后，马上就宣布自己要撤走。这些"接收大员"闻之大惊失色，因他们知道当地实际由八路军武装控制，离开苏军的保护自己马上会当俘虏，于是惊恐地要同苏军一起离开。苏军交接人员则表示，是否离开是你们自己的事，政权已经移交完毕，手续齐全并已签字，苏联已经履行了中苏条约规定的义务。

按照这种"政权移交"办法，在东北除了长春、哈尔滨、沈阳、四平和齐齐哈尔几个大城市外，在各中小城市国民党行政官员虽然大都办了"接收"手续，可是苏军一撤马上也跟随逃回。他们建立的"市政府"随之都作鸟兽散，只有在一些由土匪"先遣军"控制的边远地区国民党的势力还能存在。

对于这种可笑的"接收"，国民党方面一再提出抗议。苏军却对国民党行政官员讽刺说，既然你们自称是受中国人民拥戴的合法政府，按理说用不着派兵就可以去接收。你们离开我们的保护就不敢外出，不敢停留，这说明你们不得人心。人民反对你们，对此我们没有办法，因为苏军不干涉中国内政，更不能帮助你们镇压人民。

国民党方面也明白光有无兵无勇的文职接收大员不行，从10月中旬起熊式辉就在长春与苏军代表谈判，要求苏军允许国民党军队在大连登陆。苏军却称："根据中苏条约大连是商港，是运输货物而不是运输军队的港口。"拒绝国民党军上岸。

国民政府东北行营的经济委员会主任张嘉璈事后在日记中记述了当时的会见情况："马林诺夫斯基一再提及美军舰驶入大连港及舰长登陆之事，可见其对于我方借助美国力量，运送军队进入东北之不满。可显见苏联不愿见美国势力侵入东北。"①

借美国军舰直接海运大连不行，10月17日国民政府代表又提出交涉，要求苏军允许其在大连设一航空站，转运空运部队进入东北，也被苏军拒绝。

10月28日，十天前刚被蒋介石任命为东北保安司令长官的杜聿明中将飞到长春。他一下飞机，就直奔设在原关东军司令部大楼内的苏军总部。这位

---

① 《张公权日记中有关东北接收交涉经过（五）》，台湾《传记文学》，第37卷第1期第107页。

从合作走向决战
——中国共产党为什么能战胜国民党

曾远征缅甸的名将会见了马林诺夫斯基元帅，根据中苏条约提出了接收东北的要求。

据杜聿明后来在回忆录中称，胖胖的马林诺夫斯基态度和蔼，远不像美国将领那样盛气凌人。他向杜聿明说："杜将军带领中国军队接收东北的领土主权，苏军很欢迎，你们从海路、陆路来，我们都欢迎。"①

随后，马林诺夫斯基推说旅顺、大连由另一苏联元帅管辖，不在他的指挥范围之内，指定营口为登陆地点，并商定了国民党军在当地与苏军的联络方式。

蒋介石将东北的军事指挥重任交给黄埔一期毕业的杜聿明。

杜聿明听后万分高兴，立即返回上海，率一个军乘坐美国军舰驶向营口。11月7日，他们驶到了营口港外，发现岸上的苏军早已不知去向，从望远镜里看到的只是八路军在海边挖掘工事，准备抗登陆作战。当时美国海军没有在中国土地上参战的许可，不能以火力掩护国民党军进攻，杜聿明只好垂头丧气地命令部队所乘的舰船转向秦皇岛。此地在10月中旬已被美军登陆占领，国民党军在美军控制的秦皇岛上了岸，才算找到一个进攻东北的立脚点。

国民党军由美舰运输在秦皇岛登陆，随之进攻东北。

---

① 全国政协文史资料研究委员会：《辽沈战役亲历记——原国民党将领的回忆》，文史资料出版社1985年版，第502页。

六　"向北发展，向南防御"

1945年10月末，美军在秦皇岛登陆后，进占华北铁路桥，掩护国民党军进军东北。

鉴于直接进入东北没有希望，国民党军从11月上旬到中旬由美国军舰运输，姗姗从秦皇岛登陆了第十三军、第五十二军。这两个军从东北的门外打起，节节突破中共部队的阻击，先攻占山海关，后占锦州，于11月中下旬才攻入东北，这比八路军出关部队已晚了两个多月。

出尔反尔的"辰兄"

国民党"接收"东北重重受阻，中国共产党进入东北也很不顺利。孙中山当年就提出过"以俄为师"，中国共产党人也将苏联称为"老大哥"，党内电报中都以"辰兄""远方"为其代号，对其一直寄予很高的期望。可是这位"老大哥"对"兄弟般"的中国同志却缺乏应有的热情，苏联方面对中共的态度像多变的晴雨表，随着国际形势和自身利害的关系变化，热度像水银柱似的忽上忽下。

9月18日，彭真、陈云一行到达沈阳。同日，中共东北局开始工作，并开始秘密同驻东北的苏军接洽。七天后，即9月23日彭真由沈阳向延安发电报告："满洲发展条件甚好，现我军已由二千人发展到四万七千人，原辽宁省政权已全部接收。"

当时，驻东北的苏军总部设在原伪满洲国"首都"长春市，最高统帅是刚刚接替华西列夫斯基的马林诺夫斯基元帅。中共东北局和后来成立的东北人民自治军总部则设在沈阳，主要与驻沈阳的苏军最高负责人、第6坦克集

从合作走向决战
——中国共产党为什么能战胜国民党

这幅油画表现了中共代表陈云（左三）向斯大林汇报的情形，左二为王明，左四为王稼祥。当时斯大林对中国共产党有支持和轻视的两面性。（沈尧伊作品）

团军司令克拉夫钦科大将和军事委员杜曼宁中将打交道。见到苏军负责人之后，彭真马上出示了中共中央对这一行人的介绍。数十年后，刚刚抵达东北时为东北局领导担任俄语翻译的伍修权说出了自己当时的感觉："我们与苏军打交道后，发现他们对我们始终抱有一种很冷漠的态度，在我们进入沈阳之前，他们曾经明令禁止我党我军公开亮出自己的旗号，一度还拒绝我们的部队和机关进入市区。我们到时虽有改善，但仍然缺少应有热情与合作精神。"①

高层领导人需要从各方面考虑问题，自然顾虑多一些。在大批中共部队陆续进入东北后，在与同为共产党的苏联军队交往时，也演出了一幕现代国际关系史上少见的戏剧性场面。

最早出关的八路军遇到苏军时，干部战士个个激动万分。那时中苏两国的共产党人还都未料到日后共产主义运动会发生分裂，刚开始面对八路军热烈的口号，"老大哥"们却无反应，甚至持枪警戒。原来当时的八路军既无正规的军装和标志，武器又破烂不堪，苏军根本搞不清这是什么队伍。事出无奈，部队只好唱《国际歌》和挥舞红旗，凭着双方都熟悉的曲调和同样的旗帜，才让苏军明白这是信仰相同的"朋友和同志"。许多苏军下级官兵由于多年深受共产主义和国际主义教育，毕竟还表示出一些亲切的态度，可是高级

---

① 《八一五这一天》，《光明日报》出版社1985年版，第341页。

军官们却顾虑重重,因为他们感到如过分热情就会与国家的外交政策相矛盾。

苏军虽公开表示不予亲近,不过暗中还是给予了一定的方便。当山东的6万八路军和上万干部以及不少家属从海路大举向东北航渡时,苏军都抱着一种视而不见的态度,只提出不能在他们驻军的港口上岸。如八路军山东军区司令员罗荣桓所坐的汽艇快到旅顺口时,遇到了苏军的巡逻艇。因罗荣桓一行身着便衣,装扮成商人,苏军开始态度蛮横。经解释无效,罗荣桓拿出在延安与毛泽东的合影照片,苏军艇长认出了其中的毛泽东,这才态度大

八路军山东军区司令员罗荣桓到东北时的照片,他奉命率6万部队渡海进入辽南。

变,表示可以放行。罗荣桓一行本想在大连登陆,却被艇长以不方便为由拒绝。显然苏军不愿在这种醒目的地方接待八路军,使他人发现中苏两国共产党在东北有关系。

进入东北的八路军当时最缺武器,多数人还是徒手。向"老大哥"提出索要后,苏军起初在公开交涉中不肯给,八路军领导只好下令"开仓济贫",派部队夜间到苏军所占的日本仓库去拿,苏军哨兵了解到是八路军,也就视而不见,并帮助站岗。这些缴获的日本关东军的武器对苏军并不重要,不过能转交八路军,这在当时是对中国共产党人极大的帮助。

对于转交武器一事,苏军的态度前后也不一致。9月间八路军刚刚进入东北时,他们态度暧昧。到了10月4日,中共东北局又向中共中央报告,"友方"向他们表示"已下最后决心,此间家务全部交我"。即把缴获的所有日军装备交给中国共产党。

这一消息,使中共中央深受鼓舞。在长期的革命斗争中,中国共产党人在军事上没有外援,自己又缺少军火工业,一直为缺乏武器弹药而苦恼,此时能得到关东军的几十万支枪、几千门炮,真是天大的喜讯!中央一面将这一消息通知向东北进军的部队,一面催促在东北的部队快些搬运。截至11月下旬,八路军从苏军所占的日军仓库中取出了10万支枪和300门炮。

此时苏军对国民党军的态度也令中共高兴。10月底马林诺夫斯基与杜聿明谈妥了国民党军可以从营口登陆以接收东北后,苏军马上从该地撤出,并

通知八路军抢占营口,对前来的国民党军可以大打。同时根据苏军的通报,八路军还在安东、葫芦岛设防,国民党军从海路直接进入东北的计划就此成了泡影。当时苏联联络人员还向中共方面建议,可调30万军队进入满洲,这一期间他们可以负责阻止国民党进入。

苏联的态度直接影响了中共中央对东北的战略方针。开始因苏军没有将大城市交给中共的迹象,9月28日刘少奇为中共中央起草的指示强调不应将主力放在满洲门口抵住蒋介石:"我发展东北的部署,应将重点放在背靠苏联、朝鲜、外蒙、热河有依托的有重点的城市和乡村,建立持久斗争的基点。"10月9日又要求进入东北的部队"必须迅速摆开,分散每县一连一排,迅速发展扩大"。这一方针是准备在苏军将东北大城市交给国民党后,共产党的武装仍能依托根据地以进行长期斗争。

毛泽东于10月11日从重庆返回延安后,中共中央对东北的方针有了新变化。其重要的原因,是苏军表示可以帮助中共拒绝国民党军的态度。10月19日,毛泽东为中共中央起草的给东北局的指示提出:"坚决拒止蒋军登陆及歼灭其一切可能的进攻,首先保卫辽宁、安东,然后掌握全东北,改变过去分散的方针。"①

由于中央又确定了"独霸东北"的决策,刚刚到达的部队集中起来准备打阻击国民党军的大仗,发动群众建立根据地的工作未能马上展开。为统一进入东北地区部队的番号,同时又照顾苏联的外交信用,10月31日中共中央命令进入东北的部队改称"东北人民自治军",任命林彪为总司令,彭真为第一政委,罗荣桓为第二政委,程子华为副政委,吕正操、李运昌、周保中为副总司令,肖劲光为副总司令兼参谋长。至此,中国共产党在东北的领导机构已经基本齐备。

可是进入11月以后,国民党和美国方面对苏联施加了外交压力,苏军对中共在东北活动的态度又有了变化。

11月上旬,在长春国民党东北行营驻地发生了令人哭笑不得的事件。当时行营害怕苏军限制和监视其活动,表示不需要苏军负责警戒,在市内招募了部分原伪满军警组成警卫部队。国民党接收大员们看到终于有了自己放心的门卫站岗,认为这下子就可以自由活动了。

秘密进入长春的八路军发现这一情况后,立即在夜晚将这批警卫部队缴

---

① 中共中央文献研究室:《毛泽东年谱》下卷,中央文献出版社2013年版,第38页。

六 "向北发展,向南防御"

东北抗日联军退入苏联的人员编为红军第八十八旅(前列右三为旅长周保中),他们在苏军入东北时进驻了57座城市并发展力量准备迎接八路军。

了械,自己代替他们去"站岗"。第二天,那些平时只强调对国民党的"阶级仇恨"而缺乏政治斗争、外交斗争经验的八路军下级干部战士上了岗,在哨位上竟把步枪、机枪的枪口对着行营大楼。国民党行营人员一早上班时,发现警卫人员面孔已变,对他们满脸怒气且枪口向内。上前一问,竟是山东口音,原来都是些"老八路"!国民党官员们吓得魂飞魄散,行营里立即像捅了马蜂窝一样,在一片混乱中许多人手拿箱包奔出大楼逃向机场,准备搭飞机回关内,一些主要官员则跑到苏军驻地去要求保护。

面对苏联秘密支持中国共产党的态度,蒋介石恼羞成怒。1945年11月5日,根据国民党政府命令,熊式辉与马林诺夫斯基进行了第四次会谈,声称:"中国军队不能进驻东北,国民政府不能接收东北,一切由苏军负责。"对此苏军开始仍持不着边际的敷衍态度,国民党当局为进一步施加外交压力,干脆于11月15日宣布撤回驻长春的行营。

11月15日当天,蒋介石又致电美国总统杜鲁门求援,称:"苏俄违约背信造成的东北局势,不仅危及中国领土的完整与统一,实已构成东亚和平及秩序的重大威胁,唯有中美双方积极的与协调的行动,才能防止其继续恶化。"①

对蒋介石的求援美国虽表示同情,却出于对苏联的顾虑,一时未公开

---
① 《蒋总统集》第一册,《苏俄在中国》,台湾"国防研究院"1961年版,第305页。

表态。然而苏联领导人却害怕得罪实力强大的美国，转过头来又向国民党让步。此时，苏联虽然取得了卫国战争的胜利，但却为此付出了沉重的代价，急于谋求一个和平恢复的时期，很怕再引起新的战争。苏联出兵东北后，首先和他们会师的并非是同他们有过正式协议的国民党，而是中国共产党领导的武装力量。中共独立自主地进入东北后，他们虽给予了一些支援，却又担心如过于接近会引起国民党及其后台美国人的强烈反应，以致造成美苏之间的新矛盾。于是，苏方很快便不惜牺牲中共的利益，来换取国民党和美国政府的好感。

此时国民党不仅施加外交压力，其军队也攻入了东北，八路军因力量较弱无法阻止其前进。从11月上旬起，国民党军队在美国的帮助下以两个军的兵力从秦皇岛向东进攻，依仗着占绝对优势的火力于11月16日攻占了八路军据守的山海关，并向锦州推进。此时，苏军对国共双方的态度有了大变化。

11月10日苏军在与国民党长春行营的谈判中，已同意国民党军可在苏军撤退前五天空运部队到东北各大城市，以进行接收。当苏军将这一消息通知了中共东北局后，东北局认为国民党空运部队不会很多，所以以各大城市为中心部署了力量，准备待这些部队一降落就将其歼灭。

11月14日，毛泽东也为中央起草了致彭真、林彪及李富春、高岗、张闻天的电报，仍准备夺取东北各大城市，其中强调："一面照顾到友方信用，一面仍须控制大城市，并迅即准备一切条件于友方撤走后，歼灭顽敌。……因条约关系，友方允许顽方于友军撤退前五天内可用空运降落大城市，我军不得发生冲突。已令彭、林一面照顾友方信用，一面仍须控制大城市。"

决定刚刚做出，苏军的态度的进一步变化却使这一计划不可能实现。

11月17日国民党东北行营副参谋长董彦平在长春机场准备上飞机时，苏军代表突然赶来，通知说苏军已奉命暂缓撤走，并加强城市的警戒，以便国民政府在东北接收。这样，董彦平等人又留在了长春。

苏军对国民党方面让步后，11月19日又正式通知中共东北局，限令中共党的机关及所属部队，在三日内全部撤出沈阳、长春等大城市，以便他们向国民党办交接。

苏军的出尔反尔，引起了中苏两党高级干部第一次激烈冲突。苏军驻沈阳的少将卫成司令卡夫通找到了东北局书记彭真，以粗鲁和傲慢的口气通知要他们退出沈阳，彭真和伍修权向他反复耐心地说明了不应撤出的理由，并请他向莫斯科转达意见。这位少将居然粗暴地说："要你们退出沈阳，是上级的指示。如果你们不走,我就用坦克赶你们走!"彭真一听也按捺不住,抓住他的话责问道:"一个共产党的军队,用坦克来打另一个共产党的军队,这倒是从来就没有听说过的事,能允许这样做吗?"结果双方毫不客气地吵了一架,不欢而散①。

当天,彭真等又向苏军提出要与马林诺夫斯基直接面谈,苏军却与中共东北局停止联络,拒不会面。

对苏联这种态度,中共东北局极感愤慨,后来黄克诚甚至提出如苏军强行驱赶

苏军同意将东北各城市交给国民党后,街边大建筑交叉立着苏联和中华民国国旗,门框上悬挂着斯大林、列宁、孙中山、蒋介石画像。

也要抵抗,以迫使苏军在某些问题上适可而止。此时毛泽东住院休息,11月20日在刘少奇主持下,中央电复东北局,指出应改变10月19日以来拒阻国民党军进入东北的方针,让出大城市,"争取到广大农村和中小城市"。中央还解释说:苏方的态度是整个外交政策所决定的,底下的人是执行命令,要以大局为重,避免与苏军发生冲突。

当时苏联在东北的政策反复多变,其实都围绕着如何更好地维护其国际利益,尤其是受苏美关系所左右。在雅尔塔举行会议和谈判签订中苏条约时,美苏因共同对日作战关系尚好,斯大林在与蒋介石谈判时就不照顾中共的利益。日本宣布投降后,9月间因美国坚决不允许苏军在北海道登陆,因此双方在占领日本问题上出现了尖锐矛盾,在伦敦外长会议上也发生了严重对立,且美国又停止战时以租借物资援苏的做法。在这种背景下,苏联允许中共进军东北,随后又给予了一些秘密和有限的支持。可是进入11月后,苏联与美英两国议定下个月在莫斯科召开三国外长会议,有在国际问题上达成妥协的可能,因此苏联对中共又采取种种限制,并不惜违背诺言。如再回顾历史,

---

① 伍修权:《我的经历》,解放军出版社1984年版,第172页。

五六十年代赫鲁晓夫那种背信弃义毁合同的行径,其实在当年就已见端倪。

为自己的利益而不讲信义,这在当时给中共在东北的战略布局带来了很大的被动。不过由于中共中央及时采取了灵活的措施,方针因时而变,从而避免了更大的损失。

变"独霸东北"为"占领两厢"

鉴于无法占领东北各大城市,11月22日刘少奇为中央起草电文,指出今后东北的战略方针是:"让开大路,占领两厢。"所谓"大路"是指北宁铁路和哈尔滨至大连的铁路,"两厢"则是指中心铁路两侧的广大农村和中小城市。这一在历史上著名的口号,正是由此概括而出。

根据新的方针,中共东北局和下属机关撤出沈阳及周围地区,转移到本溪和抚顺等地。在东北的中共部队,也都撤到离沈阳—长春—哈尔滨铁路线20公里以外的地区。

当苏军从东北大城市驱赶中共武装时,国民党的军队也突入榆(山海关)锦(州)路,这一线阻击的失利也证明了中国共产党人无法实现原定"独霸东北"的计划。

11月初国民党军开始向山海关进攻时,当地的八路军冀热辽军区部队进行了坚决的阻击。当国民党第十三军、第五十二军正向山海关、锦州突击,又有一个军可能增援时,11月14日毛泽东为中央制订了榆锦地区决战的计划,要求"以锦州为中心之地区为我主力集中作战之战略枢纽"[①]。

次日,毛泽东又指示东北局集中以新到达的黄克诚部为主的7万老部队,再以新部队辅助,"由林彪或荣桓亲去指挥,举行反攻,分作几个战斗,每次歼灭其两三个师,最后全部歼灭三个军,即能从战略上解决问题",即达成全歼进入东北的国民党军的"主力决战"胜利。

可是,当时辽西地区的实际情况却远不像中央想象的那样乐观。由于当地缺乏群众基础和敌我力量对比不利,也由于苏联态度的改变,因此被中央确定参加榆锦决战的部队处境困难,根本不能挡住国民党两个军的进攻,更谈不上将其全部歼灭。

进入东北的八路军部队投入战斗后,不久便无法阻击国民党从山海关向

[①]《毛泽东军事文集》第三卷,军事科学出版社、中央文献出版社1993年版,第141页。

关外发起的进攻。出现这一情况的原因,一方面在于临时扩编的部队素质不行,另一方面也在于苏军在转交武器问题上违背一个多月前"此间家务全部交我"的"最后决心",造成中共出关部队面临极大的困境。

9月间东北局上报当地有大量武器可以拿到,10月上旬苏军又提出可以将沈阳附近有10万支枪的大军火库转交八路军。中共中央得讯后,要求山东八路军和新四军第三师黄克诚部把武器留在原地,并迅速徒手赴东北接收这批新武器。结果山东许多部队奔赴东北时,大都是每个班只留一支枪用于晚间站岗。部分老部队虽然带了些武器,也都是过去缴获的破旧装备。据统计,由山东进入东北的6万多部队中,只有8门迫击炮,16挺重机枪,529挺轻机枪,2.2万支步枪,弹药更为缺乏。奉中共中央之命赴东北的最大一支部队——新四军第三师上路时携带了全部装备,可是到达冀东后也将其大部分装备留给了当地部队。

11月间苏军态度突变,声称原定转交的军火他们另有用途,这其实是向美蒋压力让步的一种托词。此前,已经接收到武器的多半是八路军刚刚进入东北时新收编的部队,他们大多是东北人,地方熟,行动快,抢先打开了日本的军火库,得到了较好的武器。如最先出关的冀东部队,就是靠运出日军仓库的装备和招兵买马,两个月内就由不足1万人扩大到10万余人。但后赶到的许多老部队,却接收不到武器。结果有人说了俏皮话,说新兵新枪,老兵老枪,新兵有枪,老兵无枪。

八路军进东北后教育前来投降的伪军的照片,事后证明这些参军者有许多人不可靠而大批投降国民党。

从合作走向决战
——中国共产党为什么能战胜国民党

根据中共中央指示,1946年6月中共东北局在哈尔滨开会,决定改变方针全力建立根据地。

这些先拿到日军装备的新部队,老骨干很少。许多人是伪满洲国的无业人员和国兵,利用先进入东北的八路军部队大扩军的机会,抱着"先当八路,再当中央军"的心理参军。不少新参军的东北人没有受过很好的教育,也不了解八路军的宗旨。他们目睹了苏军一些纪律不良的作为,将对苏联共产党人的不满转移到中国共产党人身上,所以对素未谋面的"中央军"反而产生了好感。一打起仗来,许多人就向国民党军队交枪,锦西一次撤退就有几千人向第52军投降。冀东部队进入东北新扩大的10余万人中,竟有4万余人投降叛变。当时在辽西奉命阻击国民党军的许多新部队一战即垮,根本没有什么战斗力。这样,苏军转交的不少武器又落到了国民党手里。

新部队装备好却无战斗力,老部队缺乏装备,自然会影响到榆锦线的作战计划。准备作为榆锦决战主力赶到锦州附近的新四军第三师,就因为苏军失信而未获得新武器,一时难以投入作战。在这种情况下,如果机械地执行决战计划,后果不堪设想。11月26日,负责在前线指挥的林彪当机立断,决定放弃锦州。

率领新四军第三师刚到达锦州附近的黄克诚,是一位一向以敢于直言著称的共产党人。他目睹了战场的不利情况,也在11月26日直接给毛泽东发出了一封表示不同意中央决战计划的电报,其中详细说明锦州附近的情况可用

进入东北的中共部队接收和搜集了大量日军火炮建立炮兵。

"七无"概括:

"无党、无群众、无政权、无粮食、无经费、无医药、无衣服鞋袜等。部队士气受到极大影响,锦州、山海关以西地区土匪极多,少数人不能通行,战场极坏。而敌人已占锦州,将直达长春。我提议我军暂不作战,进行短期休整,恢复体力并以一部主力去占领中小城市,建立乡村根据地,作长期斗争之准备。"①

与林彪、黄克诚意见相同的,还有在北满主持工作的陈云、高岗、张闻天等领导人,他们也在11月30日致电中央建议放弃原先占领大城市的打算。接到这些电报后,主持中央工作的刘少奇当即复电同意放弃榆锦决战计划。12月间毛泽东出院后,也同意这一决定,并起草了那份著名的《建立巩固的东北根据地》的指示。

各部队贯彻这一方针后,深入到东北各中小城市和部分乡村,剿灭土匪,搜集日军投降时流散的武器,队伍很快又发展壮大起来。1946年1月,在东北的中共部队又改名为东北民主联军,总兵力达到27万人。建立东北根据地的工作,此时也全面展开。

1945年11月间在东北放弃不切实际的决战计划,正是当年中国共产党人战略战术灵活机动之处。这一时期中共党内的各战略区的领导人可以根据战场情况对毛泽东的指示做变通处理,并大胆地提出不同意见。在那个党内民

---

① 《黄克诚回忆录(上)》,解放区出版社1989年版,第334页。

主生活比较健全的时代，毛泽东恰恰重用了这些根据实际提出不同意见的同志，而不欣赏那些机械执行自己命令的人，这也正是他作为一个领袖的伟大之所在。

延安整风期间，毛泽东为中央党校所题写的四个大字——"实事求是"，已经深入党的各级干部的脑海，从而为中国革命的胜利提供了最重要的保证。进军东北时方针的高度灵活，又恰恰是其最生动的体现。

率先向雅尔塔体制挑战的人

在国共双方争夺东北的斗争中，由于苏联"老大哥"的反复，中国共产党"独霸东北"的计划未能实现，可是毕竟占领了东北的"两厢"，比国民党军占有先机之利，这一行动不仅在全国战略全局上，而且在国际上都具有重大的意义。

雅尔塔交易结束后，三巨头公认他们在战后世界中可以起到"国际警察"的作用，并举杯祝贺三国合作顺利，他们都未料到，这个协定的亚洲部分，即在中国划分势力范围的决定刚刚实施，马上就遇到了中国共产党人进军东北的挑战，这一挑战注定了雅尔塔体制将在东方被冲开一个大缺口。曾经以"秃子打伞，无法无天"自诩的毛泽东和他的战友以进军东北的事实，在世界范围内率先向雅尔塔体制提出挑战，从而改变了中国的面貌，也改变了战后整个世界战略的格局。

第二次世界大战结束后，苏联在全球战略中处于守势，害怕因支持亚非国家的民族解放运动再引起同西方国家的直接冲突。这时的苏联饱经战争磨难，需要有一个安静的环境进行重建，自己同美国进行一些妥协也无可厚非。然而极不正义也不明智的是，苏联领导人为了本国的眼前利益，竟然要求一些殖民地、半殖民地国家中的共产党也服从其指挥，与本国的反动派及美英帝国主义实行妥协，甚至干涉或不许这些国家革命，这就扮演了《阿Q正传》中"假洋鬼子"的角色。

苏联开始想把中国东北交给国民党，后来虽同意共产党进入东北，但也多方限制。在中国内战问题上，斯大林要求毛泽东与蒋介石妥协让步以求和，反对实行"针锋相对"的斗争。1958年夏天毛泽东在同当时苏联驻华大使尤金的一次长谈中，以和盘托出之势，诉说了心底对斯大林错误的积怨。毛泽东特别指出，在中国革命的最紧要关头，斯大林不许中国革命，反对中国革命，犯了同十月革命时季诺维也夫一样的大错误①。

不过，苏联领导人在限制中国革命的同时，毕竟还是继承了十月革命的一些传统和理想，总的来说还是同情各国人民的革命运动。正因为中苏两国共产党人在反对美蒋反动派的大方向上一致，所以双方的分歧毕竟还是"人民内部矛盾"。抗战结束前后中共虽然一度与美国交往很多，周恩来等谈判代表与马歇尔等也建立过较好的私人关系，然而双方在争夺中国的控制权这一根本问题上存在着不可调和的对立。因而无论表面上怎样密切来往，中共与美国的关系在实质上也是对抗性的敌我矛盾。

抗战胜利后苏共驻延安的代表撤回，只有阿洛夫和另一名"米大夫"在中共中央当保健医生，其中阿洛夫有一部电台用来与斯大林联络。当时为毛泽东任俄文翻译的师哲曾回忆过一段有趣的佚事，说明了毛泽东对美苏态度的根本性区别。

1946年3月4日美国总统特使、军事调处国共美三人委员会主席马歇尔来到延安，美军驻延安观察组也活跃起来。为了招待马歇尔，中共中央用总部外事招待处的名义，在王家坪的大礼堂举行了一次隆重的大型招待宴会。

次日清晨，毛泽东尚未起床，就叫师哲找阿洛夫到他的住处。阿洛夫来到，毛泽东才慢慢地下床，还没穿好衣服。阿洛夫见到这种情景，以为是请他来看病的，急忙表示抱歉地说：走得太急，忘了带听诊器来。

毛泽东和蔼地笑了。他请阿洛夫就座，令勤务员倒茶，然后边穿衣服边对阿洛夫说："昨天举行了一次隆重的招待会，宴请马歇尔。这件事你知道了吧？气氛相当热烈。但是马歇尔只能在礼堂里作客，却不能像你今天这样坐在我的寝室里同我聊天。尽管我这个屋子里对你没有举行任何欢迎仪式，但这正是我们对待你们和对待他们的实质性差别。"

毛泽东最后说："我的体力直到今天还没有完全恢复过来，现在又感到累了。我想你已明白了我的意思，无需再多作解释了。"

从当时的表情看，阿洛夫似乎已懂得了毛泽东的语意和表情，却没有找到恰当的语言回答，沉思了片该便告辞了。但是毫无疑问，他会把这种奇特的场面和谈话的内容向莫斯科汇报的②。

在中共进军东北的问题上，苏联领导人虽然有过出尔反尔，并在中国共产党的许多干部心中留下了阴影，不过一个基本的事实还应该承认，正是由

---

① 《毛泽东外交文选》，中央文献出版社、世界知识出版社1994年版，第324页。
② 师哲：《在历史巨人身边——师哲回忆录》，中央文献出版社1991年版，第319页。

于苏军控制了东北,中国共产党人才能大举向那里发展。美军登陆占领的天津、青岛、秦皇岛等地,都立即交给国民党作为进攻解放区的基地,中共根本不能在那里插足。埋怨归埋怨,朋友和敌人的界线在那个历史环境下毕竟是非常分明的。

斯大林在东北给予中共秘密和有限的支持,从某种程度上违反了雅尔塔协定,不过从其基本精神看,仍是在维护美苏划分势力范围的雅尔塔体制。在美苏矛盾日益尖锐、国民党完全投靠美国的情况下,斯大林不能不考虑在中国特别是在东北支持一支能抗衡美蒋的力量,当时能起这一作用的又非中国共产党人莫属。尽管斯大林考虑的是美苏力量达成平衡以求妥协,毛泽东考虑的是同美蒋坚决斗争争取中国革命的胜利,然而出发点不同的双方却在对抗美蒋这一点上达成了一致。

认识到这一点人们也就能悟出,当时斯大林为什么一面对中共不信任,一面又给予少量援助;一面同美蒋交易东北问题,一面默许中共在那里发展力量;在中国的全局上不许革命,在东北的局部却赞同采取部分斗争。这些现象看起来矛盾,其实都统一到一个目标上,即维护苏联根据雅尔塔体制在远东获得的利益。

当时以毛泽东为首的中国共产党在坚持独立自主的同时,也承认进军东北时争取了苏联的援助。除了中苏两国共产党人在最大的共同利益和意识形态上仍是盟友外,当时苏联还是在战略上唯一可以同美国抗衡的力量,苏美对峙的本身,就牵制了美国以及西方老牌殖民主义者的主要力量,为"中间地带"的民族解放和人民革命创造了一个最为有利的国际条件。与此同时,美苏"两极"中形成的间隙,也为中国革命的发展和改变中国的国际地位提供了难得的机遇。而美苏两国都重视却又互相掣肘的中国东北,正是这一间隙的关键部位。1949年年初毛泽东在西柏坡谈论起中国革命胜利的国际原因时也曾形象地比喻说,现在的国际形势总的看是两只老虎对峙,一只红老虎,一只白老虎,我们正好利用这个间隙夺取中国革命的胜利。

严峻的挑战和机遇同时出现,能否趋利避害,把握机遇,关键在于掌握国家命运航船的舵手素质。毛泽东作为一个举世敬仰的战略家的伟大之处就在于他能在国内外形势转换的关键时刻,不失时机地抓住战略枢纽,勇敢地迎接挑战。当时,毛泽东、刘少奇以既坚决斗争又讲求策略的方式,冲破了美蒋的阻挠和苏联的限制,大力进兵东北,从而改变了中国革命力量在全国的战略地位,为后来改变中国的命运奠定了基础。

七 "和平民主新阶段"的设想

对于经历过"文化大革命"的人来说,"和平民主新阶段"一词应该不陌生,因为当年这一口号被当作刘少奇的一大"罪状",并写进了党的九大的政治报告。然而仔细考察历史就可发现,"和平民主新阶段"一词在1946年1月10日毛泽东下达的停战命令中首先正式提出,实际上是中共中央领导集体的共同设想。

在第二次世界大战结束后国际上一片民族和解的大氛围下,只有中国内战激烈,也的确显得很不协调。在美国、苏联的干预下,由马歇尔出面调处,中国在1946年上半年确实出现了国内和平的情形。正是在这一形势下,中共中央曾设想改变武装夺取政权的方式,通过长期的和平政治,争取以"选票进城"等手段最后获得全国胜利。在此之前,共产党领导的军队和政权还要保留,在国民党统治区实行半殖民地半封建制度,在解放区实行新民主主义制度,如此的话中国那时就会出现一种和平条件下长期的"一国两制"……

和平的机会瞬间即逝。最后的实践证明中国革命要走武装夺取政权的道路,因此随后许多领导人对当年的和平估计乃至"和平民主新阶段"的设想都不愿再提。其实,从历史唯物主义的观点出发,人们对客观事物的认识往往都要经过一个反复曲折的过程,不可能像造神运动时所说的那样事先就能洞察一切。中国共产党争取"和平民主新阶段"的愿望未能实现,从反面证明了还是毛泽东阐明的"枪杆子里面出政权"这一原理对,从而更激发起解放区军队和全国革命人民的斗志,以投入反对美蒋反动派的斗争。

尽管"和平民主新阶段"没有实现,但中国共产党人希望和平的诚意却深得人心,这加速了中国革命最后胜利的来临。

"和平使者"马歇尔带来的短暂停战

1945年末美国五星上将马歇尔作为特使来华调处内战。

抗战胜利后中共中央决定与蒋介石进行重庆谈判时,就确立了争取和平民主的方针,只是蒋介石不给八路军、新四军任何对日军的受降权,要垄断胜利果实,并在许多地区向解放区进攻,且局部内战发展到相当规模,这使得和平的希望显得非常渺茫。

苏、美、英三国当时对中国的内战也显得不安,因此设想调停。当然,这三国各有各的目标。

对苏联来讲,战后的首要目标是争取远东的和平,为此其总的战略方针是中立中国。斯大林既承认蒋介石的统治地位,又有限地支持中共存在与国民党保持某种平衡,争取使中国在未来的美苏冲突中不站到美国那一边。

对美国来讲,它一直认为腐败的国民党政权无力以战争手段消灭中共,应该采取和平溶化的方式,为此应停止内战并让共产党人加入国民政府。此时美国总统杜鲁门又公开提出其国家在战后已负有"领导世界"的责任,于是在中国的国共两党之间要充当调解人。

英国在战后失去了原有的世界大国地位,主要追随美国。不过因蒋介石在出征缅甸时与英国积怨甚深,大骂丘吉尔是"帝国主义之楷模",双方关系恶劣。战后国民党不大看得起英国因而一心靠美,这使英国对国民党政权也十分冷淡,不支持其内战政策。

正是在这种背景下,1945年12月16～27日在莫斯科召开了苏、美、英三国外长会议,对中国问题进行了重点讨论。苏联在会上要求美国承诺与自己同时从中国撤军,其实这主要是从自己远东国土的安全考虑。美国借口对日军受降和运输国民政府军都未完成,因此无法确定撤军日期。苏联外长莫洛托夫谴责了美国在华北还保留着全副武装的日军的做法,美国国务卿贝尔纳斯则诬蔑中共军队阻碍国民政府接受日军投降,并表示美国总统已决定派刚刚退休的美国陆军参谋长马歇尔前去中国调停。会上的相互指责,多少对美国支持国民党形成一些制约。不过苏联出于其战后国力空虚的考虑,妥协幅度更大一些。12月23日斯大林接见美国国务卿时表示:"如果美国留下它的军队,苏联政府将不反对。""如果有什么人能解决(中国)的形势的话,那就是马歇尔将军。"

12月21日,作为美国总统的特使并受三国外长会议之托,马歇尔飞抵中国。12月27日三国外长会议结束时发表了联合公报,就中国问题提出:"必须在国民政府领导下实现中国的团结和民主化,广泛吸收民主分子到国民政府的一切机构中,并且必须停止内争。"会上苏联提议让中共参加国民政府,美英两国也表示同意。

马歇尔是个有外交经验的军人,为人比较严谨,杜鲁门曾称赞他是"我国当今最杰出的人才"。马歇尔对中国也比较了解,北伐战争期间他曾在驻天津的美军中当过中校团参谋长。马歇尔对国民党并无好感,最讨厌其中的以陈立夫为首的CC派党棍和老军阀们。相反,马歇尔曾对中共表示过佩服,赞誉周恩来是中国最杰出的政治家。然而外交家的私人感想并不能改变其所代表的国家利益,马歇尔来华时肩负的是一个自身矛盾的双重任务,即制止中国内战,并支持蒋介石政权统一中国。这一美国利益决定的使命,注定了他最后不仅无法调停国共战争,而且在根本问题上还得站在蒋介石一边。

当马歇尔到达中国时,国共两党都表示欢迎,那些崇拜美国的自由民主的第三方人士更是倍感高兴,认为和平实现后中国就可走美国的道路。民盟代表罗隆基(后来在1957年定为右派)当时就在欢迎会上说:"我们不想推翻政府,我们只要求民

1945年12月美国特使马歇尔到中国调处内战时同蒋介石夫妇在一起。

主、自由和尊重民意……恰如我们中国人所说的'呼应'。我们发出呼声，美国应答了。"马歇尔当时最接近并寄予最大希望的，也是那些"自由民主主义者"。可惜这些人在中国无权无勇，打交道还要找有武装的国共两党。

到达重庆后的马歇尔马上要求国共双方停战，当时共产党对此表示赞成，蒋介石却因未达目的不想停火，于是马歇尔向国民党施加了压力，迫使蒋介石让步。12月30日蒋介石被迫宣布，将于明年1月10日召开政治协商会议，邀请国内各党派和社会团体参加。同日国民党通知中共代表团，同意组成由马歇尔和政府代表、中共代表组成的机构，监督停火和恢复交通。

这样，国民党在政治上做了让步，由"一党专制"改为同意召开各党派的政治协商会议改组政府。同时在军事上也同意让步，同意接受重庆谈判以来从不同意的停战。

在全国总的政治形势上马歇尔压了蒋介石一下，可是在东北问题上他却又要求国民党对苏持强硬态度。马歇尔对苏联充满了戒心，这也是战后美国以苏联为主要对手的体现。他来华还有一个使命，就是帮助国民党尽快"接收"东北，并清除那里的苏联利益，结果他的到达使国民党与苏联进行的东北工业问题的谈判告吹。

国民党政府当时与苏联在东北问题上争执的焦点，一是中共武装，二是工业企业设备。中共武装被苏军驱赶出大城市后，工业设备的问题变得突出。20世纪40年代中国90％左右的重工业设施都集中在东北，张作霖父子在东北称王割据时，当地就建设起一些工矿，成为国内工业最发达的地区。日本统治东北期间，又修建了不少工业设施。对这些设施，国

沈阳铁岭工业区在苏军撤走后的照片，因为遭到苏联方面拆迁设备，所有工厂已无法恢复生产。

七 "和平民主新阶段"的设想

伪满时期奉天（沈阳）的城中心街景。

民党政府和苏联都特别关注。

苏军对日作战后十几天就占领了全东北，控制了原来都由日本经营的工矿企业。对于是否搬迁满洲的机器设备，苏联开始还有一定的犹豫。一方面考虑到撤军期限已近，不能多搬；另一方面也考虑到与国民政府的关系，曾有过"合营"的设想。1945年11月24日，即苏军从东北各城市驱赶了中共机关部队5天之后，东北苏军司令马林诺夫斯基与国民党政府东北经济特派员就工业问题开始谈判，提议中苏合营东北80%的重工业。

在这一谈判中，苏联领导人将驱赶中共部队，这也被当成同国民党达成经济交易的一项筹码。据美国得到的情报称："与满洲的苏联当局打交道的中国代表团得到的印象是，假如中国政府同意苏联的要求，苏联政府将不允许中共在满洲扮演公开的角色，而让他们充当一种纯粹的地方力量。在这种推论的基础上，张先生便敦促委员长赞同联合经营一批包括至少二十个企业。""许多天里，蒋委员长摇摆于接受还是拒绝苏联的要求这两者之间。最后，经过几番思想上的反复，他在最后一刻撤销了张先生与苏联当局签订的一项协定的命令。"

蒋介石突然改变主意，并非是出于什么爱国心，而是美国人插手的结果。就在蒋介石对是否接受苏联的条件犹豫不决时，美国特使马歇尔到了中国。在美国当权者看来，苏联如果参加"合营"东北80%的企业，那岂不是会就此控制满洲，甚至会影响国民党当局的亲美态度吗？于是，这位五星上将下机伊始，就表示坚决反对"合营"的计划，而是要求国民党完整地接收东北的全部企业。有了美国撑腰打气，蒋介石又感到对苏打交道可以更强硬一些，于是在12月25日派蒋经国为代表飞往莫斯科，同斯大林谈判，要求将东北的工业设备全部留给中国,然后准备让给苏联"一部分利益"。斯大林拒绝接受蒋经国转达的建议,双方谈判于1946年1月中旬破裂。1月13日重庆国民政府公开宣布,凡东北境内一切敌产均归中国政府所有。可是苏联驻华大使彼得罗夫马上告诉蒋介石:苏联政府认为中国政府这一声明"既无根据,又无效力"①。

苏联士兵在东北撤装工厂设备。

苏联方面见"合营"东北的工业不成,干脆宣布当地的工业设备都是对日作战的"战利品"。随后,苏军利用其在东北的驻军加紧进行搬迁,而此时国民党当局因自己的新一

沈阳铁岭工业区在苏军撤走后的照片,因为遭到苏联方面拆迁设备,所有工厂已无法恢复生产。

军、新六军等精锐还未运到,怕中共抢占东北地盘,竟一次次恳求苏军延期撤退,结果撤军完成期限由1945年12月上旬向后拖了半年,这就给了苏方搬运机器设备以充分的时间。经过苏军在东北的这一番大举拆迁,昔日烟云笼罩的工业城市,苏军走后大半毫无生气,工厂徒留四壁,生产大半停顿。

苏军刚刚由东北完成撤军,1946年5月美国总统杜鲁门就派鲍莱为首的考察团来中国东北就工业设备一事进行了调查。在南满完成调查后,经中共中央同意,也安排他们到北满进行了考察。经过近两个月的调查之后,美国国务院于1946年12月发表了关于苏军从中国东北掠走物资的调查报告,其中称:苏联将东北原有的180万千瓦的发电设备拆走100万千瓦以上,约占东北

---

① 台湾"中央日报社":《我们的敌国》下册,1952年版,第148页。

最大发电能力的65%；而且拆走的设备都是最新式设备，留下的则多是老旧不堪。这给中国东北造成的直接损失达20亿美元以上。

苏联拆运东北机器一事，当时引起了中国人民的很大反感，因为这些机器虽大都设在日本人办的工厂，却凝结着中国人的血汗。拆运机器造成大部分工厂停工，使大批工人失业，也给东北城市人民生活带来极大困难。事后苏联方面曾解释说，因为美国和蒋介石可能将东北作为反苏反共的战略基地，所以才将工矿机器设备运走，"苏军采取的措施阻碍了国民党分子把日本在中国东北的军事工业用于敌视中国人民民族利益的目的"[1]。其实就历史而论，这一说法根本站不住脚。且不论斯大林当时的本意如何，如果说真想援助中国共产党，把机器设备留给东北解放区岂不更好？

不过经马歇尔来华的干预，国民党政府与苏联的关系彻底搞僵，这对中共随后争夺东北倒起到一定的积极作用。

《停战协定》生效前双方的争夺

1945年年末至1946年1月中旬的热河省会承德的保卫战，是当时军事斗争的最重要的焦点。

1946年1月签订《停战协定》，左为国民党代表张群，中为马歇尔，右为周恩来。

---

[1] [苏] 奥·鲍·鲍里索夫、鲍·特·科洛斯科夫合著：《苏中关系》中译本，生活·读书·新知三联书店1982年版，第18页。

当时国民党军提出所谓"冬衣未到"的借口,声称不能向沈阳及其以北前进,让苏军缓撤。其实那些已经穿上美式厚冬装的第十三军和第五十二军一部从锦州扭过头又向西进攻热河地区。在北平的国民党军也向东进攻,以东西呼应。国民党的如意算盘是先让苏军替它守着东北,自己则可以切断华北解放区与东北的联系,阻止中共部队再进入东北,从而可以从容地再从苏军手里接收。

中共中央当时指示晋察冀军区,说明承德及多伦、赤峰的得失,关系到我党在全国的地位,要求全力保卫。晋察冀军区编组了两支野战军,一支在张家口以西对付傅作义,一支在承德附近对付国民党华北和东北的部队东西对进。元旦过后,蒋介石见其先锋部队接近承德,不肯停战,经马歇尔施加压力,1946年1月5日国共双方才达成了《关于停止国内军事冲突的协定》(简称《停战协定》)。然而这一

1946年初,八路军进驻张家口。

《停战协定》因国民党心怀鬼胎,又出现许多异常的枝节。开始国民党代表称这一协定不包括热河的赤峰、承德和察哈尔的多伦,中共代表坚决要求包括所有地区。经马歇尔向国民党施压,9日国民党才同意收回此意见,全盘协议至此达成。然而按照规定,由国民政府主席蒋介石、中共主席毛泽东于1月10日同时宣布停战,真正停火则要再过三天。次日在北平组成有国、共、美三方代表的军事调处执行部,到各地检查停战情况。

根据这一协定,美国飞机到延安接运叶剑英为首的中共军调代表到北平开始办公。此后又在各地设立了30多个由国、共、美代表组成的三人小组,负责监督停火并调停各地的战事。各小组的往来,都由美国提供飞机、吉普车等交通工具。

由于蒋介石想在停战前取得更有利的地位,中共方面则不让其得逞,因此停战令生效前几天国共双方的作战反而空前激烈。1月7日蒋介石下达密令:"政治协商会议日内开会,我军应于停战令未下前占领有利地点。已下令前进至某地而尚未到达者,应催促其星夜前进。"直至停战令生效前一天,蒋介石还下令"各部在停战令未生效前速抢占战略要点"。

中共中央此时也命令坚决反击国民党军的进攻,在停战令生效前打退其

进攻,并抢占某些有利位置。双方激战最激烈的地点是在承德东西两面,战至1月13日,奉命"星夜前进"的国民党军还被阻于距该城几十公里外,在各界压力下不得不在此停止进攻。

在有些地段,国民党军虽在停战令生效前抢占了要点,然而很快被共产党部队夺回。如1月10日国民党抢占了营口,准备将其作为向东北运兵的重要据点,东北民主联军马上发起反击,激战至停战令生效后的14日早晨,歼灭了该城的国民党军。

在张家口以西的集宁,傅作义部在停战令生效前突然抢占了该城。晋察冀军区要求部队立即夺回这个战略要地,国民党方面则提出要军调三人小组迅速赶去调处,以承认既成的事实。共产党方面的军调小组成员一方面设法拖延几天出发,晋察冀军区一面迅速组织力量反击,终于在1月17日夺回集宁。当军调小组的飞机到达集宁时,此地已被中共方面重占。共产党方面代表理直气壮地说明,在1月13日以前这里本来就是解放区,国、美两方的代表面对事实也无话可说。

军调三人小组到达晋察冀军区司令部所在地张家口。

在陇海路东段,为切断国民党军的重要铁路运输线并避免停战后华中和山东隔绝,新四军部队向徐州以东的陇海铁路沿线发起攻击,激战至停战令生效以后、军调部人员赶来之前将其切断。这样,华中解放区停战后将与山东解放区保持连成一片,造成有利的战略态势。

当时，在共产党军队占优势的地点自然是希望军事调处晚一些实施，国民党方面则在它力量占优势的地点往往不顾停战令生效还继续进攻，并阻挠军调部前去调停。1月14～16日，国民党军在山西抢占了浮山、襄陵两县城，在中原军区所在地抢占了光山县城。直至军调部人员制止，在这里才勉强停战。

当时就地停战，还造成了国共双方军队都有被对方包围的情况。在鄂东地区，以原新四军第五师为主的中原军区部队即被包围于以黄安县宣化店为中心的狭小区域内。日本投降后，李先念所率的

军事三人小组一行视察北平时在军调部门前（协和医学院旧址）合影。

五师会合了由广东北返的王震所指挥的三五九旅、王树声指挥的河南军区部队，并组建了中原军区，在平汉线以西阻击国民党军北进，却因力量不足处境危险，被迫节节后撤。此时在全国范围内，只有中原解放区与其他解放区隔绝，孤悬敌后并靠近武汉，同时也是《双十协定》中同意让出的8块根据地之一，国民党势在必争。因此，中共中央于1945年12月28日通知他们："中央同意五师主力即作战略上的转移。"可是中原军区部队东进准备转移到苏皖解放区的时候，《停战协定》签订。中央考虑停战后在湖北、河南、安徽要争取一定的政治地位，包括取得省副主席的位置，必须在当地有实力作为后盾，于是与中原军区负责人经过研究，决定"停止东进北上计划，在原地坚持"①。这6万部队在原地刚刚停下来不久，就被追逼上来的30万国民党军包围。这些包围部队不断发起小规模的蚕食进逼，压缩阵地，并严密封锁了中原军区部队的对外联系，使被围的6万新四军、八路军指战员陷入异常困难和险恶的处境。

共产党的中原军区部队被围，同时在华北一些国民党军及其收编的伪军也处于被解放区军队包围的状态之中。如山西的大同，以及山东的泰安、德州、张店等地，都是深陷于解放区内的孤点。经军调部协调，国共双方达成协议，解放区供应被围的国民党军据点粮食，国民党方面则向中原地区被围的五师送粮。由于国民党方面故意刁难，向中原军区所送的粮食大都发霉或

---

① 中共中央文献研究室：《毛泽东年谱》下卷，中央文献出版社2013年版，第52—53页

七 "和平民主新阶段"的设想

掺砂,还时常短少,使当地部队处于饥一顿饱一顿的状态。当时延安的电讯中经常传出五师(对中原军区部队对外的称呼)的消息,在几个月一直牵动着中共中央和各解放区军民的心,使全党全军都在为其担忧。

"一国两制"设想的雏形

1946年1月10日国共双方一下达停战令,政治协商会议就于同日在重庆召开,周恩来率领中共代表团出席,民盟和其他中间党派团体也参加了会议。为了与解放后的政协相区别,写历史时将这次政治协商会议称为"旧政协"。

马歇尔来华、停战实现和旧政协开幕,使中共中央对国内局势有了新的估计,当时感到去年重庆谈判时争取的和平民主终于可变成现实。因此,毛泽东在1月10日的停战令中公开宣布:"中国和平民主新阶段,即将从此开始。"①

在重庆参加政协会议的中共代表团证章。

这里讲的还是"即将开始",到了政协闭幕并通过决议的第二天,中共中央由刘少奇起草、毛泽东审定发出了《关于目前形势和任务的指示》,即历史上有名的《二一指示》。这个指示中更进一步说:"从此中国即走上了和平民主建设的新阶段。"这个意思就不是毛泽东二十天前所说的"即将",而是现实"走上了"。

《二一指示》中最突出的内容,就是改变了过去坚持的武装夺取政权的原则,

周恩来在政协会议上代表中共方面讲话。

提出:"中国革命的主要斗争形式,目前已由武装斗争转变为非武装的群众的议会斗争,国内问题由政治方式来解决。"②

---

① 《解放日报》1946年1月11日。

② 中共中央文献研究室:《毛泽东年谱》下卷,中央文献出版社2013年版,第55页。

从合作走向决战
——中国共产党为什么能战胜国民党

《二一指示》中也强调了两手准备，提出了仍要准备内战，其中强调："为了保障国内和平，各地应利用目前时机大练兵三个月。一切准备好，不怕和平万一被敌人破坏。"

接着，根据军事三人小组的协商，2月25日签订了《军队整编及统中共部队为国军之基本方案》（简称《整军方案》）。方案规定将全国军队整编为60个师，中共部队在其中占10个师，规定全部由美国提供装备。不过这一方案也有"地方自治"的内容，中共中央就此决定让少数部队参加整军，其余武装在"地方自治"的口号下隐蔽保留，编为保安队之类，一枪一弹、一兵一卒也不能交出。

1946年初国内出现了和平气氛，人们希望和平，这张照片是春节时延安人民向毛泽东献匾以表达心情。

这一时期中共中央对和平实现估计过高，也有其客观原因。在国际上苏、美、英三国不赞成中国内战，马歇尔来华后确对蒋介石施加了压力促其停战，政协会议开幕当天蒋介石又发出了"四项诺言"，即保证人民自由、承认各党派一律平等、实行地方自治和普选、释放政治犯。对于一向妄自尊大的国民党来说，承认与他党"平等"还是破天荒之事。1月31日政协会议闭幕时通过的决议虽有拥护蒋介石领导建国的内容，却也规定了各省可实行地方自治，民选省长，省可设立省宪法。随后的整军方案中也有地方自治的内容，这些正合乎共产党保存解放区和军队的要求，因而认为是有利的。

由于可以"地方自治"，那么原来的解放区就可以自己治理，自选官员和自订宪法，自己仍保留武装，只是名义上拥护国民政府。假如政协决议真

七 "和平民主新阶段"的设想

1946年3月马歇尔、周恩来、张治中到延安。

的能实现,中国当时就会出现一个长期的事实上的"一国两制"。尽管当时还没有这个提法,但这一思想的雏形却已出现。那就是准备在解放区实行共产党领导的新民主主义制度,国统区还继续保留半殖民地半封建制度,双方在以武力为后盾的条件下长期和平共处、和平竞争。

当然,如果真的实现了"和平民主新阶段",中国共产党也并没有放弃夺取全国胜利的打算,不过将主要采取和平手段,按刘少奇2月1日讲话的内容来看,就是"靠选票进城"。

查一下现在早已解密的当年中央内部决定便知,其实当时已经制定了对地主发行"土地公债"以实行和平土改的政策,并决定欢迎外国企业到解放区投资,准备大力发展生产建设,今后在解放区和国统区施政的竞争中,让大多数人民投共产党的票。

除了保留解放区和军队的"地方自治"外,中共当时对于全国政权主要力争一个否决权。当时对改组政府提出的关键一条即是,在国民政府的40名国府委员席位中,中共和民盟加在一起要占有14席,即取得略过1/3的票数。这样根据2/3才能通过议案的规定,对政府的大政方针虽无决定权,却能有一个否决权。计划通过一届五年、总共三届的总统换代,达到以和平方式掌握政权。

对这一计划,在党内其实已经对干部讲明——

经过十年内战,我们争到一个政府中的发言权;

经过八年抗战,我们争到一个政府中的否决权;

再经过十五年和平民主新阶段,我们将取得政府中的决定权。

1946年3月4日晚,中共中央举行晚会欢迎马歇尔,从左起为毛泽东、马歇尔、江青、张治中。

为了便于到中央政府里参政,中共中央在发出《二一指示》后的第三天即2月2日,毛泽东即致电陈毅,告知"中央机关将来可能迁淮阴办公"①。3月4日军事三人小组飞抵延安时,毛泽东设宴招待马歇尔和张治中,席间张治中说:"政府改组了,中共中央应该搬到南京去,您也应该住到南京。"毛泽东则回答说:"我们将来当然要到南京去,不过听说南京热得很,我怕热,希望常住淮阴,开会就到南京。"②

严格而论,距南京不远的淮阴并不凉快多少。毛泽东对张治中的这番回答,表明了即使和平实现,中共中央仍对国民党保持着充分的警惕,不能把自己的首脑机关放到蒋介石的刀口下。不过中共中央又确实想到未来的中央政府里面积极参政,毛泽东要搬到苏中解放区的首府淮阴,目的也正是为了便于去南京开会。

由于对和平即将到来的估计,加上为了表示诚意,中共中央还于3月6日发出了由毛泽东起草的要求各战略区实行精兵简政的指示电,要求对部队分两期精简,"第一期精简三分之一,并于三个月内完成"③。当时只有中原军区由6万人精简为4万人,晋察冀军区由30万人精简至20万人,完成了这一要求。中原部队实行精简,主要是由于在包围圈中供应不济。晋察冀军区的精简,重要原因在于军调部就设在北平,中共部队在华北首先实行大精简,对外界能有较大的影响。其他军区精简很少,有的还进行了扩编,所以经过这

---

① 中共中央文献研究室:《毛泽东年谱》下卷,中央文献出版社2013年版,第56页。
② 中共中央文献研究室:《毛泽东年谱》下卷,中央文献出版社2013年版,第58页。
③ 中共中央文献研究室:《毛泽东年谱》下卷,中央文献出版社2013年版,第59页。

七 "和平民主新阶段"的设想

次精简,全军总数只由停战协定签订时的138万人减少到127万人,并未完成"三分之一"的要求。对于随后即爆发的内战来说,这也是一件幸事。

当时的精简军队不只是中共单方面进行,国民党在抗战结束后也进行"整军",裁减了大批部队。然而蒋介石安排的这种"整军"裁员,却主要针对那些杂牌武装和抗战时的游击队,中央的嫡系部队基本未动。为了显示部队缩小,国民党军还将过去的军改称为"整编"师,过去的师改称旅,在1946年上半年内黄河以南的国民党军基本都完成了这种整编。此招虽然未减其实力,不过也使许多国民党军的军官怨气冲天,因为抗战刚刚结束,自己的官衔就降了一格,由军长变成整编师长,师长则变成旅长。还有大批不受重用的军官被裁,因国内混乱又无处安置,只好编入"军官总队"受训,实际上是养起来。这些过去喝惯了兵血、终日有人伺候的军官突然被送去住大宿舍、吃集体食堂,只发有限的生活费,自然怒不可遏。成千上万的失业军官终日闹事,还集体到中山陵去"哭陵",使国民党当局苦于应付。结果人称"军官总(队)"与"国大代""监察委""青年从(军)"一起,并列为抗战胜利后扰乱国民党江山的"四大寇"。

对于蒋介石来讲,当时的"整军"仍是准备打。共产党确实一度打算和,不过既令当时的人遗憾,也使后人可喜的是,蒋介石很快撕毁了政协决议,根本不接受中共的条件。政协决议墨迹未干,国民党就文攻武打两手并用,在政治上那些党棍们坚持"一党专制"的独裁体制不放,在军事上则坚持要强占全东北,这很快打掉了人们的和平希望。"和平民主新阶段"的设想只存在了短短几个月,中共中央很快也转变为准备对付全面内战。

政协会议刚刚结束十天,国民党CC派的中统特务就制造了较场口事件,使热望和平的人头脑清醒了许多。当时对于政协决议中否认国民党"一党专制"的内容,陈立夫为首的党棍们反对最强烈,蒋介石则在党内会议上要他们"暂且忍耐"。陈果夫、陈立夫二人把持党务近二十年,有"蒋家天下陈家党"之称。因二陈的名字当时以英文字母标记都是C,因此这一党务派系在国民党内就称为CC派,其下属的特务组织则为中统。蒋介石从来采取分而治之的统治术,下属的任何组织都要互相牵制,特务机构也不例外,在他最信任的军统之外还建立起中统。与军统主要搜集军事情报不同,中统着重负责政治和经济领域的特务活动。陈立夫见政协会议结束后各民主党派纷纷庆祝,怒火填胸,面见蒋介石表示,可以秘密让手下的中统人员以民众的身份出面"教训"一下这批人。据说蒋介石听后藏奸不露,不置可否。

陈立夫本是蒋介石师傅兼盟兄陈其美的侄子，一向自称与蒋的关系情同父子，更熟知这位"契叔"的习惯，不反对其实就是默许。因为蒋介石凡遇到想干却后果难测的事情，都往往只是暗示或默许下属去做，或说些模棱两可的话，从不明确表态。这样一旦事成，是办事者领会了"领袖意图"；若是事败或影响极坏，则可用"事先我未同意"、属下"擅自"行事来推脱责任。

于是陈立夫经过一番布置，也模仿共产党发动群众出面斗争的方式，不由官方出场，而让中统特务刘野樵等秘密组织了一批特务和袍哥流氓们，在2月10日各民主团体举行大会时混进较场口会场。国内有名的民主人士郭沫若、李公朴、施复亮（即大革命失败后脱离共产党的施存统，后来的著名音乐家施光南之父）等刚登上主席台后，台上突然到处喊打，特务打手们冲上来挥舞准备好的石块、棍棒和铁锤，殴打主席团成员。郭沫若被打飞了眼镜并负伤，李公朴被打出内伤，施复亮还挨了锤。上万人的会场一时大乱，周恩来赶到会场怒斥打人凶手，一伙暴徒们还气势汹汹地围上来，警卫人员不得不拔出手枪。特务们也知道触动了周恩来在国际国内会惹出大祸，于是吹着口哨呼啸而去。事后各界向国民政府控告，并要法庭受理此案。可是中统特务刘野樵等人反称是"自卫"，甚至向法庭诬告郭沫若、李公朴等文人"暗藏凶器""图谋暴动"，在这种暗无天日的情况下还有什么理可讲？

这一"较场口惨案"中特务的拳脚，使得那些急盼西方式党派议会政治的人知道，在专制独裁和特务统治下的中国"陪都"，光天化日之下连著名社会名流的人身安全都无保障，哪里有什么实现民主可言？马歇尔得知此事，也指责陈立夫一伙是"国民党内的反动势力"，蒋介石则以此事非自己所允许来搪塞。然而事后的情况却是，蒋介石对这些"反动势力"不但不惩处，反倒更加赏识，这也清楚说明了其自身的态度。过不了几天，国民党召开了六届二中全会，会上多数"党国"元老和党官僚们纷纷攻击政协决议，负责谈判并签订这一决议的张群、张治中、邵力子、王世杰等人成为众矢之的。蒋介石在谈话中也声称，对政协决议中有损本党利益的内容要"妥筹补救"。

3月17日，国民党六届二中全会闭幕并发表决议。这个国民党一党的决议推翻了国民党代表和各党派代表一起签过字的政协决议，决议中规定各党派推选的国民政府委员要由国民党中央选任，国民党中央政治委员会要置于国民政府委员会之上，国会制、内阁制和省自治的内容，也被否定。

得知国民党六届二中全会决议后，中共中央在第二天发出了指示，指出："我们在精神上必须准备不怕分裂，不怕打内战，然后才能压倒反动派的破坏，并可能免于分裂。"这一指示说明中央已经认识到内战的危险增加，不过仍未放弃"免于分裂"即实现"和平民主新阶段"的设想。可是随后东北的大打，使内战很快到来。

关内小打，关外大打

停战协定签订后，国共双方仍留下两个悬而未决的问题。一是恢复交通，二是此协定是否包括东北。按国民党的说法，停战协定全称应是"停战及恢复交通协定"，强调所谓的"恢复交通"，即恢复平汉、津浦、陇海等铁路的通车。可是在中共方面看来，国内和平没有真正实现之前，是不能允许这些铁路通车的。因为让国民党恢复这些交通线，就意味着共产党的交通线被切断。如打通了平汉线，晋冀鲁豫、晋察冀两大解放区就会从中央切断；打通了津浦路，就会将山东解放区切断；打通了陇海铁路，就要造成山东与华中这两个解放区联络中断。

尽管解放区报纸也在不断登载"修复铁路"的消息，实际上却是在观察形势再决定是否动工。在靠近国民党占领区，破路工作仍然未停止。当时有人称八路军真是"扒路军"，其实这种破坏敌人交通线的办法是抗日战争以来形成的老传统，这时又被用以对付国民党。

东北问题在停战谈判中未能达成明确协议，主要是马歇尔不愿要蒋介石让步，美国从对苏战略出发也急于要国民党抢占东北。中共中央原以为"停战是包括满洲在内的"，并与国民党谈判代表取得"默契四点"，即国民党军不得在满洲驻兵太多，调动要通过军调部等，并于1946年1月11日即将上述情况告诉了东北局。然而停战协定发布第三天，蒋介石就否认停战范围包括东北，认为这里只有对苏军"接收主权"问题，没有与共产党停战的问题。1月13日中共中央马上电告东北的彭真、林彪，说明："国民党拒绝与我党谈东北问题，国民党军队进入东北后要向我们进攻是不能避免的。望东北局立即布置一切，在顽军进入东北向我军进攻时，坚决击破其进攻。"[1]

这时中共中央要东北局准备打，目的还是通过一战打退国民党，争取全国和平，所以在东北有人在动员时说要打好"和平前最后一仗"。不过可叹却也可喜的是这"最后一仗"没打好，和平的希望反而没了，但迎来了东北和全国的解放。

---

[1] 中共中央文献研究室：《毛泽东年谱》下卷，中央文献出版社2013年版，第55页。

1～2月间因苏军仍占领着沈阳，国共双方在东北的交战范围只有营口附近和辽西地区。东北民主联军在秀水河子一仗中消灭国民党第十三军一个团，首挫其锋芒。不过南满部队集中5个旅在沙岭进攻国民党新六军的精锐第二十二师，伤亡大大高于对方，最后败退下来，这使老八路们首次体验到美械的印缅远征军是不好对付的。

当时国民党一面通过海路将过去远征印缅的精锐运到秦皇岛和葫芦岛，一面以空运方式向苏军占领下的长春运兵，并收编了伪满武装同时接收了哈尔滨和齐齐哈尔。考虑到这些城市孤悬于中共部队后方，蒋介石舍不得派自己的嫡系，只是将在冀东收编的原伪满"铁狮部队"当成"国军先遣队"运至长春。于是，中共正好也不承认长春、哈尔滨、齐齐哈尔三市的国民党武装是"政府军"，而说明他们是伪军，自然就有打伪军的权利。

苏军迟迟拖延不走，使东北的战事受到影响。根据中苏条约的约定，战争结束三个月苏军应全部撤出东北。那时国民党催促苏军快些撤退，是害怕苏军留在那里会支持中国共产党。根据这一约定，1945年9月3日作为日本正式投降的日期，那么苏军应于同年12月3日完成撤退。可是直至11月中旬，国民党军队仍被阻于山海关之外，进入东北的却是为数已近10万人的中共部队。此时苏军如撤退，等于把东北交给中国共产党。国民党政府急忙派东北行营主任熊式辉与苏军驻东北的司令马林诺夫斯基谈判，请求苏军缓撤，等待国民党军到达后再办理接收。

中共方面这时建议苏军撤退，以便利用国民党军主力尚未到达的空隙一举占领东北各大城市。可是苏军出于撤运机器以及同国民党讨价还价的需要，同意缓撤。于是11月30日达成协议：苏军协助国民政府军队空运至长春、沈阳二地；其他地方由国民政府组织警察；苏军延至1946年1月3日完成撤退（1945年11月30日苏联《真理报》，同年12月3日重庆《大公报》）。

随后，由于国民党军队运输缓慢，又要集中兵力西进热河，所以国民党政府在12月初又以军队缺乏冬衣为借口，要求苏军再次缓撤。当时中共东北局又建议苏军早日撤走，可是苏军却再次同意了国民党的要求，12月9日又与国民政府达成协议，将完成撤军日期推迟到1946年2月3日。此后，苏军又根据国民党方面的要求继续推延撤军日期。当时看着国民党的美械部队一批批在葫芦岛上陆，苏军却"占着茅房不拉屎"，只顾利用延期撤退之机大举搬运物资，中共东北局十分焦急，对"老大哥"的怨气自然日益升腾。

在此期间，苏军以驻军东北为筹码，与国民党政府就东北的工业设备问

七 "和平民主新阶段"的设想

题进行一系列谈判。然而1946年1月以后,国民政府与苏联就东北"敌产"问题的谈判破裂。2月下旬国民党当局又以其派到抚顺接收的代表张莘夫在偶发事件中被杀为借口,在国内各大城市发起了反苏、反共游行。于是,苏联当局索性采取了不预先通知国民党就突然撤军的态度。

国民党接收人员在沈阳参加苏军的欢迎宴会的照片,左为苏军卫戍司令卡夫通,中为他的夫人。

东北突然发生的"张莘夫事件",以及国民党乘机在各大城市煽动组织了"二·二二"反苏、反共大游行,给国民党与苏联的紧张关系来了个火上浇油。张莘夫本是一名科技专家,被国民政府派到抚顺当接收大员。当时中共抚顺市委和苏军商定,虽不许其接收,却要将他一行礼送出境。然而遣送中途因一个苏军校官不负

1946年2月下旬国民党掀起反苏运动。

责任地乱出主意,加上其他原因,出现了张莘夫等人遇害的情况。国民党当局抓住这一个意外的偶然事件大肆渲染,许多出于民族感情而又不明真相的青年学生顿时激动起来,于是重庆、北平、上海等大城市出现了国民党统治时罕见的场面——历来害怕学生示威的党官僚们却到学校鼓动学生上街游行,从来都是反对国民党当局的学生示威却指向了共产党。中共驻重庆代表团一时被上万学生包围,混在其中的特务乘机捣毁了《新华日报》,后来中共领导同志站出来直接与学生见面做工作,才制止了事态的扩大。

在1946年2月22日爆发的这次游行中,许多诸如"武装参军参战,铁血收复东北!""打倒赤色帝国主义"这一类标语也贴到了苏联大使馆的墙上。当时美苏已经结束了战时反法西斯同盟关系,开始走向冷战,国民党当局的这一招正是向美国表态,从而换取更多的美援。可是蒋介石玩的这一套把戏,也宣告了他与斯大林在政治上已站到对抗的立场上,双方不可能出现"蜜月"。苏联方面对此自然十分恼怒,于是选择支持国民党的对立面,与中共的关系又趋于密切。

1946年3月12日,苏军突然撤出沈阳,并事先只通知了中共东北局。中共中央考虑到在当时的国共谈判中应作出让步,派兵进驻沈阳必然会引起国共军事冲突,因此让国民党军顺利进入了沈阳。

接着苏军迅速撤出四平,东北民主联军则向四平发起进攻,全歼守城的国民党收编的伪军,这样使国民党北上部队与苏军失去接触,无法跟随接收。

国民党军占领沈阳后,马上向周围的东北民主联军进攻,攻占了抚顺、鞍山等地,其主力则向四平推进,准备迅速与其空运到长春的部队打通联系。东北民主联军则根据中央的命令,集中主力到四平一线阻击国民党军北上,林彪亲自赶往前线指挥。北满剿匪的部队则被抽调到长春附近,准备苏军走后即进攻夺取长春。"让开大路,占领两厢"的方针刚刚实施不久,这时又被放弃,变成了集中主力来夺取"大路"。

国民党军东北保安司令杜聿明进入沈阳时的照片。

七 "和平民主新阶段"的设想

4月14日苏军撤出长春，撤走之前苏军以装甲车秘密载运东北民主联军攻城部队的指挥员，在城内以苏军巡逻车的名义侦察了国民党空运来的接收部队（即原伪满"铁狮部队"）的阵地。苏军走后第二天，东北民主联军即发起攻势，经四天激战占领了长春，消灭了为数1万多人的挂牌为"国军"的伪军。4月下旬苏军又撤出哈尔滨和齐齐哈尔，当地国民党接收大员们知道苏军走后中共部队将随之进入城内，因怕当俘虏，硬是跟上苏军一同撤入苏境，再取道海参崴返上海，其组织的伪军或投降或作鸟兽散。这样，整个北满的城市完整地被中国共产党接收。

苏军在撤走时，将缴获的日军火炮大部分运回国内回炉炼钢。由于步枪上的钢铁少，回炉无太大价值，因此将20多万支日本步枪交给了东北民主联军。日军弹药回炉或销毁都比较麻烦，因此也大都当作人情留下。对于作为世界军事大国，在卫国战争四年中生产了几十万门炮和2000万支枪的苏联来说，这一点点缴获的日军落后装备无足轻重，可是给了中共领导的军队，还算是重要的援助。

与此同时，斯大林对国民党也没有把事情做绝，因为他仍不相信中国共产党会很快战胜国民党，对中共的支持虽有加强却仍有很大限制。此后，苏联一面在国际舞台上继续采取"中立中国"的政策，尽量争取国民党政权在苏美对峙中不要完全倒向美国，一面给予中国共产党有限的秘密支持。只是随着中共在战争中取得优势，苏联的态度才愈来愈明显地同情中共，站在同美蒋敌对的一边。

在中共部队占领长春的当天即4月18日，国民党印缅远征军的精锐新一军会同第七十一军也推进到四平城郊，并向该城发起猛烈进攻。当天马歇尔从美国返回中国，周恩来建议由他迅速调停东北战事，马歇尔反而以东北民主联军攻占长春一事指责共产党，以此为由说他难以调停。于是东北的内战无法制止，关内的一些地方摩擦和小规模冲突也不断发生，国民党军对中原解放区的包围压缩更加剧，全国出现了一种"关外大打，关内小打"的局面。

马歇尔态度的变化，与他这次回国一个月内的国际形势变化有关。以3月间丘吉尔在美国发表的"富尔敦讲话"为标志，国际上开始了两大阵营对峙的冷战，美国对华政策也更倾向于支持亲美的蒋介石。过去貌似公正的马歇尔，态度就越来越偏向国民党一方，指望他调停内战事实上已无法办到。

中共在东北夺取了长春、哈尔滨、齐齐哈尔三大城，并在四平、本溪顶住了国民党军的进攻，一时改善了自己的地位，然而实际情况却并不很乐观。东北民主联军此时虽发展到34万人，但老部队却不多，新部队又需巩固，且缺乏战斗经验。东北国民党军兵力虽不足30万，却依靠便利的运输条件源源不断地增兵，而且其中多数部队参加过远征印缅，是全部国民党军中战斗力最强的美械装备的劲旅。那些过去只习惯于游击战的老八路要在阵地战中顶住这样的强敌，是极为困难的。而且当时对东北民主联军最不利的是，自己的后方没有可靠的根据地依托，土地改革尚未展开，农民未发动也分不清国共的优劣。北满的大部分山区还被"座山雕"一类的土匪占据，他们接受国民党收编成为"先遣军"，积极袭击城镇和破坏交通。原先在后方剿匪的部队因四平前线吃紧，大都抽走，这更加剧了问题的严重性。中共中央当时要求暂时放弃一些其他工作，集中力量坚守四平，是希望能一战打出个停战和平，"一停永停"，争取到四平到长春间成为中立区，国共双方以南北满分区而治。然后可以回过头来，从容地巩固后方。

四平当时也称四平街，这一仗对东北民主联军来说打得很苦，老骨干就伤亡了8000多人。战斗进行到4月末，战况已对中共方面不利，此时马歇尔、民盟与中共三方达成一个协议，即东北停战，民主联军撤出四平、长春，国民党只派行政人员接收，不得派军队进入，然后依据政协方案和整军协定谈判解决东北问题。

对这个中共已经做出很大让步的三方协议，蒋介石却于4月30日一口拒绝，坚持要以军队接收长春乃至全东北，这实际上关闭了东北和平之门。马歇尔此时其实握有压迫蒋介石的王牌，当时美国只要停止对国民党在东北的部队进行补给和运输，当地战事马上就可停止，然而马歇尔却不使用这一真正有效的手段，反而还将大量美械装备继续供应给国民党军，这明显是站到蒋介石的立场上。

看到东北无法停战，5月1日毛泽东连续发出两个重要指示，一是向全国解放区指出："国民党反动派除在东北扩大内战外，现正准备发动全面内战。"一是向东北局要求："我们必须在四平、本溪两处坚持奋战，将两处顽军打得精疲力竭，消耗其兵力，挫折其锐气，使其六个月时间调集的兵力、武器、弹药，受到最大消耗，来不及补充，而我则因取得长、哈，兵力资财可以源源补充，那时便能求得有利于我之和平。"[①]这里既指出了内战危险，向全党发出了警告，另一方面仍在争取和平，为此要求在四平再打下去。

[①] 中共中央文献研究室：《毛泽东年谱》下卷，中央文献出版社2013年版，第76页。

七 "和平民主新阶段"的设想

对于这次四平保卫战，历史上有不同说法和评价。当时指挥新四军第三师参加四平作战的黄克诚曾回忆说："1959年庐山会议期间，一天，毛泽东约我到他住地吃晚饭，我们边吃边争论问题。当谈起四平保卫战的情况

东北民主联军部队进入长春。

时，毛泽东问我：'难道四平保卫战打错了？'我说开始敌人向四平推进，我们打它一下子，以阻敌前进，这并不错。但后来敌人集结重兵寻我主力决战的情况下，我们就不应该固守四平了。'毛泽东说：'固守四平当时是我决定的。'我说：'是你决定的也是错误的。'毛泽东说：'那就让历史和后人评说吧。'"①

这真是黄克诚这位正直的共产党人说出的语言！在党内，黄老历来以刚直不阿著称，对待以往的问题也从不唯上是从，而是坚持自己的正确看法。其实当时的历史事实，已经对四平保卫战的得失做出了结论。

四平失守，鲁晋出击

四平保卫战进入5月中旬，前线部队极为疲劳，后方也没有部队可再增派，国民党的云南部队却已登陆到达，美制的飞机坦克向民主联军简陋的阵地日夜攻击，不熟悉阵地战的老八路和新四军战士们很难再持久坚持下去。同时本溪已经失守，国民党的另一支精锐新六军也增调过来，四平前线的形势更为严重。

5月13日黄克诚向中央直接发了电报，说明新四军第三师的老骨干已损失过半，再打下去不利。同时认为如在东北不能停战，应在全国范围都打起来，才能牵制国民党不向东北再增兵。次日，国民党军新六军向四平以东迂回。5月15日毛泽东一面要求中共代表团再找马歇尔调停，以让出长春争取时

---

① 《黄克诚回忆录》，解放军出版社1989年版，第348页。

间,另一方面要求:"务望全力击溃新六军,并坚守四平。"①这是希望在显示实力后再言和。

不过此时四平前线已守不住,新六军不仅未被击溃,还冲破了三纵的阻击插入民主联军纵深。鉴于继续坚守有被敌包围的危险,林彪于5月18日下令放弃四平,当晚部队利用夜暗掩护离开了坚守了一个月的工事,向北撤退。第二天毛泽东在尚不明

1946年春东北解放区张贴的标语,希望马歇尔能调处东北内战。

前线情况的状态下,也为中央起草了给林彪的指示电:"如果你觉得继续坚守四平已不可能时,便应主动地放弃四平。"同时毛泽东还要求"长春卫戍部队应立即布置守城作战,准备独立作战坚守一个月"②。

然而四平撤退后东北民主联军一度出现了混乱局面,总部作战科长王继芳携部队部署图和命令叛逃,这使国民党军尽知民主联军的后方空虚和部队疲劳,竟以机械化部队大胆猛追,将许多部队冲散,一时逃以收容。后来知道,这个王继芳在长征路上就被俘叛变过,此刻认为共产党大势已去,又主动投敌。此人因对国民党帮了大忙,随后被授予少将军衔,不过交军统使用,仍是起走狗作用。全国解放时,国民党军统根据将共产党叛徒尽可能都留下潜伏反共的原则(按毛人凤的话说就是:"他们过去当过共产党,应该不怕共产党。"),王继芳也未被允许去台湾,结果被抓获处决。

当时不仅是王继芳个人叛变,不少新收编的部队和老部队中的新成分也出现哗变和叛逃。说来也不奇怪,当时中共在东北还未来得及进行土改,许多老百姓并未得到实际利益,分不清"八路"和"中央"的优劣,一些人还有盲目的正统思想。当时部队的大批新成分不是靠土地革命动员入伍,而是在苏军占领东北后因局面混乱、生活无着而到共产党军队里混饭吃,这样的兵员当然难以经受严峻考验。此时前方一撤,后方的许多土匪和"先遣军"

---

① 中共中央文献研究室:《毛泽东年谱》下卷,中央文献出版社2013年版,第81页。
② 中共中央文献研究室:《毛泽东年谱》下卷,中央文献出版社2013年版,第83页。

七 "和平民主新阶段"的设想

马上活跃起来,占城夺地准备"迎接中央军"。

面对这种前后受敌的窘迫形势,林彪撤到长春郊外时紧急约见彭真、罗荣桓,一致认为不能再守长春,5月下旬民主联军不仅放弃长春,还放弃吉林,直退到松花江以北,6月初还准备放弃哈尔滨。当时没有根据地依托,等于没有家,撤退时伤员都无人抬。如果再往北撤,就要走入人烟稀少的林区,有重蹈东北抗联失败覆辙的危险,因此只好再退到苏联,但要打回来也困难。此时的东北局面,的确已进入最严重的阶段。

1946年5月白崇禧(中)到东北前线督战的照片。

对于四平保卫战失利后出现的这种严重情况的事实,尽管解放后许多书中讳言,但1955年中南军区所编的《第四野战军战史》就已说明这次保卫战是一个战略上的失策。党的十一届三中全会后,通过实事求是地研究历史,韩先楚牵头所写的《东北战场与辽沈决战》一文①,也认为四平保卫战"在战略上是失策的"。

在复杂和长期的斗争中,承认某一具体问题的决定"失策"并非什么不光彩的事。如果公正地看待历史,任何伟人都不可能不犯错误,不过伟大与庸碌的区别恰恰在于能否迅速改正错误并转到正确的轨道上。当时为解救东北的危局,中共中央立即采取了三方面的有效措施。

首先,毛泽东又向东北局发出指示,要求恢复去年十二月的方针,即重新回到"让开大路,占领两厢"的方针上去,分兵建立巩固的根据地。

---

① 发表于《辽沈决战》一书中,人民出版社1986年版。

其次，毛泽东指示南满部队向鞍山、海城出击。这一着迫使当地云南军1个师起义，威胁沈阳的后路，迫使国民党调新一军回援，一时不能进攻哈尔滨。

最后，毛泽东还要求关内解放区支援东北。开始中共中央曾考虑从山东调叶飞纵队渡海增援，随之又感到交通工具困难，还有遭美蒋海军拦截的危险，不如由关内部队在当地采取行动，以打击国民党军的行动来牵制其不能增援东北，从而为东北民主联军争得一个整军和发动群众的时间。

5月31日毛泽东为中央起草致周恩来、叶剑英的电报，说明国民党在东北正向哈尔滨进攻，关内也夺取了部分地区，因此"我将在各地采取报复手段"①。同日，毛泽东电令晋冀鲁豫和华东解放区首长，要求对国民党军的部分据点发起攻击。

6月上旬，山东军区部队以国民党收编的伪军为主要目标，向胶济路、津浦路沿线发起"讨逆作战"（这一称呼主要在政治上表明并非打"政府军"而是打伪军），一举攻克泰安、德州、张店、胶县等要镇，威逼青岛。在山西地区，晋绥军区和晋察冀军区一部也向阎锡山部发起攻击，并夺取了部分地区。

关内的反击作战，以及南满部队攻占鞍山，对缓解东北的局势起到很大作用。国民党因兵力不足，战线拉长，为获得休整时间，也同意从6月7日起停战15天。

蒋介石在同意东北停战时，又向中共方面提出了一个极其苛刻的划分东北国共两军驻地的"整军"方案，声言只有照此办理，否则在15天停战期满后就继续进攻。在这个方案中，国民党在原东北只给中共刚划定的九省中的兴安省、新黑龙江省和嫩江省的一部分和延吉，也就是只有居民稀少的大兴安岭地区、靠边境的黑河和延边地区，其余整个东北国民党都要占领。中共的东北部队将被压缩在面积很小且无多少人口的范围内，不但不能发展，连维持现有30万部队生存都办不到，就会像当年的东北抗联那样失去群众依托和经济保障而难以坚持。对蒋介石的这一提案，毛泽东后来为东北局修改的"七七指示"评述说："不但要占点，而且要占面，此为我方绝对不能接受者。与其不战而失如此广大地方，将来不能收复，不如战而失地，将来还能收复。况且战的结果，除若干城市要道还可能失去外，我亦有粉碎蒋军进攻收回许多失地之极大可能。"②

---

① 中共中央文献研究室：《毛泽东年谱》下卷，中央文献出版社2013年版，第87页。
② 《毛泽东军事文集》第三卷，军事科学出版社、中央文献出版社1993年版，第333页。

七 "和平民主新阶段"的设想

1946年春中共东北局根据中央指示写出的口号，总的精神是以作战争取国民党承认东北解放区自治。

对于这样一个毛泽东在内部宣布"绝对不能接受"的提案，蒋介石却一度认为马歇尔可以压迫中共接受。据当时的东北保安总司令杜聿明在回忆录中称，他在攻占四平、长春后，蒋介石就从南京派人送来这一方案征求其意见，他回答说很好，因为以现有力量从军事上绝对达不到这一目标。不过杜聿明以怀疑的口气问："中共方面能接受这一方案吗？"来人很有自信地说："马歇尔会说服中共接受的。"接着又大谈什么"中共自四平街大败后，求和甚切"，所以料定必会让步。

不接受蒋介石在东北的提案，就要准备粉碎其进攻。中共中央当时一面要东北局抓紧准备，一面要关内各解放区积极牵制国民党军，不使其抽兵增援关外。以后因关内战事扩大，原定调到东北的"五大主力"之一的第五军及第八军、第五十四军等部被牵制在华东，国民党军在东北只有8个军，始终未能达到原定增兵至15个军的目标。蒋介石在6月22日停战到期后，又宣布延长8天。6月30日再度到期后，因无新军到达，又宣布无限期延长，这种基本停战的状态，一直持续到当年的10月。

这四个月的停战时间对中共东北局的工作极为宝贵。在东北的中国共产党人终于丢掉一切和平幻想，痛下决心，根据同年7月中共东北局起草的"七七决议"的精神，大批干部脱掉从日军仓库中拿来的皮鞋和呢子大衣，穿上补丁衣服去和农民一起吃高粱米饭，下乡实行土地改革发动群众。当一

269

个个写有"张狗剩""赵光腚"名字的土地界桩钉在广阔的黑土地上,当几十万胸戴大红花、伴随着锣鼓声参军的翻身农民出现在战场,并向那些由强抓来的壮丁组成的国民党军冲击时,东北战场的形势很快就得到改观。

1946年初春时的东北民主联军,从照片可看出军装不整齐且装备仍简陋。

从另一方面看,攻入东北且兵力有限的国民党军当时沿着铁路伸到了长春和永吉,从山海关一直排到松花江,战线拉长,兵力分散,处处被动挨打,这是蒋介石在军事战略上一个致命的失策。正如美国国务院1949年的白皮书中评述的:"在占领满洲、防守这样长的交通线和沿线许多大城市中,政府在军事上和政治上都心长力绌……他们发现他们的处境,与对华作战期间的日军并无不同的地方……共军却并不力图据守特定阵地,遭遇政府军队即行退却。遂使他们的部队完好无损并保持机动,而得以随时集中兵力,用于他们所选择的地点,进攻被束缚在防守固定阵地上的政府军。"

国民党占领南满和东北多数大城市后,开始还受到不少有盲目正统观念的市民欢迎。受尽日本欺压又未尝过国民党统治滋味的老百姓刚刚看到这支身着美国"罗斯福呢"的军队,感到外观比穿着"二尺半"旧棉袄的八路强得多,不少人还称赞"这才是正牌的国军"。可是这支军队驻扎下来之后,马上像关内那样重演"五子登科"的丑剧,对百姓只有索取而未带来任何利益。不久,"想中央,盼中央,中央来了更遭殃"的呼声就响遍东北,人们

国民党新一军的坦克开入长春。

全副美械装备的国民党新六军开入长春。

七 "和平民主新阶段"的设想

周恩来同马歇尔谈话。

一面骂"二满洲又来了",一面又普遍怀念起那支外观土气、却走到哪里都给老百姓挑水扫院子的八路军。

政治上的丧失民心,加上军事部署上的失策,预示着蒋介石在东北日后会陷入绝境。杜聿明回忆说,1948年10月19日,即人民解放军攻克锦州后第四天和解放长春的当天:"午后二时蒋介石即召集傅作义、卫立煌和我在(北平)东城园恩寺蒋介石行邸开会……(蒋介石)举起拳头来说:'马歇尔害了我们的国家。原来在抗战胜利后,我决定国军到锦州后再不向东北前进。以后马歇尔一定要接收东北,把我们所有的精锐部队都调到东北。现在连守南京的部队也没有了。真害死人!'"①

到了这时怒骂马歇尔有何用?当初其实也是蒋介石自己积极要抢占东北,并拒绝停战的,最后是自作自受。

毛泽东认为"上当了"

1946年夏天东北形势的恶化和关内战事展开,使"和平民主新阶段"的设想不能实现。毛泽东就此感到,前一段接受马歇尔调处是一个失策,以致造成东北和中原的严重局面。当年7月他在党内讲过:"我们同蒋介石斗争多年,有丰富的经验,他的任何阴谋诡计都欺骗不了我们。但是我们同美帝国主义打交道,这是第一次,没有经验,上当了。"②

美国方面则认为它没有欺骗中国共产党,中共之所以产生对美国的怨愤,在于原先的期望值太高,同时双方观念差异也造成相互理解太差。马歇尔本人当时与周恩来确实建立过较好的私人关系,还对中共的廉洁和工作作风有过称赞。一次周恩来坐美国飞机,在睡觉时不慎将一个通讯本丢在机舱内,第二天马歇尔马上以密封袋装好送回。这个本上最重大的机密,就是写了潜伏在国民党内部为胡宗南当秘书的地下党员熊向晖的住址电话,并在旁边写了一个"熊"字。周恩来认为此通讯本虽归还,但一定被拍照过,马歇

---

① 全国政协:《文史资料选辑》第二十辑,第27页。
② 《历史研究》1987年第3期,第18页。

尔如果向蒋介石通告，熊向晖一定暴露，于是通知熊向晖躲了几天。不过周恩来估计马歇尔处于调解人地位，也有不告诉蒋介石的可能。以后的事实证明，马歇尔并未将此事通告国民党方面。熊向晖又回到胡宗南那里，将国民党进攻延安时的有关内部电文都通知了中共中央，以致毛泽东往往比胡宗南部的军师长都要先看到其所部的作战命令。党中央之所以敢留在陕北，认为安全有保障也是其中一个因素。

马歇尔虽然帮助中共保守过秘密，但是出于保障他国家的利益，基本立场还是站在国民党这一边。严格讲来，美国没有摸透蒋介石，蒋介石却摸透了美国，知道在国共两者之中美国必然要选择他，因此在一些问题上也不听从马歇尔之言。在制止内战无效后，马歇尔虽然批评了蒋介石和"国民党内的反动集团"，却仍然提供援助，这在事实上违背了他作为调解人应有的原则，在客观上确实使中国广大热爱和平的人感到受骗上当。马歇尔回国后，美国国内的反共势力还攻击他偏袒中共，国民党败逃台湾后其历史书中也对马歇尔大骂不已。此人落得个两头不讨好，其实只能怪美国政府的对华政策本身就是相互矛盾的。

对美国的彻底失望，加上当时国际上分为两大阵营，中国共产党在进行革命斗争时，除以自力更生为主外，对外也就只有站到苏联这一边，形成后来概括的"一边倒"。苏联于1946年5月3日宣布从满洲完成了撤军，此后只根据中苏条约在旅顺、大连保持军事区。在东北解放战争中，苏联将其所占的大连地区和北朝鲜也提供给中共机关和部队作为秘密的"庇护所"。根据中苏条约，大连的民政应由国民政府接管，国民政府也委任了沈怡为大连市长。从1946年年初起，国民政府就派东北军元老莫德惠等一再就大连问题向苏军进行交涉，提出市长上任时要带1个师以保证安全。对此，苏军向国民党政府表示，市长可以上任，但是条约上规定大连为"自由港"，国民党官员不能带兵进入。当时大连市名义上由苏军指派当地的资本家迟子祥为市长，副市长及市政府的主要领导都是山东过来的中共党员，市内警察都由八路军派来的干部组织管理，并建立了8000人以上的武装纠察队。为预防国民党接收全市行政权会造成较大损失，中共大连市委经苏军同意，又成立了大连县，并将全部郊区和城市边远街区划入大连县，而建县后的所谓"大连市"只剩下市内主要街区。在这种形势下，国民党市长和行政官员认为入城后只能当"光杆司令"，还担心有危险，迟迟不敢到任。拖到1947年夏季，国民党在东北战场全面失败，"接收大连"也就无从谈起。

国民党军队向南满进攻时,东北民主联军的后方机关一部退入大连,一部经过北朝鲜转道退入北满。华东和东北战场的解放军伤病员,有相当大一部分转移到大连医治,苏军还允许人民解放军在大连建立了全军最大的军工生产基地,例如华东野战军使用的大部分炮弹都是大连"建新公司"生产并通过海路运去的。对此,粟裕大将生前曾回顾说,淮海战役的胜利,靠的是山东人民的小推车和大连生产的大炮弹。

回想起来,从20世纪20—50年代,中国革命者在与帝国主义及国内反动派斗争的艰难困苦环境中,长期得到过苏联共产党、苏联政府和苏联人民的援助。国民党曾咒骂中国共产党拿卢布,然而仔细计算起来,国民党所拿的卢布远远比中共多得多。在北伐战争期间,中共一年只能从共产国际得到几十万银元的经费,国民党却在三年间得到相当于5000万银元的苏援军火和各种物资。在抗日战争期间,苏联援华的武器都给了国民党,价值相当于3亿美元,而给中国共产党只有一点微小的医药和经费援助,其中最大的一笔也不过是王稼祥1938年秋回国时带来的30万美元。至于解放战争期间苏联援助中共的武器,几乎全为缴获的日本落后装备,是一种"借花献佛"式的援助。

对于苏联在东北给予中国共产党人的援助,国民党政权在其失败后对此曾大肆宣传,并说成是中共取胜的根本原因。苏联在中苏关系恶化后也曾以"恩人"自居的口气进行宣传,称他的援助"是中国革命取得胜利的决定性因素之一"。其实我们认真回顾一下当时中共与苏联关系的状况,以及当时苏援、美援的数量对比,就会明白事实并非如此。得到巨大美援的国民党败给仅得到微少苏援的中共,主要原因只能从自身去找。

对苏联援助中共造成国民党失败的说法,在国共内战时美国的军政要员就很不以为然。1947年那个魏德迈作为美国总统特使再度访华时,曾针对国民党宣传的苏联援助中共一事指出,即使说苏联对中共有一些援助,同美国援助国民党政府的规模也根本不能相比。

的确,在解放战争期间,同美国对国民党几十亿美元的军事经济援助相比,苏联对中国共产党的援助是微不足道的。在中国解放区处于十分困苦的情况下,苏联向东北解放区提供的多数物资也不是无偿的,而是要以贸易形式以货易货。苏联的历史资料也证实,这一期间东北解放区向苏联出口额为2.22亿卢布,进口额为2.27亿卢布。仅以武器之外的项目严格而论,只不过是等价交易,连贷款都不是,更谈不上什么"无私援助"。在军火方面苏联也几乎未向中共提供过苏联制造的一枪一弹,所转交的都是日本关东军的旧装备，后来还有少量缴获德军的武器和美国无偿送交苏联的租借物资。苏援武器中最大的一项是转交的日本步枪，也只有30万支，而中国人民解放军在战争期间从国民党手中缴获的数量却是300万支。解放军真正的"运输大队长"，是在战场上运送美国武器的蒋介石。

虽然苏联对中共的援助数额历来不多，在当时的条件下却几乎是中国革命力量唯一能得到的外援。正如《诗经》上所说的："嘤其鸣矣，求其友声。"因此，中国共产党人和中国人民一直感谢苏联的援助。但是中国革命的胜利，是中国共产党根据本国的实际独立自主地领导人民取得的，并违反了斯大林的意志。事实早就证明，照搬苏联模式必败无疑。尊重各国人民自己的选择，这是当年的历史就昭示出的一条结论。

处在当时异常复杂的国际背景下的斗争，在短时间内就给人以极大的教益。在抗战胜利后为争取和平民主，中国共产党人走过了一段曲折的道路。一度希望美国调处内战，最后结果却是其大力支援蒋介石。希望苏联援助，得到的又很少，还带有很多干涉和限制。最后，认定只有坚决地依靠本国人民，依靠解放区自身，敢于斗争，才能取得胜利。

1946年6月30日，罗荣桓因患有肾病而当地又无法医治，因此要从东北去莫斯科就医，毛泽东致电他指出：

"你到目的地后，除治病外，请找菲里波夫（注：斯大林名字的电文代号）对满洲的情况有所陈述，但勿作过高过多要求，东北斗争主要靠自力更生。此外，请就你所知对关内解放区情况有所陈述，勿作任何要求，因关内完全靠自力更生。"[①]

"靠自力更生"，这是中国共产党人经过斗争得出的结论。正是丢掉了一切幻想，自力更生，艰苦奋斗，随后中国革命胜利的进程反而比预想要快得多。当初认为要经过15年"和平民主新阶段"，结果只用了3年，就迎来了天安门前新中国诞生礼炮轰鸣的胜利。

---

① 中共中央文献研究室：《毛泽东年谱》下卷，中央文献出版社2013年版，第102页。

八 国共最后破裂

"关外大打,关内小打"的局面继续演化,到1946年夏天终于变成国共双方的全面内战。据曾长年担任毛泽东秘书的胡乔木回忆,他记得毛泽东有两次最难下定战略决心,一次是出兵抗美援朝,想了多少个日日夜夜;一次就是于1946年下决心同美蒋反动派进行毫不退让的斗争,并随后展开了战争较量。

全面内战究竟开始于哪一天,后来的历史书上有不同的写法。既然是"全面"大打,自然应以各地都采取战争行动为标准。可是当时双方军队对峙的情况错综复杂,国共谈判和美国调处也未结束,因此各个地区开始大规模作战的时间也不一致。如中原地区是6月下旬开

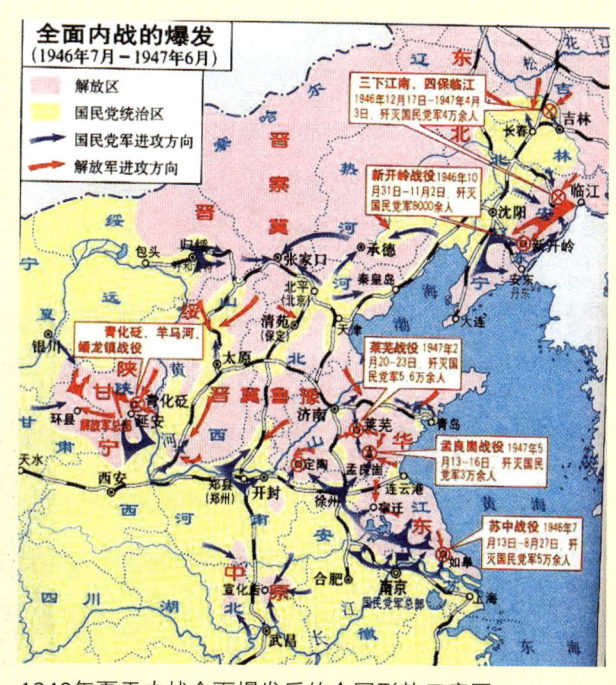

1946年夏天内战全面爆发后的全国形势示意图。

始大打，山西地区是7月上旬开始大打，苏中地区是7月中旬开始大打……原先激战的东北地区反而在6月上旬至10月间基本实现了停战，至10月中旬才展开大战。

如此看来，当年的内战由于其"中国特色"，不像国际间的多数战争那样有一个准确的开始时间，而是由局部行动逐渐促成。中共中央于1946年7月1日曾向全国各解放区发出通知指出："敌反共反人民的大内战已从六月二十六日围攻五师开始。我即将进行自卫战争。"根据这一通知，现在中国人民解放军战史的标准记叙，是以1946年6月26日中原军区部队（当时习惯称为新四军五师）突围行动开始为起点。这一标定，应该说从政治上、军事上都是比较合适的。

从政治上看，中原大战开始，导致国共谈判再也无法取得任何结果。从军事上看，中原突围开始和国民党军的大力追剿堵截，导致其他地区的呼应，结果"牵一发而动全身"，各个战略区随之因连锁反应而都投入了战争。国共关系就此完全破裂，双方只能在战场上一决雌雄。

争取六个月大胜后议和

李先念、王震、郑位三、王树声等人所率的中原军区部队突围，是在国民党军即将发起"围歼"战之前的迫不得已之举。周恩来于1946年5月8日偕美国、国民党政府代表一同去中原军区司令部所在地湖北宣化店调处时，白天在谈判桌上以"三人小组"成员的身份与各方打交道，晚间立即以军委副主席的身份参加了中原军区司令部组织的突围计划研究会，初步议定了危急时以主力向西突破包围的方案。计划拟订后，却迟迟未付诸实施，中原部队在包围圈中缺衣缺食，却仍在等待最后的命令而未行动。因为这时中共中央还希望谈判能够成功，以便使中原军区部队得以和平转移到安徽五河地区就食。

由于和平希望越来越渺茫，面对中原危局为防万一，中共中央军委指示粟裕率领华中军区部队（下辖新四军第一师、第六师共3万多人）集结于苏中接近于长江

中原军区司令员李先念。

边,威胁南京和上海之间的交通。周恩来还明确告诉国民党方面的谈判代表,如国民党军进攻中原军区李先念部,粟裕部决不会坐视不理,将会向长江边一线发起进攻。这就是:"蒋不攻李,粟不攻蒋;蒋若攻李,粟必攻蒋。"

既然"攻李"必然会引来"攻蒋",那就是全面内战爆发,而决定权还在蒋介石手上。美国方面作为调停人,握有国民党的经济命脉,如其以实力制止蒋介石,解救中原危局也还有望。周恩来在赴宣化店归来后,向马歇尔提出是否能以飞机运输钱款给被包围的中原军区李先念部,美方支吾其词不肯援救,但对国民党的援助却仍源源不断。此时美国对共产党方面的要求唯一满足之处,就是提供了少许运输机,接运中共谈判代表往返于延安和国统区各城市之间,同时以登陆舰接运广东地区的中共武装东江纵队撤往山东解放区。在美国看来,撤走这支活跃在国民党深远后方的游击部队,既能满足中共方面保障其安全的要求,又可稳固国民党的后方,可谓"公道"的调处。

5月下旬国民党军在东北取得较大进展,占领了长春、吉林等地,美国从以反苏为中心的全球战略考虑,对国民党能控制临近苏联远东的中国东北腹地表示欣喜。马歇尔对国民党在中原方面的行动虽不公开表示支持,也抱怨过责任主要在国民政府方面,却未予以制止,这实际上只能更使蒋介石有恃无恐。在此情况下,6月1日毛泽东致电中原军区的郑位三、李先念、王震,指出局势的严重性,其中说明:

《纽约时报》漫画《破碎的中国》,形容马歇尔面对中国内战的无奈神态,其实这时他已明显站到国民党一边。

"美蒋对我极为恶劣,全面内战不可避免。要求美机运款接济你们,恐已希望甚小。你们须求自救之道,如一方面节省费用留出准备突围时使用。"①

6月上旬,为援救东北民主联军和惩戒国民党军,中共中央命令山东、山西部队发起了"讨逆"作战,国民党方面除在东北因兵力不足而暂时停战外,在关内调兵准备大打,情况更为严重。中原军区周围的国民党军30万人也积极行动,连续以小规模的蚕食进攻压缩包围圈,并有很快会发起总攻的情报传来。据后来得到的国

① 《毛泽东军事文集》第三卷,军事科学出版社、中央文献出版社1993年版,第246页。

民党方面的内部文电证实，蒋介石已命令刘峙指挥的部队于7月1日发起全面进攻，以"围歼"中原军区部队。

如果继续等待而再不突围的话，就将意味着全军覆没，出现第二个皖南事变。6月21日中共中原局向中央报告了周围的严峻形势，表示："如再不主动突围，则以后更难了。"次日毛泽东为中共中央起草了指示晋冀鲁豫、山东各战略区部队于"全局破裂后"向国民党统治区出击的命令后，又于23日复电中原局说：

"二十一日电悉。所见甚是，同意立即突围，愈快愈好。"①

于是，中原军区部队马上行动起来。由于驻地不同和出发时间不同，历史书上所说的6月26日突围也只是指行动正式开始之日。许多部队此刻还未行动，而中原军区司令部里则正在唱一出"空城计"。

在中原军区司令部所在地鄂东宣化店驻有一个国、共、美三方代表组成的军调执行部的三人小组，此时国美方面的代表根本没有调处任务，留在当地的目的就是侦察动向，并通过经协议允许各方设置的电台向外报告。国民党方面的代表此时最担心会有突围行动，每天都要到军区司令部去转一转，并在街头四处窥视动静，中共代表则根据军区关于稳住他们的命令平静地与之周旋。宣化店镇上军民等活动照常，部队行动多在夜间，也不从镇上经过。可是国民党代表仍然嗅出味道有些不对，突然提出要面见中原军区司令员李先念谈话。此刻李先念已经率部西去近百里，为不使对方生疑，于是连夜策马赶回，白天与之谈话后又再次上路西去。这样直至6月29日，三人小组的国民党代表发回的报告仍是宣化店平静，看不出中原共军有突围迹象。

6月29日晚，前三天隐蔽行动陆续到达平汉铁路边的中原军区主力向封锁线发起猛烈冲击，激烈的战斗打响。此刻，宣化店内的留守部队立即行动，查封了三人小组中的国美两方电台，然后送小组全体成员出境。尚留在包围圈内的皮定均旅在阻击敌人争取了时间后，向东突围，经艰苦转战终于到达苏皖解放区，从而获得"铁流千里"的美誉。包围圈内的张体学所率鄂东独立旅等部则向东南的大别山突围，以后在那里进行游击活动，在山中尝尽人间艰辛，成为自土地革命以来二十二年间坚持大别山上红旗始终不倒的英雄部队之一。

中原军区的主力经过两天激战，终于在平汉铁路突破了国民党军的封锁圈，向豫西前进。军调三人小组乘坐着几辆吉普车刚刚离开宣化店，就在路上迎面遇到大批国民党军向这里推进。三人小组中的中共代表立即当着美

---

① 《毛泽东军事文集》第三卷，军事科学出版社、中央文献出版社1993年版，第288页。

方代表的面向国民党政府代表提出严正抗议,并指出:"眼前的事实充分证明,是你方先向我方进攻!"

中原军区部队4万多人要从国民党军30万人的重重包围中冲出,并要在周围地区求得生存,是极不容易的事。为救援中原部队,毛泽东着眼于全国的战略全局,在6月下旬做出了一系列部署。

对于距离中原军区最近的晋冀鲁豫、山东两区,中央军委要求它们以野战军向国民党统治区出击。毛泽东于6月22日下达命令要求:太行部队在刘伯承、邓小平率领下向豫东出击,攻取陇海铁路上的十几个县城,"相机占领开封"。陈毅、舒同率山东野战军以徐州地区为主要作战方向,攻取徐州以南至蚌埠间的若干县城,"相机占领徐州"。

对于靠近国民党统治中心的华中区,毛泽东于6月26日为中央起草的指示电中也赋予粟裕、谭震林所率的华中部队西出津浦铁路的任务。其中指出:"为粉碎国民党之进攻,决令刘邓出陇海、豫东,陈舒主力出徐蚌间,调动敌人而歼灭之。""你区应以一部在苏中吸引并牵制通扬线上之敌,粟、谭率主力(不少于十五个团)位于三分区与陈舒配合,一举占领蚌浦间铁路线,彻底破坏铁路,歼灭该地之敌。"

对于北线的晋察冀、晋绥两军区,6月28日毛泽东起草的电令中提出了夺取"三路四城"的部署,即夺取平汉铁路北段、同蒲铁路、平绥铁路这三条路,以及太原、大同、保定、石家庄这四座城市。

对于东北的方针,仍是争取延长停战,以取得整顿军队和发动群众建立根据地的时间。

在东北采取这种方针,主要是由于自四平和长春撤退后形势极为严峻,前有国民党追兵,后面又有土匪捣乱,东北民主联军陷入前后受敌且无根据地依托的状况。此时必须以一部在前方监视国民党军,以大批干部和部队分头进入北满的广大平原山间消灭土匪,进行土地改革。解决了后方大大小小的"座山雕",农民又分到土地以后,坚固的东北根据地才能算建立起来,与国民党军作战才有可靠的依托。做到这些又需要一段相对安定的时间,关内以大打吸引国民党军不使其向东北增援,也是中央考虑外线出击的重要原因之一。

上述命令,在二十世纪八十年代才陆续公开,1993年出版的《毛泽东年谱》中将其全部收入。一些学过党史的人看后未免感到诧异,因为过去的书中一般都说全面内战开始后中央的战略方针是在国民党大举进攻下诱敌深入,大踏步后退。看到这些命令才知道开始的情况并非如此,实际上在内战爆发时是想大踏步前进，打到外线即国民党统治区去，并夺取一系列大城市。只是随后因情况变化，这些命令大都未能落实罢了。

当时计划采取这种打出去的方针，看起来是大打，实际上主要目的仍是要议和，不过是以战促和。下达上述命令前的6月19日，毛泽东就估计："蒋介石准备大打，恐难挽回。大打后，估计六个月内外时间如我军大胜，必可议和；如胜负相当，亦可能议和；如蒋军大胜，则不能议和。"①

既然是想议和，按照战争规律自然要争取多占一些地区，停下来时维持现状才有利。"不计较一城一地的得失"，是准备长期战争的思维方式。此时恰恰是不想长期战争，所以要计较城市和地区的得失。

就是在中原突围之后，毛泽东仍希望国民党能在当地停战。6月29日中原军区部队超过平汉铁路并完全暴露西进企图后，毛泽东致电周恩来，要他继续同国民党方面交涉中原停战问题，并指出：

"中原部队被攻，再不突围即被歼灭，为求生存该部决定日内突围，此举完全为求生存，并不牵涉和战问题。如政府愿和，应停止攻击与追击，允许该军由豫西渡河入山西或由陕西入陕北。"②

周恩来的交涉完全无效，国民党一心要消灭突围中的中原军区部队。毛泽东还提出要西安八路军办事处交涉，要求追击的国民党部队与中原军区部队实行停战谈判，可是当地国民党军一心要消灭突围部队，根本不肯谈判。中原突围的各部队因战斗和行军转战中的减员，损失都很大。王震所率的三五九旅原先奉命在陕南建立根据地，以牵制敌人不能进攻延安，然而事实证明在胡宗南的这块心腹地区根本不可能站住脚，因此只好突围进入陕甘宁边区。中原军区其他部队在鄂豫陕边区坚持了半年的游击战，此时已经没有土地革命战争期间那种军阀混战有缝隙可寻的条件，因此很难继续坚持，于是也于1947年2月让剩余的7000人渡过黄河撤入晋冀鲁豫解放区。

这场中原突围可称解放战争中最艰苦的行动之一，离开了根据地的部队天天在敌人的围追堵截下风餐露宿，几乎天天有战斗，常常是端起饭碗顾不得吃又要转移，多数人磨烂了鞋，只好赤脚。这时如能停战谈判，是求之不得的事。王震所率的三五九旅南下部队由鄂西进入陕南后，于7月下旬发现飞机上抛下三人小组的公函要求派代表前去谈判，感到是个机会，于是决定派出干部旅旅长张文津和该部政治部主任吴祖贻为代表前去与追击之敌谈判。出

---

① 中共中央文献研究室：《毛泽东年谱》下卷，中央文献出版社2013年版，第93页。
② 中共中央文献研究室：《毛泽东年谱》下卷，中央文献出版社2013年版，第101页。

于照顾之心，部队首长还让毛泽东之侄，年仅19岁的毛楚雄也化名随同前往。

毛楚雄是毛泽东之弟毛泽覃留在家乡的儿子。1945年八路军南下支队到达湖南湘潭后，王震专门将他接出来随队行动，中原突围时准备把他带回延安。突围路上艰险难测，好心的首长以为让"小毛"去谈判，即使谈不成也会根据"交兵不斩来使"的原则被平安地被送回陕北，免得在路上遇到危险，谁知他们一行三人出发后再无消息。三五九旅于9月间历尽艰险突围回到陕北后，首长们以为"小毛"他们已经先到，可是这里全然不知此事。再向国民党方面交涉，回答是当地军队未见过这些谈判代表，这使首长们不禁气愤万分地抱怨这次上了当，并估计是凶多吉少。解放战争后期，有关部门曾派人到陕南当地专门查找张文津、吴祖贻、毛楚雄三人下落，据居民反映说见到此三人进入国民党军驻地，还曾受到列队吹军号的欢迎，一些国民党兵还向老百姓说："这下可好了，谈判了，不会打仗了。"可是随后就不见了这些人的踪迹。

大西南解放后，当初在陕南追击中原部队的原胡宗南部全部被解决。1951年镇压反革命时被提审的旧军官交代，他们与张文津等人确实举行过谈判，后来接到胡宗南密令，要求停止谈判，并在不走漏风声的情况下解决这些谈判代表，以免影响"歼匪"的军事行动。于是在晚间胡部突然将张文津等三人捆起并塞住嘴，然后秘密活埋。国民党军对外界则声称未见过当地共方谈判代表，同时加紧围攻。

国民党军胡宗南部的这种残暴和全无信义的手段，不仅使毛泽东又多了一个为革命牺牲的亲人，也使中原地区的停战完全无望，全国范围的大打势不可免。

毛泽东接见中原突围回到延安的三五九旅干部，他右边是王震。

从合作走向决战
——中国共产党为什么能战胜国民党

蒋介石的五项要求

中共中央、毛泽东做出了以大举外线出击争取打半年议和的决心，另一个重要原因是蒋介石采取了最后摊牌的方式。1946年6月17日和6月25日，蒋介石通过马歇尔向中共提出了五项要求，声称只有答应这些条件才能在东北长期停战，这实际上是对中国共产党下达了或战或和的最后通牒。

蒋介石的五项要求，内容是要中共部队退出下列区域：

（1）热河、察哈尔两省，特别是承德、张家口这两个省城；

（2）山东的烟台、威海；

（3）东北的哈尔滨、安东、通化、牡丹江和白城子；

（4）6月7日以后在山东、山西占领的大小城镇；

（5）胶济铁路全线。

周恩来接到这些条件后，马上气愤地向马歇尔表示说："蒋介石真是逼人太甚，简直要使谈判不能进行，这个方案我们无法接受。"[①]

当时国内广大民众都热望和平，第三方人士也希望国共双方都能各自让些步，以便在危急关头不使事态扩大。6月23日上海10万群众举行和平游行，欢送各界代表马叙伦、阎宝航、吴耀宗、盛丕华、雷洁琼等赴南京面见蒋介石和周恩来，呼吁国共双方制止内战。这些代表中当时只有阎宝航是中共秘密渠道联络的人员，其他人基本都是站在国共之间的民主人士。

对于这样一个代表民意的和平代表团，已下定作战决心的国民党政府根本不愿接待，然而在标榜要召开"制宪国大"和"还政于民"的形势下却又不便阻止，于是又拿出同年2月在重庆较场口采取过的那套办法，由特务机关出面组织一批以群众面貌出现的人来对付。当时因长江以北的解放区实行土地改革，一批地主及其家属逃到南京，正好对共产党有深仇大恨，一经特务机关煽动和组织，要他们去"教训一下"那些被称为"共产党走狗"的和平代表，这些家伙大都马上响应。6月23日下午，上海和平代表所乘的火车刚到南京下关车站，一批组织有序并携带凶器的"苏北难民"就把代表包围住，扬言"不许向政府施加压力"，而要他们先向共产党代表请愿以"让出苏北"。接着特务一声号令，打手们蜂拥齐上，拳打脚踢，有的还使用暗器，许多代表和在场的新闻记者都被打得遍体鳞伤，马叙伦、阎宝航等人受创甚重。暴徒们在国民政府首都的车站内横行打人并把代表扣留了五小时之久，

[①] 引自《周恩来传》，人民出版社、中央文献出版社1989年版，第629页。

而在场"维持秩序"的警察、宪兵却熟视无睹,甚至只驱赶旁观者,南京市内人人皆知他们与暴徒们实际上是串通一气。还是周恩来得知消息后,以中共代表团的名义向南京市政府交涉,南京市政府才允许救护伤者并送往医院。

国民党特务机关导演的这场当时称为"下关惨案"的拙劣把戏,使再天真的人也明白了蒋介石对和平的态度。周恩来赶到医院看望伤者时,马叙伦等人拉住周恩来的手激动地说:"我过去总是劝你们少要一些兵,少要一些枪,现在我认识到你们的战士不能少一个,枪不能少一支,子弹不能少一点。"国民党特务及其组织的恶棍的这一番拳脚,其实只是孤立了自己,把许多第三方人士打到同情中国共产党的那一边。

7月1日,在马歇尔的"调停"下,报纸上登载了蒋介石和毛泽东分别以国民政府主席和中共中央主席的名义公开下达的停战令,不过命令中都有如对方不向我进攻,我也不向对方进攻的词句。在当时的情况下双方又都宣布对方先向我进攻,因此这两个停战令根本不可能制止战争,只是为了满足政治宣传的需要。

7月2日,也就是在中共中央向各解放区发出内战已爆发的通知后的第二天,蒋介石在南京约见周恩来、董必武。据警卫人员后来回忆,双方会见开始前就演出了一幕不愉快的剧情,充分反映出当时的紧张气氛。周、董二人的汽车到达蒋介石的官邸外面停下时,未见提出约会的主人出来迎接。周恩来以针锋相对的态度对待,坐在车内不出来。等了好一会儿,才看见勉强在脸上堆出笑容的蒋介石出门相迎,周恩来、董必武此时方下车与他一起进入会客厅。

双方一开始谈话,蒋介石马上又重提五项要求,软硬兼施。他貌似诚恳地表示:"这个解决了,全国就和平了,一个月以后就可开国大,改组政府。"

接着,蒋介石又具体索要地盘说:"苏北地方并不大,让出来不算什么。你们还有很多地方可以生存。现在大家都看到,你们在苏北,对南京、上海威胁很大。胶济路如不让出,则常遭破坏交通,就无法安定。北宁路无承德掩护,也不安。""让出这些地方,全国人民都说你们好,你们不会吃亏的。"

周恩来则回答说:"今日必须一面求全面停战,一面开政协,谈改组政府问题。"接着,他对蒋介石所提五项要求具体地进行解释,说明其不合理性。然后,周恩来又要谈中原军区部队被围追、释放被捕的中共人员和允许办报等问题。

蒋介石一面听周恩来的话,一面露出不耐烦的表情,并表示说不愿再考虑中共提出的全国范围内的驻军方案。事已至此,再谈也无用,周恩来只好告辞。

这天的会见结果,据周恩来当日给中央的报告称是"无话可谈而散"。对时局的估计,周恩来认为是"现在形势,边打边谈,打又为主"。

由于毛泽东这时在内部确定的底盘是"半年至一年内如我打胜,和平有望"①,仍然没有最后放弃"和平民主新阶段"的设想。所以周恩来等中共代表还留在国统区,等待战场上打痛了国民党后再举行有实质意义的谈判。国民党为了在国际上和国内推卸内战责任,故意摆出一副愿意"和平"的姿态,一再邀周恩来谈判。实际上双方乃至第三方人士这时都明白,不在战场上见出个分晓,光谈是没有意义的。

一个月后,因国民党军在战场上的形势表面上有利,攻占了解放区不少地区,于是又老调重弹。8月6日美国新任驻华大使司徒雷登又找到周恩来,再次转达蒋介石原先提出的五项要求。周恩来的回答非常干脆——"绝对不能接受,一条也不行"。

这样,双方虽然仍在谈判,战场上的交锋却日益激烈,内战由局部发展到全局。虽然看起来是双方都在各自占优势的地方发起进攻,但是当时国民党力量比共产党强得多,共产党作战的目的是以战促和以维持解放区现状,国民党的目的则是以打迫使共产党接受服从其"政令军令"并取消解放区。在对当时的形势有公道态度的人看来,内战的责任当然在国民党方面。对这一问题,不仅第三方人士大都是如此认为,连美国调停人马歇尔等有时也不得不在这一问题上谴责国民党。不过美国的既定方针是在国共二者之间无论如何也要支持蒋介石,尽管不很赞成蒋介石马上就大打,却也不得不继续援助国民党把内战进行下去。

坚信"蒋军必败"

由于国民党方面坚持内战政策,在其占优势的战略区如东北、中原首先发起进攻,而在其尚未准备好的地区则要三人小组调处以保持停战。中国共产党方面自然不能让自己处于被动挨打的境地,因此也在某些于己有利的地区先发制人。1946年7月上旬,国民党军在其兵力占优势的胶济线等地展开攻

---

① 中共中央文献研究室:《毛泽东年谱》下卷,中央文献出版社2013年版,第97页。

八　国共最后破裂

油画《坚守》表现了全面内战爆发后解放军实施英勇防御战的场面。（李如作品）

势，随后又向承德进攻并将其攻陷。在苏中地区，因粟裕所率的华中野战军已准备就绪，对面骄傲自大的国民党军则尚在麻痹之中，因此苏中战役就在7月13日以华中野战军突袭宣家堡为开端打响。对此，八十年代以后出版的《解放军战史》和《粟裕回忆录》中已有明确记载。

不过当时为在对外宣传中争取有利地位，解放区发新闻宣布："7月12日国民党军在长江以北的苏中地区向我解放区发起全线进攻。"在战争中后发制人容易争取同情，因此新闻宣传中一般都是宣布对方先动手，中外的交战各方概莫能外。

全面内战开始时，国民党军在兵力上占有很大的优势。人民解放军全军总数不过127万人，其中能用于野战的正规部队只有60万人；国民党军总数为430万人，除后方机关和地方保安部队外，可用于机动作战的有200万人。国民党军不仅在数量上占有3倍以上的优势，而且技术装备方面的优势更大，有美国提供的飞机、坦克等现代化武器，中国共产党方面除了步兵武器外，只有少量火炮。国共双方军队的交锋，不是在力量对等的条件下，而是在实力相差很大的情况下进行。

不过这时中共中央和解放区军民却对战胜蒋介石抱有坚定信心。从历史上看，当年中央苏区反"围剿"，几万红军抗击几十万国民党军，还能坚持达数年之久。拿这个前例来对比，此时的条件要好得多，国共力量相差已不是那么悬殊。

同时，力量的对比不仅要看军队数量和装备，也要看人心和经济条件的对比。国民党军内部虽然已是中央黄埔系占优势，但仍有近半数的杂牌军，他们与嫡系矛盾重重，作战往往不卖力气，相互协同也很差。中国共产党经过延安时期的学习和整顿，达到了全党全军的

全面内战爆发后，画家李桦创作的版画《抓丁》表现了国民党军抓壮丁的场面。

高度集中统一，历史上的各个方面军、各个军团形成的"山头"基本消除，各战略区及各部队在毛泽东的指挥下团结一致，配合密切。国民党军内部腐化，普遍克扣薪饷，官兵离心，特别是"劫收"后上层沉溺于享乐，士气低落，且得不到民众支持。共产党领导的军队则是官兵团结，待遇相差不大，斗志高昂，且能与群众打成一片。

国民党统治区人口达3亿多，3倍于解放区，兵源虽然充足，却采取抓壮丁的方式，搞得适龄者有钱靠贿赂得以免除兵役，无钱则四处躲藏，时称"征者一人，逃者十人，怨者百人，天下兵源尽矣"。解放区靠土地改革动员农民自愿参军，在战场上又能溶化大量国民党军的俘虏兵，兵源反而比国民党充足。双方参军参战的人员相比，士气又相差很大。国民党军士兵不明白战争目的，抗战以前实行募兵制，尚可"当兵吃粮"并寄钱养家，此时以征兵之名抓来的壮丁薪饷不够自用，根本无法养家，军中只好靠枪毙逃兵来维系稳定，这样的士兵在战斗中自然不肯卖命打仗。解放区参军的翻身农民是为自己的切身利益而战，作战勇敢顽强。在火力方面占极大优势的国民党军总是打不过武器简陋的人民解放军，主要原因正在于此。

国统区虽然表面上经济实力强，并有美国援助，却因"劫收"搞得百业萧条，而且贪污盛行，收税时官员层层中饱私囊，真正能上缴到国库者不足十之一二。解放区却是干部廉洁奉公，军民自力更生，艰苦奋斗，反而能解决经济困难。在国共内战时期，国民党统治区数以千万计的啼饥号寒的难民流离失所；解放区内却能实现各级政府组织良好，基本没有饿死人的现象发

生，也极少有流散的难民。

国民党当局由于其自身的"苛政猛于虎"，将其自身进行战争的较雄厚的客观基础搞得千疮百孔，其主观指导则是拙劣不堪。李宗仁在其回忆录中评论蒋介石称："纵观蒋先生在中国政治舞台上纵横数十年，其武器无非是金钱收买，严格而论是既不能将兵，又不能将将。"此言虽带有些个人情绪，不过从中国近代政治军事斗争的历史看，蒋介石的长处在政治权谋上，尤其擅长对军阀实施拉拢收买。说其"内战内行"，手段阴险毒辣则名副其实，战术高明却未必。北伐期间的汀泗桥—贺胜桥会战、武昌攻城战、南昌会战、龙潭会战等，都显示出蒋介石缺乏军事指挥才能。蒋介石早年留学日本时，只进过士官学校的预备补习学校振武学校，主要课程还是学日文；然后被分配到日军炮兵部队中当了一年的士官候补生，每日主要管喂马，并未学过多少军事课程。以后他当上国民革命军总司令后就向设在北京的日本士官学校同学会捐款入会，以至于在会者都愕然不知这一"大同学"是第几期出身，后来经人点破才知乃一冒牌的士官学校毕业生。当然，没有上过军校的人通过亲身参加战争实践，也可以提高军事才能。蒋介石从军后长期只干参谋工作，在粤军中虽当过一段时间参谋长，却从未当过基层指挥官，缺乏实战经验。他以后的心思又多用于权诈，对战役和战术指挥始终不精却又自以为是，这就决定了他的一系列命令都是瞎指挥。

这幅描绘蒋介石的油画，表现的是他北伐后起家的形象。其实他一直擅长权谋，而军事指挥水平并不高。

蒋介石自黄埔建军后，为维护自身的独裁统治，又一向采取高度集权和严格限制下级主动性的统治术。抗战期间中央嫡系部队一个师的调动，都要经他批准。到解放战争期间，蒋介石甚至能遥控一些团级单位的行动。远在千里之外凭主观意志下达的命令，既不可能准确，更不能及时适应战场瞬息万变的形势。蒋介石主观随意性又很强，往往朝令夕改，也就更加剧了混乱。此外他为了"分而治之"，还故意在将领中制造矛盾，在体制上形成互相牵制，往往一个战略区内有数名主官都有指挥权，却又都说了不算，下级常常无所适从。人民解放军当时从作战中体会到，国民党的中央军恰恰行动最为呆板，遇到紧急情况反应也很迟钝，往往待其请示报告再得到批准时就已经被围或被歼。相反，解放战争期间被称为杂牌的白崇禧的广西军、傅作义的绥远部队倒不好对付，因其有较多的自主权，能打即打，不能打即跑，反而难以歼灭。能大量消灭桂系和傅系部队，是解放战争后期的事。

以毛泽东为首的中国共产党人经过长期的战争实践积累经验，形成了一整套灵活机动的战略战术，在指挥艺术上是国民党不可比拟的。毛泽东作为一位伟大的战略家，尤其精于全局的谋划，对于具体作战的指挥，则充分发扬军事民主，要求下级指挥员根据"实事求是"即具体问题具体分析的原则，按战场实际而定。上级只作战略上的规定，如何执行则给下级以充分的自主权。如解放战争初期，中央军委只规定大致的作战方向，具体打哪一部敌人则一般由前线指挥员临机处置，指示中也多有"请酌定""请按实际执行"等字样。上级的指示如与实际不符时，下级也可及时变通。对于根据战区实际变通执行上级指示能打胜仗的指挥员，毛泽东还予以表扬。这样，将帅协谋，主观指导与客观实际紧密结合，达到了运筹自如，从容克敌制胜的效果。

全面内战爆发后的对南线出击计划的变动，也充分地说明了当时中央军委指挥的灵活性和注重实践检验的结果。毛泽东在6月下旬提出了向国民党统治区大举出击的外线作战计划，粟裕根据苏中当地的实际情况，建议在解放区内部作战较为有利。毛泽东本着在实践中检验的原则，要其先打一两仗再看结果。结果连战连胜。粟裕、谭震林率领的华中野战军以3万人的机动兵力，七战七捷，以每仗都集中优势兵力在局部战场上打敌一部的方式，连续歼灭国民党军达5.6万人，成为全解放区的典范。

江苏省海安的七战七捷纪念馆中的油画，表现了粟裕指挥下连战连捷的场面。

当时毛泽东表扬了华中野战军在苏中战役中的成功范例，指出："我粟谭军从七月十三日至八月二十七日一个半月内，作战六次，歼敌六个半旅及交通总队五千，造成辉煌战果。而我军主力只有十五个团。但这十五个团是很充实与很有战斗力的，没有采取平均主义的补充方法。每战集中绝对优势兵力打敌一部（例如八月二十六日集中十个团打敌两个团，八月二十七日集中十五个团打敌三个团），故战无不胜，士气甚高；缴获甚多，故装备精良。"①随后，毛泽东又向全军强调了"集中优势兵力、各个歼灭敌人"的作战方法。

华中野战军没有到外线去，依托解放区内部作战打了胜仗，关键在于当地有好的群众条件。这一实践的结果证明，战争初期还是以内线作战最为有利。毛泽东在总结苏中战役的经验时，又肯定了粟裕提出的在内线作战的意见，认为"凭借解放区作战，故补充便利；加上指挥正确，既灵活又勇敢，故能取得伟大胜利。这一经验是很好的经验，望各区依照办理"。②

与此同时，刘伯承、邓小平所率的晋冀鲁豫野战军的作战实践也证明了这一点。根据中央军委外线出击的命令，8月初刘邓率部5万多人出击豫东陇海铁路一线，吸引了国民党军十几万兵力，有力地协助了中原军区部队的突围。当国民党军重兵逼近时，刘邓率部又退回鲁西南解放区，在那里选择有利地点歼敌4个旅共1.7万人，活捉整编第三师师长赵锡田（整编前为军长）。这是全面内战爆发后国民党军被俘的第一位整编师长，被蒋介石称为"实为我国民革命军莫大之耻辱"。后来因看管不严之故，赵锡田逃出解放区，可是回去后蒋介石却对他"永不叙用"，无非是恨他当初不"成仁"并怀疑他不可靠。看到这一情况，毛泽东随后通知各战略区，对国民党军被俘的将领，可以有选择地加以释放。回去后蒋介石一般也不敢再用他们，而且这些人还能起到共产党优待俘虏政策的义务宣传员作用。

定陶战役结束后，刘伯承、邓小平等向中央军委上报的战役总结中也提出："诱敌入解放区打有利。"以毛泽东为首的中央军委肯定了这一意见。此时，晋察冀军区和晋绥军区部队对"夺取三路四城"的计划也未能完成，对四城中最小的大同还久攻不下，这证明了当时部队的装备和技术水平还不宜攻坚，主要应在解放区内以运动战的方式消灭敌人。考虑到这些实际情况，毛泽东及时修改了预定方针，取消了外线出击的计划，并确定在解放区内作战，于是演出了后来大踏步后退，诱敌深入各个歼灭的雄壮剧目。

---

① 《毛泽东军事文集》第三卷，军事科学出版社、中央文献出版社1993年版，第438页。
② 《毛泽东军事文集》第三卷，军事科学出版社、中央文献出版社1993年版，第438页。

随后，晋冀鲁豫野战军根据敌军比较分散、后方空虚的弱点，主要依靠在大踏步后退中调动敌军，创造战机，并以远距离奔袭的"掏心战术"，收到了速决歼敌之效。华东野战军根据中央军委关于内线作战的部署，以打一仗消灭一部分敌人，再放弃一部分地方，引诱敌人深入的办法，在解放区内线创造运动战的战机，连续进行大规模的歼灭战。例如，在苏中七战七捷，反而放弃了苏中撤到苏北；在那里取得宿北大捷，歼敌3万多人后，又放弃苏北撤到鲁南；在那取得鲁南大捷，歼敌5万多人后又继续向鲁中撤退……陈毅曾形象地将这种诱敌深入，坚持在运动中求歼孤立突出之敌的打法称为"叫花子打狗，边打边走"。

《刘邓大军》生动表现了全面内战开始后刘邓首长指挥下取得大捷的祝捷场面。（邵增虎作品）

这时"边打边走"，是由于背后有广阔的解放区作为依托。不像中央苏区那样小的地方，后撤远一些就要退出根据地长征了。正是由于有广阔的连成一片的解放区，解放战争时的国共战争与土地革命战争时才发生了根本的变化，"围剿"与"反围剿"那种斗争方式已一去不复返。中国共产党不仅在抗战期间建立了广大的解放区，抗战胜利时还将其连成一片（中原区例外），进军东北时又解决了战略靠背问题。国民党军根本包围不住解放区，只好采取正面进攻的方式，所以称为"全面进攻""重点进攻"。人民解放军在这种始终有背后依托的情况下，就能更为有利的进行作战。

全面内战爆发后头三个月的作战，特别是苏中七战七捷、定陶战役的胜利，验证了国民党军的战斗力，使中共中央、毛泽东心中有了底。

8月6日毛泽东在延安枣园接见了美国进步记者安娜·路易斯·斯

苏中七战七捷纪念馆位于江苏海安县城中心。

特朗，提出了"一切反动派都是纸老虎"的著名论断。这篇谈话不仅对蒋介石予以极大的蔑视，而且将当时世界上最强的美国也称为"纸老虎"，这显示了毛泽东非凡的胆略与气概。正是从这点出发，才能够与貌似强大的美国支持的国民党反动派做斗争，并敢于争取胜利。

9月12日延安《解放日报》就定陶大捷发表社论，题目就是《蒋军必败》，其中宣告："蒋军必败，我军必胜的局面是定下来了。"

9月27日朱德总司令在延安向中共中央机关干部做时事报告，也就当时的形势谈道："开始有些人害怕我们打不赢，现在打了几个仗，证明美蒋并不是那么可怕。我们有条件有力量打败他。"

进攻张家口意味着谈判决裂

全面内战开始不久，中共中央就感到有胜利的把握，于是在国共谈判中的态度有所变化。在1946年9月以前，一直是中共方面要求就地停战，即要国共双方承认现状，而国民党则要共产党方面让出某些地区才同意停战。这不仅向世人显示出是国民党坚持要打，应为内战负责，而且其态度也欺共产党太甚。进入9月以后，中共中央则改变了停战条件。

9月6日毛泽东致电在南京的周恩来，指出："无条件停战之要求，现在已感不适宜，蒋军已占我二十余县，其中有承德、淄博、台儿庄等要地，无条件停战可使蒋军获得休整以利再战，而我则不能收复失地，因此必须考虑改变此项要求。"①经考虑，中共中央此后提出的停战条件，是要国民党军首先撤出所侵占的解放区，恢复1月13日的停战位置。已经多占了些地盘的蒋介石对此自然不答应，双方的谈判更没有可能达成协议。

当时共产党方面作战强调的是歼灭国民党的有生力量。所谓"有生力量"就是指成建制的部队。因其有完整的战斗编制体系，可以生长发展，对这样的建制部队如只是加以损耗，对方马上可以补充，能像割韭菜一样很快又长出来新叶。如将其整个消灭，就可断其生长的根基，要重建也很难，这才是真正打击敌人的有效办法。国民党方面则不然，当时其眼光主要盯在共产党所占领的城市上，认为占领了地盘就是胜利。蒋介石战略目光的短浅，以后叫他吃尽了苦头。

全面内战爆发后，关内解放区内唯一的省城，就是察哈尔省会张家口，

---

① 中共中央文献研究室：《毛泽东年谱》下卷，中央文献出版社2013年版，第130页。

于是马上成为国民党注重的目标。抗战胜利时八路军夺取了张家口后,晋察冀军区司令部和党政机关都搬进该城,这使其政治地位显得十分重要。同时,张家口又是联系关内外解放区的战略枢纽,中共东北局支援关内解放区的物资和弹药,陆路主要通过这里再转南线,海路则从大连再转烟台。在国民党看来,攻下张家口不仅在全国可以显示其已经实现了所有省城在手的"行政权统一",而且还能断绝关外对关内解放区的支援,以利其先集中兵力解决关内,再解决东北问题。

美国记者1946年在张家口拍摄的晋察冀军区司令员聂荣臻的镜头。

9月4日,国民政府参谋总长陈诚公开宣布,政府军将"收复"张家口。接着,北平的国民党军中央系部队向西进攻,在怀来一线遭到晋察冀军区部队的痛击。中央系部队不中用,蒋介石又寄希望于杂牌将领傅作义,要他从绥远东进,并许诺可将张家口一带划入他的战区。这样,傅部的积极性得到调动,9月中旬突入集宁。晋绥、晋察冀军区虽集中兵力准备消灭傅作义部,却因在集宁一仗未打好,被迫撤围大同。此后,张家口从西面受到重大威胁。中共中央在提出保卫张家口的同时,又要求"在保卫察哈尔口号下进行动员,但以歼灭敌人有生力量为主,不以保守个别地方为主"①。总的精神是争取歼灭傅作义部或中央军一部,如无法坚守时也可放弃张家口。

为了尽量保卫张家口,周恩来又根据中共中央指示,一度改变了前一段时间不准备接受"无条件停战"条件的原议,向马歇尔提出召开休会已近三个月的军事三人小组会议,讨论停战问题。蒋介石如有一点和平诚意,这时完全可以在对其已经有利的情况下使战争停下来。

然而国民党方面得寸进尺,这时又不肯谈停战问题,而是要谈"政府改组",即要共产党和民盟同意参加它所召开的"国民大会",交出代表名单,才能考虑停战。共产党如果在不能取得否决权的情况下参加国民党一党包办的"国大",等于在政治上承认蒋介石的统治为合法,这当然是绝对办不到的。国民党军积极进攻张家口,固然有其军事目的,同时也是在政治上压共产党屈

---

① 中共中央文献研究室:《毛泽东年谱》下卷,中央文献出版社2013年版,第135页。

八 国共最后破裂

服的一种手段。

为了最后一次表明中共的态度，周恩来在向马歇尔说明利害后，于9月30日致函蒋介石说明进攻张家口即意味着和谈破裂。10月1日周恩来又在上海周公馆召开中外记者招待会宣布说：

"全国内战越打越大，现在已经打到察哈尔大门。如果政府军不

画作表现了周恩来1946年10月会见中外记者的情景，说明国民党军进攻张家口就意味着最后破裂。

停止对张家口及其周围的军事进攻，我们便认为蒋主席决心破裂，最后放弃和平谈判，一切严重的后果和责任都由国民政府负之。"①

这样，自1936年西安事变起十年来持续不断的国共谈判，终于到了一个最危急的关头，是保持双方在交战的同时仍谈判协商的关系，还是破裂而决一死战，其关键就在于国民党是否停止对张家口的进攻。

当时马歇尔和美国新任驻华大使司徒雷登做了最后一次"调停"的努力，奔走于蒋介石和周恩来之间，提出要国共双方停战十天，就张家口问题和国民党提出的"改组政府"、整军两提案进行讨论。中共方面表示停止进攻张家口不应只限十天，应无限期；可是在蒋介石方面，就是这么一个只停战十天的提议也予以拒绝。

蒋介石当时敢如此一意孤行，一方面在于他为表面上的军事力量优势所陶醉，自认为可以战胜中共；一方面在于美国代表马歇尔、司徒雷登等人虽然仍在"调停"，但美国政府却又同意将8亿美元的第二次世界大战剩余军火以2亿美元的低价卖给国民党政府，这表明蒋介石坚持内战政策也照样会得到美国支持。美国对华政策的这种矛盾性，大大鼓励了蒋介石最后下决心使国共关系破裂。

根据蒋介石的命令，进入10月以后国民党中央系和傅系分东西两面向张家口进攻。东线的中央系遭到沉重打击进展甚微，傅作义部却又以骑兵偷

① 《群众周刊》第12卷第11期，第2页。

袭，并于10月8日突然夺占张家口北面的重镇张北。当天毛泽东指示："傅作义一部窜至张北，必须立即击破，巩固后方。"①然而晋察冀军区在当地已无多少机动兵力，鉴于无法继续保卫张家口，因此以教导旅阻击，掩护军区司令部和党政机关向抗战时期的老根据地冀西阜平县撤退。10月11日，傅作义部进占张家口，随即与东面的中央军会合，并打通了（北）平绥（远）铁路。

国民党军攻占张家口，是其在内战爆发后少见的一个军事成功。傅作义得意之际发表了《致毛泽东的公开信》，诬蔑共产党进攻绥远首先开始了内战，并妄称其在集宁、张家口击破共产党的老部队十万人，是什么人心向背所致，是"人民的胜利"。原先为晋系军阀阎锡山部下的傅作义，就此地位大为上升，蒋介石立即对其授勋提职，美国也视其为"反共明星"，以后还越过蒋介石直接对其进行援助。傅的起家部队第三十五军得到大批美国道奇汽车，还实现了全军摩托化。可是这一军事上的侥幸成功，在政治上却是自绝于国人，使内战从此不可收，从长远角度看是一大失败。

在张家口还未被攻占前，作为第三方人士的民盟代表梁漱溟赶到上海，劝周恩来回南京与国民党谈判。周恩来表示在停攻张家口的前提下可以考虑。然而10月11日晚间梁漱溟搭夜车回宁，第二天一早到达南京车站就听到报贩叫卖要闻，拿来报纸一看头版刊登的是"国军收复张家口"。面对着围拢过来的新闻记者，梁漱溟感叹之余说了随即使在社会上传诵的一句话：

"一觉醒来，和平已经死了！"

事已至此，国共双方事实上已没有什么可谈。此后，中共代表仍在国统区留了几个月，目的已不是谈判而是宣传，也就是教育广大群众认识内战责任到底在谁身上。

到了10月下旬，国民党方面又提出要与共产党继续谈判，马歇尔表示愿意再做调处，第三方人士此时也燃起最后一点希望之火，可是就在这时，国民党军集中在东北的机动部队对南满解放区发起大规模进攻，东北四个月基本停战的局面打破。由于当地东北民主联军兵力不多且根据地不巩固，难以挡住国民党军的推进，南满解放区首府安东告急，后方人员被迫撤入苏军占领下的北朝鲜和大连。10月26日第三方人士黄炎培、罗隆基、章伯钧、梁漱溟到南京中共代表团住地梅园新村，周恩来见面后招待大家喝茶。梁漱溟随之告诉他说，政府军已经在昨天占领了安东（今丹东），周恩来听后非常愤慨地把茶杯向桌上一放说："我们要回延安，从此以后不再谈了！"

---

① 中共中央文献研究室：《毛泽东年谱》下卷，中央文献出版社2013年版，第140页。

八 国共最后破裂

明知不能再谈，不过根据中共中央的指示精神，驻南京的中共代表团又推迟了返回延安的日期，一定要等国民党一意孤行召集的伪国大开幕后再走。这段时间里，周恩来一直在南京、上海两地往返，主要是向第三方人士做工作，同时等蒋介石把谈判之门关上再走。如同周恩来后来曾对此所总结的：

"我们把谈判作为教育人民的工作，这个方针，连马歇尔也对叶剑英参谋长说：周将军最近几个月来，并不是为谈判而谈判，而是为宣传而谈判。"

"七月以来的谈判本身不会有什么结果，但马歇尔、蒋介石还在欺骗。假如那时我们不谈就会孤立，因为人民不了解，我们只有在'国大'开了之后才能走，一定要在第三个阶段结束后才能走，这样才能完成教育人民的一课。"①

于是，从1946年10月国民党军攻占张家口起，中共方面就不再打算与国民党谈判，而要在战场上见分晓。从1936年西安事变之前就开始并持续了十年之久的国共谈判，至此完全破裂。

谈判代表"坚持不撤，非赶不走"

蒋介石在攻占张家口后完全错误估计了形势，一时利令致昏。他于占领张家口当天下午宣布，将于11月12日召开"国民大会"。随后在第三方人士的劝阻下，只同意再延期三天，却拒绝收回成命。在国民党最高当权者看来，其军事胜利已有把握；如果召开了"国民大会"，使其他党派参加并承认其一党专制的统治，则又是政治上的一大胜利。

当知道共产党拒绝参加"国大"时，蒋介石竭力争取民盟等中间

1946年11月，国民党召开一党包办的伪国民大会（所谓"制宪国大"），受到中共和民主党派抵制。

---
① 《周恩来选集》，人民出版社1997年版，第258—260页。

派参加。经过共产党的说服动员,加上蒋介石坚持内战、独裁和卖国政策,第三方人士绝大多数对他失望,不愿参加其粉饰专制独裁的大会,因此民盟等民主党派也拒绝参加。就连国民党内的进步人士宋庆龄、何香凝、李济深、冯玉祥等也不到会。只有左舜生、曾琦的青年党,以及张君劢的民社党收了蒋介石的津贴,其党魁也声称"下面的人跟了我们这么多年,总得给他们谋个职位",因此不听劝阻参加了伪国大。

1946年10月14日,周恩来(左)同第三方人士会面,说明中共绝不能参加伪国大的立场。

　　参加不参加这个"国民大会",马上成为一条是否为民主人士的根本界线,过去在国共之间周旋并颇有些社会声望的张君劢等人,从此被划入反革命派的行列。由于投机失当、站错了队,新中国成立时这些人也不敢再留在大陆而逃到了海外。

　　11月15日,国民党一党包办的"国民大会"粉墨登场,在南京开幕。在伪国大的会场内,人们明显地看到一直留着几排空座位,蒋介石声称这是政府显示"宽宏大量",留给共产党和民盟代表的席位,自己已经"仁至义尽",是这些党派自己抵制大会。这种所谓的"民主风度",原是做给外国人看的,可是包括美国在内的西方国家对此也只付之一笑。国民党召开的这次"国大"有了青年党、民社党这两个小党的点缀,同时又通过了一部宪法,就宣布民国将要结束"训政"而实行"宪政"。蒋介石又以此对国际舆论特别是美国人显示自己的政府不再是"一党专制",而是已经实行了多党制的"民主",认为以后索要援助就更加容易。其实在西方舆论界的评论中,仍普遍认为南京国民政府是一个独裁政府。至于美国国会那些政客们是否同意大规模提供援助,虽表面上讲什么要看受援者是否实行"民主",严格讲来还是根据美国利益需要来取舍。战后美国在亚洲出钱出力援助最多的蒋介石政权、李承晚政权和南越西贡政权,按照西方的标准其实都是黑暗的专制政权。

伪国大召开更强化了蒋介石的独裁统治,这是他的画像悬挂在上海高楼上。

国民党召开的"国民大会",其口号是"制宪"和"还政于民"。按照孙中山早年建国大纲上的解释,国民党治国要分军政、训政和宪政三个阶段。所谓军政时期,就是在战时以军队管理政权;所谓训政时期,则是由党代替民众执政,据说其理由是认为中国老百姓缺乏民主素质和参政意识,要由国民党来"训"导人民如何参政;所谓宪政时期,就是要制定宪法,要百姓都遵照宪法,执政者也依法来治国。北伐时期国民党自称实行"军政",南京政权建立并自称"统一"全国后就宣布开始"训政"。这种以训政理论为根据实行的国民党一党专制,多年来一直受到国人的抨击和国际舆论的指责,于是蒋介石从1935年起就一再宣布要"准备行宪",但却一拖十多年。抗战胜利后,国民政府于1946年5月宣布"还都"南京,接着就筹办这个"制宪国民大会",目的就是粉饰其独裁统治,并披上一件"民意拥护"的合法外衣。

当时国民党在各地根据"民意"推选"国大代表",更是一幕可笑的丑剧。在占人口80%的广大农村,根本就没有什么"投票",在城市也只有少数地区设立了投票箱,其实也纯属聋子的耳朵,形同摆设。所谓"国大代表"的分配和选定,实际上主要操在CC派即陈立夫、陈果夫为首的中央党部手中,结果成了官僚政客们争夺的目标。当时为数只有千人的"国大代表",按照规定享有当代表期间不得被逮捕、在指定的餐馆吃饭不花钱等各种特权，而且还可以凭代表的资格在各地被委任为官。于是许多人看着眼红，争相贿赂以争代表之位。

"国大"开幕时突然在南京城内爆出一件人人相传的笑料。一名汉子雇人抬了一口棺材出现在大会礼堂门外，高声叫骂道："里面都是些什么乌龟王八蛋，真正的国大代表在这里！"中外记者顿时将此人包围，一问方知他原来以倾家之资买到一个代表名额，后来有关系更硬、花钱更多者顶了位，此人一时气不过，抬了一口棺材到这里表示愿以死相争。不过这个家伙把所有"国大代表"，包括蒋介石、宋美龄及其他党国要人都骂成"乌龟王八蛋"，自然触犯大忌，因而马上有警察冲开记者拦阻将其抓走。所谓"国大代表"究竟如何"选"出，都是些什么货色，由此也可见一斑。

当时"国大代表"胸前的标记是国民党党徽样式的"梅花徽"（这也可见"党""国"二者处处不可分），当时戴此徽者在南京四处横行，无人敢管，秦淮河边和夫子庙附近的花柳巷中也到处可见此辈。蒋介石以授予特权和花费大笔金钱招徕了这样一帮乌七八糟之徒，除粉饰门面外就是要他们举手通过一部"宪法"。此"宪法"基本上依照美国宪法所写，只是其中总统的职权较之本来就有大权的美国总统更大，而且总统任期六年，可无限期连选连任，这实际上是让蒋家天下合"法"化。"制宪"完成后蒋介石还未马上就任总统，而是等到一年半以后的"行宪国大"才登此位。不过蒋家父子的班底，自此已经确定。

就在国民党"还都"南京后，蒋介石就已经明显地确定蒋经国作为自己的接班人。不过在民主之风已经吹向中华大地时，再搞此等封建世袭的把戏，在国民党内也招致许多人反感。当时蒋介石宣布任自己的儿子为中央政治大学教育长，而校长由他自兼（蒋介石一向爱兼校长）。此告示一贴出，校园内却一时大哗。因为按中国传统，"师徒如父子""一日为师终身为父"。过去校内学生是"天子门生"，这下子却又降了一辈，成为"天子之子的门生"。有人在校园里带头喊："看啊！老子任命儿子，让我们当孙子！"结果院内群情激愤，到处是一片片叫喊声："我们不当孙子！"于是引发了轰动南京的"孙子事件"。原先掌管学校的CC派也对蒋经国夺其大权不满，对学生闹事乐得旁观看热闹。蒋介石的这套家天下的办法，在其统治集团内部也加速了离心离德。

在伪国大召开后的第四天，即11月19日，中共首席谈判代表周恩来乘飞机从南京返回延安，从此永远离开了国民党统治区。当"国大"一开幕，周恩来就马上找马歇尔要求提供飞机返延。因为当初是这位美国特使在出面调处国共内争时保证，他负责向国共双方代表提供交通工具以供谈判往返。马歇尔与周恩来在平生最后一次会见时，对调处未成功表示遗憾。严格讲来，与美国国内那些极右的反动人物相比，马歇尔还应算比较明智一些，但他毕竟是美国政策的执行者，在国共关系破裂后不能不站在蒋介石一边。1947年年初他离开中国，回国后担任了国务卿，朝鲜战争初期还担任过国防部长，曾不赞成与新中国发生严重战争冲突。五十年代中期，周恩来在中美关系有所缓和时曾表示欢迎已解除公职的马歇尔回中国看一看，由于当时美国奉行极端敌视新中国的政策，马歇尔未能成行。他在中国的调处行动，只是作为美国对华政策失败的一部分最后写入了史册。

周恩来离开南京后，中共代表团仍留在南京、上海，只是不再与国民党谈判，而是广泛地向第三方人士和社会各界开展统战工作。1947年1月，蒋介石见军事进攻不利，又通过美国驻华大使司徒雷登找到中共代表团，提出准备派张治中到延安再

1946年11月11日，毛泽东、朱德、刘少奇、彭德怀在延安机场欢迎从南京归来的周恩来（背对镜头者）。

与中共中央谈判，并建议"现地停战"。在国民党军已经占领大片解放区的情况下，如同意停战议和，国民党军可以获得休整机会并巩固已占地区，以后还能大打。共产党方面在失地甚多的情况下如同意现地停战，则不能再反攻收复失地，自然十分不利。因此中共中央认定这又是美蒋的欺骗，为表示不拒绝和平并能揭露其骗局，中共方面于接到司徒雷登的传话第二天即1月17日公开宣布，只有答应两项条件，即恢复1946年1月13日停战位置，再废除国民党一党包办的伪国民大会制定的"宪法"，才能与国民党再开谈判，否则"便无法证明他不是欺骗"。这两条自然是国民党当局不能接受的，这次"和谈攻势"马上就以破产告终。

蒋介石见政治上和平欺骗不成，军事方面兵力又感不足，企图由当时还留在西北充当战略预备队的胡宗南进攻延安，先粉碎西北解放区再将此部

从合作走向决战
——中国共产党为什么能战胜国民党

队加入华北战场以打开全国局面。如果进攻解放区首府和中共中央所在地延安,势必关闭和谈之门,自然会显示出国民党方面要负内战责任。因此国民党当时为了树立一种自己愿意和平的形象,希望中共方面自己主动撤退谈判代表,以显示是共产党先关闭和谈之门。1947年1月间马歇尔返美后,经国民党方面劝说,美国退出军事调处执行部,国民党方面也召回代表。这一国、共、美三方制止内战的机构不再存在,显然是要迫使中共代表也撤退。美国大使司徒雷登还受国民党方面之托,找到驻南京的中共代表团,以试探口吻询问中共代表何时回延安。

中共中央对于驻国统区公开机构的态度,却是"坚持不撤,非赶不走",一定要让蒋介石自己来关上和谈之门。面对司徒雷登的询问,中共代表团回答说,既然是政府方面当时邀请我们来谈判,那么只有他们正式要赶我们走时才能撤退。当时确定这一方针,目的是争取国际国内的人心,在大众面前明确内战责任。第二次世界大战结束后,全中国和全世界人民都渴望和平,谁发动战争就会在政治上陷入不利地位。以蒋介石为首的国民党当局自然也深知这一点,尽管他们积极进行内战,却从来都声称政府方面的目标是追求"和平建国",愿意以政治方式解决国内问题,是中共方面发动"武装叛乱"拒绝和平。在这种形势下,中共方面如果自己主动撤走谈判代表,恰恰会给蒋介石进行歪曲事实的宣传提供口实。以少数人员用公开身份留在国统区,正可以表明共产党本身并没有关闭和谈之门,只是国民党方面的苛刻条件造成双方谈不下去。这些代表留在那里,还可以做大量的宣传和统战工作。当时美国在公开场合还尚未改变调解人的姿态,并有美军观察组驻延安,因此国民党方面不敢危害中共公开人员的安全或予以扣押。

油画《1946国共和谈》形象表现了中共方面在最后一刻仍争取谈判停止内战。前列左起:董必武、周恩来、蒋介石、张群、邵力子。(陈世和作品)

1947年3月初之前,美军观察组还一直留在延安,蒋介石因顾虑未对此地轰炸,并让美机经常飞到此地。这是同年1月27日毛泽东带着女儿李讷在机场会见美军最后一任观察组长(右二)和记者的照片。

八 国共最后破裂

根据中共中央确定的原则,董必武率领的中共代表团坚守南京、上海的原有岗位,周恩来走后由吴玉章率领的中共驻重庆代表机构此时也仍坚守红岩村的阵地,并在市内出版,同时向全国继续发行《新华日报》。在国民党仍戴着争取和平的假面具而不便查封的情况下,此时的《新华日报》上每天刊登的都是人民解放军的捷报和对国民党的瓦解宣传内容,大批被俘国民党军军官的家信、劝降信都在此登载,在国统区以合法形式广泛流传。后来国民党宣传部门曾认为让共产党发行《新华日报》是最大的错误之一,"因为世界上没有任何交战的一方会允许对方在自己的区域内公开发战报,进行瓦解和动摇人心的宣传"。共产党驻国统区的机关和宣传机构如同插入敌人心脏的尖刀,在思想上对国民党统治起到了极大的动摇和震撼作用,这也是国共谈判之外的一个副产品。

国民党对这些,以后都咒骂为"共党统战阴谋"的成功。不过有识者可反问一句,当时国民党力量更强,为何自己的宣传反而不及弱者呢?为什么不能到解放区去进行反宣传呢?说来说去,还在于它自己的神经更脆弱,内部更空虚,究其深层次的原因则在于它的统治不得人心,没有群众基础。另外,从体制上看,国民党虽是一党独裁专制,有专制的恶例却无专制的效率,尤其在对社会控制方面造成了一个统制无能的多元的散漫的摊子。诸如宣传品的印刷、发行以及报童卖报等,那些腐败且无能的党官僚们都不能严格控制,地下渠道也多得很。共产党当时在解放区实行的是一元化的高度集中统一的领导,当地党政军民团结并组织严密,国民党的宣传品在解放区根本无法流行。即使按照政协决议,国民党也到解放区公开办报的话,那它连印刷工人也休想找到,因为共产党领导的当地工会和群众团体不会允许任何人去那里上班。此时貌似强大的国民党,的的确确如郭沫若的《沁园春》和词中所说,是"朽木之材不可雕"。在这种金玉其外、败絮其中的情况下蒋介石却坚持内战政策,结果只能玩火自焚。

1946年11月周恩来离开南京,留下董必武领导中共代表团。

从合作走向决战
——中国共产党为什么能战胜国民党

变"洗脸"政策为"杀头"政策

1946年11月周恩来从南京撤回延安,实际上标志着国共谈判结束,"和平民主新阶段"的设想至此也完全放弃。中共中央对蒋介石的政策,按当时党内通俗的形容,也由原定的"洗脸"变为"杀头"。

所谓"洗脸",就是仍保留其位置,只是通过斗争改变其施政方式;所谓"杀头",当然不是指那种以古代和中世纪的野蛮方式对个人搞肉体上的斩首,而是要从阶级基础上对国民党政权进行消灭。1946年1月中共中央提出"和平民主新阶段"的设想时,曾向党内解释过准备让蒋介石当三届总统,共十五年。此时政策完全变了。周恩来回延安的第三天,毛泽东与刘少奇、周恩来在枣园谈话时,就对待蒋介石的态度问题表示:

"现在是否提打倒蒋介石的口号?做此工作而不提此口号,口号仍是恢复一月十三日停战位置与政协决议。"①

自1936年西安事变后建立第二次国共合作关系以来,毛泽东这是第一次提出了要对蒋介石采取"打倒"政策。当时毛泽东决定对外暂不提这一口号,主要是考虑到中共谈判代表还驻在国统区,和平之门尚未最后关闭,如果先提出"打倒蒋介石",国民党方面正好可以说是中共先要打倒政府,对国内外影响均不利。只提恢复国共双方都签了字的1月13日停战协定和政协决议,国民党却又不肯接受,恰恰向世人显示出到底是谁不要和平,是谁首先挑起内战。

当时国民党与共产党相比,统治区人口、军队数量都占3倍的优势,武器装备方面的优势更大,蒋介石又有美国的大量援助,斯大林却只给中共极其有限的少量秘密支援。在这种形势下,敢下决心"打倒蒋介石",是很不容易的,正显示出毛泽东非凡的气魄和胆略。

蒋介石当时对共产党态度如此强硬,主要原因还不是觉得自身力量强大。他过去在十年内战时都无法消灭力量如此弱小的红军更别提现在。抗战结束后国民党内许多人也认为与当年在江西"剿共"时相比,现在自己更不可能靠武力消灭共产党。可是蒋介石却一度向其部属声称,"形势比江西剿共时更有利",他之所以敢撕毁政协决议发动内战,主要是把希望寄托在美国的支持上。了解当时中美关系的人都感到,蒋介石纵然治国无能,权诈方面却是高人一筹,甚至能玩弄美国人。美国虽然一直想"除蒋换马",蒋介石一生中也从不敢去美国访问,然而蒋介石却在马歇尔来华后不久就摸透了

---

① 中共中央文献研究室:《毛泽东年谱》下卷,中央文献出版社2013年版,第151页。

美国的底牌，知道即使不听调处打内战，美国还是要援助他一家。

战后的美国在许多人看来，那可是了不起的庞然大物，特别是在广岛、长崎把两颗原子弹一丢，简直是天下无敌。苏联试验成功原子弹还是1949年的事，此前核武器美国一家独享，世界工业生产的一半、黄金储备的70%都集中在美国，太平洋在战后因四周到处是美军基地，几乎成了"美国湖"。且不要说日本、南朝鲜、菲律宾等都完全被美国占领，就是中国东海岸的青岛当时也被国民党政府划给美国当作海军基地。对这样一个公开自诩要"领导世界"的霸主，苏联此时虽是世界上唯一能与之抗衡的力量，却也要畏惧几分，不敢公开援助中共。根据国民党方面和社会上许多人的看法，只要美国向中共施加压力，中共必然让步。如果不让步，美国就会帮助蒋介石消灭共产党。

对于美国的实力，毛泽东当时是非常重视的，接受调处就是最明显的例证。然而毛泽东当时提出了一个非常正确的观点，那就是在战略上藐视敌人，在战术上重视敌人。对于貌似强大的美国帝国主义，毛泽东看到其有一个根本的弱点，就是把手伸到全球，到处背上包袱。而且美苏两强对峙，中间隔着的广阔的亚非国家属于"中间地带"，这一地带的人民革命正好可以在美苏冷战的缝隙中得到胜利。至于原子武器，不能轻易用来对付其他国家的人民革命，只能在美苏两强关系中起到威慑作用。

正是从这一观点出发，毛泽东在全面内战爆发后的1946年8月接见美国进步记者安娜·路易斯·斯特朗时就断言："原子弹是美国反动派用来吓人的一只纸老虎，看样子可怕，实际上并不可怕。""蒋介石和他的支持者美国反动派也都是纸老虎。提起美国帝国主义，人们似乎觉得它是强大得不得了的，中国的反动派正在拿美国的'强大'来吓唬中国人民。但是美国的反动派也将要同一切历史上的反动派一样，被证明为没有什么力量。"[1]

毛泽东的这一观点，真是一个了不起的战略思想。正是有了这个思想，力量看起来相对弱小的中国共产党才敢于同美蒋针锋相对地进行斗争，才敢于夺取全国胜利。新中国成立之初敢于出兵抗美援朝，以那样一个刚刚接收的千疮百孔的烂摊子为基础同世界上最强大的美国打一仗，恰恰也是基于这一战略思想。

自美国采取全面援蒋的态度后，中共中央一直估计美国有可能出兵直接帮助国民党进攻解放区。直至1949年1月8日毛泽东为中共中央起草的《目前

---

[1] 《毛泽东选集》第四卷，人民出版社1991年版，第1194—1195页。

从合作走向决战
——中国共产党为什么能战胜国民党

形势和党的一九四九年的任务》的指示中,仍这样指出:"我们从来就是将美国直接出兵占领中国沿海若干城市并和我们作战这样一种可能性,计算在我们的作战计划之内的。"① 对于美国有可能出兵帮助蒋介石的问题,毛泽东与斯大林没有分歧,双方观点不同之处在于毛

油画《笑谈纸老虎——毛泽东与安娜·路易斯·斯特朗》形象表现了毛泽东在内战全面爆发时蔑视一切反动派的气概。(李醒韬、梁照堂作品)

泽东认为美国战略重点不在中国而在西欧,即使出兵也不可能太多,照样能将其打败,而不像斯大林所认为的那样会招致国家毁灭。

从美国后来公开的政府文件看,在日本投降后华盛顿的当权者们确实考虑过出兵直接参加中国内战的问题。1949年7月美国国务卿艾奇逊在公布白皮书时谈过第二次世界大战结束时的打算是这样的:

"和平到来的时候,美国在中国碰到了三种可能的选择:(一)它可以一干二净地撤退;(二)它可以实行大规模的军事干涉,帮助国民党毁灭共产党;(三)它可以帮助国民党把他们的权力在中国最大可能的地区里面建立起来,同时却努力促成双方的妥协来避免内战。

……第二种选择的政策,从理论上看,以及回顾起来,虽然都似乎令人神往,却是完全行不通的。战前的十年里,国民党已经毁灭不了共产党。现在是战后了,国民党是削弱了,意志消沉了,失去了民心……从国民党军队后来所表现的不中用的惨况看,也许只有靠美国的武力才可以把共产党打跑。对于这样庞大的责任,无论是叫我们的军队在一九四五年来承担,或者是在以后来承担,美国人民显然都不会批准。我们因此采取了第三种选择的政策。"

以上美国政府当权者的自白,清楚证明了美国曾认为出兵参加中国内战"在理论上"是"令人神往",可是实践上却行不通。非其不愿,乃其不能也。一方面有一个最大的对手苏联摆在那里,另一方面庞大的中国在军事

---

① 《毛泽东军事文集》第五卷,军事科学出版社、中央文献出版社1993年版,第473页。

上对入侵者来说是个绝地，美国如果直接与中共武装作战就会重蹈日本侵华深陷泥潭的覆辙。那样做在其国内的结果，不仅会使美国一般的公民群情激愤，一向强调经济核算的美国大亨及其在国会的代表们也会坚决反对政府干这种徒劳无功的傻事。日本投降后美军驻华军队数量一度达9万多人，以后也长期在沿海驻军并在军事方面支持国民党，却始终没有敢直接参加中国内战，原因也正在于此。

当然，避免美国直接参战一方面要靠实力使其有所畏惧，一方面也要注意不要过分刺激。在解放战争期间毛泽东敢于斗争，同时也善于斗争，他所讲的"要踩一下白老虎的尾巴，可是不能踩得太重，免得它回头吃了你的思想"，恰恰是指在敢斗争即敢"踩尾巴"时也要讲究斗争策略。敢同美国打，但是又尽可能避免直接打，以减少牺牲和争取尽早夺取全国胜利。当时中国共产党人在政治上对美国采取攻势，在军事上却始终采取守势。对于美国在中国的驻军，中共中央一直要求不主动与之挑起军事冲突。如1946年7月美国海军陆战一师的卡车闯入冀东解放区的安平镇，与当地驻军发生冲突，造成美军3人死亡12人负伤。事件发生后，中共领导机关立即要求安平镇驻军后撤，以避免事态扩大，随后通过调查揭露美军的无理行为，以赢得各界同情。对青岛、秦皇岛等地的美军基地，中共虽坚决反对其存在，人民解放军却不主动去进攻它。当国民党大势已去后，美国最后不得不在1949年6月全部撤出在中国大陆的军队和军事基地，灰溜溜地放弃了国民党给予它的在华驻军特权。

毛泽东确定与美蒋斗争到底的决心后，蒋介石也在两手策略不灵后索性只采取武力的一手。1947年2月下旬，看到中共并无主动撤退代表的打算，蒋介石只好自己动手驱赶。他也想以此举断绝国民党内主和派的幻想，让他的部下狠下心把战争打到底。

根据统一部署，2月27日深夜和次日凌晨南京、上海、重庆三地的国民党军警和特务机关采取联合行动，突然冲入中共代表团驻地，切断对外联络并拘禁所有人员，通知限令于3月5日前撤回延安，并扬言"以后如发现中共党员，即作为间谍匪徒治罪"。与此同时，国民党对外发言人却声称，中共代表因无谈判任务，认为已无必要留下，因此不日将返延安。这是在关闭和谈大门时，还要推卸它首先断绝国共关系的责任。

中共驻三地的代表团虽然陷入被软禁、监视的状态之中，却坚持斗争到底。代表团负责人向包围的军警严正抗议：我们是政府请来谈判的，如今要我们走不能空口无凭，要有文字依据。虽然国民党当局做贼心虚，不肯开出文字通知，中共代表团仍然在第三方人士的帮助下，请来了中外记者，说明是国民党当局以武力赶他们走。美国此时还有观察组驻延安，同时调解人的身份还未全失，在这个小问题上不得不显示一下"公正"的态度，也公开承认是政府方面要中共代表离开。撤退前，中共代表团把自己的房产托给民盟照管，显示出还准备回来的长期打算。于是，全中国乃至全世界都清楚地知道，是国民党最后采取行动驱逐中共和谈代表，彻底关闭了和平谈判之门。此后，原先对蒋介石还抱有幻想的许多人也把同情放到共产党这一边。这样，国共谈判一旦破裂，国民党统治区第二条战线的斗争就将全面展开。

原先担保中共谈判人员安全的美国此时派出军用运输机，从上海、南京和重庆分别将中共代表团送回延安。根据中共中央的指示，当时只在上海留下解放区驻联合国救济总署的代表伍云甫，参与当时联合国对华救济物资的分配。虽然由于美国的偏袒和国民党方面的阻挠，中国解放区在全国得到的救济物资中只得到1.5%的份额，不过在当时争取到一点总是对解放区有所帮助，所以这一阵地仍不能轻易放弃。同年7月间因美国操纵联合国救济总署断绝对解放区的接济，伍云甫也只得撤回。

由于蒋介石的坚持要求，以及进攻延安迫在眉睫，美国方面也在中共代表团全部撤走的第二天即3月8日从延安撤回驻当地近三年的美军观察组。这样，国共关系的破裂和美国援蒋的态度，使中国共产党人与美国官方的联络关系也完全中断，直至1973年春天美国在北京建立了联络处（因当时对台湾尚未断交不能建大使馆），这一中断了26年的关系才得以恢复。

1947年3月7日，被国民党驱赶的中共驻南京代表团的负责人在明故宫机场最后登上美国运输机。现场有大批国民党警察特务包围监视，许多第三方人士的代表以及国民党内主和派的张治中、邵力子都赶来送行。最后一个上飞机的是在周恩来走后的中共首席代表董必武，他站在舱门向下面密集的送行者挥动着帽子，大声喊道：

"再见！我们还会回来的！"

对董必武这最后一句话的寓意，随后整个南京城内纷纷议论。许多人特别是第三方代表说，中共肯定还想再回来谈判。可是还有一些人包括部分"党国"要员却认为是不祥之兆，说中共很可能是要打回来。以后的历史很快证明，仅仅两年后，中国共产党确实"回来"了，而且是在"百万雄师过大江"的凯歌声中进入了南京。

九 "打倒蒋介石，解放全中国"

1947年3月初国民党驱赶了中共谈判代表，同月又进攻并占领了解放区首府延安，国共两党言和的可能丧失。3月中旬在国民党六届三中全会上蒋介石公开宣布共产党是"武装叛乱集团"，要打到"非至共党完全解除武装不可"。3月19日中共中央撤出延安后，对外发布命令正式采用"中国人民解放军总部"的名义，表明了要"解放"全中国的态度。4月12日中共中央报关报《解放日报》就"四一二事变"二十周年发表的社论中，又正式提出了"打倒蒋介石"的口号，国共双方在政治上、军事上完全处于你死我活的决斗状态。

为了消灭共产党，蒋介石几次规定了期限。1946年12月30日他向国民党军师以上单位发出的侍天第七十号密令要求："在今后一年内彻底消灭万恶之奸匪。"这一要求落空后，1948年元旦蒋介石对国内发表的新年广播中又称："将在一年内消灭共军主力"，即把上一年未兑现的支票推到下一年，又去掉了"彻底"并在后面加上了"主力"二字，足见其信心越来越不足。具有讽刺意味的是，在随后一年即决定国共两党命运的1948年的决战中，被歼灭的不是"共军主力"，倒是国民党军的主力几乎全部覆没。

与蒋介石不断后推自己获胜期限的许诺相反，随着战争的进展，毛泽东对全国胜利时间的预测则不断前移。1946年11月末毛泽东与刘少奇、周恩来谈话时，预测战争"不但要准备三年至五年，还要准备十年到十五年"①。1947年7月在陕北的小河村会议上，毛泽东又首次提出了对蒋介石的斗争从

---

① 中共中央文献研究室：《毛泽东年谱》下卷，中央文献出版社2013年版，第151页。

从合作走向决战
——中国共产党为什么能战胜国民党

油画《攻克锦州》表现了东北野战军取得辽沈战役中这一关键性胜利的激战情景。（任梦樟作品）

1946年7月算起要用五年来解决。1948年11月辽沈战役捷报传来，毛泽东在他起草的《中国军事形势的重大变化》这篇新华社评论中又宣布："现在看来，只需从现时起，再有一年左右的时间，就可以将国民党反动政府从根本上打倒了。"以后的事态发展，果然证实了这一预言。

"自卫战争"变成"解放战争"

在全面内战爆发初期，中国共产党对己方所进行的战争称为"自卫战争"，表明战争目的是打退国民党的进攻。直至国共关系彻底破裂，1947年以后中共方面才将战争改称为"解放战争"，这一称呼就意味着战争的目的已不仅是防御，而是要转入进攻以解放全中国。

战场上的态势与对外宣传的称呼差不多一致，战争初期确实是国民党发起全面进攻，共产党在解放区内部处于防御状态。对此全世界和全国各界有目共睹，并赢得了最广泛的同情。这时说战争是"自卫"，名副其实。既然国民党军打过来，人民解放军就可以再打过去，进而"解放"全中国，也完全合情合理。

在1946年下半年打谈相结合的时期，国民党军向解放区大举进攻，依靠其优势的力量占领了安东、通化、承德、张家口、菏泽、淮阴等重要城市。而当时中共中央恰恰是以放弃某些地区，使敌背上包袱、分散兵力，换得在局部地点集中优势兵力各个歼其有生力量的胜利。当时刘伯承曾总结说："战争的胜负，决定于主力之保存或丧失，存人失地，地仍可得；存地失人，必将人地皆失。""固守一城一地无异于自背包袱，如果我们不在必要时放弃那些城镇，那么，我们就将被迫分散兵力，处处设防，而处处挨打。"①正是根据这一精神，在全面内战爆发后的头四个月，人民解放军以净失105座城市的代价，歼灭国民党军32个旅。

对于被歼的部队，国民党军虽马上依照原番号补充重建，但这些新部队却力量很弱，老部队也锐气大减。然而蒋介石为战争初期占领某些城市的表面胜利所迷惑，未看到继续深入解放区作战的危险性，在1946年末下达侍天字第七十号密令中要求："明年上半年各部队作战目标，应以打通陇海、同蒲、平汉与中东铁路诸线，肃清冀鲁晋陕等地境内股匪。"

这一计划虽很大，但国民党军却已兵力不足。在难以全面进攻的情况下，蒋介石只得选择重点，1947年上半年发动的攻势重点在南满、山东和陕北这三处。在东北国民党军只能依靠现有兵力，在华东则集中了关内国民党军的主力，企图首先解决山东，再向北压。在陕北战场，国民党动用了唯一的战略预备队胡宗南集团。这个集团自1939从抗日战场退到关中后，长达八年一直保存和发展实力，并监视陕甘宁边区，拥兵20多万（如加上归其指挥的马家军等部则有30多万）。蒋介石的战略意图是，先以胡宗南部解决陕北，再以这支战略预备队投入华北战场，华北战场就可腾出力量增兵东北，全国局面就可改观。

在东北战场，国民党军因其兵力不足以同时在南北满发动攻势，采取了"北守南攻"的方式，集中主要兵力进攻南满解放区，以一部在松花江岸附近防御北满的东北民主联军，企图先解决南满再回头解决北满。东北民主联军则针对这一情况，采取了"南打北拉"战略。当时南满解放区一度被压缩到只剩通化以东临江为中心的长白山麓四个县，两个纵队撤到这里，辽南独立师被敌截断，被迫撤入苏军控制下的大连以北地区。陈云、萧劲光等赶

油画《银箭》描绘了东北民主联军在1946年末至1947年初三下松花江以南的场面，此举扭转了东北的战局。（陈坚作品）

---

① 《刘伯承军事文选》，军事科学出版社2012年版，第455页、第471—472页。

到南满最后剩余的地区，七道江会议一锤定音，决定不再向北朝鲜和北满撤退，坚守临江。这时北满部队为援助南满，冒零下30摄氏度严寒三次越过松花江向长春附近出击，一次次迫使南满国民党军回援。南满的部队则一次次打退正面的敌军进攻，形成了一幅"三下江南，四保临江"的生动战斗场面。因东北国民党军多是精锐的美械部队，当时对师一级的单位难以啃动，因此东北民主联军采取了一仗集中八九个团歼敌一个团、各个击破的办法，一口一口地吃掉强敌。结果国民党印缅远征军中最精锐的新一军连续被歼了五个团。新六军则连续被歼了四个团，全部残破不堪。激战至1947年开春，南满解放区不仅得到保全还有所扩大，东北战场上双方力量对比基本达到均衡。

这时的关内战场上，国共双方力量的强弱对比同过去相比虽然发生了一些变化，但是国民党军有美国的支持和援助，在兵力、装备上仍占有相当的优势。同时，国民党军总体上处于进攻地位，掌握着战略上的主动权，人民解放军在全局上仍处于劣势和被动的地位。在这种情况下，以毛泽东为首的中央军委继续本着积极防御的战略思想，尽一切可能争取战争的主动权，将战略上的防御和战役战斗中的进攻有机地结合起来，以歼灭敌人有生力量而不以保守城市和地方为主要目的。这样，从整个战略全局上看，国民党军是进攻，可是到了每一个具体战役里，反而大多是解放军采取攻势，并可自己选择有利的地点、有利的时机，一口口地吃掉因到处占地而分兵的国民党军。

为了便于各个歼灭敌人，使自己的军队主力保持行动自由，1947年春天人民解放军不惜再放弃一些重要城市，如山东解放区的首府临沂、中共中央所在地延安。而国民党军的第一线兵力不断被歼，又有许多担负守备新占领地区的任务，突击力量不断减少。至1947年春，人民解放军的总兵力仍大大少于国民党军，可是第一线机动兵力已超过敌人，因而既能大量歼灭敌军，又能在东北、晋冀鲁豫战场上举行战略性反攻，恢复解放区丧失的部分城市。于是全面内战开始后的头一年，战争进程出现了正如陈毅于1947年12月所作的《一年来自卫战争总结》中所叙述的那种场面："我们的战略方针是集中绝对优势兵力打歼灭战，全部消灭敌人，即是放开两手，诱敌深入，创造有利时机，选择战场，集中兵力，四面包围消灭敌人，以此改善我们的装备，改变敌形势，到一定时机转入反攻。""整个战争过程就是出让地方与消灭敌人有生力量，敌我思想斗争也就是这一问题。战争的复杂奇妙为古今中外所未有。"

的确是"复杂奇妙为古今中外所未有"，这里恰恰体现出经过二十年战

九 "打倒蒋介石,解放全中国"

宣传画《保卫临沂》是当时的动员口号,实际上解放军不计较一城一地得失。(康牛作品)

山东美术馆藏品《陈毅、粟裕》,表现二人指挥华东野战军的情景。

争锻炼的中国共产党在军事上的高度成熟。例如1947年2月,国民党军从徐州、济南两路南北并进,进攻鲁南解放区。刚刚由山东、华中两大野战军组成的人民解放军华东野战军在陈毅、粟裕的指挥下,以主动放弃临沂一座空城的代价,吸引了实力最强的南线敌军,然后集中全力突然出现在北面的莱芜,一举将孤军深入的李仙洲集团7个师共5.6万人包围。当时在李仙洲部下担任第四十六军军长的韩练成几年前就与中共秘密组织建立了联络,此时不仅通报了内情,而且在突围后故意放弃指挥,造成其内部混乱。预先埋伏在莱芜城北的华东野战军部队待李部完全进入伏击圈后,大举出击,仅几个小时就将其全歼,第二绥靖区副司令李仙洲本人也当了俘虏。随后华东野战军乘胜逼近济南,国民党山东省主席王耀武为自保不得不放弃周围各城镇,人民解放军乘胜解放了鲁中13个县城,共歼敌7万余人。

莱芜大捷后,韩练成向华野首长和中共中央自告奋勇,经批准后假扮"化装突围"回到国民党军中,准备继续从事秘密工作。不过蒋介石对从共产党方面逃回的军官都怀有戒心,不再让他带兵,只安排他到西北的后方任职。后来他的贴身部下中有人在补入解放军后又逃回南京,报告说韩练成在莱芜突围之际故意弃职逃走,有投共嫌疑,蒋介石立即下令缉拿。幸好张治中向韩练成通了消息,使他迅速脱险又进入解放区。解放后韩练成被授予中将军衔,却有人称他为"起义将领",韩练成长期感到委屈。严格讲来,他并不是那种看大势已定才"起义"的人,而是在党困难的时候出于政治信仰秘密参加工作,之后进入解放区其实是"归队"。

华东野战军在莱芜的大捷,堪称解放战争前期规模最大、歼敌数量最多、速度也最快的一仗。据台湾后来出版的当年国民党军将领的回忆录记叙,总参谋长陈诚到前方主持检讨会时曾怒斥将领无能,曾这样说道:

"就是送5万只鸡到莱芜去,让共军捉,也要捉两天。怎么你们5万多人,几个小时就叫人家解决了呢?"

会上将领们不敢吭声,会下有人却不服气地说:

"陈长官这就不懂了。要知道打了败仗以后,人比鸡还好捉。鸡听不懂话,到处乱跑。人只要一喊,要他缴枪站队,就会老老实实照办。"

莱芜战役后,国民党军经一个月的整顿,继续向山东腹地进攻。5月间华东野战军以"掏心战术",在孟良崮歼灭了"五大主力"之一的整编第七十四师。蒋介石将此哀叹为"最可痛心"的挫败,停顿了一个月后,还是以不惜损失、势在必得的决心增兵向山东进攻。当时山东解放区压力最大,后方机关都退入胶东半岛。考虑到单靠山东的力量难以迅速打破国民党军的进攻,于是中共中央决定让刘伯承、邓小平率领晋冀鲁豫野战军主力向鲁西南敌后出击。此后,就揭开了解放战争的新一幕,由在解放区"自卫"转为打出去"解放"国统区。

"胸中自有雄兵百万"

在粉碎国民党全面进攻时,身为百万大军和上亿人口的解放区的最高领导者的毛泽东也亲自在前线转战,为激励全党全军起到了重大作用。西北高原帅旗红,成为国共内战史上独有特色的一章。

1947年3月以后,国民党军在东北、华北因兵力不足暂取守势,除山东外又在陕北向延安发起进攻,企图摧毁或驱逐中共首脑机关。当时进攻陕甘宁边区的胡宗南部有23万军队,解放军西北野战军只有6个旅2.6万人,还有地

国民党军攻占延安一座空城后,中外记者团分乘六辆大型美式吉普车,向市区疾驶。

方部队1.6万人。毛泽东任命中国人民解放军副总司令彭德怀亲自兼任西北野战军司令员兼政委,并任命全党最年轻的中央局书记——中共西北局书记习仲勋作野战军的副政委以负责部队政工和地方支援工作,这支部队当时在党内军内也被习惯地称为"彭习部"。

当时中共方面在这一战略方向只保持这样少的兵力,主要原因在于西北地瘠民贫,陕甘宁边区只有150万人口,自然条件又太差,实在难以供养大军。连在陕北作战的部队,有的在休整时还要到黄河以东的山西"就食",原因是不能在当地与民争粮。国民党进攻陕北时,中共中央曾考虑过从晋西南调杨(勇)苏(振华)纵队或陈赓纵队来增援,毛泽东后来都取消了原议,也是因为过河后吃饭问题难以解决。只留数量不多的精干部队,在这片地形复杂宽广、人口较少又供应缺乏的高原上反而便于与庞大之敌周旋。

当国民党军攻占延安前一天晚上,毛泽东才于3月18日离开在延安的最后一个驻地王家坪,乘坐宋庆龄赠送给他的那辆救护车北上。行前毛泽东与美国记者安娜·路易斯·斯特朗话别,所说的是:"两年后我们将在北京迎接你。"

撤出十年来一直是革命圣地的延安,对全体中国共产党人、全体人民解放军官兵和全国一切进步人士都是一件感到痛心的事情。许多人思想不通,坚决要求"保卫延安",中共中央机关的人也大多如此。毛泽东对此解释说:"蒋介石阿Q精神十足,占领了延安,他就以为自己胜利了。但实际上只要他一占领延安,他就输掉了一切。首先,全国人民以至全世界就都知

油画《沙家店战役》表现了彭德怀在第一线指挥扭转西北战局这场关键之仗时的场面。(沈尧伊作品)

道了是蒋介石背信弃义，破坏和平，发动内战，祸国殃民，不得人心。……延安既然是一个世界名城，也就是一个沉重的包袱，他既然要背这个包袱，那就让他背上吧。而且话说回来，你既然可以打到延安来，我也可以打到南京去，来而不往非礼也嘛！你懂得拳击吗？收回拳头，是为了打出去更有力！"①

当时负责西北战场指挥任务的彭德怀到前线检查时，见指战员为保卫延安、保卫毛主席都充满斗志，可是教导旅旅长罗元发介绍情况说，就是子弹太少，平均每枪不到十发。因为陕北长期没打仗无缴获，虽然东北局表示可以支援，却要经过晋察冀、晋绥两区千里迢迢走小路用毛驴驮载，并且也运不了多少。所以经过计算只能阻击七天，给党中央撤出延安以充裕的时间。在此期间，毛泽东特别询问了坚壁清野的情况，周恩来并进行了周密的检查。只见所有群众全部疏散，粮食休想找到一粒，连办公桌椅都埋了起来，周恩来满意地说："要不是有条延河，胡宗南连口水也休想喝上。"②当时只剩下一些不便搬走的理论书籍摆在空荡荡的窑洞里，毛泽东风趣地说："让敌人来了也看看马列主义。"

国民党军占领延安后在杨家岭中央的礼堂前观看。

国民党占领延安时安排了假俘虏供记者采访。

果然，国民党军占领空城延安后，大发捷报，宣称"俘敌5万余人"（这一数字已是整个西北野战军总数的两倍）。当国民政府邀请大批中外记者前往参观时，胡宗南只好从自己的队伍中挑选一些"表现机敏"者，凑成千人之数伪装俘虏并回答记者问。不过此一员额与对外宣布数仍相差太大，只好让记者分营参观，待参观完此"俘虏营"后再将这些人送另一营继续充数。

---

① 师哲：《在历史巨人身边——师哲回忆录》，中央文献出版社1991年版，第338页。
② 《周恩来传》，人民出版社、中央文献出版社1989年版，第681页。

九 "打倒蒋介石，解放全中国"

不过记者们均非孩提，岂有看不出作伪之理？特别是外国记者也不避讳，有的面对"俘虏"质问："昨天我在那个俘虏营中看到过你，为什么你今天又跑到这里来了？"

其实蒋介石自己也不会相信这套宣传，据说他过去多年间每天首先要看的是共产党的《新华日报》，却从不看自己的官方喉舌《中央日报》。然而他需要这套自欺欺人的把戏刺激人心和士气，于是对胡宗南又授勋，又发嘉奖。不过在私下里蒋介石最着急的是要搞清毛泽东和中共中央的下落，并要胡宗南或将其消灭或赶过黄河。

撤出延安后，许多人曾建议党中央搬到远离敌人的晋西北根据地，国民党中央社则广播称毛泽东"据闻已远遁靠近中苏边境之佳木斯"。可是毛泽东坚持不过黄河，要留在陕北，只是让刘少奇、朱德到河北阜平组织中央工作委员会，处理日常事务，叶剑英、杨尚昆进入黄河对岸的晋西北，组织中央后方委员会。毛泽东、周恩来、任弼时率领精干的机关，只以四个连兵力掩护，继续留在陕北同敌人周旋。毛泽东当时坚定地说："我不能走，党中央也最好不走。我走了，党中央走了，蒋介石就会把胡宗南投入其他战场，其他战场就要增加压力。我留在陕北，拖住胡宗南，别的地方能好好地打胜仗。"①

油画《转战陕北》表现了毛泽东放弃延安后仍留在陕北与敌周旋的气魄。（王式廓作品）

---

① 《周恩来传》，人民出版社、中央文献出版社1989年版，第683页。

此后一年里,毛泽东只率领几百人的队伍转战陕北,还故意让蒋介石知道。在撤出延安四十多天后,在安塞县真武洞庆祝三战三捷的大会上,军委周恩来副主席代表党中央向在场的上万军民宣布了一个最振奋人心的消息,就是"毛主席还在陕北!"听到周副主席宣布这一消息,陕北军民个个欢呼雀跃,知道伟大领袖在这最困难的时候仍和自己在一起,不打败胡宗南是不会走的。蒋介石、胡宗南得知此事,则气急败坏。毛泽东率中央机关少数人就拖住国民党军中最后一个能机动的战略集团,这成为中国革命战争史上乃至世界现代战争史上的奇观。

胡宗南部曾一度占领了陕甘宁边区的所有县城,并四处搜索中共中央机关,毛人凤的特务机构也使用了美制电台测向仪。他们大致判定中共中央位于延安西北一带,于是胡宗南派刘戡以四个旅的兵力去追寻,追兵一度与毛泽东所率的转移队伍只隔一道山沟,却始终搜寻不到,几天后刘戡的大军因给养供应不上不得不退回。当时国民党中央社为粉饰一无所获的搜索,胡吹什么贺龙、江青已被俘并解送西安。

对这一虚假宣传,斯大林一度信以为真。1947年6月15日他致电在中共中央当医生的阿洛夫称:"请转告毛泽东,联共(布)中央欢迎他来访问莫斯科,但绝对不可有任何泄密。如果毛泽东同样认为必要,则我们认为此行最好经过哈尔滨。如果需要,我们可派出飞机。"①

这次邀请,不过是让毛泽东前往苏联避难的一种礼貌的表示。据师哲回忆,中央得知邀请后还急忙要晋西北根据地在兴县抢修一个简易机场,准备迎接苏联飞机。后来毛泽东知道了斯大林发电的原因,通过阿洛夫医生的电台告诉斯大林的实际情况,于是斯大林也来电表示暂停这次访问。其实毛泽东本人当时连陕北都不肯离开,更不打算去苏联。

各野战军的一些领导人知道胡宗南派兵捕捉中共中央,也传话表示担心毛主席的安全,要求来保卫。毛泽东则笑着说:"我才不分散他们的力量呢!"当时人称毛泽东"胸中自有雄兵百万",此言实不虚也。

毛泽东敢于率队转战陕北,除了各部队的配合及出色的情报工作外,还有他所说的原因即"地形险要,群众条件好,回旋余地大,安全方面完全有保障"。②陕北因严重水土流失造成的千沟万壑纵横,极利于精干的队伍隐蔽,当地人常称隔条沟看见人,上下得一个时辰,敌军发现目标也难以包围

---

① 俄罗斯联邦总统档案馆,全宗39,目录1,案卷31,第23页。
② 《毛泽东选集》第四卷,人民出版社1991年版,第1221页。

九 "打倒蒋介石，解放全中国"

捕捉。另外当地面积广大，也利于转移周旋。不过其中最重要的，还是"群众条件好"。

陕甘宁边界一带在明末就因穷苦出了造反的李自成和张献忠，在近现代又是全国最贫困地区之一。在土地革命时期，人称江西农民参加红军还能带一身换洗衣服，陕北农民参军除

油画《借火》表现了毛泽东在陕北转战时与群众的血肉关系。（刘宇一作品）

了身上的老羊皮只能带一双筷子。共产党来后不仅分给他们土地，还组织大生产，初步达到了"丰衣足食"。这种简单的温饱按现在的标准来看当然是极低水平的，但对广大农民来说却是换了人间，使他们对共产党、毛主席感恩不尽，一曲陕北民歌《东方红》正是出自当地人民的心声。据陪同毛主席转战时的卫士回忆，中央机关的队伍路过集镇时，有人突然认出并大喊"毛主席"，立刻街上所有男女老少都奔跑过来，有的呼喊，有的流泪，甚至有的娘姨能用手在毛主席衣服上摸一下，就感到无上光荣。毛泽东自己当时也非常激动，频频向周围的人招手，因为这些群众的心情不仅是对他个人，也是对整个革命事业衷心拥护的表现，这才是真正的、什么力量也打不破的铜墙铁壁。

当时毛泽东化名"李德胜"，意为真理必胜，周围的警卫人员也严格保密。可是因过去陕北各县都曾有不少人到延安参加过大会，各区政府、村公所里也有毛主席像，下巴上的那颗痣尤其易于识别，因此毛泽东住过的不少村子里还是有人认出了他。然而在激动之余，这些人都告诫自己和家人不得乱说。出动搜索的国民党军曾审问过许多被抓住的老乡，询问毛泽东的下落，得到的回答只是"听说毛主席还在陕北"，具体地点却从来问不出来。加上当地群众普遍组织武装起来，各村的民兵、游击队严密警戒，国民党派来的单个特务和小股武装出来侦察马上就会捉拿或消灭，大队人马出动又如聋似瞎地乱闯一气毫无所获。而毛泽东通过安排在胡宗南身边的"中共情报工作后三杰"熊向晖、申健、陈忠经（"前三杰"为李克农、钱壮飞、胡

底),基本清楚对手的部署甚至一举一动,国民党方面却对隐蔽在自己大军周围只几十里的中共中央首脑机关长期一无所知,后来还是靠现代无线电测向仪器才略知一点大概方向。毛人凤曾叹息这是军统侦察工作中的最大遗憾,其实造成这一结果最根本的原因还是在于当地群众的人心向背。

毛泽东留在陕北亲自坐镇,彭德怀、习仲勋指挥人民解放军西北野战军以2万多人的兵力对胡宗南的大军采取"蘑菇"战斗。当放弃重要城镇使其背上包袱后,再抓住时机一口口吃掉。撤出延安一星期后,就在青化砭公路旁以一个伏击仗消灭了胡宗南一个旅部加一个团,缴获了30万发子弹和抓到近3000俘虏,于是补充弹药和兵员都有了来源。

连遭伏击后,胡宗南部不敢走大路,只能走山梁,不敢分散行动而是以几万人集中行动,于是乎像当时讽刺的那样,终日是"白天武装大游行,晚间野外大露营"。到处找不到粮食,找不到向导,只好在西安制大饼由美国陈纳德航空队投掷供官兵充饥。这样在陕北高原上一次次徒劳往返又找不到对手的大游行,使自己的部队肥里拖瘦,瘦里拖死,还一次次成旅建制地被歼,这让胡宗南集团不仅筋疲力尽,而且心理陷入极度恐慌。虽然解放军西北野战军兵力远远劣于对手,却在精神上占有极大优势,如毛泽东后来总结的:"我们不怕敌人,敌人极怕我们。"

蒋介石让胡宗南进攻陕甘宁边区,实际上是将自己最后的机动力量投入泥潭,在占领延安一年后不得不于1948年4月又弃城逃跑。按照毛泽东的性格和原来的打算,是准备再回延安的。可是其他中央领导同志都劝说毛泽东应到华北去会合中央工委,可以更好地指挥全国的战局。加上看到中国革命已经胜利在望,毛泽东也想与斯大林会见并谈论建国的问题,于是决定去河北阜平县城南庄。

据现在公开的俄罗斯档案材料,4月26日毛泽东致电斯大林说:

"我决定提前启程赴苏。预定上旬由河北省阜平县(石家庄以北100公里)出发,在军队的掩护下通过平张铁路……如有可能,于6月上旬或中旬可抵哈尔滨,然后于哈转途去贵国。……我们就政治、军事、经济及其他一些主要问题与联(共)中央同志们磋商并寻求指示。此外如有可能,我想到东欧及东南欧的一些国家,考察一下那里的人民阵线及其他工作形式。"[①]

4月29日,斯大林复电欢迎这一访问。毛泽东到达城南庄后,还专门制

---

① 俄罗斯联邦总统档案馆,全宗39,目录1,案卷31,第30—31页。

作了出国穿的新衣服，身边的一些年轻同志说："这次去苏联，可以向斯大林要一些飞机大炮，就能快点夺取胜利。"毛泽东则笑笑说："至于飞机大炮，还是向蒋介石要，他这个运输大队长送来的美国武器更好。"

毛泽东正准备启程时，斯大林却于5月10日来电建议缓行，其中说解放战争正处于紧要关头，毛泽东不宜离开指挥岗位，他可派一位中央政治局委员来华听取意见。于是毛泽东又决定不去苏联，而是迁往中国共产党在农村的最后一个指挥所——西柏坡。

两条战线前后夹击

在毛泽东转战陕北期间，国民党统治区里也出现了群众性的"反饥饿、反内战"风潮，这使蒋介石政权处于前后受敌、两面被夹攻的窘境之中。中国共产党不仅在战场上同国民党反动派进行了激烈的武装斗争，还在全国范围内进行了服务于战争的政治的、经济的、文化的斗争，其中特别是在国民党统治区组织了被称为"第二条战线"的波澜壮阔的群众斗争。

抗战胜利之后中国社会舞台上出现了许多令人炫目的话剧。应该说，当日本刚刚投降之际，社会上许多人对蒋介石还抱有一定的希望，然而"党国"要人们以其战时的消极无能和接收时的腐败透顶，加上媚外内战的政策，在社会上很快丧失了一切群众。以至于连中国的绝大多数民族资本家，也成为中国共产党反对美蒋统一战线的参加者。

看到战后中国的形势，宋子文感叹之余有句名言——"资本家拥护共产党真是世界奇闻"。可是抗日战争胜利后，这样的奇闻居然就在中国大地上普遍发生。

从1927年"四一二政变"南京政府成立之时起，蒋介石及其左右就曾一再告诫国内的民族资本家：根据共产党的理论，你们属于资产阶级，是革命的对象。共产党得势之日，就是你们的万贯家私被共产之时，因此你们只有出钱出力支持政府才有出路。抗战胜利后，中国作为世界反法西斯"四强之一"，联合国的五大创始国之一，本该拥有较高的国际政治经济地位。然而无情的事实是，美国仍然在中国设立军事基地并驻兵，国民政府不仅在国际事务中充当美国的附庸，而且"胜利国"人民所受的经济压迫超过了战败国日本。国民党在抗战胜利时实行大"劫收"，加上"二百比一"的货币兑换，伤害了许多民族资本家。随后，国民党当局又屈从美国，放任美国资本控制国计民生，允许美国商品任意流通于国内市场，中国薄弱的民族工业自然无法与之竞争，几乎濒临破产的境地。

当时尤其令国人不能忍受的是，为了换取美国对内战的援助，抗战胜利的第二年国民政府即与美国签订了《中美友好通商航海条约》，就此取得了价值8亿美元的战争剩余物资。这一条约确如1946年11月26日延安《解放日报》社论所一针见血指出的："是蒋政府把中国作为美国附属国的重大标志之一，是中华民族又一次新的大国耻。"这一条约及其附约以貌似平等的口气规定："缔约双方"都可以不受限制地到对方领土上经商、投资、销售货物，舰船可以随意进入"对方"港口，飞机可以在"对方"领空飞行。按照当时国民党政府的说法，就是中国全境对美国开放。

这种"开放"，可完全不同于如今我国在坚决维护主权和自身利益前提下的改革开放。美国官员和一些学者时隔多年后仍大谈《中美商约》是平等的，因为规定的权利都是"缔约双方"如何如何。可是任何有历史知识的人都可以想想看，在当时的情况下，极度贫弱的中国有什么舰船能够到美国各港口任意停泊？中国哪里能有飞机到美国领空任意飞翔？中国除蒋、宋、孔、陈等豪门的个别人贪污来的黑钱外，有什么资本可以到美国任意投资？这种表面上对双方优惠的条件，其实只有美国一方能享受。面对实力居世界第一的美国，经济力量薄弱、技术十分落后的中国从此完全失去了保护民族工商业的各种壁垒。可以打个比方，一个体弱的病夫与世界拳击冠军订一个协议，双方都可以打对方三拳，这看起来是公平的，实际上对强者无碍，却会要弱者的命。这样的条约，还有什么"平等"可言？

如同在日本侵华战争中"皇军"用刺刀把广大中国人变成它的敌人一样，战后美国在华的倾销商品和占有种种特权，也把世界上人口最多的大国的绝大多数人民推到它的对立面一边。美国当权者实际上都是华尔街大亨们的代理人，从来是最讲究经济核算的。他们的对华政策，最根本的目的还是要扩大和发展美国在华经济利益。国民党当局对它的媚从，恰恰又为它从经济上、军事上控制中国大开方便之门。

在全国民族工商业者为《中美商约》的冲击所震惊时，中国共产党却提出了保护民族工商业的纲领。其实早在抗日战争期间，毛泽东在《新民主主义论》中阐述的方针，就认为在中国革命胜利后应允许有一个阶段发展民族资本主义。这种政治经济纲领，得到中国社会上各阶层人民，包括民族资产阶级的一致拥护。于是，中国革命就完全不是俄国革命在东方的翻版，而是

九 "打倒蒋介石，解放全中国"

高校学生游行示威的历史照片。

油画《我们年轻时》形象表现了进步学生参加反饥饿、反内战的示威。（刘耀真作品）

走上一条有"中国特色"的道路。

在当时作为共产党人经典的俄国革命的画卷中，那些身穿皮夹克佩手枪的"契卡"人员、那些高大的水兵和赤卫队员，以及那些形象动人的留短发腰束宽皮带的姑娘们，其斗争的对象都是资产阶级分子。

可是在中国的情况却大不相同。除了有千千万万衣衫褴褛的农民推着小车、挑着扁担汇成解放区人民战争的大军外，在国统区内还有不少裘服革履的民族资产阶级人物加入街头示威游行之中，从而在蒋介石后方造成了"第二条战线"。在街头参加"反饥饿"示威的人群中，也有不少肚子并不饿，甚至没有尝过饥寒滋味的富家出身的青年学生。可是他们看到国民党政权把国家搞成如此这般，几亿人民不但谈不上温饱，连生存都极为困难，也不能不向蒋介石发出愤怒的吼声。

在社会上群情激愤的有利形势下，以毛泽东为首的中国共产党人通过不断总结经验，在长期负责国统区工作的周恩来的精心组织下，提出了一整套原则和策略方针，巧妙地组织了由地下秘密组织鼓动，却以合法形式出现的斗争。

1947年5月，在"反饥饿、反内战、反迫害"的口号下，国统区的各大城市的学生联合工人、市民，掀起了大规模的爱国民主运动。一时间北平、上海、南京、杭州等大城市里有数以十万计的人上街游行。5月30日，毛泽东为新华社所写的评论高度评价这一运动的意义说：

"中国境内已有了两条战线。蒋介石进犯军和人民解放军的战争，这是

从合作走向决战
——中国共产党为什么能战胜国民党

第一条战线。现在又出现了第二条战线,这就是伟大的正义的学生运动和蒋介石反动政府之间的尖锐斗争。""学生运动是整个人民运动的一部分。学生运动的高涨,不可避免地要促进整个人民运动的高涨。"①

这种两条战线并举,相互配合,一起向反动统治阶级发起进攻的行动,是中国革命战争史上的一个新创造。这使得国民党的统治中心受到动摇,内战的计划和动员受到严重破坏,后方兵力也受到牵制。抗战时没上过前线的以"党化"教育著称的"青年军",此时也大多部署在城市里,用于镇压学生运动。国民党的前方后方,一时两头吃紧。

在土地革命战争时期,中共也领导过白区的群众斗争,可是那时指导方针过"左",尽搞些上街呼革命口号、撒传单、少数人飞行集会等过激行为,不但令大多数老百姓不能接受,自己还暴露了身份,盲动一次就有一批骨干被抓进监狱,以致最后白区党几乎损失殆尽。吸收了这些教训后,周恩来等结合解放战争时期国统区的新情况,提出了一系列巧妙的斗争方针和策略。1947年3月国民党当局驱逐中共谈判代表后,中国共产党在国民党统治区的工作全部转入地下秘密状态,但是国统区各阶层广大群众对国民党的希望已完全破灭,这又为以合法方式和非法方式广泛地开展群众斗争创造了有利条件。为此,中共中央提出了开展国统区工作的一系列方针和策略,其核心是

油画《反饥饿》表现了"第二条战线"的斗争。(冯法祀作品)

---

① 《毛泽东选集》第四卷,人民出版社1991年版,第1224—1225页。

使党的非法的秘密活动和组织群众性的合法斗争结合起来,并要和老百姓关心的切身利益相结合。如周恩来所说:"在斗争中要联系到、有时要转移到经济斗争上去,才能动员更广大的群众参加,而且易于取得合法形式。"①

民以食为天,多数人最关心的还是自身的经济利益。当年白区的地下党喊什么"保卫苏联""拥护苏维埃"等口号,老百姓大都莫名其妙。此时中共地下组织注意联系大众关心的现实,针对人们不愿当壮丁做炮灰、饥饿蔓延和特务横行的情况,把"反内战""反饥饿""反迫害"这些大众都能接受的口号作为旗帜。在组织上街游行时,真正的党员和指挥者并不出现在队伍前面,打头阵的往往是学者名流和情绪激昂的非党群众,所打的标语也没有共产党的口号,反倒是伪国大通过的"宪法"中的话——"人民有言论、集会、结社的自由!"

这时国民党出动军警用棍棒、水龙来殴打,首先打掉的是它自己虚伪的"宪法"口号,伤害的又多是过去持中间态度的一部分人,真正的共产党地下成员反而抓不到几个,而且越镇压越失人心。国民党当局面对群众运动的兴起,还迁怒于第三方势力的代表——于1947年7月下令解散民主同盟。社会上虽然从此没有了公开的反对派,只有国民党一党的声音,但其结果反而使其在政治上更加孤立。尽管有军警和特务的不断镇压,国民党统治区学生和各界群众的爱国斗争一直持续到全国解放,因其广泛采取了合法斗争的形式,使"第二条战线"的斗争能争取到最广大的群众参加。同时,中共地下组织始终处于秘密活动之中,也避免了大的破坏并不断有所发展,在人民解放军到达前地下党还能有效地组织护厂护校斗争,协助军队圆满地完成了接管任务。

台湾的历史书上描写这一段历史,曾惊呼当时共产党的地下组织渗透到了"水银泻地,无孔不入"的程度。不仅社会上广大群众反对国民党,就连其党内多数人也离心离德,甚至其国防部第三厅(即作战厅)厅长郭汝瑰等,也一直向中共地下组织提供情报。国民党和世界上许多国家的情报活动主要靠收买,中共长期是个"穷党",这方面的活动并不建筑在金钱基础之上,而是依靠自己事业的正义造就的人心归向。蒋介石花费无数金钱豢养了数以十万计的特务,可是在解放战争中对共产党的情况却如聋似瞎,毛泽东对国民党的状态却了如指掌。后来在"平津战役"时,傅作义的女儿、中共地下党员傅冬每日都将父亲的一举一动及时汇报,并随即马上由北平城内的地下电台告知西柏坡和平津前线指挥部,结果中共领导人对自己对手每一时

---

① 《周恩来选集》,人民出版社1997年版,第269页。

刻的情绪乃至面部变化都能知道，只差像如今高科技时代那样用电视摄像机进行现场锁定观察了！细致到如此程度的侦察情报工作，实为古今罕有。国民党与共产党交战，确实没有不败之理。

国民党在自己的统治区丧失了一切群众，共产党在全国争取到各阶层人民的支持时，特别得到一个最基本的群众——解放区农民的全力相助。特别是老解放区的翻身农民，是解放战争胜利的最重要因素，毛泽东后来也说过，战争主要是靠这一亿六千万人口的老解放区的群众打的。

胜负天平上最重的砝码——农民

中国共产党赢得战争的胜利主要靠农民，发动农民又主要靠土地改革。蒋介石逃到台湾后总结在大陆失败的教训，也承认最大的原因是没有实行土地改革，而共产党反而把孙中山"平均地权"的"民生主义"旗帜高举在手。占中国人口80%的农民支持谁，显然谁就能夺得天下。

孙中山虽然在20世纪20年代就提出要解决农民的土地问题，然而国民党在大陆却从来没有实行过土地改革，甚至连其"总理"设想过的减租减息都未搞过。20年代末国民党浙江省党部进行过短期的"三七五减租试验"（即将农民的交租额由50%减少到37.5%），也因当地富豪们反对而很快中途夭折。此后蒋介石一再宣称要实行"二五减租"，然而却只有中国共产党的抗日根据地内实行过这一政策，国民党却从来口惠实不至。究其原因，就在于国民党从它起家开始，就与豪绅地主有着千丝万缕的联系。孙中山当年就认为中国只有"大贫"和"小贫"之分，不主张采取阶级斗争而强调社会改良，蒋介石则连改良也不肯做，完全采取"杀贫济富"的方式纵容地主盘剥农民，以换得对他政权的支持。

当朱毛红军率先在农村举起土地革命的大旗并使"党国"的天下一夕数惊后，国民党要人们也清楚地知道农村尖锐的土地矛盾是社会上最严重的问题，也是共产党发动群众革命的基础。然而如同再好的医生也无法切除自己身上的癌块一样，国民党在大陆始终不能着手解决与本身利益紧密相关的土地问题。至于到了台湾后由陈诚组织实施土地改革（当然不是像大陆那样采取斗争而是用和平赎买方式），那是因为刚刚被国民党接收的台湾岛内的地主阶级原来就不是它的社会基础。

九 "打倒蒋介石,解放全中国"

油画《清算》表现了贫苦农民斗争地主、分田地的场面。(莫朴作品)

在旧中国,因90%的人口生活在农村,中国共产党领导的中国革命战争实质上就是一场无产阶级领导的新型农民战争。中国革命战争最深厚的伟力之所在,就是占人口大多数的贫苦农民因得到共产党给他们的实际利益而拼命奋战。据全国解放时统计,人民解放军中有80%以上的成员还是文盲,高小生在部队中就算是知识分子。那些参军的贫苦农民并不懂得什么"共产主义ABC",可是却在翻身土改中斗倒了平时压迫他们的地主,分到了土地、房屋和牲口,知道了只有跟着共产党打败蒋介石才能保住这一切。当年有些从苏联回来的人曾嘲笑毛泽东从来没有通读过《资本论》,可是这位中国"农民之王"却能以最适合本国群众需要的方式,以"打土豪、分田地"口号唤起了千百万贫雇农。在解放战争中,正是"斗倒地主,土地还家"和"保家保田,保卫胜利果实"的口号,动员起几百万农民走进解放军行列,上千万民工义务地扛着扁担、推着小车参加了支前大军。

在旧中国封建性的土地关系束缚下,广大被压迫、被剥削的农民同地主阶级的矛盾是尖锐的对抗性矛盾。斯大林对中国革命有过不正确的指示,不过他在20年代中期就很精辟地指出过,中国革命的根本问题是农民问题,农民问题的中心是土地问题。中国共产党根据新民主主义革命的总目标和总纲领,需要领导广大农民同地主阶级及其政治代表——国民党反动派进行坚决的斗争,从根本上打破地主阶级通过封建土地关系对农民实行的统治和压迫。进行革命的过程中,又需要动员起千百万农民参军参战,主要手段又是

从合作走向决战
——中国共产党为什么能战胜国民党

画家崔开玺的油画,正是翻身农民踊跃支前的生动写照。

改变我国几千年的封建土地所有制,满足农民的土地要求。在这里,革命的目标和手段形成一体,都是要解决土地问题。

自井冈山斗争起的十年内战中,中国共产党领导的土地革命以暴力夺取地主土地的"打土豪,分田地"的形式出现。在抗日战争期间,为了兼顾团结各阶级共同抗战和改善农民生活这双重要求,中国共产党停止实行土地革命,转变为实行"减租减息"这一减轻地主阶级对农民压迫剥削的政策。实际上"二五减租"后地主的收获由原来的50%降到25%,共产党又在根据地实行"合理负担",土地税即公粮还要由土地所有者来交纳,地主们这点收入就所剩无几。严格讲起来,这实际上是一种变相土改。只不过土地的所有权未正式转移,地头上还没有插上"张老三""李老四"的牌子。

抗日战争胜利后,国内阶级矛盾的重新上升使得中国共产党迫切需要解决土地问题。在1946年春季以前,由于存在着国内和平的希望,这使得以毛泽东为首的中共中央一度曾设想和平赎买地主的田地分给农民,并具体提出了发行土地公债来实现"耕者有其田"。这种方式固然可以解决农民的土地问题,但开不成斗争会和诉苦会,会在一定程度上缓和阶级矛盾,难以激发仇恨,因而只能是和平条件下解决土地问题的方式。随着全面内战爆发,中共中央又开始逐步确立无偿没收地主土地的政策。

当时毛泽东、刘少奇在土地政策的发言中强调说,土地改革"在政治上十分需要,目前国民党有大城市,有美帝国主义帮助,占有四分之三人口的地区,我们只有依靠广大人民群众的伟大力量,与之斗争,才能改变这种他大我小的形势,如果在一万万几千万人口的解放区内,解决了土地问题,即

九 "打倒蒋介石，解放全中国"

可使解放区人民长期支持斗争不觉疲倦"。①刘少奇又总结说："中央苏区过去只有二百多万人口，几个县的土改搞彻底了，支持了多年战争，抵住了蒋介石。""实行土地改革是争取爱国自卫战争胜利最基本的一环，有决定意义的一环。"②

1946年春天，面对内战危机，毛泽东与刘少奇探讨并决定了在解放区开展土地改革。

在整个解放战争期间，中国共产党进行了两项最主要的工作，一是打仗，二是土改，土改又是打仗的基础。正是由于土地改革使得广大贫苦农民分到了他们祖祖辈辈梦寐以求的土地，因而他们从内心里拥护共产党。同时通过清算斗争等形式进行土改，也使广大农民激发起对地主阶级及其总代表——国民党反动派的仇恨，这就为共产党发动群众参军参战创造了最基本的前提。

油画《耕地农有——〈中国土地法大纲〉诞生》表现了刘少奇深入调查，领导土地改革的场面。（陈承齐作品）

---

① 《解放战争时期土地改革文件选编》，中央党校出版社1981年版，第7页。
② 《刘少奇选集》上卷，人民出版社，第395页。

抗日战争胜利后进行自卫作战的实践证明，只有通过减租、反霸和土地改革动员参军的兵员才最有战斗力，也最可靠。中共领导的部队刚刚进入东北后，因时间紧迫一度主要靠招兵和收编的办法进行扩军，这虽然使兵力迅速由10万余人扩大到30余万人，但是内部很不牢固，很多人不明确打仗的目的，又没有可靠的根据地依托。对此毛泽东曾向东北局指出："我党必须给东北人民以看得见的物质利益，群众才会拥护我们，反对国民党的进攻。否则，群众分不清国民党和共产党的优劣，可能一时接受国民党的欺骗宣传，甚至反对我党，造成我们在东北非常不利的形势。"①随后由于因国内外形势的变化和时间仓促，东北根据地的建设未来得及全面展开，国民党军就在东北发起大规模进攻，东北民主联军虽人数还略多于敌人，却因缺乏群众基础挡不住美械敌军，被迫放弃了松花江以南的大部分地区，部队中的新成分也出现许多叛逃现象。

在东北形势一度十分严峻的情况下，1946年7月7日经陈云起草和毛泽东修改，中共中央东北局发出了《东北的形势和任务》的决议（即《七七决议》），强调要把发动农民群众，创造根据地摆到一切工作的第一位；号召共产党员走出城市，换上农民衣服，下乡发动群众。当几万干部和部队分散下乡进行土改，给像周立波在《暴风骤雨》中所塑造的"赵光腚"那样的贫农分配了土地、房屋后，立即到处掀起了胸戴大红花、亲人相送牵马参军的热潮。仅在1000多万人口的北满地区，翻身农民中就动员了40多万人参军，而且这些兵员觉悟之高、素质之好是前一阶段所未有的。因为他们明白是为保卫自己的切身利益而战，一旦国民党支持的地主"还乡团"回来，刚分到的一切就都保不住了。有了这些自觉的战士和无数支前的民工，东北的战局很快就有了根本的转变。

在关内战场上，各解放区也都将分田和打仗结合起来。在苏皖、晋冀鲁豫、山东和冀东，边沿区还实行一手拿枪，一手分田，同时坚持游击战争与土地改革的方针。在暂时被国民党军侵占的地区或游击区，则组织武工队或翻身团向前挺进。形成"白天用枪打仗，晚上用算盘斗争"的场面。

这种土改之所以在战争中显示出极其巨大的威力，关键在于旧中国封建性的压榨和人身奴役极其残酷，农民与地主的矛盾极度尖锐，而无数"杨白劳""大春"和"喜儿"一旦觉悟起来，就对"黄世仁"爆发出可怕的冲击力。当时部队集合看话剧《白毛女》，往往指挥员先要检查战士们枪里是否退了子弹，因为确实发生过愤怒的战士在台下用枪打死演员的事。对成百万

---

① 《毛泽东选集》第四卷，人民出版社1991年版，第1180—1181页。

俘虏过来的国民党兵（指那些本来也出身农家却被抓壮丁而来的"解放战士"），只要演几场《白毛女》《血泪仇》之类的剧，讲一点翻身解放将来可以分土地的道理，绝大多数人就马上倒转枪口，换一顶军帽就心甘情愿地去打老蒋。解放战争期间出现了中外战争史上的另一特殊现象，就是交战双方并非像通常的战争那样都在损耗兵力，而是交战一方的兵力不断向另一方增加，其原因正在于国民党军中的几百万贫苦农民出身的士兵在土地改革的吸引下投到了共产党一边。

一个学中国革命战争史的人，关键应抓住三点——土地革命、农民战争，再加上共产党的领导。这三项相加，其实就构成了中国革命战争的全部内容。毛泽东的伟大及成功之处，恰恰在于他是驾驭这其中每一项内容的大师。当时中国没有公民的选举制度，统治者从来也不教黔首百姓什么叫民主，以及如何投票，可是占人口大多数的农民用自己参军参战反对国民党的行动，为共产党取得全国政权投下了决定性的一票。

对共产党以土地改革发动群众打赢战争的这一切，国民党完全清楚，开始它武装被斗的逃亡地主组织"还乡团"，配合军事进攻，到占领区进行反攻倒算。其结果反而更激发了农民的仇恨，而且中国农民占人口的绝大多数，地主毕竟为数甚少，且缺乏战斗力，数量不大且遭大多数人痛恨的"还乡团"到头来根本不成气候。

据国民党有的将领回忆，淮海战役期间李弥兵团被围后，蒋介石问有何救急良策。兵团司令李弥曾以病急乱投医的态度向南京建议说："共产党征兵容易，就是因为打土豪、分田地，穷人得了土地，拼命为共产党打仗，我们是不是也能这样干？"蒋介石听了怒斥为"糊涂"，并气愤地说："打土豪、分田地是共产党骗穷人当兵的办法，我们能这样干吗！"

国民党政权在大陆确实不能这样干，因为他们所代表的，正是经济学家马寅初先生早就痛斥过的那种不是靠本事，而是靠特权赚"猪狗畜生钱"的极少数富豪，这样，在中国共产党依靠农民进行的宏大革命战争面前，他们输掉这场战争是注定的。不过败得如此之快，则更显示出其政权的腐败和无能。

扭转历史车轮展开全面反攻

1947年5月东北战场出现有利的形势后，东北民主联军就率先开展了强大的夏季攻势，歼敌8万多人，将国民党占领区压缩到长春至沈阳的铁路沿线和

从合作走向决战
——中国共产党为什么能战胜国民党

北宁铁路附近。这一攻势不仅彻底扭转了东北的战局，还有力地牵制了国民党在关内战场上的进攻。当东北行营主任熊式辉、保安总司令杜聿明向蒋介石提出只有增派部队才能挽救局势时，蒋介石曾恼怒地说："最精锐的部队都在东北了，还要什么增援！"由于抽不出大军，只好从苏中战场将原先是东北军的第四十九军派去，但这点援兵完全无济于事。1946年夏，国民党猖獗进攻时，曾向尚未占领的北满地区委任了大批官员，那时许多党棍和富豪们纷纷积极活动买官，一个县长的委任状要卖到几十根金条。到了冬天因双方拉锯战而官价行情下跌，到了此时那些

画作《逐鹿中原》表现了刘邓首长指挥部队在中原展开时的情形。（侯卫东作品）

"捐"到官却住长春、沈阳无法上任的"官员"们都大起恐慌，许多人愿以几根金条之价就将委任状卖出，多少也收回一点"成本"，可是都没有什么人问津。

过去中共东北局总担心国民党再向东北增兵，希望关内解放区加以牵制，以免东北"背不起"。此时已根本不怕，国民党再增兵，也挽救不了其在东北的败局，关内抽调部队只能是剜肉补疮。后来国民党军又把胶东战场的范汉杰兵团调到辽西，结果也只是把更多的有生力量投到陷坑中。

东北战场的夏季攻势展开后，6月30日刘伯承、邓小平指挥的晋冀鲁豫野战军渡过黄河挺进鲁西南，揭开了全国战略进攻的序幕。在以往的战争史上，转入战略进攻的时机，通常要待原先进攻的一方兵力转为劣势，防御的一方兵力转为优势的情况出现。可是解放战争中人民解放军的战略进攻的时机选择，却有其独特之处，即不待敌人的进攻全部被粉碎，自己的兵力超过敌人，便果断地以主力转入进攻。在1947年3月6日毛泽东曾设想"大约本年全部时间均可用于内线作战"。[①]可是随后几个月的战局发展变化却很快，一方面是人民解放军的总兵力虽然只有195万人，仍少于国民党军的360万人，但机动兵力已超过对手，且装备改善，战斗力大大加强。另一方面国民党军的攻势已成强弩之末，其后方空虚，统治区内民主运动空前高涨，双方力量

---

① 《毛泽东军事文集》，军事科学出版社、中央文献出版社1993年版，第1页。

已经发生根本变化。

此时，蒋介石的战略仍然想把战争继续引向解放区，企图以此再大量消耗那里的人力物力，使共产党重蹈江西中央苏区当年因人力物力消耗殆尽被迫放弃根据地长征的覆辙。看到根据地内部因战争破坏造成的一系列情况，毛泽东从1947年5月起又提出外线出击的问题，并于同年9月正式确定："我军第二年作战的基本任务是：举行全国性的反攻，即以主力打到外线去，将战争引向国民党区域，在外线大量歼敌，彻底破坏国民党将战争继续引向解放区、进一步破坏和消耗解放区的人力物力，使我不能持久的反革命战略方针。"①

打到国民党统治区，实质上就是把战争的主要兵员和粮税负担加在国民党方面。毛主席在西北战场出现转折的"沙家店战役"后接见部队负责人时也说过，西北野战军最大的困难是没有粮食吃，所以应该打到胡宗南的后方去，吃他的粮食。邓小平随后也解释说：

"事实证明，反攻是恰当其时的，迟了就要犯错误。因为蒋介石的战略方针是要把战争扭在解放区打，这是他从长期反人民战争中得到的经验。如果有同志参加过十年苏维埃时期的内战，就会懂得这一点。"

"但是还有更高明的毛主席，他从确定自卫战争的方针起就看清这一点。他告诉我们，开始必须在内线打，打到一定时候，也就是削弱敌人到相当程度之后，就要打到外线，到蒋管区去打。"②

中央军委、毛泽东在选择战略进攻的突击方向时，又要求把重点指向国民党军兵力空虚的战略纵深和关系统治安危的腹心地带，即以大别山为前哨的中原地区。当时战略进攻的样式不采取正面进攻，而是出敌不意地向敌纵深实行跃进。因为当时国民党军在总兵力数量及技术装备上还占有一定的优势，如按照通常那种正面进攻、一线平推的进攻方式会有很大困难。同时，国民党后方兵力空虚，广大人民仇恨"刮民党""蒋该死"而拥护共产党，如大别山等许多地区过去还曾经是老革命根据地，一直有共产党的游击武装在坚持活动，这又为解放军插入敌后建立根据地创造了必要的前提。鉴于这种情况，刘邓野战军根据中央军委的部署，下决心不要后方，以半个月行程直出大别山，占领以大别山为中心的数十县，肃清民团，发动群众，建立了广大的根据地。随后，陈毅、粟裕率领的华东野战军西兵团和陈（赓）谢（富

---

① 《毛泽东选集》第四卷，人民出版社1991年版，第1230页。
② 《邓小平文选》（一九三八至一九六五），人民出版社1989年版，第98页。

治）兵团也相继进入中原。这样人民解放军就在敌人腹心建立新的前进基地，积极展开进攻，也迫使国民党处处招架，顾此失彼，战略主动权完全丧失。

油画《过黄泛区》表现了刘伯承、邓小平率军克服险阻向大别山前进的场面。（秦文清作品）

人民解放军转入战略进攻，标志着人民解放战争乃至中国共产党领导的长达二十年的革命战争达到了一个转折点。1947年12月毛泽东在《目前的形势和我们的任务》这篇文章中宣布："现在，战争主要地已经不是在解放区内进行，而是在国民党统治区内进行了，人民解放军的主力已经打到国民党统治区域里去了。""这是一个历史的转折点。这是蒋介石的二十年反革命统治由发展到消灭的转折点。这是一百多年来帝国主义在中国的统治由发展到消灭的转折点。"①在陕北杨家沟召开党中央的十二月会议上，毛泽东兴奋地说：二十年未解决的优势问题，今天解决了。②

解决了优势，打败蒋介石有了把握，就不需要再与其谈判。此时国民党当局驱赶中共和谈代表才几个月，7月间还对毛泽东发了"通缉令"，可马上又为人民解放军的战略进攻而感到惊恐，因而派人找到苏联驻南京大使馆，请其出面调解国共关系，再恢复谈判，实际上是想在难以招架的形势下缓一口气。在十二月会议上，中共中央决定不再与国民党谈判，并在党内说明其要求和谈不过是"缓兵之计"。当时向全党全军发出的战斗口号已经是"打倒蒋介石，解放全中国"！

---

① 《毛泽东选集》第四卷，人民出版社1991年版，第1244页。
② 《胡乔木回忆毛泽东》，人民出版社1994年版，第513页。

九 "打倒蒋介石,解放全中国"

油画《毛主席在十二月会议上》表现了在中央于陕北召开的这次会议上,毛泽东提出了中国革命战争已经进入了一个转折点。(靳尚谊作品)

耐人寻味的是,当全力支援蒋介石的美国已不便充当国共调解人的情况下,苏联驻华大使罗申在1947年年末至1948年年初却对促进国共和谈表示出很大的兴趣,曾在与国民党代表张治中私下谈话中称中国内战再打十年或十五年也不会有结果。张治中也向罗申说明,如苏联真能帮助中国恢复和平,国民政府将来可以在美苏之间保持"善意的中立"。苏联外交代表这时的表态,绝不可能是个人的意见,实际正反映了斯大林的对华战略意图仍是让国共保持某种平衡,以中立中国,还没有打算支持中国革命取得全面胜利。

1948年年初,因国民党集中南线的主力在黄河和淮河之间,为打开战局,毛泽东曾设想在跃进大别山后再向江南做一次新的跃进。为此,他要求粟裕考虑带华东野战军三个纵队从鄂西渡长江,通过湖南、江西迂回到浙江西部,调动国民党军主力回援。不过毛泽东提出的要求是"熟筹见复",体现了给下级以军事上的民主权利。粟裕经过认真考虑,再联想到长征前夕他随北上抗日先遣队出击闽浙赣边区的情况,认为部队脱离根据地在敌区长途远征,很快就会因伤病、掉队和战斗等情况减员过半。与其付出这样大的损失还不一定能调动敌人,还不如留在江北寻歼敌主力,而且依托后面的解放区解决弹药补给还有条件打大仗。对他的意见,毛泽东很重视,并于5月间召他到城南庄和中央书记处面商。

粟裕到达后,向中央的毛、刘、周、朱、任五大书记汇报了自己对南线作战的构想。毛泽东同意他先在江北集中兵力打仗,以验证是否能大量歼敌。据毛泽东的卫士长李银桥回忆,此前主席对党内的来访者从不出门

从合作走向决战
——中国共产党为什么能战胜国民党

这幅油画表现出中共七大选举出的"五大书记"的形象。随着战局的发展,中央领导集体及时决定将自卫战争发展为解放战争。(陈承齐作品)

迎送,是在多年来第一次破例把粟裕送到村外。毛泽东还调陈毅到中原军区担任第一副司令员,准备任命粟裕为华东野战军司令员兼政委。粟裕出于谦虚,主张陈毅调走后仍兼原职,自己代司令员兼政委之职。此后,国民党军方面因不了解此情况,仍称华野为"陈毅所部",实际上指挥员已是粟裕。

1948年6月中旬至7月上旬,粟裕率领华东野战军主力进行了豫东战役,全歼国民党军一个兵团,共歼敌9万人,一度攻克开封。这一战役在战略上的重大作用,就是以实践结果证明了以主力留在江北作战更为有利。因此,毛泽东决定全军在解放战争第三年仍在长江以北作战,随后终于演化成与国民党军的战略决战。

三大战役定乾坤

中国革命力量经过"十年生聚,十年教训",终于可以与自己最大的对手进行最后的搏斗。毛泽东从来用兵谨慎,力量不足时从不轻言决战,在1948年秋初时仍设想战争还会持续三年,可是由于随后辽西战局的顺利发展,北宁线上的局部战役终于发展为东北的战略决战,继而成为全国战略决战的三大战役之首。

"战略决战"一词,其实是在解放战争结束多年后才总结归纳出来的。以毛泽东为首的中央军委确定人民解放军同国民党军实施决战的思想,是由打大规模的歼灭战的决心逐步发展演变而成的。1948年秋季，中央军委向东北、华东等野战军提出打大歼灭战的要求，并设想今后能发展为同敌军的决战。同时中央军委提出战争第三年全军计划歼灭敌正规军115个旅左右，在1949年6月以前解放除沈阳、北平、天津以外的整个东北、华北地区。对于解放战争第三年歼敌数量的规划，基本上还同于上一年的数量，这表明当时还未确定在短期内同国民党军决战。

当时人民解放军已发展到280万人，武器装备也得到很大改善。国民党统治区虽然还拥有3亿人口，但是经济接近崩溃，其军队总数虽然还有365万人，却因其大部分部队曾被歼灭过或已遭歼灭性打击，士气沮丧，战斗力大为下降。人民解放军要进一步扩大战争的胜利，就迫切需要以大歼灭战来歼击敌军的重兵集团，而且已有条件这样做。由于仗越打越大也越顺手，就很快发展为总决战。

1948年9月华东野战军举行的济南战役实际上拉开了战略决战的序幕，攻克济南胜利的实践，也使中央军委、毛泽东进一步坚定了以大歼灭战消灭国民党军主力的决心，并确定下一步即力求歼灭东北敌军主力和华东敌军之一部，这就为辽沈决战和淮海决战奠定了重要的思想基础。

在济南战役开始前四天，东北野战军根据中央军委关于进行北宁战役的要求，开始向锦州到山海关的铁路沿线出击。北宁战役开始时，确定的计划只是歼灭该线上的国民党军18个旅左右，占领北宁线，进一步孤立沈阳守敌，为日后逐步削弱和最终歼灭长春、沈阳之敌创造条件。后来因这一战役发展演变为全东北的大决战，出击北宁线实际上就成为辽沈战役的开始。"辽沈战役"这一词，其实也是战役结束后总结出来的。

东北野战军对北宁铁路的出击取得了顺利进展，并造成了东北国民党军的全面危机。9月29日，林彪、罗荣桓、刘亚楼根据东北战局的演变致电中央军委认为："此次锦州战役，可能演变成全东北之大决战。"[①] 10月15日锦州解放后，东北局势发生急剧变化。守长春国民党两个军因饥饿和突围无望分别起义和投诚。随后，中央军委批准了东北野战军首长关于回头歼击由沈阳西进的廖耀湘兵团的建议，正式在战役部署将战役规模扩大为解决全东北敌军的大决战。

此刻东北国民党军处于将帅不和、令出多门的状态中。蒋介石飞至沈阳要求集中全力到辽西决战，过去与共产党有过关系的卫立煌则一心避战反对

---

① 《毛泽东军事文选》，第500页。

出击，前线指挥官廖耀湘则想把自己指挥下的这一支精锐拉到营口从海路逃走。由于意见不一致，朝令夕改，国民党军下级部队处于无所适从之中。后来台湾方面的史书中形容那时情形是"开会复开会，讨论又讨论，宋人议论未定，金兵业已渡江矣！"

油画《冬雪》表现了淮海战役的指挥员在一起的场景。左二刘伯承、左三邓小平、左四粟裕。（陈坚作品）

10月26—28日，东北野战军主力乘国民党军廖兵团左右徘徊、进退失据且出现混乱之机，以高度机动和大胆穿插，将其10万余人完全打乱并分割围歼。由于廖耀湘兵团内包含有国民党军中最精锐的主力新一军、新六军，它的覆没使东北残余国民党军陷入一片混乱。东北野战军主力乘胜向沈阳、营口追击，残敌纷纷投降，只有万余敌军自营口向海上逃跑。

辽沈战役以东北全境的解放而结束，拥有40多万军队的国民党军最精锐的一个战略集团覆没，从而使得中国军事形势发生了根本性的变化。人民解放军总兵力上升到300万人，国民党军总兵力则下降到290万人，中央军委预先估计的战争进程因此大为缩短。拥兵百万的第四野战军即东北野战军作为一个强大的战略预备队乘胜进关，这支在兵力、火力和战斗力都称全军之最的部队投入任何一个战场，国民党军都不可能抵挡，中国革命战争短期就会胜利的大局已定。

东北国民党军全部覆没，中央军委也确立了扩大淮海战役规模的决心，并认为华东野战军、中原野战军可以放手打，打完了这一仗就休息，因为有林彪这样一个大预备队在后面。

其实从济南战役结束当天起，中央军委就开始与华东野战军、中原野战军首长筹划发起淮海战役。粟裕最早向中央军委建议举行淮海战役，其目标如其名，是攻歼两淮（淮阴、淮安）和海州、连云港之敌。毛泽东同意举行这一战役，却认为第一个作战，应以歼灭黄（伯韬）兵团于新安、运河之线为目标。接着，中原野战军首长又提议以中野在徐州以西配合作战。直至战役开始两天后，11月8日华东野战军代司令员粟裕和参谋长张震又向中央军

九 "打倒蒋介石,解放全中国"

委建议,如老解放区的人力物力尚能支持,以迫使敌人在江北与我决战为有利。次日毛泽东即为中央军委起草回电同意决战的意见,并确定战役的目标为歼灭敌徐州集团的主力,同时要求中原野战军将攻击方向指向联系徐州和南京的战略枢纽宿县。至此,原定只歼敌十几师的"小淮海"作战方案,终于发展演变成准备歼灭江北敌军主力的"大淮海"决战计划。

淮海战役是在人民解放军总兵力并不占优势的情况下进行的,因此采取一口一口吃掉敌人的方法,即所谓"看一个、挟一个、吃一个"。先消灭黄伯韬兵团,再歼击黄维兵团,并包围国民党军放弃徐州后向西南逃走的三个兵团。当全歼了黄维兵团后,华东野战军又歼灭了长久围困的杜聿明集团20余万人。此仗消灭国民党军55万人,其中包括国民党军的精锐主力第五军、第十八军。淮海战役的结果,使得国民党在东北惨败后还残留的主力基本被歼灭,国民党的统治中心南京、上海都处于人民解放军的直接威胁之下。

油画《淮海决战》表现了解放军在淮海俘虏了大批国民党军精锐部队军官的情景,蒋介石想重建军队非短期能办到。(骆根兴作品)

辽沈战役结束后,中央军委、毛泽东出于就地歼灭华北敌军傅作义集团的考虑,决定华北野战军停攻太原,撤围归绥(今呼和浩特),以两个兵团进至(北)平张(家口)线运动。同时要求东北野战军结束休整,取捷径以最快速度隐蔽入关,断敌海上退路,争取使华北的蒋、傅两系国民党军不战而降,如不投降即就地歼灭。

当时华北国民党军在东北惨败后已成惊弓之鸟，几乎丧失斗志，只是逃跑方向举棋不定。以杂牌出身却被蒋介石任用为华北"剿总"司令的傅作义此时又找手下的文人帮他一起研究毛泽东几年前的《论联合政府》，在时过境迁的情况下想入非非，打算以手下几十万军队和还占有华北五省省会的地盘向中国共产党讨价还价，争取在他设想的"华北联合政府"中保存原有力量并占有主要席位。而当时中共中央的决心已定，必须以受降或改编的方式消灭一切反动军队，决不能再成立什么"华北五省联合政府"，或走"第三条道路"。中共方面在谈判开始后公布了傅作义是43名战犯之一，随后提出的条件是，傅作义如接受改编交出军队，可以赦免他本人的战犯罪并宽待其部属，此外不能再同意什么条件。战役期间一直伴随着局部谈判，争执的核心都在于此。

最后人民解放军在新保安、张家口两仗消灭了傅系主力，在天津解决了不肯投降的蒋系在华北部分主力。在不能战也不能按原来目标谈和的情况下，傅作义在北平最后完全接受了中共的条件。城内20万国民党军全部开出接受改编后，解放军对其军官集中进行教育，随后根据其自愿或释放回家或安排一定的工作，对下属的十几万士兵则大都补充入西北野战军。因为此前西北解放区人口少，兵源不足，一个师（旅）只有五六千人，而东北部队一个师都有一万三四千人，已不需要再补兵。

中央军委、毛泽东指导平津战役的一个主要特点是，通过以各种手段，将国民党军一个欲撤未撤的重兵集团抑留于平津地区，首先完成对其战略包围和战役分割后，再以战斗或和平改编的方式将其各个解决。战役结束后，解放军还和绥远的国民党军达成划界驻守的协议，待条件成熟再将其改编，使得这次战役中创造出以天津、北平、绥远三种方式解决残余国民党军的范例，这对进一步加速解放战争的胜利具有重要的战略意义。

战略决战的胜利，标志着人民解放战争取得了决定性的胜利，也为国共两党的军事较量写下了最后的结论。蒋介石自1924年黄埔建军，至抗战结束时军事力量发展到顶峰，从解放战争初期开始走下坡路，经此决战陷入全军溃败的状态。中国共产党自1927年南昌起义和秋收起义建军，通过三大战役，使长达二十多年的中国革命战争从此取得了根本性的胜利。

战略决战结束后，国民党军的主力已基本归于消灭，只剩下110万作战部队及差不多相同数量的后方机关和地方团队，却已是丧魂落魄，除白崇禧、马步芳等少数军阀武装外大都士气低落到极点。一直靠军事力量支撑的国民党政府，也就此"树倒猢狲散"，陷入接近土崩瓦解的境地。

无人当"文天祥""史可法"

仔细考察起来，进入1948年以后，随着解放战争的节节胜利，国民党统治就已经陷入风雨飘摇之中。国民党内的一些反蒋进步分子如李济深、何香凝等出走香港，成立了中国国民党革命委员会（简称"民革"）并同共产党合作。赴美国考察水利的冯玉祥也拒绝再回国统区，乘苏联轮船去南俄，准备再从那里转道进入中国解放区，不幸在途经黑海时因船上的火灾遇难。否则在新中国的开国大典上，冯玉祥肯定会作为国家副主席站在天安门城楼上。当时蒋介石操纵的国民党中央宣布冯玉祥、李济深等人"叛变"，并开除出党。可是其党内那些有身份的要人们此时也多在准备后路，如孔祥熙等都携款跑到美国不归，陈立夫也在南美安排橡胶园供日后安身（国民党在大陆失败时陈立夫未去台湾而到那里居住多年），完全是一副"食尽鸟投林"的末日景象。

国民党末日将近的象征除了军事失败，还有以物价飞涨为标志的经济崩溃。从抗战前夕就开始发行的法币自抗战结束后暴涨万倍，无法控制。在没有准备金的情况下，国民党当局于1948年8月强令全国老百姓将手中的金银、外币都交给政府，银行发给金元券，违者要抓去坐牢。同时规定此新币与美元的汇价为4∶1，一金元券兑换300万元法币。这种金融政策，用当时人的比喻，就是"政府用老百姓的钱来开银行"。当时除了有权有势的官员和豪绅警察不敢惹之外，小资产者和普通职员手中的金银、外汇差不多一网打尽，这是自接收后对人民的第二次大搜刮。

据说这次搜刮虽网罗了价值4亿～5亿美元的金银外汇，对于维持金元券的发行其实仍远远不够。结果金元券上市后不能兑现，国民党政府在此币发行后的两个月内又强令"限价"即不许涨价，商家干脆囤积货物不卖，于是

"蒋介石使中国人人变成百万富翁"——金元券发行半年后面额已达百万，随后上亿，形同废纸。

国统区通货极度膨胀，一个女职员领了工资后都拿不动。

市面萧条,百姓有金元券却买不到东西,饥民到粮店抢米之事在国民党首都南京一日有数起。为维护这摇摇欲坠的统治,9月间蒋经国又赶到上海展开了一场"打虎"运动,目标是惩治不遵守政府金融政策、囤积居奇的奸商。国民党内一些"新兴"势力声称,"党国"的希望即在于此。有人对此举大加颂扬,其实这只不过是以貌似"开明"的举动企图延长那个黑暗政权的寿数,而且这一举动因其自身矛盾从一开始就注定不可能成功。

历史早就证明,一个内部腐败透顶的政权根本不可能靠一两个自我标榜"清廉"的特殊人物从内部自我拯救。蒋经国虽有"太子"身份,却毕竟要服从整个国民党政权的支柱即四大家族的利益,宣称以建立"廉洁政府"为目标的运动却发自于腐败政权之内这一自身矛盾,决定其必然只是一场有头无尾的闹剧。针对过去老百姓讽刺国民党每次"肃贪"都是"只打苍蝇,不打老虎",蒋经国到上海后就宣布"不打苍蝇,专打老虎"。可是到头来,他不过惩治了几个二流奸商。当时在上海横行无忌的孔祥熙的儿子孔令侃,是宋美龄之姐宋霭龄所生。这个与蒋经国没有血缘关系的"表弟"根本不买账,成为一只横在"打虎队"面前的吊睛白额大虫。蒋经国开始也未敢学"武松",在一两个月内一再警告无效后,才在怒气之下拘留了他。没想到,宋美龄闻讯马上专机赶到上海,将孔令侃接走,然后又用专机送他去美国。一只大"虎"就这样大模大样地逍遥而去还不算,蒋介石得知此事还专门从北平督战前线赶回,支持宋美龄并训斥蒋经国。被骂得狗血淋头的蒋经国只好狂饮了两天,在烂醉如泥中灰溜溜地返回南京,一场"打虎"就此收场。

11月上旬"打虎"在中途不了了之,金元券无法支持,南京政府只好宣布允许自由涨价,于是物价如脱缰之马,一日狂涨即数十倍,几月间竟达若干亿倍,甚至亿元大钞只能充作手纸。这种经济崩溃,造成社会上人心彻底反叛。当国民党政权动员社会名流逃台时,不少人甚至说:"我们虽不了解共产党,不过再来任何一个政权也不会比国民党更坏!"傅作义后来回忆,他在北平看到蒋介石为救孔令侃放弃指挥而飞去时,也对国民党政权最后丧失希望,随即开始与共产党联络。

在这种人心离散的情况下,蒋介石专门要电影制片厂拍摄了带有浓厚政治色彩的历史故事片《文天祥》。据当时刚刚由新疆警备司令调任华中"剿匪总司令部"副总司令的宋希濂回忆,蒋介石曾召他们这些高级将领前去,首次一一握手(过去此独夫对其学生和下属是从不握手的),谈完话后又要大家一同去看这部新电影。"老头子"坐在席间面色阴沉,一句话不说,电影放完后又与部下点头后郁郁离去,其用意,自然是要其部下效法文天祥这位南宋灭亡时的忠臣,以"丹心照汗青"的精神为他尽忠殉葬。

与此同时,国民党的宣传机构又以古喻今,大力鼓吹起明末在扬州抗清不屈而死的忠臣史可法,以便为"党国"的将士们再树立一个"成仁"的借鉴榜样。可笑也可叹的是,当时国民党内未见什么文天祥、史可法,反倒是数不胜数的起义、投诚,这样的官兵一年内竟达300万人以上。另外仅在三大战役的几个月内,未起义投诚而战败被俘的国民党将军也达数百人,简直创造了世界战争史上的纪录。虽然蒋介石当初对军官们都发给了"军人魂"短剑,上面刻着"不成功,则成仁——蒋中正赠",其用途是在最后关头结果自己。数百名被俘的将军、数万名被俘的校尉军官虽然身上佩有这种"军人魂",却都失"魂"而不肯自杀。20世纪90年代以后台湾的《传记文学》记述这些现象并加以评论时倒是说了实话:

"对这些人当时的行为也不必过多责难。此无他,人性使然也。所以自古国家破亡改朝换代之际,忠臣义士绝少。"

一个人心丧尽的王朝,自然难得有人为它效忠到底。明末亡国之君崇祯皇帝朱由检在北京景山上吊时,群臣百官早都逃离或改投新主,身边只有一个太监为他殉难。蒋家王朝在大陆崩溃时,其情况并不比明代好多少。国民党逃台后的史书中咒骂张治中等人,并以为崇祯帝所倚重却降清的大员"洪承畴"相称,这恰恰也是以败亡的明朝自比。

1948年夏天的襄阳一战,国民党人心离散的败象就已经毕露。派往当地担任第十五绥靖区司令官的康泽,其身份真如《秦琼卖马》一戏所唱,"提起此马来头大"。他原先是国民党最大的特务头子,地位曾在戴笠之上,后来去主管三青团才把头号"锦衣卫"的交椅让出。此人还是国民党第六届12名中央执行委员之一,权势之显赫及受蒋介石信任之深他人难比。只是在国民党内有些后起者争宠,蒋介石暂时把他外放一下,也让这个特务头子和三青团首领在履历上增加一点军功。殊不知刚到襄阳,人民解放军中原野战军部队即向该城发起进攻,康泽的表现立即使蒋介石气得几乎七窍生烟。

那个平日只知对平民格杀扑打、自上莫斯科中山大学时就一心研究反共理论的康泽闻炮声后,立即束手无策。战斗开始后,这个不懂兵事的特务头子一再向蒋介石求教兼求救,甚至连一个迫击炮放在什么位置都要请示南京。远在千里之外的蒋介石虽下达了诸如如何防御山炮等一系列战术上的指示(这种完全脱离战场实际的遥控本身就很可笑),可是也挽不回局面。

当人民解放军攻入城内时,康泽的唯一招数就是将大批新印的钞票发给官兵,要他们为"党国"死守。据当事者回忆,司令部外围刚领到钱的官兵们还回到阵地上拿铁锹挖几下战壕,堆几个沙包,可是一阵炮火袭来后,有个军官突然大叫道:"我们不打了!他们在南京享福,我们为什么在这里卖命?"这几句歇斯底里的大喊,威力立即远远超出了刚刚发的那些钞票,因为官兵们感到为这些飞快贬值的钱币来拼性命,真是太不值得!于是成百上千人都大呼"我们不打了!我们要投降!"当时这些人还公推了几名代表去见司令官康泽,要求下令停止抵抗以保全大家的性命。要是在过去,如此不忠于"党国"的行为还不得格杀勿论,可是在此众叛亲离的关头,那个大特务头子也失去了主意。据目击者称,头戴着一个大钢盔、满面哭丧像的康泽对众人的投降请愿一言不发,随后就放弃指挥,钻进碉堡中不出来。

此时,襄阳的地方"父母官"——行政专员李朗星身着整齐的国民党党棍标准中山装出现了。此人手里还提着一个大皮包,见到康泽就表示要"共存亡",甚至"慷慨大言"道:

"从前史阁部在扬州殉国,扬州太守任民育是穿起整齐的官服,在知府衙门大堂上成仁的。今将军忠胆若铁石,朗星窃欲效任民育,俾他年与将军同传耳。"

这番话,是要康泽充当南明时期那个抗清"殉国"的史可法,李朗星自己则要当那个同时殉难的扬州太守任民育,以便"他年"二人同传青史。可是深受党国和总裁"厚恩"的康泽不肯当"史阁部",他钻进碉堡下面的地道里,涂了一脸的死人血装成尸体,被解放军干部搜出来后第一句话竟是要找"贵部的医生",其怜爱自己的生命和健康可谓极矣!

蒋介石在伪国大上讲话,当时他一再吹嘘能迅速完成"戡乱"。

那个地区专员李朗星说完大话后,也没有坐在"衙门大堂"上当"任太守",而是把"官服"一脱,里面露出一件早准备好的破旧的、前后胸都绣有斗大红十字的标准制服,大皮包里装的也不是"朝廷印信",而是纱布、药棉、红药水，就这样化装成卫生救护员混在难民中从城里溜之乎也。此人后来随国民党逃到台湾，住在中和市，生活穷困潦倒，周围知其底细者还常以"任太守"之称相嘲讽，李朗星不久因家境窘迫上吊自杀。当时台湾有人讽刺说："他这一吊，吊错了地方，如果不是在中和市而是在襄阳专员公署的大堂上，其价值为何如？"显然当初如真学明末的扬州太守任民育，定会被蒋介石供奉到"忠烈祠"中无疑。

国民党文职官员中如此作为的远不止一个李朗星。可悲又可笑的是，当初撕毁政协决议并叫嚷要"戡乱"时，那些坚持维护"一党专制"却又不知兵事的党政官僚们最为积极，反倒是许多与共产党征战多年而懂得厉害的将领们主张和谈息兵。然而到了国民党在大陆败亡之际，却是前方那些将领大批当俘虏，后方的党政官员比谁逃得都快，也根本无人"殉节"。解放后成立战犯管理所时，作为战犯的将军俘虏数不胜数，党政官员则除了留在四川"出家为僧"仍被逮捕的省党部主任曾扩情外，几乎都找不到够格的。

当7月17日襄阳城破后，蒋介石最担心的就是自己那个心腹康泽是否能给他争面子。因几天后不闻消息，7月22日南京国防部政工局局长、当过蒋介石的心腹秘书的邓文仪宣布："第十五绥靖区司令官康泽于襄阳城中业已殉难。"同月下旬出版的《新闻天地》登载了蒋介石在军事会议上的讲话，其中称："据总统说，他所了解的康泽，是不会被俘的，很可能像张灵甫那样地壮烈成仁。"

国民党正欲宣传这个"烈士"典型时，新华社发表了康泽被俘的消息，并发了照片。这样一个国民党的中央执行委员之一、特务头子和反共健将都不肯"成仁"，又如何要求别人？据说蒋介石得知此事后气急败坏，在内部大骂康泽"无耻"。

不过大话已经吹出，还得自己下台阶，树立为"烈士"不成只得转求其次。于是国民党宣传机构编造了所谓"康司令官欲自尽时手枪被打落"的情节，以后又称其"被俘不屈，折磨至死"。可是在有关大陆战犯管理所的报道中，康泽此人又出现了，国民党不得不再退而求之。1962年蒋介石在台湾国民党党务工作会议上其至还绘声绘色地说什么："康泽同志在大陆被俘囚禁之中，十几年来抗节不屈。……大陆隆冬天气，可是他还是破衣一袭，寒彻骨髓。"

具有讽刺意味的是，第二年大陆公布的战犯特赦名单中，又有这位国民党中央的"康泽同志"出现。其实据战犯管理的其他人回忆，战犯中康泽政治表现最为积极,学习马列理论更比别人领先,因为对他来说这本是多年前就熟悉的内容。随后在中央新闻电影制片厂拍摄并在香港和海外上映的纪录片中,人们清楚地看到,特赦大会上康泽满面春风,身上也不是什么"破衣一袭",而是当场穿着发给他的解放装式的"新衣一袭",对宽大处理表示感激,毫无"不屈"之色。

第二十一集团军军史馆中的油画《孟良崮战斗中的二纵》,表现了该军在此役勇歼敌整编第七十四师的战斗业绩。

此前蒋介石树立为"成仁"榜样并在南京玄武湖畔为之立碑的张灵甫,其实也不是什么"自杀"。1947年5月,曾担任南京警卫而被称为"御林军"的整编第七十四师在山东孟良崮被歼,当其他军官纷纷四散奔逃或举手投降时,师长张灵甫钻进山洞的石缝里,在人民解放军搜山时被冲锋枪打死。至于打死时的情节,只有率先冲进洞击毙他的一个解放军排长能说明,可此人又前后说法不一。开始说张灵甫已经举起双手走过来,他出于对反动派的气愤将其击毙。随后因按此说要算成严重违反宽待俘虏的纪律,这个排长又改口说张灵甫当时没有投降的表示,自己怕他顽抗才开了枪。不管哪种说法属实,却都可以肯定张灵甫没有自尽的打算和行动,当时没有抓活的是一大遗憾,为此还受到参战部队首长的批评。

到了国共双方的战略决战中,国民党方面更是降将如毛、逃官如潮。在辽沈战役中,国民党军被俘的有上百名高级将领,却无一人自杀。淮海战役中实际上只有一名将领自杀，那就是兵团司令黄伯韬。国民党军为振作士气，硬把突围时在河里淹死的第六十三军军长陈章也说成自尽，如此也才只有两人。蒋介石当时大力宣扬"黄伯韬烈士"，亲自出席黄、陈二人的追悼会，还为其题词曰："黄埔精神不死。"

看到此题词，当时国民党内许多人大惑不解。因为黄伯韬是原来北洋军阀孙传芳的部下，陈章是广东地方系出身，二人都非黄埔军校学生，不属于中央系统的"天子门生"。再一细想，当时被俘的大都是蒋介石嫡系的"穿黄马褂"的黄埔生，这些高级军官中无一自杀，罕有的殉葬者反而是过去的杂牌将领。据说黄伯韬之所以自毙，还是因受伤后无法再逃，考虑到皖南事变时他担任第三战区参谋长，策划过消灭新四军军部的作战，怕共产党抓住他算旧账。一些人随后开玩笑说，原来"黄埔精神不死"，就是"黄埔"毕业的人不肯死！

油画《结局》形象表现出淮海战役期间国民党军高官纷纷投降的场面。（孙浩作品）

平津战役的情况接着也证实了这一点。战役期间国民党军唯一自杀的将领是第三十五军军长郭景云，也非黄埔中央系出身，而是绥远的杂牌将领傅作义的心腹。他在新保安因把傅起家的这支基干部队损失光，感到无面目再见上司举枪自毙。至于中央军在华北的几十名黄埔系出身的将军，或逃或降，也无一人为蒋介石殉节。

蒋介石要其自杀的康泽等前方高级将官不肯"成仁"，在后方需要辅助工作而不要其殉难的陈布雷却在此时吃了过量安眠药身死。蒋介石在大陆当权二十多年间，可以说他的首席秘书、后任国民党中央秘书长的陈布雷是他最接近的工作人员，几乎每天随侍左右。当年的"蒋总司令"及随后的"蒋

陈布雷是蒋介石的同乡，也是他的"文胆"，1948年11月自杀身亡。

委员长""蒋总裁""蒋主席"乃至最后的"蒋总统"的文电和讲稿，大多数都出自陈布雷之手。称为才子的陈布雷一生著述，却无自己的文集传世，原因是他的手笔都跑到别人的文集里去了。可就是这样一个头号侍臣，最后也对蒋介石彻底失望。

在陈布雷的家庭里，有一个儿子、一个女儿参加了共产党。1947年军统特务侦破了中共在北平的秘密电台，依此线索继而破坏了北方一些潜伏的中共情报组织，陈布雷女儿陈琏也被捕。考虑到其家庭背景，军统不敢擅自处理，蒋介石得报后问陈布雷个人意见。陈布雷当时泪水纵横地说："女儿固我所爱，党国为我终生所服膺也。该如何处理就如何处理，不要考虑我。"蒋介石看在这个"文胆"贴身跟随自己二十年的面子上，又采取了对心腹经常法外施私恩以笼络的惯技，把陈琏放出来交给陈布雷"严加管教"。蒋对陈有"知遇之恩"，陈则以天子近臣的心理对蒋忠心耿耿，可是二人在政治上最后也歧见日深。深受中国旧伦理束缚的陈布雷自认为应依照传统礼义"从一而终"，对蒋不满又不能离蒋叛蒋。他在最后写给蒋介石的遗书中自认为"油尽灯枯"，死是最好的解脱，并在1948年11月13日闭门服药一死了之。

得知陈布雷自杀，据说蒋介石当即流了泪，这是多年来罕见的。随后在祭奠时蒋介石手书"古今完人"四字，可以说是他对人最高的评价。然而在那种大厦将倾的形势下如此称颂陈布雷，其实也是想激励别人为"党国"殉葬。陈布雷死后第二天，《中央日报》为掩饰真相报道是"患心脏病逝世"。可是陈的故旧邵力子等对此"宣传"反感透顶而大叫不平，加上南京城内人言啧啧，国民党中央要人们感到这样掩饰还不如说出真相再加以渲染为好。经过蒋介石同意，国民党宣传机构于四天后又称陈布雷是因"忧国"而"轻生"，却回避所忧的内容和前因。

陈布雷自杀，实际上有着政治、经济、家庭和自身病痛难忍等多方面原因，恰恰反映了国民党末日来临时的种种社会矛盾。死前他曾建议同共产党和谈，并有些天真地认为"国民党也许还能坐半壁河山"，蒋介石却说"自古未有分天下而能持久者"，当即加以拒绝。而且触犯蒋介石大忌的是，他还主张要宋子文、孔祥熙等把富可敌国的财产从美洲银行中提出来捐助支撑局势，结果这片苦心反而被报之白眼。陈布雷的儿女支持共产党，他虽不赞成，却面对国民党腐败的事实无法有力反对，只好劝他们"远离政治"。国事和家事的种种苦恼使他无法入睡，这种长期失眠带来的肉体折磨，又加剧了自身的精神痛苦。

此外，当年8月间国民政府发布强令国民兑换金元券的命令后，达官显贵们基本无人照此办理，警宪也不敢管，只有愚忠的陈布雷以"奉公守法"的态度把家中不多的金银和外汇拿到银行去兑换，结果后来物价成百倍、成千倍地飞涨。陈布雷这个严格遵守"党国"法令者，也同千万小民一道迅速家资荡尽。当然按其身份而论，受此损失也不至于饿饭，却蒙受了巨大的心理打击。11月12日蒋介石发布法令"修正金元券"，允许随意涨价，这等于说明其如同废纸，次日陈布雷就走上死路。

不论蒋介石对陈布雷之死如何曲解宣传，可是这一消息传出的本身又加剧了国民党政权的人心离散。国民党内有识者也评述道："如陈布雷者尚且自杀，人人皆知蒋先生的天下气数已尽矣！"

十

"我们倾向于要南京无条件投降"

"我们倾向于要南京无条件投降"这句话,是毛泽东于1949年1月11日对斯大林关于苏联调停国共内战电报的答复。三天后,毛泽东针对南京政府发出求和声明,正式公布了中共进行和平谈判的八项条件,即惩办战争罪犯、废除伪法统、废除伪宪法,改编一切反动军队,没收官僚资本,改革土地制度、废除卖国条约和召开没有反动分子参加的政治协商会议。对此,美国政府在随后的《白皮书》中表态也对此解释说——"接受这些要求等于无条件投降,可是政府方面的情况是如此的严重,以致不得不以这些条件为基础进行谈判。"

回想抗战结束后至1946年夏天,中国共产党方面一再要求国民党无条件停战,蒋介石却总是要求中共退出某些地区并在政治上让步,满足这些先决条件才能

1949年国民党军逃跑时携家属随行更显狼狈。

"我们倾向于要南京无条件投降"

同意停战。可是到了1949年元旦以后,国民党在兵败如山倒的情况下却大叫起"立即先行无条件停战",并如丧考妣般地急于和谈。抗战胜利后刚完成"劫收"不久,一场"金陵春梦"尚未做完的达官贵人们此时也纷纷逃难,如宋子文、孔祥熙等中国首富都携全家跑到美国,其次的逃台湾,再次者奔向广州、重庆,南京城内只剩下少数政府要人在空喊"和平"。

被共产党宣布为头号战犯的蒋介石,面对这一形势狼狈地宣布下野。据《李宗仁回忆录》记载,这时蒋介石对他表示说:"你出来以后,共产党至少不会逼得我们这么紧!"知道大势已去的李宗仁回答说:"我出来,共产党一定要我无条件投降!"蒋介石则为其打气说:"你谈谈看,我做你的后盾!"

的确,此时乾坤扭转的形势决定了国共之间不可能再有过去意义上的谈判,只是国民党南京政府接不接受"无条件投降"的问题。八项条件及后来的二十四款和限期答复,就是最后通牒。当李宗仁政府拒绝这些条件的几小时后,就万炮齐鸣、万船齐发,根据毛主席、朱总司令《向全国进军的命令》,人民解放军百万雄师横渡长江,向着败逃的国民党残部展开了战略追击……

毛泽东态度坚决地回复斯大林

1948年秋,辽沈战役结束后,国民党政权崩溃之速的确超出国内外人们的预料。这一方面是人民解放军的攻势异常迅猛,另一方面是国民党内因失败产生了严重的派系之争。在对日战争开始后才巩固住自己在国民党内最高地位的蒋介石,此时也不得不从权位上跌落下来,出现了他自北伐受挫、"九一八事变"后一生中的第三次"下野",而且此次是永远地丢失

1948年12月,美国驻华大使司徒雷登(右)同蒋介石、李宗仁(右二)会见时的照片,此时美国的政策已明显倾向弃蒋拥李,蒋介石则准备对李宗仁采取暗杀手段。

了他的"江山"。

一个腐朽的政权对外斗争失败,必然会加剧其内讧。蒋介石在力量处于鼎盛时期时,以李宗仁、白崇禧为首的桂系力量不得不表现出一副俯首听命的恭敬之态。可是到了1948年春天,李宗仁就在美国大使司徒雷登的支持下突破蒋介石的阻挠竞选"副总统"并取得成功,显示出桂系已经在权力上向中央系提出了挑战。同年12月白崇禧见蒋介石败局已定,公然以其坐镇武汉任华中"剿总"司令的身份,扣住宋希濂兵团不许其去增援淮海战场而要其归自己调遣。他又于12月25日操纵湖北省参议会致电蒋介石,要求恢复和谈。其实前一天中国共产党刚刚公布了国内43名战

1949年11月,解放军向广西挺进,桂系的国民党广西各机关从桂林迁到南宁。此时白崇禧特地从香港请来美国参议员诺兰,希望他能游说政府提供援助,结果仍是徒劳。

犯的名单,蒋介石位于榜首,并被称为"国人皆曰可杀",共产党显然不会与这个头号战犯谈判。这事实上是让蒋介石下野,把权力交给桂系,由李、白来进行和谈,在国民党内承袭并保住长江以南的半壁江山。

蒋介石对桂系的乘危"逼宫"恨得要死。据沈醉在回忆录中,他曾由毛人凤带领面见蒋介石,受领了准备随时在南京暗杀李宗仁的任务。1949年元旦前后几天,沈醉及手下人员奉命24小时处于待命状态,听候蒋介石下最后决心。不过得到的命令却是撤销行动计划,蒋介石临时取消行刺计划,是要李宗仁为他当一下挡箭牌,以出面言和争取时间。

此时蒋介石下野,除桂系作怪外很大程度上也是出于美国的压力。在日本投降后美国曾向国民党提供了巨额援助,规模可与在欧洲实施的马歇尔计划相提并论。据中国共产党方面的统计,其总数额达59亿美元,美国自己则承认经援军援各有10亿美元。这里面有些算法不同,如美国低价出售的剩余战争物资,以及美军自身支援国民党军运输等行动的费用等,就未被美国政府向国会交代时列入援华款项中。不过美国花费几十亿美元援助了一个如此不争气的蒋介石,到头来竟一败涂地,国会中许多议员不能不大骂政府把钱扔进了"耗子洞",这不能不使杜鲁门气恼不已。

美国驻华代表对国民党政权之腐败感受更深,其驻华军事顾问团长巴大

维的报告中曾指责蒋介石实施的是"世界上最拙劣的指挥"。1948年10月23日美国驻华大使司徒雷登更进一步向国务院请示:"我们可以劝靠蒋委员长退休,让位给李宗仁或者国民党内其他较为前途的政治领袖,以便组织一个没有共产党参加的共和政府,并且更有效地进行反共战争吗?"根据这一建议,杜鲁门随即写信给蒋介石,询问他是否考虑"退休"的问题。这显然是逼蒋下台,想换马另开新店,以便在国民党内和第三方人士中另找能顶替蒋介石以维护美国在华利益的角色。

1948年蒋介石和李宗仁分别就任国民政府正、副总统。1949年1月蒋介石"引退",由李宗仁"代总统"。

此时宋美龄奉蒋介石之命赶到美国求援,企图利用老关系和过去留下的印象争取到新的贷款和装备。可是与七年前那一次大受欢迎的场面形成鲜明对比的是,这一次"第一夫人"不仅没有再被邀请到国会讲演,甚至连国宾馆都住不进去,只好以国务卿的私人宾客身份住马歇尔家里。看到国内人心丧尽,国外靠山又嫌弃,国民党内的桂系等派别又乘机作怪,共产党也以头号战犯的帽子相加,蒋介石考虑再三后感到与其杀李还不如将其推出来当个有职无权的傀儡。对美国可以再索要援助,对共产党则缓和攻势。于是蒋介石在1949年元旦过后就提出下野,要李宗仁"继任"总统。下野前几天,蒋介石又在官邸遍招从东北、华东前线逃回将领谈话,要他们以原番号恢复重建被歼的部队。如胡琏从淮海战场乘一辆坦克突围跑回南京后,马上接到蒋介石要其到福建重建在双堆集被歼的第十八军的任务。根据当时国民政府国防部的计划,要重建200个师的部队,不过这需要一年的时间和美国再援助大量武器。以和谈争取时间及获得美援，成为蒋介石下野时的希望所在。

  国民党要人当时很明白以自己的处境求和甚难，其中央宣传部在大纲中已经讲明："我如不能战，即亦不能和。"在此主力军被歼殆尽难以再战之时，求和只有寄希望于外国干涉。1949年1月8日国民政府照会美英苏法四国驻华大使馆，请求其出面调解中国内战，使共产党同意谈判议和。英法两国当时在华没有什么影响力，只是因其是联合国常任理事国才象征地通知一下，实际上国民党求助的是美苏两国。美国通过以往"调处"时与共产党打交道的体验，知道当年国民党占优势时尚且不能压迫共产党让步，此时出面更无用，于是四天后复照表示拒绝，认为"殊难相信能达到任何有益的效果"。

  令后人感到惊异却又可以理解的是，此时中国共产党的政治盟友苏联却对调解国共关系表现出极大兴趣。据苏联的历史学家证实，就在1948年至1949年中国解放战争的捷报频传之际，斯大林虽然也为共产党人的胜利和美国远东政策的失败而高兴，同时也忧虑不已。因为一个不服从他的指挥、独立自主的统一、强大的新中国屹立在苏联边界之南，也本身就是对唯我独尊的俄罗斯大国沙文主义的一个挑战，而且比只领导1700万南斯拉夫人的铁托的影响要大几十倍。正因为如此，当垂危的国民党政权请求苏联调停以图"划江而治"时，斯大林就明显流露出想出面的意思。从意识形态来讲，中国共产党人在全中国的胜利本是苏联在建立共产国际之初就一直追求的重要目标，可是从国家利益来看，一个分裂的、内部保持国共双方平衡关系的中国与自己为邻，可能会使斯大林感到更舒服。这种矛盾的状态，使斯大林当时对华政策表现出两面性，一方面对中国革命的节节胜利表示祝贺，另一方面却想要这场革命中途停止。

  早在1947年年末，苏联驻南京大使罗申就向国民党代表张治中表示过有兴趣出面调解国共关系。1948年7月4日毛泽东又致电斯大林，再次表示愿意访苏商谈建国的大政方针，斯大林却在7月14日回电称苏联领导人将于8月份赴各地征粮，难于接待，可将访问推迟到11月末。所谓"征粮"一说明显系托词，只是斯大林还要观望中国的局势而已。

  同年秋辽沈战役之前，苏联又向中共中央转来国民政府给苏联的一封信，内容是要苏联出面劝中共与它和谈，首先停止内战。信中说什么"兄弟阋墙，犹外御其侮。所以决不可同室操戈，致使两败俱伤，更令人痛心者，鹬蚌相争，使渔人得利。这样，对上有负于天，对下有愧于地"。苏联方面只说供中共中央参考，未附加意见。中共中央的五大书记看过后都不屑一顾，只有周恩来说了一句:"一看这信,就知道是王世杰的手笔,文绉绉的。"①

为了向斯大林说明自己的意图,1948年年末毛泽东拍去一封电报,其中介绍了国内形势,表示:和平谈判我们一定要进行,但我们不同国民党政府谈判,我们只是分别同有实力的地方政府和部队的代表谈判,同他们或者是谈判停战,或者是谈判起义条件,我们正在同北平的、军事力量雄厚的傅作义进行谈判,而且有希望得到和平解决。②明眼人一看便知,这种不与国民党整体谈,只与个别地方实力派谈的办法,不过以对待傅作义的方式,局部地解决各处的反动势力,这不是议和的问题而是分批消灭的问题。

1949年元旦,毛泽东为新华社起草了社论,发出"将革命进行到底"的号召,明确宣布要在新的一年"将向长江以南进军",并最后夺取全国的胜利。可是在此之后,苏联方面还秘密演出了一场试图让中共与国民党议和的剧幕。

1月9日苏联政府接到南京政府请求其调解国共内战的照会后,次日就转告中共中央。斯大林还将他们草拟的复文电告毛泽东,征求意见,并说如不同意他们的复文,请中共中央代他们拟一个更妥当的复文。再仔细看,苏共在草拟的复文中确实还代中共中央拟了一份对南京政府的答复,不过征询意见口气还是客气的。这说明虽然斯大林还保留着共产国际时代那种"上级党"的意识(如代中共中央拟定对国民党的复文),不过面对着强大成熟并完全独立自主的中国共产党,他们毕竟谨慎多了,只能以商量

1949年元旦,毛泽东亲自为新华社撰写题为《将革命进行到底》的社论。

---

① 师哲:《在历史巨人身边——师哲回忆录》,中央文献出版社1991年版,第368页。
② 师哲:《在历史巨人身边——师哲回忆录》,中央文献出版社1991年版,第370页。

的口吻行事。

苏联草拟的致南京政府的复文是：

"苏联政府向来主张中国国内停战，并建立和平，但是在未表明是否同意调解之前，苏联政府希望知道，对方，即中共是否希望苏联承当调停。"

斯大林为中共中央代拟的答复是：

"如果征询你们的意见，大致可以如此答复：'中共向来赞成中国国内和平，但中国内战不是中共挑起的，而是南京政府开始的，它应当承担战争后果的责任。中国共产党人赞成与国民党谈判，但不要那些挑起中国内战的战犯们参加。中共主张直接与国民党谈判，而不要任何外国调解者，中共特别认为这样的外国调解是不可能的，即它们自己以其武装力量与海军参加中国内战并反对中国人民解放军，因为这样的国家对于清除中国的战争不能被认为是中立的和客观的。'"

这段话如果撇开其中的外交辞令，说明白一点，就是表示愿意谈判，但不接受帮助国民党的"外国"即美国的"调解"。那么苏联呢？显然不包括在这样的"外国"之中，是可以出面当中间人的。

后来研究历史的人曾对这段时期中苏两国共产党的交往产生了不同的看法，有人说斯大林要中国革命就此止步，有人则认为没有这个意思。从上面的电报可以看出，斯大林是委婉地表达了这种意向，没有好意思把话说明白。

当时毛泽东对斯大林的答复也很谦虚和客气，可是口气是十分坚定的。接到苏共电报的第二天，1月11日毛泽东的答复电报是这样：

"我们认为苏联政府对南京政府要求苏联调停中国内战的照会应作如下之答复：即苏联政府自来是，现在仍然愿意看到一个和平的、民主的和统一的中国，但是用何种方法达到中国的和平、民主与统一，这是中国人民自己的事，苏联政府根据不干涉他国内政的原则，未参加中国内战双方的调和工作。"

毛泽东还明确说明了中共中央的战略意图是：

"我们倾向于要南京无条件投降，并充分揭露敌人的阴谋。……我国革命已胜利在握，不必再用迂回战术，推迟取胜时间。"

这明显暗示苏联的方法不适用，使想调停国共内战却不便说出口的斯大林碰了一个软钉子。说明底盘已是要南京政府"无条件投降"，那就没有什么真正的谈判可言，只是提出通牒要其接受的问题。

接到毛泽东的电报后，斯大林当日以发来复电，急忙为自己做了一番辩解,说他们原来的用意不是真想让中共与国民党和谈,而是"破坏和谈",因为"没有外国的调解,特别是没有美国的调解""没有蒋介石及其他战犯参加",南京政府是不会和谈的。同时,斯大林表示完全按中共中央草拟的苏联政府复文回答南京政府。[1]

1月12日,苏联政府果然按照中共中央替他们草拟的复文回答了南京国民政府。按照斯大林这一番表态,苏共对待南京政府的和谈阴谋的态度好像与中共完全是一致的,其实认真分析就可看出并不尽然,双方的一些分歧在当时只是不便捅破而已。

1月31日,苏共中央政治局委员米高扬从大连苏军基地乘飞机抵达石家庄,随后到达附近的中共中央所在地西柏坡。斯大林在八个月前说过将派一政治局委员来听取毛泽东的意见,只是因华北形势动荡,傅作义又一度想偷袭西柏坡,所以拖到此时才来。

对于米高扬这次来华的使命,后来众说不一。有人说他是奉斯大林之命来劝中共"划江而治",当时担任翻译的师哲则说米高扬声明"只是带着耳朵来的",对毛泽东的谈话总是静听,没有发表过自己的意见。

苏共代表米高扬(右二)到达西柏坡。

90年代初,米高扬的儿子却对外界宣布,他整理父亲遗留的文件时,发现当时访华的笔记中有表示要劝阻中共不过长江的内容。现在看来,很可能斯大林在米高扬来华前讲过这种意思,不过这位特使到达后看到中国革命胜利在望,毛泽东一开始谈话就表示预计很快就可解放全中国,只是比较麻烦的有两处,即西藏和台湾。斯大林那种本来就难以直接说出口的意见,米高扬也就不好再拿出来。

根据俄罗斯近年来公布的历史档案证明,在西柏坡会谈中米高扬也并非是完全只"带着耳朵"。根据斯大林的意思,他承认了1945年的中苏条约是"不平等条约",不过推说其目的是对付美国、国民党和日本。中苏两党还就新中国成立后苏联即给予外交承认、新任驻苏大使人选(王稼祥)等达成一致意见。会谈期间,斯大林于2月5日致电毛泽东,就中共中央提出的有

---

[1] 外交部外交史编辑室编:《新中国外交风云》,世界知识出版社1990年版,第19—20页。

从合作走向决战
——中国共产党为什么能战胜国民党

关中苏关系中的历史遗留问题予以答复,除声称外蒙古领导人不愿回归中国外,其余问题如撤出旅顺、尊重中国在新疆的主权等均同意毛泽东的意见[①]。这说明面对中国共产党的胜利及其坚决维护国家主权的立场,斯大林从尊重现实出发不得不表示承认。

可是即使在这时,斯大林对垂死的国民党政权还没有完全放弃希望,仍有促成国共和谈的意向。2月间国民党政府通知各国大使馆南迁广州,过去站在蒋介石一边的美国、英国、法国的使馆都拒绝前往而留在南京,准备与即将到此建立新政权的中国共产党打交道,只有作为中共盟友的苏联的大使馆搬到广州。李宗仁为了便于请求苏联调解,任命驻苏大使傅秉常为自己政府的外交部长,闻讯后的斯大林马上在莫斯科接见傅秉常,并对国共谈判表示抱有希望。如此反常的现象,当时就令国际和国内许多人感到惊讶。毛泽东等中共中央领导人无疑在心中对斯大林又加上一笔积怨。50年代中期以后毛泽东一再说过斯大林曾干涉阻挠中国革命,其中就包括这一时期的态度。

由于中国共产党人当时需要苏联这个政治盟友的帮助,尤其在新中国成立后恢复经济时更是如此,因此还努力维护中苏关系。不过在涉及中国革命前途的问题上,毛泽东毫不让步,委婉又坚定地回绝了斯大林的调停意向。随后,百万雄师过大江的号角,迅速迎来了中国革命的最后胜利。这一胜利既打破了美国控制并变中国为其附庸的野心,同时也违背了斯大林原先的愿望。

李宗仁上台后"一国三公"

蒋介石为争取缓兵的时间,演出了一场退居幕后并让李宗仁到前台以进行和谈的闹剧。他原想以此办法打击中国共产党,没想到此招反而更加速了国民党政权从内部分崩离析。尤其是不甘心当傀儡的李宗仁要假戏真做,而蒋介石又多方挖其墙角,使得面临灭亡的国民党要人们还出现了一场堪称笑料的"窝里斗"。

为了表示对国内和平的要求不落于桂系之后,蒋介石在白崇禧操纵湖北参议会上书后,自己也于1949年元旦发出求和公告,提出要与中共进行和平谈判。从同日起,国民党一切公开文件将"共匪"改成"共党"(是"匪"如何能谈判?)不过蒋介石提出谈判列出了五项条件,即保存"宪法""法统"和军队,以及所谓维持人民现有的生活水平和方式。这五条一经中共中

---

① 俄罗斯《远东问题》杂志,1995年第2期,第106页。

央批驳，国民党方面也无法坚持，蒋介石则于1月21日宣布"引退"。

当天蒋介石最后一次离开南京时，身边有人试着问："要不要到中央党部看一下？"此刻他虽已从总统位置上"下野"却仍是国民党的"总裁"，按理应到其党的最高领导机关一看，然而蒋介石却愤然答道：

"不必。我不是被共产党打倒的，而是被国民党打倒的。我从此再也不进中央党部的大门了！"

此话马上在南京全城传开。一些国民党的党官僚们因败局至此而对这个"下野"者充满怨气，此时也不太怕他，于是反唇相讥说："国民党不是被共产党打倒的，而是被蒋某人打倒的！"

蒋介石宣布"因故不能视事"，变成"一介平民"，依据"宪法"由原副总统李宗仁"代行总统职权"。这一"引退"使国民党残余力量顿时失去核心，实际上更加速了其政权的四分五裂。

此时从名义上讲，李宗仁是登上"总统"之位的最高统治者，他本人也积极揽权，可是却"名不正，言不顺"。蒋介石原先讲好了是让他"继任"，可是他一到任发现老蒋事先为其拟好的文告上却冠以"代理"，这就为蒋介石复职埋下了伏笔。李宗仁发现名分不对，马上要国民政府秘书长吴忠信打电话给蒋介石要求修改，得到一口应承，不料李宗仁刚刚满意，蒋介石马上又打电话要吴忠信照原样发表。看到盖有自己这个"总统"的大印而本人事先却毫无所知的通告，李宗仁气愤之极，找到法律界权威王宠惠解释蒋介石下野的依据。最后认定，所谓"因故不能视事"本是指被劫持而言，现在蒋本人按理说"不是因故不能视事"，而是"辞职不再视事"，自己依法不是"代总统"，而应当是正式继任总统。所以李宗仁宣称"蒋先生欺人太甚，名不正，言不顺，便不就职"。

吴忠信害怕蒋介石交代的这幕傀儡戏演不下去，随即威胁李宗仁说：

"德公，我们是老朋友，我愿以老朋友的资格劝劝你。你是知道蒋先生的为人的，你应该知道自己现在的处境。南京现在特务横行，你身边的卫士都是蒋先生的人，你还在争些什么呢？争得不好，你知道在这种局面下，任何事皆可发生，你自

李宗仁任"代总统"后发行的标准像。

己的安全,可能都没有保障。"

李宗仁也承认他说的是"实情",此时桂系的主力军队远在安徽、湖北,南京完全由蒋系军队和特务控制。中共中央通过秘密关系通知他,希望能将广西军的一个师调到南京,如果蒋系军队进攻,只要能守住24小时,中共就可派部队从江北来援助。不过这时李宗仁毕竟不想与蒋介石决裂,调桂系部队进南京也决不会被控制宁沪一线警卫的中央军首领汤恩伯允许,真调兵必然会引发蒋桂两系的军事冲突。那个指挥桂系军队的白崇禧此时还不赞成李宗仁接替蒋介石之职,他大力劝李不要干,说"老蒋在耍你"。李宗仁则回答:"我也可以耍他嘛。"不过李宗仁在权术方面毕竟不是老蒋的对手,桂系的实力也远远弱于蒋系残余力量,有"代总统"之名的李宗仁虽然下达了一道道命令,却几乎无一得到兑现。

例如,李宗仁为了在全国造成一种开明的印象,上台第一天就宣布新闻报刊解禁,释放张学良、杨虎城,并同时下了三道命令。一道是给空军总部让其派飞机去接张、杨二人,另两道分别是给台湾省主席陈诚、重庆市市长杨森,让他们就地放人。可是陈、杨二人明知张、杨二人分别关在台北郊外和重庆歌乐山,却故意说不知其所在,称此事由国防部保密局(军统)负责。李宗仁这时只好又找军统头子、保密局局长毛人凤,可笑的是毛本人竟于此时"失踪",其实是按照蒋介石的命令躲起来。一些刚刚解禁的民间报纸还讽刺性登出"寻人启事",问"毛人凤在哪里?"杨虎城的老上司、监察院院长于右任直接找蒋介石要求释放张、杨二人,老蒋又推说"这事找德邻(注:李宗仁的字)办去!"

为了对付李宗仁,蒋介石还把由军统改成的国防部保密局一分为二,演出了一场世界官场上少见的"真假保密局"的自欺欺人剧幕。毛人凤奉命将真正的局本部撤到台湾,却摘下招牌,秘密指挥原先所有的下属机构继续进行特务工作。同时在南京留下一个只有92名工作人员的假保密局,由原先与桂系熟悉的徐志道任局长,名义上归国防部和"代总统"指挥。在军统内部,一时都将这两个保密局分别称为"徐记保密局""毛记保密局"。前者是

国民党政府保密局(军统改称)局长毛人凤。

公开的，后者变成了地下黑衙门。那个"徐记保密局"既没有外勤组织，也不向李宗仁提供情报，不接受代总统的指令，终日"无公可办"，唯一的任务就是向国防部领取经费再转交给"毛记保密局"。不料在此人心离散、各怀异志的形势下，那个假保密局长徐志道却不安分起来，他不仅向李宗仁、白崇禧卖好，领到了钱还自留下来不交给毛人凤。地下的"毛记保密局"经费中断，一度落到后来台湾"国防部情报局"追溯历史时所形容的"既无名义，又无薪饷，只赖改组时所领到的遣散费"的狼狈地步。还是蒋介石下令拨出一些金银，这个隐蔽的特务机构才能继续运转下去。直到李宗仁逃离大陆，假保密局才自然消亡，台湾那个真保密局在蒋介石"复职"后又公开露面。如此为政，虽显出国民党内斗内行，却也显示出蒋介石和李宗仁相争时其内部之混乱，连军统特务机关尚且一度落到"没有名义，没有经费"的地步，其他部门的处境则可想而之。

蒋介石退居家乡浙江溪口后，架设了七部电台，仍每日指挥他的心腹嫡系。留在南京的总参谋长顾祝同一次到李宗仁那里赴宴，一顿饭没吃完就有仆从三次通知他去接溪口来的电话，李宗仁气愤地说老蒋对权力的控制"实与退休前无异"。然而他此时变成了自称的"国民一分子"，没有政府职务，更是"名不正，言不顺"。由于蒋介石的合法地位消失，只能秘密而不能公开发令指挥，不仅是桂系，

1949年1月蒋介石"引退"回家乡溪口，同儿子蒋经国及孙子、孙女的留影。这次他盘桓故乡三个月，在日记中感叹与二十多年前相比几乎没变化，民生主义"根本"未着手。

就是原来的中央系中的许多人也不听命。就连原来蒋介石心腹耳目的军统内部，假保密局的局长徐志道也离心离德而不服从蒋介石事先的安排。其他党政军部门的不少人见老蒋已不在位，或投靠有"合法"地位的李宗仁，或准备投奔共产党，所以蒋介石的"引退"虽然是场假戏，却在不少场合造成了"成真"的效果。

李宗仁在中国政治舞台上纵横了几十年，也从不是甘心居于人下者，更不肯当傀儡。一朝权在手，便把令来行。他利用"合法"的国家元首身份，下令将军权财权收归自己控制。虽然蒋系军队他指挥不动，西北的马家军阀

等杂牌军倒表示愿意投靠，尤其是马步芳等与白崇禧同属穆斯林，在当杂牌军时同受蒋介石歧视而同病相怜，此时自然靠拢桂系，这使李宗仁多少壮了些声势。然而李宗仁感到最难的问题是没有财政支持，不仅美援物资被蒋介石秘密下令转送到台湾，就连大陆银行里库存的黄金、白银和外汇（其中半数是强行兑换金元券时搜刮的全国民财），也还被蒋介石派人装船运走。

西北军阀马步芳以野蛮凶残著称。他与白崇禧同属穆斯林，在1949年初一度倾向桂系。

为了要维护金融稳定和筹足军政费用，李宗仁一再向蒋介石要求将国库储备留下，老蒋却都以"下野之人不干预军国大事"之名推脱，让他去找具体管财政的人。实际上，蒋介石早已密令汤恩伯和海军加紧抢运。当时蒋经国亲自在上海押送装船，蒋介石突然想起某处存有一批珠宝，便也让运来台湾。李宗仁闻讯后下令阻止，无效后就命令管珠宝保险箱者飞往香港，使蒋经国无法取出。蒋经国当时劝说其父说："仅值二三十万美元，我们何必为了区区之物，同人家伤和气。"蒋介石却指责说："到了台湾，当军队粮饷发不出的时候，就是一块美元也是好的！"如此这般，被称为"国脉民命"的这些全国的黄金、白银和外汇储备全部运往台湾。蒋经国后来在《我的父亲》一书中对此评价说：

"政府在搬迁台湾的初期，如果没有这批黄金来弥补，财政和经济情况，早就不堪设想了，哪里会有今天这样稳定的局面？"

只有3.6万平方公里的台湾一隅的确靠举国搜刮来的民脂民膏保持了一个稳定的局面，在大陆的李宗仁却无钱以用。在旧中国，军队和政府的官员是否效忠，关键靠金钱收买。1912年孙中山建立的南京政府被迫屈服于袁世凯的北京政府，就在于各列强卡住了海关税收只给北方，南方因无饷不仅不能北伐，还面临兵变威胁。蒋介石的嫡系军队在1949年以前很少出现起义，主要原因是能保证发饷，他对各派军阀收买成功也在于中国最富有的江浙财团作为其后盾。李宗仁有了"代总统"名分之后，却对下属发不出钱，别人岂肯听命？

当时南京政府税收十分可怜，军队的主要维持费用还要靠台湾接济，而每一笔钱都要由蒋介石手令批发，根据某一军队是否忠实或能否与共产党打仗以酌量发给。随后，1949年7月美国国会通过了一笔援华款项，声明是直接用于援助大陆上能抵抗共产主义的组织，其本意是给李宗仁为首的桂系、西北的马家军乃至西藏的噶厦政权，然而蒋介石通过他控制的在美国的国民政府外交机构，使这笔钱大多数还是转到了台湾。李宗仁虽坚决不肯当傀儡，却也只能在总体被蒋介石当作木偶玩弄。

在蒋李暗中争斗之时，行政院长孙科却率政府机关迁到广州。此人依仗着孙中山独生子这一"总理哲嗣"的特殊身份，游离于蒋李之间。孙科率行政部门南迁，名义上属于行政院的国防部却不跟随而自迁上海，使得"代总统"在南京只剩下"光杆司令"，发出号令都没有部门去

1949年2月美国记者所拍的照片，国民党当局正在将金锭运往台湾。

执行。同样，在广州的"国民政府"虽有行政机构，却失去了元首，无人指挥。行政院有时自己竟然通过决议，推翻"代总统"的命令。于是在国民党内部既有来南京的总统令，又有来自广州的行政院令，还有来自溪口的总裁密令，如李宗仁当时所形容，真是"一国三公，令出多门"。

面对这种四分五裂的情况，中共代表在与国民党谈判代表见面时曾讽刺说：说你们是一个政府，可是却不知存在于什么地方。你们的元首在南京，行政机构却在广州，有些命令又由溪口那位"退休的总统"发出，国防部不知所在，只知其发言人在上海……以至于和你们谈判都不知找谁好了，言罢唏嘘不已。国民党代表则满面尴尬，难以作答。

以"联桂反蒋"为方针的北平谈判

当南京政府于1949年1月提出和谈要求后，中国共产党的态度是不拒绝谈判，当然底牌还是如同毛泽东对斯大林的电报中所说，要其"无条件投降"。因为明知蒋介石及其心腹不可能接受这一条件，当时主要寄希望于桂系军阀能同意和平解决。当时的条件是如果李宗仁、白崇禧能帮助人民解放军过江，解决残余的蒋系力量以完整地接受江南地区，新政府不仅可以赦免其战犯罪，李宗仁还可任国家副主席，白崇禧还能带兵。当然不是让他带原

从合作走向决战
——中国共产党为什么能战胜国民党

有部队,而是对桂系军阀的部队中共中央允许保留一年左右,然后按照北平方式进行改编。

李宗仁、白崇禧此时派出私人代表刘仲容到北平,表示愿意与共产党合作反蒋。李宗仁此时的公开讲话,在国民党要人中也首次提出了"国共合作"一词。原为蒋系却仍留在南京政府内积极主和的张治中、邵力子,也积极要求尽快和谈。上海的大资本家见国民党大势已去,派出代表向中共通融,甚至当初支持蒋介石发动"四一二"反共政变的上海流氓头子杜月笙、黄金荣、杨虎都来拉关系,其目的是希望共产党占领上海时不要太伤害他们的利益。就此,毛泽东于2月18日指出:"我们的政策是要拉拢李、白、张、邵及上海资产阶级(颜惠庆、杜月笙为代表),打击国民党死硬派,便利我们向南进军。"①对于上海那些为恶多年的青帮头子,中共中央提出的条件是,只要他们保证约束那些徒子徒孙不破坏上海,可以赦免过去之罪。结果黄金荣、杨虎在解放时都留下未走,以后共产党虽不给其安排职务却也没有杀他们。杜月笙开始也决定不走,后来出于害怕还是逃到香港。

为了争取桂系,毛泽东专门要求华中前线部队对白崇禧指挥下的军队采取缓和态度,不要太逼近武汉,强调:"对桂系应采取联桂反蒋方针,采取具体步骤由敌对关系改变为交朋友关系。"②

油画《历史的选择》表现了民主党派都站到共产党一边反对蒋介石的独裁卖国政策。(全山石作品)

---

① 中共中央文献研究室:《毛泽东年谱》下卷,中央文献出版社2013年版,第459页。
② 《毛泽东军事文集》第五卷,军事科学出版社、中央文献出版社1993年版,第528页。

桂系此时虽然表示要同共产党合作反蒋,目的却是要保住半壁河山。为了给自己壮大阵营,李宗仁还致信居住在香港的那位老朋友,即当年介绍他参加国民党的李济深,希望"第三方人士"能与他为首的新政府合作。可是此时各民主党派和团体都看到国民党政权行将灭亡,几乎无人再愿意同这一僵尸绑在一起。李济深、黄炎培等住港民主人士在1948年年末至1949年年初都经中共中央安排,陆续乘苏联轮船北上大连进入东北解放区。当毛泽东于3月25日进入北平时,近千名民主人士赶到西苑机场欢迎,并观看了人民解放军四野特种兵纵队的盛大检阅。此时天下大势已定,有识者都明白要尽快站到胜利者一边。从北伐起,中国共产党强调了二十多年的革命领导权问题,到了此时各民主党派和人民团体才终于一致通电拥护中国共产党的领导。

在中国,正如毛泽东所总结的那样,是"有军则有权",同样是有军则有领导权,枪杆子多大领导权就有多大。国民党此时兵败如山倒,自己人都纷纷向外跑,哪里还会有什么人主动去靠拢?

对分天下而治仍心存侥幸的桂系首领,此时却还不肯完全认输。白崇禧向谈判代表一再说明,要求的中心点是承认"划江而治"。李宗仁也说:"我们把半个中国给了共产党,总该满意了吧?实在不行,还可以把长江下游的五省三市(即南京、上海、武汉)算作双方共管。"他还认为,如果能保全东南半壁,那么至少可以在平分秋色的基础上组织民主联合政府。这一谈判基点,与中国共产党的要求自然差距甚大,这也决定了日后必然不能接受八条二十四款,桂系还要走到联蒋反共的道路上,陪同蒋系一同顽抗到底。

桂系头目李宗仁(右)和白崇禧,他们想通过和谈"划江而治",并让蒋介石将权力交给他们。

李宗仁虽然在南京政府中实际做不了主,不过为显示自己的地位,还是坚持要以"政府"的身份派代表谈判。中共中央此时内定计划已是同各地方派分别谈判逐个解决,对桂系其实也当作地方派的一支,然而考虑到李宗仁的南京政府首脑身份还是表示同意。当时在国民党内部,能够出面与共产党谈判的最好人选自然非张治中、邵力子二人莫属,经李宗仁动员和蒋介石同意,这二人和出身桂系的黄绍竑、刘斐,成为南京政府选定的与中共和谈的

从合作走向决战
——中国共产党为什么能战胜国民党

1949年3月25日，中共中央进驻北平，毛泽东在西苑机场阅兵。

1949年3月中共中央进入北平时，民主党派的主要负责人前往西苑机场欢迎并同毛泽东合影。

四名正式代表。

　　张治中、邵力子作为国民党的代表与共产党谈判许多年，个人交往也甚密，毛泽东、周恩来对他们都曾以朋友相称，然而这二人当年基本立场还是忠于自己的党，所以也能被蒋介石长期视为心腹。蒋介石虽然坚决反共，然而正如董必武在七大的大后方情况的报告中所说的，蒋也有两大优点：一是生活有规律，二是不下死棋。后一点使其处事经常留有余地，对共产党也往往如此。在国共破裂停止谈判后，国民党内人人都要大喊拥护"戡乱""剿匪"等反共口号，蒋介石却破例允许张治中、邵力子不发表任何反共言论，这实际上是留待日后可能的谈判中再用他们。

　　张治中在出发去北平谈判前，专门到溪口看望蒋介石，这也是他平生与蒋的最后一见。蒋介石此时说了一番鬼话，讲什么只要和平实现，他不想再过问政治，愿意终老故乡。张治中的目的是希望蒋介石不在暗中阻挠和谈，见此态度自然高兴。

　　1949年4月1日，以张治中为首的南京政府和平谈判代表团到达北京，在机场却未见周恩来出面迎接，只有北平市副市长徐冰出面接待。张治中此时也明白，与他过去到延安时毛泽东亲自迎送相比，此刻他已是一个垂死的政权的代表，私人朋友也不能分毫改变政治上的态度。果然，周恩来与他见面后的谈判是严肃的，几天后毛泽东会见他时也提出了不容讨价还价的条件。但是一旦谈判结束，周恩来对他十分亲热，并动用了秘密关系安排他的夫人从上海赶来团聚。毛泽东也专门设宴招待他，又以老朋友相称，并感谢当初在重庆谈判时的各种照顾。共产党人公私分明，政治原则上不能让步却在私人关系中不忘老朋友，这使张治中很受感动。

　　谈判开始后，周恩来明确告诉国民党方面的代表说：蒋军主力部队已被歼灭殆尽,可以说,内战基本结束,剩下的不过是打扫战场而已。但为了尽快收拾残局,早日开始和平建设,改善人民生活,在毛主席提出的八项原则基础上进行和谈,我们还是欢迎的。①周恩来还要代表转告李宗仁、白崇禧,"谈成,解放军要过江,谈不成,也要过江"。②

1949年4月1日南京政府代表团准备登机赴北平前的照片,右起:张治中、黄绍竑、刘斐、邵力子、章士钊。

此后的谈判其实只是个别谈话,张治中等人所争的,只是想取消八条中的第一条即惩办战争罪犯,这也是为蒋介石、李宗仁等国民党要人争一个好的待遇。最后中共方面表示,可以改为战犯不论何人如有改过自新的表现,可取消战犯资格。其他条件,则没有讨价还价的余地。

在谈判期间,人民解放军第二、第三野战军在以邓小平为首的总前委领导下,向长江边大举开进。毛泽东当时强调指出:"仍应假设南京虽签了字,但汤恩伯等反动将领仍然不想执行,我军仍需用战斗方式渡江。"③所以当时百万大军在长江边积极练兵,基点仍然是以战斗方式渡江,只是时间要等候中央军委的命令。长江5月以后会有大汛,对渡江十分不利,再等到水落要待秋后,那时国民党军就可以重新编练成大批新军。所以谈判不能久拖,渡江必须在4月下旬开始。

4月15日,周恩来将中共方面定稿的《国内和平协定》送交张治中,并郑重地说:"这是最后一个文件。"

张治中接过文件询问说:"所谓最后的文件,是不是解释为最后的通牒?是不是只许我们说一个对或者不对?"

周恩来表示:"这是最后的态度。"

---

① 《周恩来传》,人民出版社、中央文献出版社1989年版,第754页。
② 《周恩来传》,人民出版社、中央文献出版社1989年版,第754页。
③ 《毛泽东军事文集》第五卷,军事科学出版社、中央文献出版社1993年版,第542页。

张治中则说:"也好,干脆!"①

当天周恩来要国民党代表通知南京方面,4月20日下午为最后签字时间,如不签字就只有打过江去。

对于这个《国内和平协定》,周恩来随后解释说:"八条二十四款,中心问题是接收和改编。南京代表团和我们固然是有距离,但他们有一个概念是好的,即国民党的失败是一定的,人民解放军的胜利是一定的,他们承认错误,承认失败,愿意交出政权,交出军队。"②

张治中等代表承认失败,愿意交权交枪,可是他们代表不了桂系军阀,更不能代表蒋介石的嫡系。当黄绍竑把这一协定带回南京后,白崇禧看了看就大怒道:"亏难你,像这样的条件也带得回来!"说完拂袖而去。有人去劝他说,签与不签共产党都会过来,还不如签了字减少牺牲为好。白崇禧则大声叫嚷道:"我们不签字,将来写历史时就不负这个责任。"有识者在旁边暗笑道,从来只有胜利者写历史,将来的历史只会由共产党来写,这样顽固到头来有何用。

李宗仁看到带回来的条件,感到原来的希望落空,同时也明白再打下去也无益,一时默不作声。随后南京政府召集五院院长讨论,据说监察院长于右任当场老泪纵横地说:"像这样的条件,原说是根本不能接受的,然而不接受,我们自审又没有抵抗的力量。这只怪我们自己不争气!"据当时的情况看,李宗仁态度有所动摇,不过因军权在白崇禧手中而不能下决心。国民党元老于右任虽对其"党国"的惨败而悲伤,却还是从实际出发有接受的意向。他自己

1949年5月,国民党元老于右任在特务监护下从上海机场上飞机南逃。

---

① 《周恩来传》,人民出版社、中央文献出版社1989年版,第757页。
② 《周恩来选集》上卷,人民出版社1997年版,第318页。

也曾想留下不走,不过因蒋介石安排好的军官催"于院长"快上飞机,才不能不去台湾。

李宗仁当时让张群把协定送到溪口交蒋介石定夺,老蒋看完后拍桌大骂张治中道:"文白(注:张治中的字)无能,丧权辱国!"于是,南京政府于4月20日下午回电在北平的和谈代表团,表示不能签字,却要张治中等人继续谈判,力争达成临时停战协定,其目的还是想拖延解放军渡江的时间。

4月20日下午得知南京方面拒绝签字,毛泽东立即命令总前委不必拘泥于时间,立即组织发起渡江战役。4月21日新华社公布了毛主席、朱总司令的《向全国进军的命令》。百万雄师排山倒海地横渡长江,沿江40万国民党军一触即溃,向福建和上海方向狼狈奔逃。4月23日上午李宗仁离开南京飞往桂林,当天晚间人民解放军进占南京。

因谈判不可能再进行,张治中等人就面临一个下一步如何办的问题。他当时表示应回去"复命"。周恩来却劝阻道,由于你前一段同意签字,如果回去国民党特务是不会放过你们的。除张治中外的其他代表,这时都不想回去,要求参加新中国的工作。张本人经周恩来

北平和谈结束后,张治中(右)经毛泽东、周恩来动员,留在北平参加筹建新中国。

的劝说,也表示愿暂时留下。4月25日白崇禧派飞机到北平机场来接代表团,结果除一名信使外全团无人愿意返回,而且来的飞机上还有张治中的夫人等9名家属,他们经中共上海地下党的动员,也赶到北平来并做张治中的工作,劝其留在中共一边。张治中经过一段时间的沉默,终于在6月间出面宣布自己将留在中国共产党一边参加新中国的建设。

国民党首倡的此次谈判不仅未获成功,连派去的代表都全部宣布留在对方那里不回,这真是世界现代军事斗争史上的奇闻!蒋介石尤其对张、邵二人不回恼怒万分。据当时是军统特务头子的沈醉回忆,毛人凤曾问他有没有派特务到北京刺杀此二人的可能,因为"总裁"认为这个时候别人背叛他犹

有可说,张治中、邵力子这两个多年来倚重的人居然也投共,非杀之不能泄愤!后来考虑到无成功可能,方才作罢。不过得知在中国与蒋百里齐名的军事理论家、原陆军大学校长杨杰要去北京参加新政治协商会议后,蒋介石立即派特务去香港到杨杰的寓所里实施了暗杀。蒋家对背叛者采取这种个人恐怖手段,其实一直延续到80年代中期的江南命案,一个蒋经国过去的心腹在美国写《蒋经国传》揭了老底,结果"台湾国防部"情报局(即国防部保密局的后继)又派竹联帮枪手赴美将他干掉。如在世界近现代史上论及"恐怖分子",怕是不能遗漏了蒋家。

军统少将沈醉,1949年初他曾被蒋介石当面交代暗杀李宗仁的任务,后在担任云南站站长时被起义的卢汉扣留交给解放军。

"宜将剩勇追穷寇"

中国人民解放军渡江后的作战行动,确如周恩来对南京政府的谈判代表所说的,不过是"打扫战场"而已。南下大军主要做了两件事:一是走路,二是接管。走路就是要追得快,不要让国民党残军跑掉;接管就是要力争完整地接收好城市,减少破坏以利后来的建设。至于作战行动,除了上海、衡

油画《攻占总统府》描绘了解放军渡长江后解放南京的情景,渡江后解放军主要任务说是打仗和接管。(陈逸飞、魏景山作品)

宝、兰州三场中等规模的战役,以及在沿海新出现的岛屿作战外,只有一些小仗。因为这时的国民党军不但没有还手之力,连招架之功也几乎完全丧失,只剩下狼狈逃窜或就地接受改编这两条路。

自国民党军队的主力在辽沈、淮海和平津战场上被歼灭以后,国民党的军队在大陆上实际上已经无法组织有效的抵抗。回想抗日战争刚刚胜利的时候,国民党的军事力量尤其是蒋介石嫡系的实力达到了历史最高点。经过1946年的"整编"后,国民党军的总兵力还拥有248个师(旅),总计达400余万人的兵力(按陈诚的报告是430万人,事实上许多部队长官为多领饷而留有空额)。经过美国的大力武装,蒋介石还建立起中国近代历史上规模最大的空军和海军,陆军也有13个军完全美械化,6个军半美械化,占国民党军正规军总数的四分之一。在国民党正规军中,有一半已经实现了蒋介石的嫡系化,嫡系部队掌握了绝大部分美械装备,其余的杂牌军也大都已被中央军严密的控制及随时的掌握。当时中国共产党领导的军队只有120多万人,武器装备更远较国民党军落后。没想到只经过两年多的战场较量,国共双方的力量对比完全颠倒过来。

到1949年年初,国民党的残余部队只有200余万人,其中又只有110万人的作战部队,而且是"败军之将不可言勇",士气极度低落。人民解放军则发展到400万人,其中野战军达210万人,国民党军原先得到的美械装备,通过战场也大半"运输"给了人民解放军。

正因为如此,到了1949年,美国国会竟然难以再通过援华(当时是指国民政府)的提案。在天津的美国商人于3月间联名致信美国政府和国会,强烈反对再援助国民党。信中写道:"两个月前,我们目睹了中共军队攻占天津的情景,他们使用的武器装备都是美国制造的,并且是在满洲几乎未经战斗就完好缴获的。"在美国人看来,再援助蒋介石等于把这些武器装备转交给中国共产党。结果当年上半年美国只是将以前同意提供尚未兑现的10个师的装备送交国民党方面,未再许诺提供新援助。

中国共产党人在同国民党反动派进行艰苦斗争的岁月里,从来抱定了中国革命必将胜利的信心,但是解放战争胜利到来之快也是出乎预料的。在战略决战基本告终之时,1949年1月的中央政治局会议上,中共中央确定了向全国进军的部署,大致安排是这样的:

彭德怀、习仲勋所率领的第一野战军连同随后配属的华北两个兵团共35万大军,向陕、甘、宁、青、新各省进军,担负解放大西北的任务。

从合作走向决战
—— 中国共产党为什么能战胜国民党

这幅油画表现了毛泽东勉励陕甘宁边区领导人习仲勋的情景。（刘宇一作品）

刘伯承、邓小平率领的第二野战军近30万大军首先和三野共同进行渡江战役，然后向云、贵、川、康诸省进军，担负解放大西南的任务。

粟裕率领第三野战军（当时陈毅还在中原军区）近60万大军向苏、浙、闽进军，担负解放东南沿海的任务。

林彪、罗荣桓率领第四野战军90万大军向鄂、湘、桂、粤诸省进军，担负解放中南地区的任务。

中央军委的这一规划，主要是基于分析当时国民党残余军队的作战能力后确定的。毛泽东在1949年1月8日为中共中央起草的指示中曾认为："一九四九年春季以后，国民党就只剩下一百六十几个师了。其中大部分是新编成的，或者是被歼后补充起来的，或者是战斗力不强的，只有一小部分具有较强的战斗力，例如桂系和马家。"[①]由于把地方系军阀白崇禧部、马步芳部视为最强的敌手，因此中央军委决定以华北野战军的两个兵团加强西北野战军，以歼灭西北的马步芳部，并将当时人民解放军全军部队中装备最好、兵力最多的东北野战军（第四野战军）用以对付湘桂地区的白崇禧集团。

1949年1月8日的中共中央指示还确定，1949年内人民解放军进军的目标是解放湘、鄂、赣、苏、皖、浙、闽、甘九省的全部或大部。对于福建的设想是相机占领闽北一带，待1950年再占全省。中共中央之所以安排这样的时间表，是因为考虑宁沪杭三角洲是蒋介石的基础——江浙财阀的发源地，

---
① 《毛泽东军事文集》第五卷，军事科学出版社、中央文献出版社1993年版，第2474页。

"我们倾向于要南京无条件投降"

油画《西柏坡——1949年3月》表现了中共中央在西柏坡召开七届二中全会，确定了接管城市和夺取全国胜利的方针。（秦文清作品）

估计接收巩固这一地区尚需较多时间。

随后在3月间的七届二中全会上，中共中央又确定要用"天津方式""北平方式"和"绥远方式"分别解决残余敌军。所谓"天津方式"，就是要用战斗方式消灭顽抗之敌，不过这种方式已经不多了。所谓"北平方式"，就是以武力压迫强制敌军接受改编。所谓"绥远方式"，就是对部分敌军暂时保留不动，待时机成熟再让其起义或加以改编。

人民解放军渡江后的进军速度，很快超出了中央军委的原定规划。1949年4月中国人民解放军横渡长江以后，在中国大陆上锋芒所到之处有如摧枯拉朽，接收工作也极为顺利。国民党残军大都望风披靡，根本无法组织起有效的防线，只好把尚有一定战斗力的部队集中起来，守卫几个重点地区。蒋介石确定的战略计划是"建设台湾、闽粤，控制两广，开辟川滇"。国民党军还利用其独有海军的优势，从6月起从海上封锁大陆各港口，企图使沿海城市因外贸和水路运输中断陷入瘫痪，给共产党的接管造成大难题。

当时在东南地区的国民党军绝大部分是蒋介石的嫡系，主要是汤恩伯部、台湾的孙立人部和在福建重建的第十二兵团胡琏部，国民党海空军的主力也都集中在这一地区，而且基本上依托港口城市和海岛防御，没有海空军的人民解放军与之作战有很大困难。负责经营东南的人民解放军三野部队却仍然是以席卷之势，迅速地解放了东南大陆。

人民解放军第三野战军在渡江战役时直逼上海。开始中共中央希望让国

371

人民解放军进入上海的历史照片。

民党军自动撤退，以便和平接管。为此，三野在苏州以西停顿半月，后见蒋介石本人坐镇市内复兴岛，国民党军汤恩伯部20万军队无撤退迹象，而且一面抢运物资，一面又继续在上海郊外修筑工事准备顽抗。于是三野部队才以8个军兵力于5月中旬发起上海战役。为避免破坏，战斗主要在城市郊外进行。攻入市区的部队严守纪律，不进民房而露宿街头，中共在上海市内的地下党也有效地组织了护厂护校工作。在上海攻城战期间，市内水电一直照常供应，公共汽车电车照常行驶，电话局仍然上班，人民解放军的指挥员还可以与对面的国民党将领通过公共电话线路对话并劝其投降。在解放军切断封锁黄浦江出海口的吴淞、高桥之前，蒋介石乘船逃往台湾，汤恩伯也率5万余人的蒋系部队撤走，其余部队则放弃抵抗。上海战役完整接收城市并歼敌大部，是一个极为成功的范例。

人民解放军兵临上海城外时，黄浦江内的美国军舰就撤往公海。青岛的国民党军于6月初美军撤退后，也随之撤逃，长山列岛残留的少量游杂武装很快被歼，国民党军企图建立的北部"海上锁链"已被打破，只集中兵力于台湾、舟山、金厦、潮汕这四个地域。当时，台湾有各军兵种及地方部队约20万人，舟山群岛有守军6万余人，厦门、金门、漳州地区有守军8

1949年初国民党军撤退的照片。

万余人，潮汕地区有守军4万多人。当以李宗仁为首的国民党政府以广州为首都，蒋介石的大本营却自1949年5月下旬以后撤到了台湾，并集全国人民血汗结晶的国家黄金、外汇储备也都撤到了台湾。人民解放军第三野战军派第十兵团于8月间进军福建后，迅速占领了省内大陆地区，只是在10月间金门战斗中小受挫折。此后，三野部队主要任务是积极准备进行攻岛作战，目标是逐次解放舟山、金门和台湾。

油画《解放兰州》形象表现了1949年8月下旬的战斗中解放军直插黄河铁桥截断马家军退路的情景。（张少泉、郭斌作品）

在西北方向，自4月间华北军区的3个兵团在四野一个炮兵师的协助下攻克太原后，以杨成武率一个兵团返回天津一线守卫海防，警惕美蒋可能从海路对北京进行的袭击，另两个兵团加入西北野战军（一野）序列，担负解放大西北的任务。第一野战军主力原先在自然条件极差的西北高原活动，发展受到很大限制，此时得到华北的两个兵团加强，兵力大大增加，超过了当面的胡、马两敌。5月下旬胡宗南见解放军华北部队西调，放弃西安逃往汉中。7月间一野部队在打击了胡宗南集团后，全力歼击马步芳集团。8月下旬经兰州城下的四天激战，彭德怀指挥一野部队歼灭了马步芳的儿子马继援部4万余人，马家军就此全部溃散。那个在历史上血债累累、以野蛮凶悍著称的马步芳携家族和随从百余口乘飞机由老窝西宁南逃广州，向李宗仁"谢罪"后，就带着这伙人及他长年搜刮的大量黄金逃奔穆斯林圣地麦加居住。蒋介石为了照顾他的名义，还给了他一个"中华民国驻沙特阿拉伯大使"的头衔。这个马匪头目此后多年继续在沙特过着荒淫无耻的生活，而另一个马家军头子马鸿逵则不战即扔掉了宁夏的部队，携带过去的搜刮之物飞赴美国去当了寓公。

兰州战役后，西北国民党军群龙无首，或散为匪或等待改编，过去曾长期在西北任职的张治中随之赶到那里，协助进行说服国民党军残部起义的工作，于是各地大都传檄而定。国民党中央系在新疆的近10万部队因失去后援，也全部同意起义。人民解放军西北野战军靠车运、步行和空运等方式，很快完全控制了各战略要地，完成了解放广阔的大西北的任务。

在华中和华南地区，林彪所率的四野主力冒酷暑以多方机动捕捉白崇禧部主力。但因以"小诸葛"著称的白崇禧用兵狡猾，还是让其逃到了湘桂边界。1949年夏季湖南省主席程潜在长沙起义，同时起义的还有兵团司令陈明仁。这个陈明仁在1947年任第七十一军军长时固守四平，使东北民主联军猛攻半月未克，被国民党军誉为"守城名将"，此时却也在大势所趋下投向他过去的老对手。

为了确保歼灭华南的白崇禧部和西南的胡宗南、宋希濂部，毛泽东确定在1949年入秋后再以二野、四野部队发起大进攻。选择秋季进军，一方面是四野渡江时东北人因不适应南下气候和不服水土而中暑和患病导致大量减员，所以要避开酷暑远征这一兵家大忌。另一方面是由于部队供应困难，待秋收完成后再进军，便于就地征粮。同时二野在渡江战役完成后集结于浙赣线，也是准备和三野协力应付美国因人民解放军进占上海而可能进行的军事干涉。待三野部队占领了沿海各大港口，美国又确无干涉迹象时，二野主力才向南京集结，经津浦铁路转陇海、平汉铁路，再指挥四野之一部，以湖南为出发地经营大西南。二野的陈赓兵团（四兵团）则直接由江西南进，受四野指挥。

当时中共中央由于得知白崇禧、宋希濂都有外逃计划，认为如让其带几十万大军逃至越南、缅甸等国，追剿困难且会留下许多后遗症，因此要求力争将其歼灭于境内。鉴于正面攻击难以抓住敌人，毛泽东要求二野、四野和一野之一部以横贯数省的大迂回、大包围求歼白崇禧、胡宗南部。战略追击的作战实践证明，在大陆上实行了这一方针后，确实不用花费很大气力和很多时间就全歼了这支最大的国民党残军。

1949年10月中华人民共和国成立时，南方正值秋高气爽，人民解放军二野的60万部队（包括归其指挥、由陕南入川北的华北第十八兵团）和四野的近百万大军开始了对西南和中南的大进军。

此时在中南地区的国民党军有广西的白崇禧、广东的余汉谋这两个集团,白崇禧部还有二十余万作战部队,余汉谋部约有十万余人。在西南地区有川陕边的胡宗南、川鄂湘边的宋希濂这两个集团。胡宗南部还有作战部队二十余万人,宋希濂部则有十万余人,加上西南地区的其他国民党游杂武装,总兵力为九十万人。

如果从当时军队的数量看,国民党军的主力还在中南和西南,国民党政府的首都于10月14日广州解放之前迁往重庆。可是从总体上看,台湾已经成为国民党最主要的战略基地,其地位已经大大超过中南和西南。

在中南地区的国民党军中,战斗力最强的是白崇禧的第七军和第四十八军。如同北伐战争中第一军是蒋介石起家的本钱一样,第七军是桂系起家的本钱,而且在北伐期间第七军战斗力远比第一军强,当时人称第四军是"铁军",第七军则号称为"钢军"。不过,以李宗仁、白崇禧为首的桂系军阀不像蒋介石那样有江浙财团支持,因而桂系长期局促广西一隅,实力难以扩大,第七军、第四十八军还是被作为命根子保留了下来。这两个军虽然没有从蒋介石那里得到多少美械装备,却靠着封建乡土关系(第七军的军官一般非广西人不用),维持了一定的战斗力。在同解放军作战中,白崇禧用兵一向极为谨慎,可是1949年10月间四野主力以多方迂回的方式,将白崇禧的第七军和第四十八军的4个主力师在衡阳、宝庆一带抓住歼灭。衡宝一仗打掉了白崇禧集团的精华,此后中南地区再无恶仗,广西战役只是追歼的问题。经此战役的大迂回、大包围,白崇禧集团基本全部被歼。

油画《解放海南岛》表现了1950年4月解放军以木机船勇渡琼州海峡的作战场面。(游健等人作品)

在中南地区，另一支国民党军主要部队是广东余汉谋集团。这一集团也并非蒋介石的嫡系，其军队的核心是第六十二、第六十三、第六十四这三个军，部队的老底子是北伐时第四军留守广东的部队，战斗力原来是比较强的。抗战爆发后，余汉谋等广东部队正式编成这三个军，调出广东作战。在长期的对外对内战争中他们一直受蒋介石嫡系的排挤压迫，得不到多少美械装备，作战时又被推到第一线，结果在解放战争的三大战役中全部被歼灭。1949年上半年，余汉谋又在广东搜罗逃回的旧部属和地方团队，重建了这三个军，但是这些部队素质已大不如前。10月间人民解放军四野的第十三兵团和陈赓兵团进军广东，余汉谋集团一部被歼，主力在薛岳率领下逃到了海南岛。1950年4月人民解放军第四野战军第四十、第四十三军在琼崖纵队配合下发起海南岛战役，岛上的十万国民党军三分之一被歼，其余逃到台湾。中南地区自此全部解放。

在西南的国民党军数量虽然不少，但是真正有战斗力的不多，只有胡宗南部的第一军和宋希濂的第二军是骨干。从历史渊源上看，这两个军是蒋介石起家的老底子。第一军是北伐前蒋介石任军长的部队的老番号，后来何应钦、胡宗南都当过军长。由于该军进行过比较彻底的反共教育，被蒋介石认为最忠实可靠，红军长征时该军被派到川陕甘一带截击，也紧随红军在草地苦熬了几个月。抗战八年中，它除了"八一三"在淞沪前线打了一仗外，有七年时间被放在陕甘宁边区旁边监视共产党。由于在抗战另长期不打仗，也没有去参加印缅远征军以接收美械装备，解放战争开始后它又连遭惨败，所以战斗力并不强，和"五大主力"已不能并列。不过蒋介石对这支部队还是一直视为心腹嫡系，1949年11月蒋介石逃离大陆前坐镇重庆发现情况危急，还特地调第一军来"保驾"。第二军也是蒋介石的嫡系，特别是其中第九师的前身是蒋介石建立军事力量的起家部队——黄埔教导团。可是该军在抗日战争中战绩不佳，装备了美械后，在同解放军作战中其战力也未见提高。1949年11月至12月，人民解放军二野以大迂回、大包围的方式由贵州向川南进攻，贺龙所率的华北第十八兵团（原来也是晋冀鲁豫军区的部队）则由陕南向川北进行牵制性进攻。胡宗南部原先想在四川盆地顽抗，然而宋希濂部先在川东南崩溃，云南省主席卢汉、西康省主席刘文辉又宣布起义，使国民党在西南的残军由四川南退无望，结果就地迅速土崩瓦解。其第一军、第二军的大部分人也和其他国民党军一起集体起义投诚，这两个军只有少数人逃到西昌建立起所谓"大陆上最后一块反共基地"，结果到1950年春天也全部被歼。西南地区的国民党军,到最后只有李弥所部第八军和第二十六军的残部各一个团逃到云南境外的缅甸东北部,以后这批武装中有许多人成为在缅泰边界的"金三角"种鸦片的毒品贩子。解放大西南的军事行动,到1949年年底基本完成。

在向全国进军的过程中,人民解放军一面以传统的战斗方式,即"天津方式"消灭了100余万敢于顽抗的敌军。同时对于100多万要求起义或接受改编的国民党军,则完全采取了两种新的方式,即"北平方式""绥远方式"予以解决。当时许多国民党中央系和地方军阀系统的军队在大势已去的情况下,被迫打出起义、投诚的旗号,实际上仍坚持反动立场而不愿接受改造。而蒋桂两系在以正规战的方式无法抵抗人民解放军的情况下,又在新解放区留下了大批的武装匪特,和当地反动势力相勾结进行"游击战争"。如何解决这些残余的反动武装,成为解放战争后期的一个重大战略任务。

以毛泽东为首的中央军委针对新形势下的新问题,及时提出了一系列指导原则。对于国民党军的投降起义部队,确定不论用何种方式,都要对其进行彻底的改造。因为这些旧的军队原来都是反动统治的支柱,其内部一向又实行黑暗的封建法西斯统治,原杂牌军(地方系军队)内部大都有着浓厚的封建人身依附关系,原中央军中又普遍存在着特务系统。许多军官虽然宣布起义或接受改编,但内心仍是企图以此保存实力,保持原有的反动武装,作为以后进行政治活动或向共产党讨价还价的资本。所以,人民解放军采取"北平方式"和"绥远方式"所要达到的目的,仍然是要通过一种新的斗争形式来消灭反动军队。这种斗争,仍是人民解放军在战场上同敌军战斗的继续,只不过斗争基本上是不流血的,主要是以政治改造的手段来彻底解决这些国民党的武装力量。

为了在向全国进军的道路上减少抵抗和破坏,根据中央军委的要求,人民解放军利用国民党统治分崩离析的政治形势,制定并公布各项优待敌军起义、投诚的政策,展开政治攻势,瓦解了大批敌军,使其接受和平改编或起义、投诚。随后,对于这些起义投诚的反动军队,人民解放军绝不采取过去军阀混战中那种简单收编的办法,而是始终清醒地认识其原有的反动性质,坚持对其进行脱胎换骨的改造。对反动军官加以淘汰,对愿意进步的军官则集中学习和改造,同时清除兵痞,调入大量解放军中的老骨干进行融化,最后终于使这些受改编的部队彻底解放军化,变成了共产党绝对领导下的新型武装。

在人民解放军向全国进军时,一些和中国共产党有统战关系的民主党派也曾在"反蒋"组织过一些武装。针对这一情况,中共中央、毛泽东向各民

从合作走向决战
—— 中国共产党为什么能战胜国民党

主党派提出，新中国绝不允许保留任何其他党派和个人控制的军队，对于他们在反蒋过程中组织的少数武装均一律接受并加以溶编。新中国政权建设中实行统一战线，可是不能有统一战线的军队。这一做法，彻底消除了近代中国军阀私人把持军队、割据地方的遗患，确保了中国共产党对新中国武装力量的绝对领导，也保证了新中国成立后的长治久安。

解放战争最后一阶段，实际上一直持续到中华人民共和国成立后很久。因为从军事概念上讲，"全国解放战争"的最后结束，应以全国解放为标志。中国大陆的最后解放，是以1951年秋人民解放军胜利进驻西藏才得以完成。在1950年6月初中共七届三中全会上，还确定了解放战争最后一次战役即"台湾战役"的计划。毛泽东确定由粟裕指挥三野所属的12个军50万人的部队，准备在海空条件准备完成后发起台湾战役。然而同年6月25日朝鲜内战爆发，两天后美国就以此为借口出兵台湾，缺少海空军的人民解放军难以在此与美军作战，从此就造成了海峡两岸的长久分裂局面。

这样，全国解放战争在取得伟大胜利后，由于美国干涉中国内政，还留下了一个小尾巴。从战史角度看，以1950年6月台湾战役计划中止为标志，这一场解放战争就此写下了句号。在胜利的喜悦中，人们也留下了长久的遗憾。"解放台湾、统一祖国"的口号，成为后人的历史任务。

1950年中共中央制定了解放台湾的计划，却因美国干预未能实现。

最后挣扎的广州—重庆—成都政权

当国民党政权大势已去时，蒋介石于1948年年末就制定了逃往台湾建立一个偏安岛屿的小朝廷的计划，不过他仍抱有继续在大陆顽抗的希望，所以作为国民党政权象征的"国民政府"存留在大陆上直至1949年12月上旬。这期间，有过广州、重庆、成都这三个末日政府。

1949年4月21日人民解放军横渡长江，当天毛主席、朱总司令关于《向全国进军的命令》中宣布要"特别注意缉拿匪首蒋介石"。这样，对蒋介石只是要"缉拿"而不存在谈判争取，而对于各地方实力派中国共产党还是继续采取争取以和平方式局部解决的政策。南京于4月23日解放时,国民政府南迁广州,李宗仁也继续到那里当"代总统",名义上仍是"国家元首",其靠山只有白崇禧指挥的二十万桂系军队。蒋介石则以台湾为主要据点,用"国民一分子"的身份在上海、台北、广州和重庆间往来飞行,指挥其嫡系进行抵抗并劫运搬迁大陆资财去台湾。

油画《1949年春,进驻总统府》表现了解放军占领南京后,刘伯承、邓小平、陈毅、粟裕步入"总统府"的场面。(陈坚作品)

为了和平解决尚有一定实力的桂系集团,在注定胜利的情况下以减少南下时的伤亡和破坏,中共中央仍对李、白采取革命的两手策略。一方面鉴于桂系不接受和平条件,中共中央通知前线部队:"我们亦无和桂系进行妥协之必要。因此,我们的方针是消灭桂系及其他任何反动派。"①据此解放军四野部队在华中前线向武汉一带的白崇禧发起进攻。同时,中央仍通过一些渠道争取李、白接受和平改编的条件。为此,留在北平的南京政府代表刘斐又根据中共方面的安排秘密前往香港,然而利用他过去曾长期的桂系任职的老关系,潜入广州找到李宗仁、白崇禧并一起商谈。据回忆,李宗仁当时有些犹豫,可是白崇禧却顽固地表示不能接受共产党方面的条件,并说:

"说来说去,九九归一,我们还是到广西打游击去吧!"

刘斐马上提醒说:"共产党是打游击起家,谁打游击能打得过共产党?"

李宗仁则对白崇禧说:"健生(注:白崇禧字健生),难道你就不想想后路?"

白崇禧有些吞吞吐吐地说:"想是想过,你看实在不行,到台湾去如何?"

李宗仁听到此话,竟愤然站起来说了声"王八蛋才去台湾!"然后拂袖而去。他过去乃至当时受够了蒋介石的捉弄,曾表示过:"以蒋先生对我衔恨之深,如去台湾,恐为张学良第二亦不可得矣!"

---

① 《毛泽东军事文集》第五卷,军事科学出版社、中央文献出版社1993年版,第562页。

此后几个月里，因桂系军队主力还集中在广东北面，新任行政院长的阎锡山又在蒋李二间两头卖好，广东军阀张发奎等人也拥李，李宗仁毕竟能以一定实力依托稳坐"代总统"之位。不过他对蒋系中央军指挥不灵，已经搬迁到台湾的黄金、外汇也调不动。蒋介石只是根据自己的选择，亲自指定向大陆上的军队特别是其嫡系以飞机送一点黄金、银元，其中桂系部队得不到多少。广州政府只好让印刷机滥印没有储备金的"银元券"。其上市后与金元券同样迅速成了废纸，社会上经济崩溃无法遏制，非蒋系的军队也大都发不出薪饷，只有靠就地搜刮，这更加剧了民心离散。

面对这种局面，李宗仁无计可施。9月间蒋介石到广州时，李宗仁与之见面，衔恨和气恼之下，双方都感到无话可说。在蒋介石准备回台湾之前，李宗仁预感到这可能是平生最后一次见到蒋，于是决定找上门去教训一顿以解多年心头之恨。反正他还有桂系的实力为后盾，蒋介石值此危急关头也不敢怎样。于是李宗仁与蒋介石见面后，第一句话就是："今天我是以国家元首身份和你说话的。"接着就谈"国事已至不可收拾的地步"（当然是国民党的"国事"），又历数蒋介石的罪状，其中特别痛切的一句是：

"你为政二十年，贪污无能甚于北洋政府时代！"

蒋介石自当政以后，从未受人如此当面训斥过，即使是西安事变时张杨也是以请求态度相待。据李宗仁回忆，他开始以为蒋介石可能跳起来，没想到此时他反而默默无言，最后只说了声"德邻（注：李宗仁字德邻）弟，这都是我的错"。蒋介石此时是想以谦和稳住李宗仁，还是确实因"国事已至不可收拾"而自感愧疚，别人就不得而知了。这两个国民党内最大的对头，一生中最后一次相见就在这种情况下结束。

1949年10月中旬人民解放军逼近广州，"国民政府"宣布迁都重庆，李宗仁开始也飞到那里。可是下机后他发现大事不妙，因为重庆周围的军队都是蒋介石嫡系的宋希濂、胡宗南部，党政官员也都属中央系，李宗仁没有任何实力基础。蒋系官员们见和谈不成，也纷纷想去掉李宗仁这块招牌，于是联合向蒋介石发出邀请电，请他到重庆政府"复职"，这显然是要李宗仁交出"总统"之位。处在蒋系包围之中的李宗仁无力反抗，只好走为上计，于10月底以视察为名先到昆明。

李宗仁飞抵昆明后，龙云的表弟、当时的省主席卢汉仍以总统之礼欢迎。这时已经与共产党联络起义的卢汉一面表示同情李宗仁受蒋介石压迫的遭遇，一面建议由李出面以交权为名，将蒋介石诱到昆明扣起来，"一刀一刀割掉,以解心头之恨"。据李宗仁后来在回忆录中称,他听后吓出一身冷汗,因为这时他感到卢汉并非只图蒋一人,很可能到时将他与蒋介石二人一起捉起来,献给共产党邀功。昆明也呆不得,李宗仁于11月初飞往广西老窝,白崇禧告诉他共军已经逼近省界。眼看大势已去,李宗仁只好以治病为名经香港飞美国,开始了实际上的海外流亡生活。

  李宗仁刚到美国时,还顶着"中华民国代总统"的头衔,此时对蒋介石完全失望的美国政府也认为他有利用价值。于是杜鲁门总统宣布,对李宗仁以"总统"身份相邀会谈。蒋介石得知这一消息后,害怕美国换马,立即在这一会见到来前宣布"复职视事",在台湾又当上了"总统",这等于在美国元首会见李宗仁前突然取消其名分。而李宗仁反正已经脱离了蒋介石的特务控制,则向外界宣布蒋介石复职是违反法统的"僭越"。在其国破之际,还要这样争"法统",在外人看来实在有些可笑。

  蒋介石"复职"后,杜鲁门仍对李宗仁以"总统"身份会见,这清楚地表明了美国当权者的态度。直至1955年,美国白宫要人还曾会见李宗仁,询问有无在台湾利用旧势力策动兵变推翻蒋介石的可能。不过此时李宗仁已无这种能力,此后美国对台政策也主要转为利用蒋家力量,在几次尝试失败后不再进行"换马"的努力。于是寄人篱下的李宗仁大受冷落,困居在美国一所庭院里,雪都要自己扫,还要时时提心吊胆地防备台湾派人来刺杀。于是乎,"此处不留爷,自有留爷处;处处不留爷,爷去投八路"。在得到中国共产党方面的谅解后,李宗仁终于飞回大陆。

  桂系的二号首领白崇禧开始也不想到台湾,不过他反共比李宗仁坚决,不愿"投八路",总想自己盘踞一块地方。解放军渡战役开始时他率兵盘踞武汉一带,解放军四野部队对其展开包围时,他马上龟缩到湖南中部。四野再进行迂回时,他又退到湘南。于是毛泽东安排了深远的大迂回方式,并指出:"白崇禧是中国境内第一个狡猾阴险的军阀,我们认为非用上述办法,不能消灭他。"①

  10月上旬和中旬,这个毛泽东所称的"中国境内第一个狡猾阴险的军阀"又决定退守老窝广西。1949年11月间人民解放军第四野战军大举进入广西,残破的桂系军队无法抵挡,白崇禧又想拉队伍到雷州半岛,从那里渡海去海南岛,据地称霸。可是他行动已晚,其部队南下雷州半岛途中即遭由广州西进的二野陈赓兵团阻击,无法前进。这个"小诸葛"在大势已去时方寸

---

① 《毛泽东军事文集》第五卷,军事科学出版社、中央文献出版社1993年版,第668页。

也乱,让部队掉过头又向越南前进,幻想以帮助打胡志明的越盟为条件,使法国殖民当局能允许他们在越南占一块地盘生存。就在他左右徘徊,举足失措之际,解放军四野指挥下的部队(包括二野的四兵团)合拢了包围,17万桂军迅速被歼,只有万余人逃入越南。这批越境部队因人少势孤,随即被法军解除了武装。开始法国想与新中国建交,还准备将这些人当成俘虏送还人民解放军。随后因新中国承认胡志明领导的越南民主共和国,法国在恼怒之下才让这些残兵去了台湾。

白崇禧丢光了自己的基本部队,从此在国民党内失去了实力地位,然而他考虑到自己虽反过蒋,却毕竟与其有多年的旧关系,还是乘飞机从广西经海南岛去了台湾。此时他仍幻想将来"反攻大陆"时,可以依托蒋的力量重整桂系。殊不知蒋介石到台后即搞"国民党改造运动",重要内容就是清除原有的派系,实现蒋介石父子清一色的一统天下。对于白崇禧,蒋介石在大陆时虽深恨其人,却考虑到桂系的实力对他优礼有加。到台湾后白崇禧变成光杆司令,只得到了战略顾问的空衔,平时不能随便外出,与旧部往来又受监视,住所也受到过搜查。在十几年间,蒋介石留他的作用主要是牵制在美国的那位老搭档。每逢李宗仁发表反对蒋介石并称赞新中国的言论后,白崇禧就会马上奉命去函或发表声明:"我公多年身居海外,迭发谬论,为亲痛仇快。"再多方规劝。李宗仁于1965年返回大陆,白崇禧完全失去利用价值,于1966年突然在台湾无疾暴亡。

1965年李宗仁回到北京,这是他同毛泽东的合影。

对于白崇禧之死,了解蒋、白、李历史恩怨的人都心存疑点。据当事者目击后称,白崇禧赤身死在寓所里,很久才被人发现,尸检结果是纵欲虚脱而亡。当时他身边接近者都知有一位"小姐"经常陪他,死前此人也在,事发后也承认死因的确如此。如此丧生太不光彩,其故旧和亲近者都只好隐而称病亡,然而仍有人怀疑隐情之中可能还另有隐情。进入90年代后,因台湾的蒋家统治结束,一些隐秘曝光,据当年参与此事的特务揭发,此事系奉"最高"之命所为。国民党搞暗杀虽有历史传统,不过考虑到白崇禧的身份,认为下手必须不露形迹。特务侦知白崇禧苦闷之余总找一位小姐寻欢,因年高还要借助药力,就找到药店老板,以威胁逼其在春药中添加猛剂,于是出现了那种貌似自然又不好明言的死亡。号称"小诸葛"者,竟被人暗算于温柔乡中,可叹之余也可见蒋氏对待异己手段之毒辣。

李宗仁自1949年10月下旬逃出重庆后,阎锡山以"行政院长"的身份在当地继续率领残余的政府。11月间蒋介石从台北飞抵重庆,虽然身份仍是"一介平民",实际上主管了"国民政府"。11月下旬解放军兵临重庆城下,这个政府又宣布"迁都"成都,随后因解放军逼近一度还打算再迁西昌或昆明。蒋介石本人也在蒋经国、毛人凤陪伴下,搬到成都中央军校居住,指挥最后的挣扎。

蒋介石到达成都后仅九天,12月9日昆明的卢汉发布云南起义通电,西康省(当时省会在雅安)的省长刘文辉也在同日响应。卢汉还致电刘文辉,称如果能利用在成都的势力生擒蒋介石,可成为新中国头号功臣。其实当时成都周围仅有刘文辉部一个团,胡宗南系中央军十几个军盘踞于此,得知卢、刘起义后胡宗南还马上派兵将这个团缴了械,根本不存在"生擒"蒋介石的可能。不过得知卢汉起义的消息,蒋氏父子还是吃惊不小,于是马上决定留下胡宗南守成都,蒋介石本人于次日即12月10日飞往台湾。据台湾后来吹嘘蒋氏的史书称,临上飞机前蒋介石身边的人因害怕之故,竟不敢从中央军校前门出去而要走后门上车。蒋介石则说,我们是从前门来的,也要从前门出去。于是蒋氏父子唱着"国歌",乘车出了军校前门,由胡宗南在机场送上毛人凤看守的飞机。

明明是因受惊仓皇出逃,还要以"走前门"来充好汉,又称在车里唱"国歌",实在有点滑稽。当时在夜黑风高之际遁逃的车里是否有唱歌一事,尚姑且不论,据蒋介石死后一周年时台湾一些"近臣"所写的回忆文章称,蒋介石其实连只有48个字的"国歌"兼"党歌"——"三民主义,吾党所宗"那个晦涩如同念经的词曲都背不下来,经常要身边的人写成大字给他看,以备在重要仪式上免得唱错。因此台湾作家李敖考证说,蒋介石虽身为"总裁"和"总统"数几十年,却根本不会唱国民党的"党歌"兼"国歌"。说来这也不奇怪,国民党统治时期对中华小民将此歌时时教唱,甚至各地中小学每个纪念周上都要检查,对党国要人却从未令学。所谓"民族主义、民权主义、民生主义"是讲给别人听的,自己却从不实行。尤其是那个民生主义多少年未解决,几亿人民绝大多数饥寒交迫。国民党统治中国二十多年，从未搞过人口普查，当权者连下面有多少国民都没有搞清楚过，只含糊地讲有"四亿五千万同胞"，这其实还是根据每年全国盐的销售量推算出来的，因为每个人都要吃一定数量的盐。然而因盐的出售量也估算不准，加上许多穷苦人连盐都买不起多少，以致实际人口的推算也有巨大差误。新中国成立后1953年进行首次人口普查时发现，中国大陆人口就已经超过6亿，较之国民党时期的推算多出了1亿数千万之多。如此腐败昏聩的党国，怎能不被广大人民唾弃？

蒋介石最后离开了大陆之际，"国民政府"又宣布"迁都"台湾。国民党在中国大陆的统治，就此彻底结束。国民党军留在大陆少量残余军队虽变为政治土匪"游击"了一段时间，却相继被歼。其最后一支成建制的武装，即流窜在川西黑水地区的傅秉勋部，最后在1952年也被人民解放军剿灭。

"中央人民政府成立了！"

当人民解放军渡江战役结束后，以毛泽东为首的中共中央的主要精力就已经由进行战争转为研究如何建设新中国。1949年6月，毛泽东由进北京后的第一处住所香山迁往中南海丰泽园，新中国建设的蓝图在这里开始详细勾画。

在新中国成立前夕，曾长期支持国民党的美国政府一度曾试探着与中国共产党拉关系。当时马歇尔因病辞职，艾奇逊继任国务卿，上任后主张与国民党政权拉开距离。人民解放军渡江前夕，美国驻华大使司徒雷登也主张

周恩来与初任美国驻华大使的司徒雷登曾有过亲切交往，美国政府对新中国采取"以压促变"政策却使两国未能建交而走向敌对。

"我们倾向于要南京无条件投降"

1949年4月24日，毛泽东在香山阅读报道南京解放的报纸。

"与新中国建立政治经济关系，对中国施加影响，促使中国与苏联分手"①。他并于3月10日致电美国国务院请求留在南京与中共接触，艾奇逊于4月6日复电授权他与中共领导人会谈，却要求不要把话说绝，并注意保密。

这样，当人民解放军横渡长江前夕，南京城内出现了这样一种怪现象。只有苏联大使馆随同国民党政府南迁广州，一向支持国民党的美国大使馆却仍留城内等待中国共产党的部队进城，英法等西方国家的大使馆也仿效美国。5月中旬，周恩来特派黄华以南京军管会外事处长的身份会见司徒雷登，实际上开始了中共与美国官方的接触。

黄华根据中共中央的指示精神，表示愿意与美国建立新关系，却要美国首先断绝与国民党政权的关系，撤退在华一切美军、美舰。司徒雷登表示，美国已不再援蒋并同意从青岛、上海等地撤军，"中美商约"可以修改，各国使节留在南京也表明了对国民党政权的态度，不过按照国际法美国尚不能断绝与旧政权的关系。谈到承认即将建立的新中国政府时，他又别有用心地提出：等待产生了被中国人民所拥护的"民主政府"，而这个政府也证明了愿意并有力量"担负其国际义务"时，"问题自然解决"。

这个"担负其国际义务"，是当时美国政府内定的承认新中国的三个前提条件之一。其所指，正是国民党政府签订的一切丧权辱国的对外条约。包括对那个人们称之为卖国甚于二十一条的中美商约，美国也要新中国继续承认，只同意做一些"修改"而已。如此的外交承认条件，以民族解放为己任的中国共产党人自然绝不会接受。

尽管原则问题上不能让步，此时中共中央对中美建交还抱有很大希望，6月下旬黄华受中央委托，邀请司徒雷登以私人身份访问北平，毛泽东、周恩来并准备接见他。7月1日毛泽东在亲自撰写《论人民民主专政》的社论中虽然宣布了外交上要向苏联"一边倒"，却也公开表示了愿意同英美"做生

---

① 《美国对外关系》1949年第9卷，第826—834页。

意",希望英美银行"在互利的条件之下借钱给我们"。

美国政府在引诱不成后却转为施加压力,于7月间召回司徒雷登,并在经济上实行事实上的封锁,企图逼迫中国共产党人在外交上向它屈服。这种高压的结果适得其反,一向不怕鬼、不听邪的毛泽东就此宣布"丢掉幻想,准备斗争"。后来中美两国都有人感叹虽然有一个能建交却又"丢去的机会",但美国僵硬的霸权政策,决定了当时中美之间不存在这样一个"机会"。美国不久又支持台湾的国民党当局,其实并非偶然,而是其"二战"后的对华政策的必然结果。因此,新中国是在同美蒋反动派坚决斗争下诞生的,并且又注定了要在坚决同美国帝国主义的斗争中成长。

在美国坚持敌视即将诞生的新中国时,中国共产党人向自己过去政治上的盟友苏联伸出了希望得到援助之手。由于斯大林在总体上还支持过中国革命,毛泽东对他的感情是复杂的。50年代毛泽东在回忆斯大林时也说过:

"我在见到斯大林之前,从感情上说对他就不怎么样。我不大喜欢看他的著作,只看过《论列宁主义基础》、批判托洛茨基的一篇长文章、《胜利冲昏头脑》等。他写的关于中国革命的文章我更不爱看。他和列宁不同,列宁是把心给别人,平等待人,而斯大林则站在别人的头上发号施令。他的著作中都有这种气氛。"①

1950年毛泽东访问苏联后,苏联画家阿·吉利洛夫所绘的《我们伟大胜利的旗帜——斯大林和毛泽东》显示了中苏同盟的意义。

尽管如此,毛泽东仍承认斯大林是中国人民的朋友。当时苏联的对华政策确实也具有两面性:一方面从大俄罗斯主义出发,损害了中国的主权;一方面从马列主义的某些原则出发,同情并在某种程度上秘密和有限地支持了中国革命。这两面性其实也是相互矛盾的,因为中国革命胜利的结果,必然会取消一切外国在华特权,包括克服斯大林大国沙文主义的错误。以毛泽东为首的中国共产党人坚持独立自主的原则,既利用了苏联对华政策中积极的一面,又避开其消极一面的影响。果然,1949年7月刘少奇率中共代表团访苏时,斯大林见面后就表示:

---

① 《毛泽东外交文选》,中央文献出版社、世界知识出版社1994年版,第259页。

"过去我们妨碍过你们,为此我感到内疚。"新中国成立后,1949年12月毛泽东访苏时与斯大林第一次见面,斯大林首先说了一句话就是——"胜利者是不受审的"。毛泽东领导中国人民取得了世界为之震惊的革命战争的胜利,斯大林在这一事实面前也只好承认过去对华政策有错误,并在很大程度上有所改正。

历史事实正是这样告诉国人——抗日战争胜利之际国民党当局丧权辱国签订的《中苏友好同盟条约》,在新中国成立前夕刘少奇访苏时斯大林同意加以废除。新中国成立之初毛泽东访苏时,经过中苏双方平等协商,1950年2月重新签订了《中苏友好同盟互助条约》。后一个条约虽然只多了"互助"两字,内容却与前一个条约完全不同,苏联承认从旅顺、大连撤军并归还其他一系列在华特权,一向标榜反苏反共的国民党人出卖给苏联的权益,最后被对苏友好的中国共产党人收回。

苏联所绘的表现1950年2月毛泽东、周恩来在莫斯科签订《中苏友好同盟互助条约》的油画。

至于美国等西方国家在中国的特权,在新中国成立之际就被中国共产党人宣布彻底废除。英国为维护自己的在华利益,新中国刚成立就宣布予以外交承认,可是中国共产党人在原则问题上仍不能让步,对英国在中国的特权仍采取有步骤的方式予以解决。这样,继抗日战争胜利之后,中国彻底获得了完全打碎外国干涉自己主权桎梏的又一光辉成就,赢得了真正的独立自由。

对于败逃到台湾的国民党当局,当时中国共产党人采取了追击歼灭的政

从合作走向决战
——中国共产党为什么能战胜国民党

策。后来由于美国的出兵干涉，台湾问题没有解决，然而从整个中国历史的宏观角度看，自新中国成立之日起，台湾国民党政权实际上已经变为一个岛屿省份的地方政权。设在北京的中央人民政府如何对待台湾问题，采取武力还是和平的方式，从实质上讲都是排除外国干涉以解决自己国内一个省份的局部性问题。在全国范围内国共两党的几十年生死斗争，在新中国诞生时就基本上画上了句号。

为了在清政府、北洋军阀和国民党政权留下的烂摊子上建设新中国，中国共产党召集各民主党派和人民团体，于1949年9月在北京召开了中国人民政治协商会议。为了区别于1946年的那次政协会议，这次政协称为"新政协"。9月21日在政协会议的开幕式上，毛泽东主席庄严宣布：

"占人类总数四分之一的中国人从此站立起来了！"[①]

十天后，在开国大典举行之时，毛泽东在天安门城楼上又高声向全中国和全世界宣布：

"中央人民政府成立了！"

历史伟人发出的这两声巨响，标志着一个历史时代的结束和新时期的来临。尽管此时在华南的衡宝战场上炮声隆隆，人民解放军的渡海船队正在厦门对岸整装待发，解放战争从军事上看扫尾尚未完成。然而从政治上看，经过四个时期的一场民族战争、三场国内革命战争，以国共斗争为主要内容的中国革命斗争终于就此取得了最后的胜利。走

1949年9月，毛泽东在新政协会议上讲话，宣布中国人从此站起来了。

完了这"万里长征第一步"，毛泽东等国家领导人下一步考虑的重点，已经是如何建设新中国。

过去的这段历史，是无比辉煌的。1991年7月当中国共产党庆祝诞生70周年时，古巴共产党中央委员会的贺电称颂说："中国革命是人类历史上最壮丽的史诗。"的确，本身就具有传奇色彩的古巴共产党领导人的赞扬是名副其实的，在那样一个庞大、贫穷、落后的国家里领导亿万人民团结一心，并能取得那样伟大的胜利，这不能不使全世界进步人类为之钦佩。尽管解放后

[①] 《毛泽东选集》第五卷，人民出版社1991年版，第5页。

✚ "我们倾向于要南京无条件投降"

油画《开国》表现了1949年开国大典的盛况,此后几十年新中国崛起的历史事实证明当年中国人民的选择是完全正确的。(刘宇一作品)

的道路也充满曲折,然而那场伟大的革命仍然永远不朽地铭刻在中国乃至世界的史册上。

在中国土地上国共两党的大搏斗中,以毛泽东为首的中国共产党人是伟大的胜利者。由于这个胜利带来了国家的高速进步,使中华民族迅速地自立于世界民族之林,因而也赢得了许多失败者的心。国民党在这场斗争中是失败者,作为最后一个在大陆失败的国民党政府的最高领导者"代总统"李宗仁,最后也是心悦诚服。20世纪60年代初他在美国向来访者表示:"我虽然是一个失败者,对此却并不感到懊恼。由于我的失败,一个新的国家诞生并在世界上取得了巨大的成就,一切有民族感的中国人都应为此感到自豪。"

在推翻了黑暗腐朽的旧中国统治之后,中国共产党领导新中国进行了60多年的建设,尽管经历了一些曲折,却是取得了令世界震惊的成就。在新中国成立后的1950年,中国的国内生产总值(GDP)只占全世界的1.4%,到2015年却达到了13.7%。中国的GDP排名从1950年全球的第11名,到2010年以后跃居到世界第2位。今天的中国已是世界第二大经济体,总量是我国台湾地区的20多倍,军费开支也仅次美国居世界第二位,国际影响力也前所未有。毛泽东作为中国新民主主义的革命者和新中国的创建者,如今仍受到全国人民普遍的敬仰。当前,在以习近平为总书记的中国共产党的领导下,中国人民正在为实现"中国梦"而创造新的辉煌。

国民党退居台湾后虽然在发展经济上取得过一些成就（这也有美国大力支持的原因），然而其脱离民众的传统未变，最终在2000年和2016年的大选中两次丧失政权，如今已趋式微。蒋家政权在台湾也屡遭清算，蒋介石的雕像在岛大都被拆毁抛弃，残剩的也大都成了涂鸦、唾弃的对象。

历史雄辩地证明，在中国两种命运的决战中，中国人民的选择是完全正确的。共产党领导新中国取得的成就，以及国民党先在大陆、继而在台湾的失败，也为国共两党几十年的斗争做出了一个令人信服的结论。

随着蒋家统治结束和国民党在台湾丧失执政地位，蒋介石的塑像在台多被拆除，剩下的也多残破不堪。